REIHE APOSTROPH
HÄNSSLER-VERLAG
NEUHAUSEN-STUTTGART

RONALD L. BABB

Koka-Inn

Aus der Drogenhölle Perus
zur Freiheit

Ein persönlicher Bericht

APOSTROPH
DIE REIHE, DIE ZEICHEN SETZT.

Innerhalb dieser Reihe erscheinen Bücher
zu folgenden Themengruppen:
Romane und Erzählungen,
Lebensfragen,
Mission und Weltverantwortung,
Ehe und Familie

Ronald Babb ist Sohn eines britischen Vaters und einer deutschen Mutter, geboren und aufgewachsen in Deutschland. Seit seiner Entlassung aus dem Staatsgefängnis 1958 Lurigancho in Lima/Peru ist er in der Ausländermission tätig; seit 1990 Geschäftsführender Direktor für Europa von Prison Fellowship International.

ANMERKUNG:
Diese Geschichte beruht auf wahren Begebenheiten und persönlichen Erlebnissen des Autors. Einige der Personennamen und Einzelheiten der Ereignisse wurden zum Schutz der beteiligten Personen geändert.

CIP-Titelaufnahme der Deutschen Bibliothek

Babb, Ronald L:
Koka-Inn : aus d. Drogenhölle Perus zur Freiheit ; ein persönlicher Bericht / Ronald L. Babb. – Neuhausen-Stuttgart : Hänssler, 1990
  (Reihe Apostroph ; Bd. 22)
  ISBN 3-7751-1554-4
NE: GT

Reihe Apostroph, Band 22
Bestell-Nr. 78.022
© Copyright 1990 by Hänssler-Verlag, Neuhausen-Stuttgart
Umschlaggestaltung: Heide Schnorr v. Carolsfeld
Printed in West-Germany

Ich habe eigentlich immer an Gott geglaubt, schon als Kind. Aber ein gläubiger Christ war ich nicht. Ich konnte mir auch nicht vorstellen, daß es wichtig gewesen oder einen großen Unterschied gemacht hätte. In meinem Leben wollte ich möglichst viele Abenteuer erleben. Ich hatte sogar geglaubt, daß der internationale Schmuggel mit Kokain eins davon wäre, obwohl es ein Verbrechen war. Aber eines Tages griff Gott in mein Leben ein, zu einem Zeitpunkt, als ich es am wenigsten erwartet hätte. Damit begann das wirkliche Abenteuer meines Lebens.

»Ich ließ mich suchen von denen, die nicht nach mir fragten, ich ließ mich finden von denen, die mich nicht suchten.«

(Jesaja 65,1)

*Für meine Familie und Freunde
und für die
ausländischen Gefangenen
überall auf der Welt!*

1

*E*s war Donnerstag, der 9. September 1982, in der peruanischen Hauptstadt Lima.

Um sieben Uhr morgens erhielt ich einen Anruf in der Suite Nummer 501 des Luxus-Hotels ›*El Condado*‹. Hier, in Limas exklusivem Stadtteil Miraflores, befand ich mich seit etwas über einer Woche. Miguel war am Apparat.

»Hallo Mann, wie geht's dir?« fragte er mich auf englisch. Er sprach mit interessantem Akzent, einer Mischung aus südamerikanischem und New Yorker Dialekt.

»Nun, ich lebe noch; was gibt's Neues?«

Ich war noch etwas benebelt, das Resultat einer größeren Menge Whisky, die ich in der Nacht zuvor mit Joachim und den Mädchen von der Bar getrunken hatte.

»Hör zu, mein Onkel ist aus dem Urlaub zurückgekommen und würde dich gern sehen.«

Schlagartig war ich hellwach. Das war der verabredete Satz, es ging also los.

»Wirklich? Das sind gute Nachrichten. Wie war denn seine Reise?«

»Ausgezeichnet, er ist erster Klasse gefahren. Am besten triffst du ihn selbst, heute morgen noch, wenn's geht.«

Wir redeten immer in verschlüsselten Sätzen miteinander,

für den Fall, daß jemand das Gespräch mithörte. Ich blickte auf die Uhr.

»O.k., dann mache ich mich fertig; um halb zehn?«

»Ja, sehr gut, ich sehe dich dann nachher«, sagte er und legte auf.

»Endlich ist es soweit«, dachte ich zufrieden, »es hat diesmal länger gedauert, viel zu lange schon, eigentlich. Aber wenn jetzt alles nach Plan verläuft, können wir wahrscheinlich am Samstag fliegen.«

Ich begab mich in das schwarzgekachelte Badezimmer mit den Marmorbecken und stellte mich unter die Dusche. Es tat gut, sich von dem heißen Wasser berieseln zu lassen. Langsam kehrten auch die restlichen Lebensgeister wieder zurück.

Unter der Dusche dachte ich daran, daß ich Lima eigentlich von Anfang an nie so recht gemocht hatte. Als ich 1979 zum ersten Mal, in der Erwartung sehenswerter Inkaruinen, hier gelandet war, und statt dessen eine schmutzige Stadt in der Wüste vorgefunden hatte, ein graues Häusermeer voller Slums, war meine Enttäuschung maßlos gewesen.

Auch dieses Mal hatte ich eigentlich nur drei Tage bleiben wollen, und wie schon des öfteren, hatte es länger gedauert. Aber so war es in diesem Geschäft, es lief nie ab, wie man es plante.

Mir fiel ein, daß ich am nächsten Montag wichtige Termine mit meinem Partner Walter in Miami hatte; und in fünf Tagen würde mein Vater aus Deutschland kommen, um seinen Urlaub bei uns in Florida zu verbringen. Danach würde ich Sheena in Atlantic City besuchen, und dann würden wir ein paar Wochen wegfahren, vielleicht zu meinem Freund Philip nach Maine.

Ich drehte die Dusche nun auf eiskalt, und damit war ich endgültig wieder fit. Anschließend rasierte ich mich gründlich mit meinem elektrischen Rasierer; der Blick in den Spiegel sagte mir, daß ich im letzten Jahr doch etwas zugenommen hatte. Meinem sportlichen Aussehen tat es glücklicherweise noch keinen Abbruch, und in diesem Winter hatten wir vor, in den französischen Alpen Ski zu laufen. Dort würde ich schon wieder in Form kommen.

Meine Schweizer Uhr sagte mir, daß es mittlerweile acht Uhr dreißig war, noch eine Stunde Zeit.

»Was sollte ich anziehen?« Ich entschied mich für den eleganten, beigen italienischen Anzug und die braunen schweinsledernen Schuhe.

Jetzt sah ich aus, wie ein erfolgreicher Geschäftsmann auch aussehen sollte. Schließlich war ich Vize-Präsident und Mitinhaber der Fluggesellschaft ›*Antillean International Airlines*‹ mit Büros in Miami und Puerto Rico.

Sollte ich Joachim anrufen? Eigentlich war mein »Partner« in diesem Peru-Geschäft mehr lästig als nützlich, doch ich brauchte ihn, und er sollte den riskanten Teil der Operation übernehmen.

Nein, entschied ich, erst wenn das mit Miguel erledigt war. Ich konnte jetzt keine Störungen gebrauchen.

Der Roomservice hatte bereits wie üblich das Frühstück vor der Tür abgestellt: Orangensaft, Tee, Hörnchen mit Marmelade, Speck und Rührei, sowie eine Mango, schön gekühlt und aufgeschnitten. Die Peruaner wissen, wie man Obst gut zubereitet.

Ich stellte den Fernseher an und schaute mir während des Frühstücks ›*Buenos dias, Perú*‹ an, die allmorgendliche Nachrichtensendung.

Nachdem ich ausgiebig gefrühstückt hatte, zog ich das Jackett über, rückte die Krawatte nochmal zurecht, nahm den Zimmerschlüssel und verließ das Zimmer.

Auf dem Weg nach unten, im Lift, ging ich noch einmal die Details der gesamten Operation durch. Alles war perfekt organisiert, wir hatten an alles gedacht. Jetzt konnte eigentlich nichts mehr schiefgehen. Wenn Miguel sich als verläßlich erwies, war der Rest reine Routinesache. Ich war mittlerweile Profi in diesem Geschäft; keiner konnte mir so schnell etwas vormachen.

Daß dies aber meine letzte Operation sein würde, hätte ich mir nicht im Traum vorstellen können.

Der Lift kam unten an, und ich gelangte in die kleine Eingangshalle. Das ganze Hotel war im spanischen Stil erbaut, mit weißgetünchten Wänden, reichvezierten Holzornamenten vor den Fenstern und vielen geschmackvollen alten Möbeln. Am Ende der Halle hing ein großer Inka-Wandteppich. Man konnte sich hier wohlfühlen.

Ich lächelte der netten Argentinierin Susana zu, die an der Rezeption stand und gerade ein Telefongespräch anmeldete. Wir waren beide am selben Tag im Hotel angekommen. Der Hotelportier grüßte mich freundlich und hielt mir die Türe auf; nun ja, er hatte am ersten Tag auch ein fürstliches Trinkgeld von mir bekommen. Ich hatte gelernt, daß es wichtig war, diese Leute auf seiner Seite zu haben.

Ich trat auf die Straße hinaus. Die Sonne ging gerade auf und langsam fing es an warm zu werden, obwohl um diese Jahreszeit der peruanische Winter gerade erst zu Ende ging; auf der südlichen Halbkugel sind die Jahreszeiten genau umgekehrt als im Norden.

Miguel kam auf die Minute genau, fuhr an mir vorbei und stellte den Leihwagen, den ich ihm am Abend zuvor überlassen hatte, einen Block weiter ab.

Ich beobachtete die Straße, ob sich jemand verdächtig verhielt oder ob Leute in geparkten Autos saßen, aber alles war ruhig und ganz normal. Zwei Straßen weiter dröhnte der Verkehrslärm der belebten Hauptstraße Larco.

Miraflores ist zwar nicht das Zentrum Limas, aber der Stadtteil, in dem immer etwas los ist. Die meisten ausländischen Firmen haben hier ihre Büros, und überall sind elegante Geschäfte und nette Straßenrestaurants. Obwohl stets große Geschäftigkeit herrscht, ist man hier noch einigermaßen vor Taschendieben sicher, die einem in Lima sonst den Aufenthalt verleiden können.

Ich traf mich mit Miguel an der Ecke. Er gab mir schnell und unauffällig den Autoschlüssel, und ich ließ ihn ebenso rasch in meiner Jackentasche verschwinden.

»Der Aktenkoffer steht hinter dem Sitz«, sagte er, »wir haben die ganze Nacht hindurch gearbeitet. Es ist exzellent geworden!«

»Sehr gut, das freut mich zu hören. Ist dir auch keiner gefolgt?«

»Nein, alles klar. Ruf mich heute nachmittag an, o.k.?«

Wir trennten uns wieder, und Miguel verschwand sehr bald im dichten Gedränge von Miraflores.

Während ich zum Auto ging, blickte ich wieder unauffällig nach links und rechts, aber es schien alles in Ordnung. Ich stieg ein und fuhr sofort los, zunächst um ein paar Ecken. Ein Blick in den Rückspiegel zeigte, daß mir niemand gefolgt war. Eine reine Sicherheitsmaßnahme, aber sie beruhigte mich.

Ich stellte den Wagen an einer anderen Ecke wieder ab, holte den Aktenkoffer hinter dem Sitz hervor und ging auf das Apartmenthaus ›Central‹, schräg gegenüber dem Hotel, zu. Bevor ich hineinging, kaufte ich noch eine Zeitung von dem alten Mann, der in seinem erbärmlichen, auf der Straße aufgebauten Stand auch noch einzelne Zigaretten und ›Chiclet‹ (Kaugummis) verkaufte.

»*Algo más, Señor?* (Noch etwas, der Herr?)« fragte er, während er nach Wechselgeld suchte.

»*No, gracias, nada más.* (Nein danke, nichts weiter.)«

Dabei beobachtete ich die Straße nach beiden Seiten und blickte dann dem alten Mann in die Augen, um zu sehen, ob er eventuell nervös war, was darauf hingedeutet hätte, daß Polizeiautos in der Straße gewesen wären. Aber auch er erschien völlig normal. Ein Tag wie jeder andere.

Ich begab mich daraufhin ins Haus und fuhr mit dem Aufzug nach oben. Im siebten Stock war die Zwei-Zimmer-Wohnung, die ich zusammen mit Joachim auf seinen Namen gemietet hatte. Eigentlich sollte der Kerl ja dort wohnen, aber er war, wie gesagt, sehr schwierig.

Ich öffnete die Tür und verriegelte sie gründlich hinter mir. Dann begab ich mich ins Schlafzimmer und öffnete den Koffer.

Zunächst erblickte ich nur einige Zeitschriften. Darunter aber lag die gewünschte Ware: 5 Kilogramm des »weißen Goldes«, mit dem wir bereits ein Vermögen verdient hatten.

Es ging um ›C‹, ›Coke‹, ›la Coca‹, Kokain; und diesmal war es bester peruanischer Stoff, ›Flake‹ genannt, wegen seiner flockenförmigen Beschaffenheit, die an Cornflakes erinnerte.

In der Tat, Miguel hatte gute Arbeit geleistet. Das Kokain schien einwandfrei zu sein. Ich öffnete eine der Tüten und machte zwei kurze Tests, indem ich zunächst ein paar Partikel in ein Glas Wasser hineinwarf und beobachtete, wie und vor allen Dingen wie vollständig sie sich auflösten. Anschließend warf ich noch ein paar Körnchen in ein Glas mit Bleiche, wobei sie langsam zu Boden sanken und dabei weiße Schlieren zogen. Der Kenner hat einen Blick für die Qualität des Kokains.

Was Miguel betraf, hatte ich sowieso keine Bedenken. Mit seinem Onkel in Nordamerika tätigte ich bereits seit über einem Jahr beste Geschäfte, und die Hälfte dieser Ware sollte ohnehin an ihn gehen.

Gut. Nun konnte ich ins Hotel zurückkehren und Joachim holen.

Das Hotel war keine zwei Minuten Fußmarsch von der Wohnung entfernt. Von der Halle aus rief ich Joachim auf seinem Zimmer an. Es dauerte einige Zeit, bis er an den Apparat kam.

»Was ist denn los? Bist du schon auf?« fragte er brummig.

»Schon längst, alter Penner. Komm runter, ich habe gute Nachrichten!«

»Wie, ist was passiert?« Seine Stimme klang nervös.

»Das erzähle ich dir alles beim Frühstück, ich warte im Speisesaal auf dich.«

Ich bestellte noch einmal Frühstück, und zehn Minuten später kam er dann auch – noch unrasiert, was aber mit dem wilden Söldnerlook, den er zur Schau trug, bestens harmonierte.

»So, jetzt erzähl mal genau, was du gemeint hast, ich verstehe kein Wort. Ist der Peruaner endlich soweit?«

»Nicht nur das, sondern er war bereits hier. Es ist alles soweit erledigt; das Zeug ist bereits in der Wohnung!«

Joachims Augen weiteten sich, und er fummelte an seinem Schnurrbart herum.

»Wieso hast du mir denn nichts davon gesagt, ich wäre doch mitgekommen; das war doch so ausgemacht!«

Ich wunderte mich darüber, daß er es so wichtig fand, ob ich ihm Bescheid gesagt hatte oder nicht. Er war sichtlich aufgeregt.

»Es war jetzt wichtiger, daß alles reibungslos über die Bühne ging. Außerdem kam er so früh, daß ich dich nicht aufwecken wollte.«

»Wir hatten das aber anders vereinbart! Wenn du so weitermachst, dann kannst du den ganzen Dreck bald alleine erledigen. Ich soll schließlich das Zeug nach Kanada bringen. Folglich bestimme ich, was getan wird!«

Er regte mich allmählich auf, dies war mit Sicherheit das erste und letzte Mal, daß er bei uns mitmachen würde. Sobald er den Koffer nach Kanada geflogen hatte, würde ich ihm sein Geld geben und dann den Kontakt abbrechen.

»Hättest du den alten Mann, der den Transport machen sollte, mitgebracht, dann wäre dieser Umstand gar nicht nötig gewesen. Hör' also auf, den Beleidigten zu spielen, wir haben heute zu arbeiten!«

Sein Gesichtsausdruck wurde sichtbar friedlicher.

»Ich habe dir doch erzählt, daß der Mann einen Unfall hatte und im Krankenhaus liegt. Das nächste Mal ist er aber dabei, da kannst du sicher sein!«

Wir beendeten das Frühstück und gingen zusammen aus dem Hotel hinaus über die Straße, auf das ›Central‹-Gebäude zu. Nach wie vor war alles vollkommen ruhig.

Kaum in der Wohnung angekommen, fing Joachim sofort an zu suchen.

»Wo ist das Zeug nun?!«

»Immer mit der Ruhe, mach' zuerst die Schlafzimmertür zu.«

Ich nahm eine Kommodenschublade heraus und stellte sie auf das Bett. Dann holte ich die Kokaintüten und legte sie in die Schublade. Mit einer Schere schnitt ich alle 5 Tüten auf und schüttelte den Stoff etwas zurecht.

»Na, was hältst du davon? Beste Qualität, wie in den alten Zeiten in Santa Cruz!«

Joachim beugte sich über die Schublade und begutachtete alles. Dann nahm er ein Stückchen und rieb es zwischen seinen Fingern, wobei es sich ölig auflöste.

»Ja, gar nicht schlecht. Ich hätte nicht geglaubt, daß die Typen hier sowas überhaupt fertigbringen. Aber an meine Ware in Bolivien reicht es nicht heran!«

Ich holte den Hartschalen-Koffer aus dem Schrank, und legte ihn neben die Schublade. Ein ganzes Arsenal notwendiger Utensilien lag darin, von denen ich zunächst nur die Gefriertüten und die Verschweißmaschine brauchte.

»O.k., jetzt geht's an die Arbeit; das ganze Zeug muß in die kleinen Tüten abgefüllt und dann zugeschweißt werden!«

Joachim wurde auf einmal nervös und wischte sich einige Schweißperlen von der Stirn.

»Äh, hm, wart' mal, ich geh erst noch schnell runter und hole uns ein paar Flaschen Cola und Zigaretten, und dann machen wir das; ich habe noch so'n Durst von letzter Nacht. Aber du kannst ja schon mal anfangen, ich bin in fünf Minuten wieder zurück.«

Ich schaute ihn fragend an; hatte er bereits kalte Füße bekommen? Oder erweckte der Anblick des Stoffs Erinnerungen an vergangene Koksorgien? Ich hatte es schon öfter erlebt, daß Leute, die exzessiv Kokain konsumierten, schon beim Anblick der Droge auf die Toilette oder aus dem Raum mußten. Aber egal, den Koffer konnte ich auch alleine packen.

»Na gut, klingel' dann zweimal, wenn du zurückkommst; ich riegle hinter dir ab.«

Joachim hatte es auf einmal sehr eilig. Dann, im Hausflur, drehte er sich noch einmal um.

»Ronnie!«

»Ja, was?«
Er zögerte einen Augenblick, und wir sahen uns in die Augen.
»Ach, nichts, ist schon gut. Bis gleich dann!«
Und damit lief er die Treppe hinunter.

Ich schloß die Tür gründlich zu und machte mich daran, den Koks mit einem Suppenlöffel aus den fünf großen, gleichmäßig in zwanzig kleine Tüten umzufüllen.

Meine Gedanken waren noch bei Joachim, er war rätselhaft und undurchschaubar, und so ganz vertraute ich ihm nicht.

Aber das war bereits vor zwei Jahren so gewesen, als wir uns in Santa Cruz, der Hauptstadt der Sierra Boliviens, kennenlernten. Er war damals Anführer einer Söldnertruppe, die sich am Putsch des Generals García Meza beteiligt und dafür die Kommandantur über die Drogenpolizei von Santa Cruz erhalten hatte. Eigentlich ein Hohn, da sowohl García Meza als auch Joachim und seine Truppe Drogenschmuggel großen Stils betrieben und so ihr Geschäft gewissermaßen legalisiert hatten. Damals war Hans noch dabei, unser alter deutscher Freund, der alles eingefädelt und mich und Walter schließlich zum Mitmachen überredet hatte.

Wer hätte gedacht, daß zwei Jahre später Hans tot sein würde, und wir bis über beide Ohren in den Rauschgifthandel verwickelt sein würden, hier in Lima sogar als Partner von Joachim!

Während ich umfüllte, hatte ich auf einmal, für den Bruchteil einer Sekunde, den Eindruck, daß es diesmal schiefgehen würde. Ich erschrak, aber verwarf den Gedanken sofort. »So ein Quatsch! Kein Mensch, noch nicht einmal Miguel, weiß, daß wir in dieser Wohnung sind, was soll schon passieren!«

Ich füllte weiter um, als es plötzlich an der Haustür rumorte. »Das wird Joachim sein«, dachte ich und ging, die Tüte in der einen, den Löffel in der anderen Hand, ins Wohnzimmer, um nachzusehen, was los war.

In diesem Moment flog die Tür aus den Angeln und krachte in die Wohnung hinein. Ich war total verblüfft über das, was passierte, und ging sogar noch einen Schritt weiter vor.

Da kamen auch schon ein Dutzend wildaussehender Gestalten hereingestürmt, alle in schäbigen Anzügen oder Lederjacken und mit Maschinenpistolen und Revolvern verschiedensten Kalibers bewaffnet. Zwei oder drei hielten sogar in jeder Hand eine Waffe. Es war wie im Film.

Ich dachte sofort an einen Überfall von Mafiosi, die die Drogen rauben wollten. Dann schrie aber jemand:»Alto! Policia! Policia!« und vor mir stand ein Mann mit Kamera, der sofort ein Blitzlichtfoto von mir machte.

Ich muß grotesk ausgesehen haben, mit Kokstüte und Löffel in den Händen; *con las manos en la masa* — wie es später hieß — mit den Händen im Teig.

Schlagartig wurde mir bewußt, daß der Moment gekommen war, den ich die ganzen zwei Jahre über insgeheim immer wieder befürchtet hatte: Die Polizei war hinter die ganze Sache gekommen!

Ein nie zuvor gekanntes Schuldgefühl durchzog mich, und mein erster Gedanke war: »Mein Gott! Das darf doch nicht wahr sein!« Aber Gott schien mir einen Spiegel vorzuhalten, in dem ich zum erstenmal erkennen konnte, was für eine verrückte Gestalt ich war.

Als nächstes erhielt ich einen Faustschlag ins Gesicht und wurde zu Boden geworfen, sämtliche Waffenmündungen richteten sich auf mich. Meine Sorge war sofort, daß eins dieser abenteuerlichen Dinger von selbst oder durch den Übereifer der Leute losgehen würde. Man trat und schlug auf mich ein. Dann drehte man mich auf den Bauch und legte mir Handschellen an, so fest, daß ich meinte, meine Handgelenke würden zerquetscht werden. Eine wurde zunächst wieder abgenommen, um mir die Uhr abzustreifen – was das sollte, war mir in diesem Moment noch nicht klar.

»*Sientate, Narco!* (Setz dich, du Drogenverbrecher!)«

Es hagelte jetzt Faustschläge, ich konnte gar nicht mehr ausmachen von wem und aus welcher Richtung.
»*Habla, Gringo! Quién te ha dado la Coca?!* (Sprich, Gringo! Wer hat dir den Koks gegeben?!)«
Ich reagierte nicht, worauf es weitere Schläge gab. Dann zog mich jemand von hinten hoch, und ich konnte das Gesicht eines älteren Mannes mit europäischen Zügen erkennen. Ein anderer, schwarzhaariger, halbindianisch wirkender Mann schlug mir während dessen in die Seite, aber der Ältere stoppte ihn; offensichtlich hatte er hier am meisten zu sagen.
Er redete mich auf englisch an:
»Ich bin Major Quinteros, wo ist das Zeug her?«
»Das weiß ich nicht, dies ist nicht meine Wohnung.«
Wieder verpaßte mir der Halbindianische mit dem harten Gesichtsausdruck einen Schlag in die Seite.
Auch er sprach – gebrochen – Englisch.
»Und mein Name ist Capitán (Hauptmann) De la Calle, merk ihn dir gut; du willst uns wohl auf den Arm nehmen, wie?! Hör' mal genau zu, Gringo: deinen Freund Miguel haben wir bereits, und dich können wir auch abhaken. Aber du interessierst uns nicht, wir wollen die Peruaner haben, hast du verstanden?«
»Für dich ist das ganze Pech, *mala suerte*«, ergänzte Quinteros, »aber das macht nichts. Wenn du uns sagst, wer die Peruaner sind, dann kannst du ins nächste Flugzeug steigen und die Sache vergessen. Also, wie ist es?«
»Da müssen Sie schon diesen Miguel fragen, ich habe keine Ahnung, wo das Zeug her ist, wirklich, ich kann Ihnen nichts weiter dazu sagen.«
Sie akzeptierten meine Antwort natürlich nicht und es setzte weitere Schläge. Schließlich bekam ich ein Papier unter die Nase gehalten. Auf dem stand, daß ich heute in dieser Wohnung, in der Kokain gefunden worden war, verhaftet wurde.
»Unterschreibe das, *Gringo*!«
Ich wußte natürlich, daß man niemals irgend etwas unter-

schreibt, aber aus einem unerklärlichen Grund unterschrieb ich doch.

Ein Fehler, der Konsequenzen hatte: Da ich damit mein Schuldgeständnis unterschrieben hatte, stand dieses Papier von nun an gegen mich...

Ich wurde aus der Wohnung bugsiert, mit dem Lift hinunter und auf die Straße geschleppt, wo sich bereits mehrere Polizeiwagen und eine größere Menschenmenge versammelt hatten. Alles reckte neugierig die Hälse, um den gefangenen *Gringo* zu sehen.

Mir gingen tausend Gedanken durch den Kopf: daß ich am Samstag meinen Flug kriegen müßte, um am Montag im Büro zu sein; daß mein Vater zu Besuch käme; daß ich zu Sheena fahren wollte; und daß dieses ganze Problem hier bis spätestens morgen geregelt sein mußte.

Zum Glück hatten sie Joachim nicht erwischt, er war meine Rettung. Er würde Walter verständigen können und mit einer Handvoll Geld und den richtigen Beziehungen meine Auslösung veranlassen, wie das in Südamerika eben so üblich ist.

Zu meiner Überraschung ging es aber zunächst nicht in ein Polizeiauto, sondern hinüber zum Hotel. »Das wissen sie also auch, woher bloß?«, dachte ich. »Wie haben die mich überhaupt verhaften können?«

Es war recht peinlich, so ins Hotel zurückgebracht zu werden; der Portier war auf einmal überhaupt nicht mehr freundlich, und keiner wagte mich anzusehen.

Mein Zimmer wurde von oben bis unten durchwühlt, wobei ein Teil der Polizisten sich darauf beschränkte, meine Jacketts, Krawatten und Gürtel anzuprobieren, um sie für sich mitzunehmen.

Joachims Zimmer, das meinem gegenüberlag, war aufgesperrt, und beim Hinausgehen konnte ich einen Blick hineinwerfen. Es schien, als sei er in größter Eile abgereist; alle Schubladen und Schränke standen offen, von seinen Sachen war nichts mehr im Zimmer.

»Wenigstens er ist weg!«, dachte ich mir.

Danach schoben sie mich in einen der Wagen und drückten mich unter den Sitz, so daß ich nicht sehen konnte, wohin wir fuhren.

Die Fahrt dauerte nicht sehr lange, vielleicht eine viertel Stunde, und ich fand mich in einer Wohngegend mit Einfamilienhäusern wieder, von denen eines die Polizeistation war.

Man schien mich bereits zu erwarten, denn aller Augen richteten sich sogleich auf mich, als wäre ich ein exotisches Tier, das man gefangen hatte.

Ich wurde in einen Büroraum gebracht und mit einer Handschelle an einen schweren Bürosessel gekettet.

Ein bulliger, ebenfalls halbindianischer Polizist, kam herein. Er grinste hämisch.

»So, *Gringo*, jetzt verhaften wir noch deinen Freund Miguel und die übrigen der Bande, dann wirst du schon auspakken. Du bist hier in Peru, nicht in Nordamerika, das wirst du noch früh genug spüren!«

Er nahm eine Eisenstange in die Hand und klopfte mir damit auf die Schulter.

»Wenn du nicht redest, werden wir dir wehtun müssen und dir, wenn es sein muß, sämtliche Knochen brechen. Dein Körper wird schweren Schaden nehmen. Du wirst schreien, aber keiner wird dich hören; niemand kann dir hier helfen ...«

Ich wollte ihm etwas Passendes erwidern, unterließ es aber, da er bereits wieder ging. Die Tür schloß sich und ich war zum erstenmal seit dem Morgen wieder allein. Meine Uhr hatte ich nicht mehr, aber dem Stand der Sonne nach zu urteilen, mußte es bereits später Nachmittag sein. Durch das schmutzige Fenster konnte ich die letzten Sonnenstrahlen in den kleinen Garten hineinfallen sehen.

»Was hat er gesagt, Miguel müssen sie noch verhaften?«. Man hatte mir doch erklärt, er sei schon verhaftet worden ... Irgend etwas war gewaltig faul an der ganzen Angelegenheit, ich wußte nur noch nicht, was.

Ich blickte mich in dem Raum um, in dem sich noch zwei

Tische, ein Schrank und einige Stühle befanden. Auf beiden Tischen standen riesige mechanische Schreibmaschinen, einige Blätter unbeschriebenes Papier lagen daneben. An der Wand hing eine große Landkarte von Peru. Die Fenster waren von außen vergittert, und der Boden mit unansehnlichen Linoleumfliesen belegt.

Jetzt erst wurde mir langsam das ganze Ausmaß des Geschehens bewußt. Ich steckte tief in der Bredouille. Selbst wenn ich hier irgendwie mit heiler Haut rauskäme, würde die ›DEA‹ (US-Rauschgiftpolizei, *Drug Enforcement Agency*) mit Sicherheit davon erfahren und ihrerseits in Miami zuschlagen. Ich konnte also nicht ohne weiteres dorthin zurückkehren, geschweige denn nächste Woche dort sein.

Wieder überkam mich dieses Schuldgefühl, genau wie im Moment der Verhaftung. Es schien mir, als hätte ich die ganze Zeit im Kino gesessen und mir einen phantastischen Film angeschaut, zwei Jahre lang, und nun hatte dieser Film abrupt geendet. Das Licht im Kino war angegangen, und ich starrte nur noch auf die leere Leinwand. Alles um mich herum war kahl und häßlich. Welch ein Erwachen!

Wer sollte mir jetzt hier heraushelfen? Gott? Der wohl kaum, nach all dem, was ich getan hatte. Nicht, daß ich völlig die Existenz eines Gottes bestritten hätte. Nein, gestern Nacht hatte ich sogar »gebetet«, daß er dieses Deal gelingen lassen möge... Aber darauf hatte er wohl nicht gehört, und nun war ich vollends von Gott verlassen. Ich konnte es ihm nicht mal verdenken, was hatte er schon mit einem Rauschgiftschmuggler zu schaffen?

Ich streckte mich lang auf dem Boden aus, die Hand am Sesselbein, und steckte mir eine Zigarette an, die ich noch in meiner Tasche fand. Meine Gedanken wanderten zurück nach Frankfurt, wo dies alles vor fast zwei Jahren angefangen hatte ...

2

*F*lughafen Frankfurt/Main, 30. August 1980.
Ich hatte gerade meine Bordkarte bekommen. Der British-Airways-Flug Nr. 177 über London nach New York sollte pünktlich um 11:30 Uhr abfliegen. Noch 45 Minuten in der alten Welt ...

Bis vor zwei Monaten noch hatte ich bei einer arabischen Fluggesellschaft in Frankfurt gearbeitet, und dort meine Ausbildung beendet, aber jetzt hielt mich in Deutschland nichts mehr.

Ich war 22 Jahre alt, und mein Leben hätte eigentlich normal weitergehen können. Aber in meinem Geburtsland schienen mir die Möglichkeiten viel zu begrenzt, alles war in alten Bahnen festgefahren und bis ins Detail geregelt.

Ich hatte einiges an Ideen ausprobiert, um aus dem Rahmen auszubrechen und mich selbständig zu machen, das meiste davon zusammen mit meinem Schulfreund Walter: Direkt nach unserem Abitur hatten wir Autos nach Syrien exportiert, indem wir mit den Wagen durch ganz Südosteuropa bis nach Damaskus gefahren waren. Auf einer dieser Touren wurde uns allerdings das Auto in der Türkei von zwei französischen Anhaltern, die wir mitgenommen hatten, mitsamt unseren Pässen und unserem Geld geklaut, und wir mußten fast einen Monat so gut wie mittellos in Istanbul zubringen, bis uns das Konsulat die Rückreise ermöglichte. Es war trotz allem ein Abenteuer, und den Monat in dem abgetakelten *Hotel Savoy*, für 2 DM das Bett, neben dem weltberühmten *Pudding Shop*, werde ich nie vergessen. Danach folgten Textilimporte von Alpakakleidung aus Bolivien, zuletzt eine Vermittlungsagentur für Flugpersonal, da Walter mittlerweile ausgebildeter Boeing 727-Pilot in den USA war. Aber es fehlte uns stets das nötige Kapital zum rentablen Aufbau derartiger Unternehmen, und so hatte ich jetzt sogar Schulden bei der Bank.

Zu alledem kam noch, daß die Beziehung zu meiner Freundin Jenny dieses Jahr auseinandergegangen war.

Die Entscheidung war getroffen, ich würde die Brücken hinter mir abbrechen. Jetzt war ich auf dem Weg nach Amerika, um zusammen mit Walter das große Geld zu machen.

Als das Flugzeug abhob, blickte ich aus dem Fenster und sah meine Heimatstadt langsam unter mir entschwinden. Das Abenteuer hatte begonnen!

*

Die Wohnung einer Bekannten im New Yorker Vorort White Plains befand sich im siebten Stock eines etwas heruntergekommenen Mietshauses. Sie wohnte mit einem Schweden und einem Amerikaner zusammen, beides Kollegen aus der Computerfirma, bei der sie arbeitete.

Die ersten fünf Tage verbrachte ich damit, mit ihr die Stadt kennenzulernen, und wir kehrten gerade von einem Ausflug nach Neu-England zurück, als das Telefon klingelte.

»Hallo Ronnie, altes Haus! Bist du endlich angekommen!«

Es war Walter, auf dessen Anruf ich schon gewartet hatte.

»Wie du hörst, ja! Aber wo warst du denn die ganze Zeit?

Ich versuche bereits seit Tagen, dich zu erreichen. Bei deiner Fluggesellschaft sagten sie mir, du seist im Urlaub.«
Walter lachte ins Telefon, seine Stimme klang begeistert.
»Die haben keine Ahnung. Ich werde sowieso kündigen. Ronnie, ich habe das Geschäft unseres Lebens entdeckt! Wir sind jetzt bald reich, steinreich, verstehst du?! In vier Wochen machen wir unsere eigene Airline auf!«
»Klingt interessant! Hast du dir auch schon überlegt, wie du das anstellen willst? Oder hat der Alte da seine Finger im Spiel? Ich habe ihm vor meiner Abreise noch ein Telegramm geschickt.«
»Exakt, der Hans ist hier! Ich war bis jetzt mit ihm an der Westküste unterwegs. Jetzt hör mal genau zu: Du mußt sofort das nächste Flugzeug nach Miami nehmen und zu uns kommen. Wir fliegen morgen früh alle zusammen nach Bolivien!«
Ich war überrascht, nicht zuletzt von seinem Enthusiasmus.
»So schnell? Was ist denn los?«
»Das kann ich dir jetzt am Telefon nicht erklären. Alles weitere, sobald du hier bist, also mach' dich auf die Socken!«

Es gab beinahe stündlich Flüge nach Miami, und so kam ich gegen Abend in der schwülheißen Metropole Floridas an.
Walter empfing mich am Flugplatz mit einem gemieteten weißen Cadillac, einem Schiff von Auto, und einer großen Havanna im Mund. Er war in hervorragender Laune.
»Bestens, bestens, daß du jetzt auch hier bist. Genau zum richtigen Zeitpunkt!«
»Ich bin schon gespannt wie ein Flitzebogen. Was habt ihr denn vor? Bis jetzt hast du noch nicht viel erzählt.«
»Erklär ich dir alles auf der Fahrt ins Hotel. Wir müssen uns beeilen, weil heute abend noch jemand kommt!«
Nachdem wir meinen Koffer geholt und verstaut hatten, stiegen wir in die riesige Nobelkarosse ein und fuhren in Richtung Innenstadt.
Miami war genau so, wie ich es mir vorgestellt hatte.

Drückend heiß, sobald man ins Freie kam und ohne Klimaanlage kaum auszuhalten, aber richtig tropisch schön war es. Nach dem Flughafen kamen wir an vielen neonbeleuchteten Hotels und Restaurants vorbei; es gab kaum Hochhäuser, dagegen unzählige Palmen und tropische Pflanzen am Wegrand. Die meisten Wohnhäuser waren im Bungalow- oder spanischen Stil gebaut, weiß oder beige getüncht, und jedes war umgeben von einem großen Garten voller Bäume und Pflanzen. Es schien eine Stadt voller Leben zu sein, die die verschiedensten Kulturen beherbergte, eine Mischung aus südamerikanischer Atmosphäre und nordamerikanischem Business. Auf der Stadtautobahn I-95 bewegte sich ein buntes Band unterschiedlichster Fahrzeuge, vom Mercedes-Benz Cabriolet bis zur uralten Rostlaube, in der nicht selten bis zu zehn Lateinamerikaner saßen.

»Was bedeutet denn das ›*Dade*‹ auf den Nummernschildern?«

Walter grinste belustigt.

»Das ist der County oder Landkreis hier. Ganz Miami, bis rauf an die Grenze zu Fort Lauderdale, gehört zum berühmt-berüchtigten ›*Dade County*‹.«

»Ah so. Und warum steht hier soviel auf spanisch, an den vielen Geschäften und Restaurants?«

»Weil über die Hälfte der Einwohner Lateinamerikaner sind. Ausgesprochen viele Kubaner leben hier. Nach der Revolution durch Fidel Castro ist die halbe Bevölkerung Kubas hier herübergesiedelt.«

Die Stadt gefiel mir. Sie atmete eine einzigartige exotische Atmosphäre. Es schien, als ob man hier gut leben könne.

Ich sog an meiner Zigarre.

»Also der Alte ist auch hierher gekommen?«

»Ja, vor zwei Wochen. Der verrückte Kerl hat drei Kilo Kokain in einem Koffer reingeschmuggelt und mich dann angerufen, daß ich ihn in San Francisco abholen soll.«

Nun war ich vollkommen überrascht.

»Ach, dann hast du dich also doch in dieses verflixte Geschäft hineinziehen lassen. Ich dachte, damit hättest du nichts zu tun haben wollen?!«

Walter blickte ernst zu mir herüber und klopfte seine Zigarre im Aschenbecher ab.

»Richtig, aber das war, bevor ich mich erkundigt habe, wie das Ganze überhaupt vonstatten geht und was die Gewinne dabei sind. Das ist genauso ein Geschäft wie mit Äpfeln und Tomaten, der einzige Unterschied besteht darin, daß die Ware vor einigen Jahren für illegal erklärt worden ist.«

Ich konnte es noch immer nicht fassen. Walter schien sich seiner Sache aber vollkommen sicher zu sein.

»Aber als ich letztes Jahr in Bolivien war und dir erzählt habe, was der Hans vorhat, da hast du überhaupt nichts davon wissen wollen! Entsinnst du dich noch?«

»Stimmt, aber damals lagen die Dinge noch anders. Im vergangenen Monat haben seine Militärfreunde dort unten ihren Putsch gelandet, und seitdem ist er ganz dick drin. Einer seiner Kumpane ist jetzt Innenminister, und damit untersteht ihm die gesamte Polizei. Ist das nicht überaus günstig?«

In der Tat, im Juli 1980 hatte der rechtsextreme Armeegeneral García Meza gegen die demokratisch gewählte Präsidentin Lydia Gueiller geputscht und die Regierung übernommen. Der Oberst Luis Arce Gomez wurde zum Innenminister ernannt, obwohl sein Cousin Roberto Suarez Gomez der vermutlich größte Rauschgifthändler des Landes war. Die Ereignisse hatten einiges Aufsehen in der Weltöffentlichkeit erregt, da dieser Putsch offensichtlich auch von der Kokainmafia finanziert worden war.

»Ja schon, aber Kokain ist eine harte Droge, wir wollten uns damit doch nicht abgeben!«

Walter schüttelte den Kopf.

»Ich habe in der Zwischenzeit mit einer ganzen Reihe von Leuten gesprochen, die über den Stoff Bescheid wissen, bzw. ihn selber nehmen. Was in der Öffentlichkeit darüber verbrei-

tet wird, ist alles totaler Quatsch. Es ist vollkommen harmlos, sogar weniger schädlich als Alkohol oder Zigaretten!« Er deutete auf einen hellerleuchteten ›*Liquor Store*‹ (Spirituosenladen), an dem wir gerade vorbeifuhren.
»Das mußt du mir schon genauer erklären.«
»Es ist ganz einfach: Das Zeug wirkt in etwa wie ein paar Gläser Sekt, man wird euphorisch und fühlt sich wie auf Wolken, ohne aber in geringster Weise die Kontrolle zu verlieren. Nach einer halben Stunde ist die Wirkung verflogen und man ist wieder völlig normal. Die Droge stimuliert sozusagen die Gehirnfunktionen. Deswegen nehmen es auch viele Künstler und Musiker, um in Höchstform zu sein.«
»Hast du es etwa schon probiert?«
»I wo, bist du verrückt? Wir wollen damit Geld verdienen und sonst nichts! Zum Amüsieren weiß ich was Besseres. Außerdem nehme ich grundsätzlich keine Drogen, wie du weißt.«
Wir bogen ab und gelangten in die nächtliche Innenstadt. Hier standen nun doch einige Wolkenkratzer, hauptsächlich Banken, und eine Unmenge von Geschäften. Die Straßen waren schmutziger, und man sah allerlei Gestalten herumlungern, überwiegend Farbige und Latinos, wie es schien.
Walter fuhr auf den Parkplatz eines heruntergekommenen, drittklassigen Hotels in der ›*SE 1st Street*‹.
»Wir sind da. Falls du dich wunderst: Diese Art von Hotels ist besser für uns, weil man sich hier weniger um die Angelegenheiten der Gäste kümmert.«
In der Eingangshalle des Hotels ›*Royalton*‹ lag ein Hund vor der unbesetzten Rezeption. Einige Palmenpflanzen standen davor, und zwei große Deckenventilatoren kreisten träge vor sich hin.
Wir stiegen in den alten Aufzug und rumpelten langsam nach oben in den 4. Stock, Zimmer Nummer 407.
Hans machte uns auf, nur mit einer Unterhose bekleidet. Sein magerer Körper und die wenigen schütteren Haare ließen ihn wie einen alten Kauz erscheinen.
Wir umarmten uns herzlich.

»Na, du grüner Junge, bist du jetzt doch endlich gekommen! Ich dachte schon, du hättest dich zur Ruhe gesetzt.«

»Von wegen, ich hab' bis jetzt nur nicht von Deutschland weggekonnt.«

»Tja, da hast du aber den ganzen Anfang unserer Operation bereits verpaßt. Wenn du früher dagewesen wärst, hättest du diesmal schon mitverdienen können.«

Hans ließ sich auf eines der beiden Betten fallen. Die Klimaanlage lief auf Hochtouren, aber ein Fenster war kaputt, so daß ein Strom schwüler Luft hereinzog. Das ganze Zimmer war mit Koffern, Taschen und Säcken, aus denen Gewehrläufe herausragten, übersät.

»Was ist denn das? Wollt ihr eine Revolution starten?«

Hans zog sich ein Paar Khaki-Shorts und eine *Guayabera*, das typische südamerikanische Hemd mit vier Taschen, an und grinste breit zu Walter hinüber.

»Die Revolution ist schon gelaufen. Im Juli haben unsere Leute die Macht übernommen, wie du sicher gehört hast. Mit Waffen, die ich vorher besorgt hatte!«

Er war sichtlich stolz.

»Dann warst du dieses Jahr schon mal hier?«

»Ja, vor zwei Monaten, mit einem Kilo Koks, das ich mir auf den Hintern gebunden hatte.«

»Du bist ja 'ne Nummer! Und wieviel hast du diesmal mitgebracht?«

»Wesentlich mehr, aber in einem speziellen Koffer, diesem da!«

Er deutete auf einen großen Hartschalen-Koffer, der am Boden lag.

»Aha. Und damit warst du in San Francisco, um das Zeug zu verkaufen. An wen denn?«

»An einen alten Freund. Eine ganz solide Sache, sozusagen ein Familiengeschäft. Viel besser, als wir es damals besprochen hatten, erinnerst du dich noch?«

Ja, ich erinnerte mich noch gut. Kaum zu glauben, was sich aus unserer Bekanntschaft entwickelt hatte.

1978 war ich das erste Mal in Südamerika gewesen, auf dem Kontinent meiner Träume. Ich war direkt nach Santa Cruz in Bolivien geflogen, um Hans Stellfeld zu besuchen. Walter hatte ihn vor einigen Jahren kennengelernt und mir seine Adresse gegeben.

Zu dieser Zeit war *Don Hans*, wie er von den Einheimischen in Achtung vor seinem Alter genannt wurde, noch ein so gut wie mitteloser, fast 70jähriger Mann, der nach einem überaus bewegten und abenteuerlichen Leben in dieser Stadt hängengeblieben war. 1950 war er von Deutschland nach Paraguay übergesiedelt und dort über 20 Jahre lang Besitzer der größten Tier- und Orchideenexportfirma Südamerikas gewesen. Ein Artenschutzabkommen von 1973 hatte seinen Geschäften dann aber praktisch über Nacht ein Ende gesetzt und ihn schließlich gezwungen, mit seiner Firma nach Bolivien zu gehen. Sein Compagnon betrieb sie nun in Santa Cruz weiter, wenn auch nur mit Affen- und Papageienexporten an internationale Zoos. Hans hatte sich auszahlen lassen und seinen Anteil schon längst mit Frauen und einem pompösen Lebensstil durchgebracht. Seinen Erzählungen nach war er in seinem Leben bereits mehrmals sowohl Millionär als auch Bettler gewesen; man konnte es ihm glauben.

Mein erster Besuch war noch rein touristisch, ich hatte eigentlich nur Südamerika kennenlernen wollen, dennoch nahm mich Hans gleich auf eine Geschäftsreise ins Landesinnere mit.

1979 hatte ich ihn erneut in Santa Cruz besucht, und wir hatten in seinem winzigen Zimmer in der Pension ›*Florida*‹ bis spät in die Nacht bei kümmerlicher Beleuchtung und *Mate-Tee* zusammengesessen und über Gott und die Welt diskutiert.

Seitdem wir uns kannten, hatten wir uns immer überlegt, was man im Leben noch tun könnte, um sowohl viel Geld zu verdienen als auch Abenteuer zu erleben, und wir waren von

Alpakapullovern und Alligatorjagden über Landverkauf bis zu Zitrusplantagen gekommen.

Nun meinte er, den Stein der Weisen gefunden zu haben:
»Lieber Ronnie, ich schätze dich als jungen Freund, aber deine Ideen sind bis jetzt immer nur »Marsringe« gewesen. Zu all' diesen Unternehmen braucht man zuviel Kapital. Du brauchst dich hier nur umzusehen, dann weißt du, was das Geschäft der Zukunft sein wird!«
»Und das wäre?«
»KOKAIN!«
Das Wort sagte mir so gut wie nichts.
»Du meinst Rauschgift? Kokain ist doch eine Droge, so wie Heroin?«
»Unfug, das behaupten nur die Amerikaner. Die Inkas nehmen das Zeug schon seit tausend Jahren, und sieh dir mal an, wie es denen geht: Die vermehren sich wie die Hasen! Wenn das Kokain wirklich so mies wäre, wie sollte das dann möglich sein?«

Wir redeten noch tagelang über das Geschäft, bis ich wieder nach Deutschland zurückfliegen mußte, aber überzeugen konnte er mich nicht so recht.

Zu Hause angekommen, hatte ich zunächst nur Walter davon erzählt, und wir wollten dann herausfinden, wie man den Stoff überhaupt verkaufen könnte.

Nur, womit sollte man anfangen? Wo fand man Rauschgiftdealer?

Wir waren einige Nächte lang durch das Frankfurter Bahnhofsviertel gezogen und hatten uns in Nachtclubs und Bordellen herumgetrieben; immer in der Hoffnung, irgendwann einmal einen Drogenhändler zu finden. Die Aktion wurde ein totaler Reinfall, wie kaum anders zu erwarten war. Jedenfalls war das dann das Ende der Idee Kokainexport gewesen. Bis zum heutigen Tag.

*

Hans räkelte sich auf seinem Hotelbett. Er steckte sich eine Zigarette an, die er stets in einer handgemachten silbernen Spitze rauchte.

»Jetzt sind wir professionell und haben die richtigen Leute an der Hand. Der Mann mit dem Zaster sollte bald kommen, wir müssen heute nacht noch die Koffer packen!«

Der besagte Mann ließ nicht lange auf sich warten. Ein Typ wie aus einem Humphrey-Bogart-Film: weißer Anzug, Panamahut, Vollbart und Zigarre im Mund. Er begrüßte uns mit einem breiten Lächeln.

»Na, Freunde, einen schönen Abend wünsch' ich euch!«

Er hatte einen grauen Aktenkoffer dabei, den er, ohne weitere Zeit zu verlieren, auseinandernahm. In der doppelten Rückwand befanden sich bündelweise Hundert-Dollar-Noten.

»Das hat ganz schön gedauert, die Mäuse in Hunderter umzutauschen, ihr wißt ja, daß in diesem Geschäft immer nur in Zwanzigern bezahlt wird.«

Hans nickte brummelnd und fing an, das Geld zu zählen. Er warf mir und Walter einige Bündel Geld zu und bedeutete uns, daß wir ihm dabei helfen sollten.

Wir zählten und zählten. Es war ein aufregendes Gefühl, soviel Geld durch die Finger gehen zu lassen. Jeder Packen enthielt 10.000 Dollar, war aber nicht höher als eine Zigarettenschachtel. Schließlich waren wir fertig, Hans machte seine Abrechnung mit dem Mann, und dann verabschiedete dieser sich wieder. Er würde noch in derselben Nacht nach San Francisco zurückfliegen.

Hans ergriff das Telefon.

»O.k., jetzt müssen wir noch einen Platz für dich reservieren, den ganzen Kram zusammenpacken und dann da unten anrufen, damit wir morgen früh abgeholt werden. An die Arbeit, leichtverdientes Geld gibt es in diesem Geschäft nicht!«

Nach mehreren Stunden war alles organisiert, und Dutzende von Gewehren, Maschinenpistolen und Munition in sechs Seesäcke und drei Koffer verpackt. An Schlaf war in dieser Nacht natürlich nicht mehr zu denken. Wir mußten uns alle noch einmal duschen und umziehen, da wir von der Arbeit und der ganzen Anspannung schweißdurchnäßt waren. Hans hatte recht: Es war harte Arbeit, mit diesem Zeug Geld zu verdienen!

Im Morgengrauen brachen wir dann zum Flughafen auf. Während der Fahrt mußte ich noch einmal an das vergangene Jahr denken.

Ich war damals noch mit Jenny zusammengewesen und hatte ihr nach meiner Rückkehr aus Südamerika von der Idee mit dem Drogengeschäft erzählt. Sie war total dagegen und riet mir energisch davon ab. Schließlich schleppte sie mich in ein Kino, in dem zu dieser Zeit gerade der Film ›Midnight Express‹ lief: die Geschichte eines jungen Amerikaners, der Haschisch aus der Türkei schmuggeln wollte und bei einer Waffenkontrolle am Flughafen erwischt wurde. Anschließend mußte er fünf Jahre lang einen Alptraum in türkischen Gefängnissen durchmachen und gelangte nur durch eine dramatische Flucht wieder in die Freiheit.

Daraufhin war mir dann vorläufig jegliche Lust an solchen Schmuggelgeschäften vergangen ...

Nun war ich aber doch dabei und litt unter Horrorvorstellungen, daß uns dasselbe mit den ganzen Waffensäcken und den weit über hunderttausend Dollar in Bargeld am Flughafen passieren würde.

Es kam aber alles ganz anders. Das Gepäck wurde anstandslos eingecheckt, wir gingen zum Abfluggate und stiegen einfach ins Flugzeug.

Mit einer halben Stunde Verspätung stieg die alte Boeing 727 der ›Lloyd Aereo Boliviano‹ in den blauen Himmel Floridas, dem Land im Herzen Südamerikas entgegen ...

3

Die Sonne ging gerade auf, als die Maschine langsam den Abstieg aus den Wolken begann, um den alten Flughafen ›*El Trompillo*‹ von Santa Cruz de la Sierra anzufliegen. Wie bereits ihr Name sagte, lag die Stadt im fruchtbaren Tiefland, dem reichsten Gebiet Boliviens. Es gab riesige Rinderranches und Viehweiden, teilweise von der Größe deutscher Bundesländer und seit alters her im Besitz von Großgrundbesitzern. Einige davon hatte ich kennengelernt, als ich 1978 das erste Mal hier war.

Damals hatte ich mich entschlossen, meinen Urlaub in Bolivien zu verbringen, und da ich bei einer Fluggesellschaft arbeitete, einen Gratisflug von Frankfurt über La Paz nach Santa Cruz bekommen.

Mein erster Eindruck war recht positiv. Die kargen, grandiosen Anden und die Quechua-Indianer mit ihren typischen Trachten waren genauso, wie ich sie mir immer vorgestellt hatte. Das einzige Problem war die unerhört dünne Luft in der Hauptstadt La Paz, was allerdings bei fast 4000m Höhe auch kein Wunder war. Jede Bewegung wird zur Anstrengung, schon beim Koffertragen war es mir schwindelig geworden; an Zigarettenrauchen ist überhaupt nicht zu denken. Die Armut in dieser Region ist sehr groß und auch ganz offensichtlich, die

Menschen haben alle einen leidenden Gesichtsausdruck, der von vielen Entbehrungen zeugt.

Santa Cruz dagegen ist völlig anders. Auf Meereshöhe gelegen und von üppiger Vegetation umgeben, repräsentiert diese Stadt mit damals 200.000 Einwohnern das wirtschaftliche Zentrum Boliviens. Von hier aus besteht ein reger Geschäftsverkehr von und nach Brasilien, Paraguay und Argentinien. Auch die Menschen dort unterscheiden sich von denen im Hochland. Es gibt zwar wiederum viele Mestizen, aber anderer Rasse, Tiefland-Indianer mit spanischem Blut. Sehr viele Nachfahren europäischer Einwanderer leben hier, vor allem auch Deutsche.

Die Stadt selbst ist sehr großzügig und weitläufig angelegt, es gab früher fast nur große Alleen mit Villen und Einfamilienhäusern. Hochhäuser sah man kaum, dafür viele Grünanlagen und Bäume. Auf den Straßen war nur ein mäßiger Verkehr, der sich vornehmlich aus japanischen Autos und Landrovern zusammensetzte.

Hier hatte ich Hans zum erstenmal getroffen – nicht ohne Hindernisse, denn mein Besuch begann gleich mit einem Abenteuer: Da ich kein Wort Spanisch konnte, hatte das Taxi mich vom Flughafen in das falsche Hotel, ›*Brasilia*‹ statt ›*Brasil*‹, gefahren. Kein Mensch konnte mich dort verstehen, mir also auch nicht sagen, wo Hans zu finden war. Ich hatte nie gedacht, daß man so hilflos sein könnte, wenn man die Landessprache nicht verstand!

Dann hatte ich ihn aber doch, durch einen Zufall, im richtigen Hotel ›*Brasil*‹ gefunden, und wir waren einen Tag später mit zwei Industriellen aus Deutschland in den sogenannten ›*Beni*‹ im Norden des Landes geflogen.

Dort, in der Nähe der Stadt Trinidad, wollte Hans als Makler die größte Rinderranch des Landes an Deutsche verkaufen.

Als erfreuliches Nebenprodukt dieses Unternehmens bekam ich sehr schnell vielerlei Eindrücke von Land und Leuten und durfte während dieser Zeit so fabulöse Abenteuer wie Alligatorjagden und Piranhafischen erleben.

Aus dem Immobiliengeschäft wurde zwar letzten Endes doch nichts, aber ich hatte Bolivien kennen- und liebengelernt, wie es mir sonst wohl kaum möglich gewesen wäre.

*

Der Flug aus Miami war der einzige internationale an diesem Morgen, und der Flughafen war daher nicht, wie sonst oft, überfüllt. Die kleinen Jungen und alten Männer mit den zerschlissenen Hosen und Plastiksandalen standen schon erwartungsvoll an der Rampe, um die Koffer aus der Maschine zu nehmen und sie dann zur Gepäckausgabe, einer kleinen Bretterbude außerhalb des Flughafengebäudes, zu karren. Überall sah man Schuhputzer und Eisverkäufer; kleine fliegende Händler für Kaugummis und Zigaretten; es war wie immer ein buntes Treiben.

Was würde aber nun aus unseren Waffensäcken werden?

Wir hatten kaum die Paßkontrolle erreicht, als sich plötzlich ein Armeeoffizier dem Schalter näherte und uns zuwinkte. Der Paßbeamte schien großen Respekt vor ihm zu haben, denn er nahm unsere Pässe, ohne überhaupt hineinzusehen, und stempelte sie ab. Wir wurden gebeten, weiterzugehen. Der Offizier geleitete uns zur Gepäckausgabe, wo einige Soldaten warteten, die bereits unsere Taschen in den Händen hielten. Wir passierten den Zoll, wiederum ohne auch nur angeschaut zu werden, und stiegen ein Stück weiter in einen Armee-Landrover ein. Die Soldaten mit dem Gepäck setzten sich hinten auf die Pritsche. Wir fuhren los und gelangten zu einer großen Villa am Stadtrand.

»Das ist das Haus von Joachim und seiner Truppe!« meinte Hans, und im selben Augenblick kamen zwei europäisch aussehende Männer mit Patronengurten um die Schultern heraus, um die Sachen abzuladen.

Sie begegneten uns sehr zuvorkommend; und wie ich uns drei auf der staubigen Straße, in unseren Regenmänteln, die wir in Miami noch gebraucht hatten, anschaute, konnte ich nicht umhin, an die alten mexikanischen Western zu denken, in denen die berüchtigten Pistoleros nach langem Ritt dem korrupten Gouverneur die Waffen zur nächsten Revolution brachten.

Der Offizier und seine Leute verabschiedeten sich und fuhren wieder ab.

»*Commandante* Joachim kommt gleich«, hieß es, und wir gingen in das Haus und nahmen in einem großen Wohnzimmer Platz.

Ich sah mich um und stellte fest, daß wir uns in einer Art Drittes-Reich-Museum befanden: An einer Wand hingen Nazifahnen, daneben einige Bilder und Plakate aus dieser Zeit. Eine andere Wand war voller Gewehre und Uniformteile, und in einem Regal lagen diverse Armeepistolen, Wehrmachtsmützen und Orden.

»Na, habt ihr's also geschafft, wieder heil zurückzukommen?«

Ein kräftiger Mann, Mitte 30 und mit einem großen Schnurrbart, hatte den Raum betreten. Er trug eine Tarnfarbenhose, Stiefel und einen großkalibrigen Revolvergurt.

»Was soll die Frage, wenn ich etwas organisiere, dann wird es immer ein Erfolg!« entgegnete Hans großspurig.

Sie begrüßten sich herzlich, und dann wurde ich vorgestellt.

Joachims Erscheinung war mir trotz allem nicht unsympathisch, und wir kamen gleich miteinander ins Gespräch. Es stellte sich heraus, daß er aus demselben kleinen Dorf im Taunus kam, in dem ich geboren war. Sein Bruder betrieb dort einen Nachtclub.

»Ich bin fünf Jahre lang in der Fremdenlegion gewesen, bis ich die Nase davon voll hatte; dann bin ich mit einigen Kumpels nach Paraguay gegangen, und da haben wir einige Jahre gut gelebt.«

»Dort haben wir uns dann auch kennengelernt, im ›*Treffpunkt*‹, der deutschen Eisdiele von Asunción«, ergänzte Hans.
»Wir waren sogar einige Zeit in der Leibgarde vom (Präsidenten) Stroessner, dem alten Bayern.«
»Und warum seid ihr da weggegangen?«
»Aus verschiedenen Gründen. Auf alle Fälle wurde es erst richtig gut, als wir dann zu Roberto Suarez in den Beni gingen und seine Leibwächter wurden.«
»Aha, und wer ist das?« fragte ich.
»Den kennst du nicht?« Joachim schaute mich entgeistert an. »Mann, du bist ja ein schönes Greenhorn. Er ist der größte Rauschgiftproduzent des Landes, der hat soviel Geld, daß er das ganze Land kaufen könnte! Er hat eine eigene Luftwaffe, die mehr Flugzeuge besitzt als die Boliviens! Ich war sein persönlicher Adjutant auf seiner *Estancia* (Rinderranch).«
»Ach so, ich dachte, ihr wärt mit alten Nazis zusammen, wegen der Uniformen hier und so.«
Joachim blickte stolz auf seine Sammlung.
»Die Sachen aus der Reichszeit sind meine, habe ich jahrelang gesammelt. Aber du liegst schon richtig. Einige aus der alten Garde haben den Putsch mitorganisiert. Hans siehst du ja vor dir, und von Klaus Barbie hast du sicher auch schon gehört. Er ist jetzt in La Paz und arbeitet mit Arce Gomez, dem Innenminister, zusammen, der übrigens ein Cousin von Roberto ist. Wir haben das Land jetzt in der Tasche. - Das habt ihr ja wohl heute morgen am Flughafen gemerkt. Oder glaubst du, daß du sonst noch am Leben wärst, mit 6 Säcken voller Waffen als Gepäck?«
Ich mußte erstmal schlucken, an diese Möglichkeit hatte ich überhaupt nicht gedacht!
»Also gut, und du hast jetzt das Kommando über die Stadt?«
»Ich bin der Kommandant der Rauschgiftbrigade, uns unterstehen damit alle Polizei- und Militäreinheiten.«
Das Gespräch dauerte mehrere Stunden, und ich war fasziniert. Die Idee mit dem Rauschgiftschmuggel schien nun

doch nicht mehr so gefährlich zu sein, hier konnte jedenfalls gewiß nichts passieren.

Joachim war auch Besitzer der deutschen Kneipe ›Bavaria‹, wo wir am Abend ausgiebig feierten. Dort trafen sich fast alle Deutschen und sonstigen Ausländer, die in Santa Cruz wohnten. Einige waren Ingenieure oder bei einer der Ölfirmen beschäftigt, andere hier verheiratet und wieder andere typische Glücksritter, die überall auf der Welt zu Hause sind und sich stets auf abenteuerliche Weise durchs Leben schlagen.

Aus dieser letzten Gruppe stammten sämtliche Mitglieder von Joachims Truppe, alle waren einmal Fremdenlegionäre oder Söldner gewesen und recht hartgesottene Burschen. Dementsprechend hoch war auch der Alkoholkonsum, und als jemand gegen Mitternacht einige Mädchen anschleppte, erreichte die Stimmung ihren Höhepunkt.

Ich hatte solch eine Gesellschaft noch nie erlebt, aber es gefiel mir, nun so leben zu können, wie ich wollte – ohne Regeln und Gesetze.

Wir verbrachten zwei Wochen in Santa Cruz, und ich lernte während dieser Zeit verschiedene örtliche Drogenhändler kennen. Die Mehrzahl stammte aus reichen und angesehenen Familien, und sie gingen ansonsten normalen Geschäften nach. Niemand hätte je vermutet oder auch nur gewagt zu behaupten, daß sie in illegale Geschäfte verstrickt gewesen wären.

Es war geplant, daß ich mit Peter, einem mittellosen, in Santa Cruz lebenden Deutschen, einen Koffer mit Kokain nach Nordamerika transportieren sollte. Der Erlös davon würde unser Startkapital sein.

Vorher erlebten wir allerdings noch den Besuch des Innenministers, der zu einer Fete ins *Bavaria* kam. Man feierte bis zum frühen Morgengrauen, obwohl offiziell eine Ausgangssperre von 23 Uhr bis 5 Uhr morgens bestand, aber dies traf für uns ja nicht zu.

Gomez und seine Offiziere wurden schließlich so ausgelassen, daß sie, stark alkoholisiert, aus vollem Halse deutsche Marschlieder gröhlten und mit ihren Revolvern in die Decke schossen...!

*

Das Kokain sollte in einem speziell präparierten Koffer transportiert werden. Es waren im Prinzip zwei Koffer in einem; statt einer Schale waren es zwei, und im somit entstandenen Zwischenraum konnte man bis zu fünf Kilo Rauschgift unterbringen, platt gepreßt und luftdicht verpackt. Der Koffer wurde mit speziell angefertigten Schrauben zusammengebaut, und das Patent war fast unmöglich zu erkennen.

Die einzige Gefahr bestand darin, daß jemand davon wußte und mit einem Finger von außen und mit dem anderen von innen gegen die Kofferschale drückte.

Aber wer würde schon so etwas tun? Kein Zoll der Welt hatte die Zeit, jeden ankommenden Reisenden und sein Gepäck so genau zu untersuchen. Deswegen kam es einzig und allein auf den Eindruck an, den man machte. Das Ganze war ein psychologisches Spiel: sich so zu verhalten, daß der Verdacht, es könnte sich um einen Drogenschmuggel handeln, gar nicht erst aufkommen konnte.

Peter würde als Geschäftsmann reisen, in einem guten Anzug, den ich ihm geliehen hatte. Er hatte früher als Kellner in guten Restaurants gearbeitet und besaß das entsprechende Auftreten. Sein einziges Problem war der Alkohol, und genau das sollte uns noch beinahe zum Verhängnis werden ...

*

Walter flog zusammen mit uns, er war unsere Versicherung für den Fall, daß etwas schiefgehen sollte. Er könnte dann sofort alle Hebel zu unserer Rettung in Bewegung setzen und spezielle Rechtsanwälte beauftragen, die uns wieder herausholen sollten.

Der Flug ging diesmal nicht direkt zurück nach Miami, da dieser Weg als Schmugglerroute viel zu bekannt war.

Wir flogen zunächst nach Rio de Janeiro und stiegen dann in eine andere Maschine nach New York um. Für die dortigen Zollbeamten war dieser Flug nicht besonders verdächtig, da er aus Brasilien kam, wo ja kein Rauschgift produziert wird.

Ich war mir der Sache ziemlich sicher und daher noch nicht einmal besonders nervös. Statt meiner Kontaktlinsen trug ich eine Brille und meinen dunkelblauen Nadelstreifenanzug; kein Mensch konnte vermuten, daß wir Verbrecher waren.

Der Schock kam in New York: Ein Koffer fehlte!

Wir hatten es so eingerichtet, daß meine und Walters Kleider in seinem Koffer und fremde Kleider in Übergrößen in Peters Koffer lagen. Walter hatte diese wahnsinnigen Klamotten aus einem sogenannten ›*Goodwill Store*‹, wo es getragene Anzüge und Kleider für nur ein $ pro Stück gibt. Falls Peter erwischt würde, könnte er abstreiten, daß dies sein Koffer sei, da ihm solche Kleider ja nicht paßten. Deswegen hatte er auch den Gepäckabschnitt für Walters Koffer in der Tasche.

Nun aber war Peters Koffer nicht mit angekommen, aus welchem Grund auch immer. Wir sollten ihn und unsere Sachen auch niemals wiedersehen, er wurde nie mehr gefunden.

Wäre damals der andere, der Drogenkoffer, verlorengegangen, wer weiß ... Mein Leben hätte wohl einen ganz anderen Verlauf genommen, denn ich hätte es als Wink des Schicksals verstanden und wahrscheinlich nicht noch einmal eine solche Reise unternommen.

Aber der Teufelskoffer kam an, und so nahm das Schicksal seinen Lauf ...

*

Zigtausende von Dollars waren in greifbarer Nähe. Alles, was uns noch davon trennte, waren ca. 50 Meter bis zum Ausgang und der Mann von der Zollkontrolle, den wir passieren mußten.

Uns war in Santa Cruz von erfahrenen Schmugglern eingeschärft worden, auf welchen Beamtentyp wir zu achten hatten. Zu vermeiden waren auf jeden Fall weibliche, farbige oder besonders junge Beamte; da diese in der Regel übermäßig penibel und mißtrauisch waren. Während Peter seinen Koffer holte, entschied ich mich für einen etwas älteren, gemütlich aussehenden Mann mit Brille, Schnurrbart und in Hemdsärmeln.

Nun wurde es ernst, wir durften jetzt nicht mehr an das Kokain im Koffer denken; dies war eine ganz normale Geschäftsreise.

Ich machte Peter, der inzwischen herangekommen war, auf den Zollbeamten aufmerksam. Zu meinem Schrecken bemerkte ich, daß ihm der Schweiß auf der Stirn stand; sicher hatte er zuviel getrunken!

Er bewegte sich zum Schalter, legte den Koffer auf das Band vor dem ›Customs Agent‹ und öffnete ihn. Ich stand direkt hinter ihm in der Reihe.

»*Good Morning, do you have anything to declare?* (Guten Morgen, haben Sie etwas zu verzollen?)« fragte der Mann und sah ihn scharf an.

Peter konnte kein Englisch. Er blickte nur unsicher auf den Zöllner.

»*Do you have anything to declare?*« fragte dieser erneut.

Peter fing an zu schwitzen. Verflixt, wenn er jetzt versagte, waren wir alle dran. Ich mußte eingreifen, obwohl dies mein Ende sein konnte.

»*I believe the gentleman only speaks german. May I translate for him?* (Ich glaube, daß der Herr nur Deutsch spricht. Soll ich für ihn übersetzen?)«

Der Beamte schaute überrascht zu mir herüber.
»*Well, go ahead.*«
Ich wandte mich an Peter und versuchte so ernst und normal wie möglich zu wirken.
»Er hat Sie gefragt, ob Sie etwas zu verzollen haben.«
»Nein, nein...«, stotterte er.
Meine Güte, wenn wir bloß gewußt hätten, daß Peter so schnell schlappmachen würde!
Der Beamte hatte uns skeptisch beobachtet. Ich drehte mich wieder zu ihm.
»*He says ›No‹.*«
Er schaute in seinen Paß.
»*You are coming from Brazil, what is the purpose of your trip?*«
»Sie kommen aus Brasilien, was ist der Zweck Ihrer Reise?«
»Ich bin ein Landwirt aus Deutschland und bin nur auf der Durchreise.«
Da hatte er wenigstens eine gute Idee gehabt!
»*He is a farmer from Germany and is just passing through.*«
»*And how long do you intend to stay in the United States?*«
»Und wie lange beabsichtigen Sie, in den Vereinigten Staaten zu bleiben?«
»Ich fliege heute mittag wieder zurück.«
Hoffentlich verstand der Beamte kein Deutsch.
»*Only a few days*«, übersetzte ich geistesgegenwärtig, »*then he has to go back to his farm.*«
Der Beamte tippte etwas in seinen Computer, und mir wurde es langsam mulmig im Magen.
Es vergingen vielleicht 30 Sekunden, die mir wie eine Ewigkeit erschienen. »Er weiß es«, dachte ich, »wie hatte ich auch nur so blöd sein können, anzunehmen, daß diese verrückte Sache gutgehen würde. Es ist gleich alles aus. Er wird uns bitten, mit ihm in einen kleinen Raum hinten zu kommen, und

dann werden sie den Koffer auseinandernehmen und das ganze verdammte Zeug finden. Man wird Peter und mich verhaften und wir werden ins Gefängnis kommen. Mit 10-15 Jahren können wir sicher rechnen. Hätte ich mich bloß nie an diesem Geschäft beteiligt!«

Der Beamte drehte sich abrupt um und sah ihn an.

»*Welcome to the United States, Sir, and have a nice stay!*«

Peter war wie gelähmt.

»Der Zollbeamte heißt Sie in den Vereinigten Staaten willkommen und wünscht Ihnen einen angenehmen Aufenthalt!« sagte ich auffordernd, und der Zöllner bedeutete ihm, den Koffer wieder zu schließen und zum Ausgang zu gehen.

Ich konnte es kaum fassen, es hatte geklappt!

Aus den Augenwinkeln konnte ich Walter erkennen, der an einem anderen Schalter stand und uns beobachtet hatte; was in ihm jetzt wohl vorgehen mußte!

Meine Zollkontrolle dauerte nur 15 Sekunden, der Beamte schien Vertrauen zu mir gefaßt zu haben und stempelte lediglich meine Zollkarte.

Je näher ich zum Ausgang kam, um so größer wurde mein Hochgefühl. Es war wirklich gelungen, nun waren wir reich!

Walter kam ein paar Minuten später heraus, aber wir redeten kein Wort, bis wir alle im Shuttle-Bus der Mietwagenfirma saßen, der uns aus dem J.-F.-Kennedy-Flughafen herausbrachte. Dann umarmten wir uns.

»Geschafft, Mann, ihr habt es geschafft!«

»Ja, ich kann es kaum glauben, das war ein Wunder, daß der Typ nichts gemerkt hat! Mein lieber Freund Peter, du hättest beinahe alles vermasselt!«

Er wischte sich den Schweiß von der Stirn und zog gierig an seiner Zigarette.

»Das war auch das erste und letzte Mal, daß ich mich auf so was eingelassen habe, jetzt brauche ich erstmal einen Drink!«

*

In der Tat, es war trotz allem relativ einfach gewesen, diesen Weg einzuschlagen. Es war ein ganz breiter Weg, reich geschmückt, und alles schien ein großes Abenteuer zu sein. Endlich waren wir ganz frei, so wie wir es uns immer gewünscht hatten; Herr über unser Leben und von niemandem mehr abhängig.
Wahrhaftig eine teuflische Illusion, wie sich später herausstellen sollte ...

*

Wir schickten Peter gleich mit der nächsten Maschine nach Santa Cruz zurück, er erhielt zunächst 1.000 Dollar als Taschengeld und würde den Rest seines Geldes später bekommen. Als er in die alte DC-8 der ›Braniff‹ einstieg, war er bereits volltrunken, aber wenigstens in guter Laune.
Walter hatte bald den Käufer für die Drogen telefonisch erreicht, es war ein Freund von ihm, auch ein Pilot. Wir fuhren zu dessen Haus nach New Jersey, südlich von Philadelphia.
Omar Eisenhart war ein stämmiger, freundlicher Typ, etwas älter als wir, deutscher Abstammung und aus guter Familie. Er hatte eine nette Frau und einen großen Schäferhund namens Mike. Außer ihm waren auch noch zwei Freunde von ihm da, Joey und Tom, beide im Nebenberuf Drogendealer.
Wir brachten den Koffer in das Schlafzimmer und zogen alle Vorhänge zu. Die Haustür und alle Eingänge waren sorgfältig verschlossen. Niemand war uns gefolgt oder wußte, daß wir hier waren, geschweige denn, was hier vorging.
Es dauerte fast eine dreiviertel Stunde, bis wir den Koffer auseinandergebaut hatten, eine sehr anstrengende und gewissenhaft auszuführende Arbeit. Schließlich war es soweit, die

beiden Kofferschalen waren abgeschraubt, und wir begannen sie voneinander zu trennen.

Alle standen erwartungsvoll um das Bett herum, ein beinahe feierlicher Moment.

Wir hoben die oberste Schale ab, und da lagen sie, die flachen, durchsichtigen Plastiktüten, eigentlich waren es Gefriertüten, luftdicht verschweißt. Das Kokain schimmerte uns geheimnisvoll entgegen.

»Son of a bitch!« sagte einer, und alle nickten.

Im Laufe des Abends wurden dann die Tüten geöffnet, das Rauschgift mit einer Präzisionswaage gewogen und mit 50 Dollar pro Gramm abgerechnet. Omar hatte die Hälfte des Geldes bereits vorbereitet und in einer Papiertüte in seinem Kühlschrank versteckt: bündelweise Zwanzig-Dollar-Noten. Wieder mußten wir zählen; diesmal war es aber unser eigenes Geld!

Danach wurde der Stoff aufgeteilt, neu verpackt und schließlich von den anderen ausgiebig probiert.

Walter und ich lehnten ab, es zu benutzen. Wir wollten mit dem Zeug nur Geld verdienen!

Nach Aussage der Dealer war es aber Koks von bester Qualität, so gute Ware hatten sie noch nie gesehen, der Stoff war so gut wie pur.

»Wißt ihr«, belehrte uns einer von ihnen im Laufe des Abends, »es gibt da ein Sprichwort unter Schmugglern, das solltet ihr euch merken: ›*It takes two years until you get busted*‹ (Es dauert zwei Jahre, bis ihr geschnappt werdet). Keiner weiß, warum das so ist, aber jeder, der länger als zwei Jahre in diesem Geschäft ist, geht danach irgendwann in die Falle. Ich jedenfalls bleibe noch ein Jahr dabei, dann setze ich mich mit meinem Geld zur Ruhe – und genau dasselbe solltet ihr auch tun!«

Wir lachten damals alle darüber, nie im Leben würden wir so lange bei dieser Sache bleiben und noch viel weniger erwischt werden!

Und doch sollte es fast auf den Tag zwei Jahre später genau so kommen ...

4

*I*ch wachte auf und fühlte mein Gesicht auf dem kalten Linoleum, meine Hand noch immer an den Bürostuhl gekettet. Mein französisches Baumwollhemd klebte schmutzig auf der Haut, ein unangenehmer Schweißgeruch lag im Raum, und ich spürte eine feuchte Kälte in den Gliedern. Ich blinzelte nach oben, es war noch Nacht draußen, aber von den großen Neon-Deckenlampen kam gleißendes Licht.

»Das ist gar nicht wahr«, dachte ich, »wenn ich die Augen noch mal schließe, ist alles wieder normal und ich befinde mich wieder in meinem warmen, komfortablen Hotelzimmer.«

Aber dem wurde nicht so, ich war tatsächlich verhaftet und sah den Beginn einer grauenvollen Odyssee vor mir.

Die Tür wurde aufgeschlossen. Zwei der Polizisten, die am Vortag mit dabeigewesen waren, traten ein, und einer wies mich mit seiner Maschinenpistole an, aufzustehen. Der andere öffnete die Handschellen, löste sie vom Sessel und drehte meine Hände auf den Rücken, wo er sie – viel zu fest – wieder verschloß.

»Vamonos, Gringo!«

Man stieß mich zur Tür hinaus auf den Hausflur und dann in das große Zimmer gleich am Eingang; ursprünglich dürfte dies wohl ein Wohnzimmer gewesen sein. Ich hatte noch nie eine Polizeistation gesehen, die ein normales Wohnhaus war.

An der Wand standen vier Männer und eine Frau, in Handschellen und in recht traurigem Zustand. Man schien sie alle schlimm geschlagen zu haben, den blauen Augen und Flecken nach zu urteilen. Zu meiner Überraschung erkannte ich, daß einer von ihnen Miguel war, also hatten sie ihn doch verhaftet!

»Na, wunderst dich wohl, Gringo, daß alle deine Komplizen hier sind!«

Major Quinteros trat von einer anderen Tür in den Raum hinein.

»Ist das der Mann, der dir das Kokain gebracht hat?«
Er deutete auf Miguel.

Ich war verwirrt, wie konnte er das alles bereits wissen? Miguel schaute mich ausdruckslos an.

»Nein, nein, das ist nicht der Mann. Außerdem gehören die Drogen nicht mir!«

Die Polizisten lachten alle, nur die fünf Personen an der Wand blickten todernst.

»Ah so? Na, du wirst dich noch wundern, wie gut du dich bald an alles erinnern wirst! Auf jetzt, fahren wir los!«

Man stieß mir einen Gewehrlauf in den Rücken, und zusammen mit vier Polizisten mußte ich das Haus verlassen. Miguel und die anderen wurden ebenso brutal aus dem Haus getrieben.

Wir fuhren in einem großen amerikanischen Ranchwagen durch das nächtliche Lima. Am Armaturenbrett konnte ich erkennen, daß es drei Uhr morgens war. Um diese Zeit war kaum jemand auf der Straße, und der Wagen fuhr mit hoher Geschwindigkeit. Wir gelangten nach Pueblo Libre, einem nördlich gelegenen, etwas ärmeren Stadtteil von Lima. Wieder wurde vor einem Einfamilienhaus Halt gemacht, und alle stiegen aus.

»PIP - Policia de Investigaciones del Peru«,

stand auf einem großen Schild neben der Eingangstür. Davon hatte ich bereits gehört; und jedesmal hatten die Leute mit Schaudern von dieser allseits gefürchteten Kriminalpolizei erzählt.

Ich wurde durch das Haus in den Garten geführt. In dem kleinen Häuschen, das normalerweise als Waschküche und Unterkunft für die Hausangestellten benutzt wird, befand sich die Gefängniszelle.

Ich blickte durch die Gittertür hinein, konnte allerdings nicht viel erkennen, da es vollkommen dunkel in der Hütte war. Es schienen aber bereits mehrere Gestalten drin zu sein. Das konnte ja heiter werden! Ich stellte mich innerlich bereits auf einen Kampf bis aufs Messer ein.

Die Tür wurde aufgeschlossen, und man schubste mich hinein. Prompt trat ich auf einige Leute, die am Boden lagen.

»Hier habt ihr einen Neuen, einen Gringo. Viel Spaß mit ihm!«

Die Polizisten lachten hämisch und schlossen die Tür wieder zu.

Es kam Bewegung in die Leiber am Boden. Ich bemühte mich, in der Dunkelheit etwas zu erkennen, schemenhaft tauchten einige Gesichter vor mir auf.

»*Buenas Noches*«, sagte ich. Etwas besseres fiel mir nicht ein.

»*Buenas Noches, Gringo!*« sagte einer zurück, und ein paar andere kicherten oder gaben mißmutige Laute von sich.

Eine Kerze wurde angesteckt, und nun konnte ich sehen, daß sich mindestens 20 Personen in dem winzigen, vielleicht zehn Quadratmeter großen Raum befanden. Alle lagen aneinandergereiht wie die Ölsardinen. Es stank bestialisch nach Schweiß und Urin, links von mir war eine Toilettenschüssel, vor der nur ein schmutziger Fetzen Stoff hing. Trotz der Kälte draußen war es hier drin sehr warm. Die Männer lagen in alte Decken gewickelt und waren ansonsten mehr oder weniger in

Lumpen gekleidet, soweit man das beurteilen konnte. In meinem beigen 500$-Anzug kam ich mir reichlich unpassend vor.

»Setz dich, Mann, oder willst du ewig da stehen bleiben?«

Ich stellte dankbar fest, daß mein Spanisch ausreiche, um zu verstehen, was gesagt wurde. Man machte mir Platz, erstaunlicherweise war das sogar noch möglich.

»Hast du Zigaretten? Lad' uns mal ein, wo du sowieso alle aufgeweckt hast.«

Ich hatte noch ein paar in meiner Schachtel und verteilte sie an die Herumsitzenden. Ein Typ zog sein Hemd hoch und zeigte mir seinen Oberkörper voller blauer Flecken. Er sagte etwas, das ich nicht verstand. Was, wenn er schwul war und die Typen gleich über mich herfallen würden?

›*You have to hit the first guy hard!*‹ (Du mußt beim ersten Typ hart zuschlagen!) hatte mir noch vor ein paar Wochen ein Freund in Texas erklärt.

Er hatte wegen Drogengeschäften während seines Kriegseinsatzes in Vietnam einige Jahre im Gefängnis gesessen. Ich hatte vorher noch nie jemanden kennengelernt, der schon einmal im Gefängnis gewesen war, und wollte daher von ihm genau wissen, wie es dort zuging.

Einer der Typen streckte mir seine Hand hin. Er war vielleicht 30, klein und etwas dicklich, sein Gesicht hatte leicht chinesische Züge. Er konnte auch etwas Englisch.

»Ich heiße ›Chino Chereke‹; mich haben sie gestern geschnappt. Aber das kommt vor, ich war vorher schon mal drin.«

»Tatsächlich? Und was hast du gemacht?«

»Ich bin Drogenhändler!«

Er sagte das mit einer Selbstverständlichkeit, als sei er Postbeamter oder Buchhalter.

»Aha, und wieso haben sie dich geschnappt?«

»Ein *Soplón*, ein mieser Verräter war das! Ich hatte gerade ein Kilo von ihm gekauft und war ins Taxi gestiegen, als schon die PIP von allen Seiten kam und mich festnahm. Der Mistkerl hat dann auch noch so getan, als würde er mich gar nicht kennen, dabei waren wir zwei Jahre in *Lurigancho* zusammen gewesen!«

»Was ist ›*Lurigancho*‹?«

»Lurigancho ist ein Stück Hölle hier auf Erden. Es ist das Gefängnis außerhalb der Stadt. Wenn sie dich dorthin schicken, dann gnade dir Gott, da wird jeden Tag einer umgebracht.«

Chino Chereke machte das Zeichen für »Kopf ab« mit dem Zeigefinger unter seinem Hals und rieb sich nervös seine öligen Bartstoppeln.

»Klingt nicht besonders gut. Aber dahin werde ich sowieso nicht kommen, mein Fall wird schon geregelt werden.«

»Na ja, wenn du Geld hast, dann kommst du auch hier raus. Ihr Gringos habt's gut! Für Geld gibt es Gerechtigkeit; ohne Geld gibt es keine, so ist das in Peru.«

Dieser Gedanke war schon mal beruhigend. Wenn mein Problem mit Geld zu lösen war – nun, davon hatte ich genug. Walter und ich hatten im Moment so viele Geschäfte am Laufen, daß wir sofort mindestens 100.000 Dollar flüssigmachen könnten.

Ich unterhielt mich noch ein wenig mit den Leuten und stellte erleichtert fest, daß ich hier nichts zu befürchten hatte.

Einer lieh mir sogar eine Decke, und so verbrachte ich den Rest der Nacht inmitten dieser bizarren Gesellschaft.

Gegen Morgen wachte ich durch ein Kneifen am Bauch auf. Es war, als wenn mich etwas gebissen hätte. Ich tastete unter mein Hemd und bekam ein kleines Etwas zu fassen. Läuse! Noch nie hatte ich Läuse an mir gehabt! Das war ja zum Verrücktwerden! Aber was hätte ich in solch einer Umgebung auch anderes erwarten sollen? Schlimmer war, es gab nichts, was ich dagegen tun konnte, außer mich an sie zu gewöhnen ...

Am folgenden Tag passierte überhaupt nichts, man schien mich vergessen zu haben. So lernte ich meine Zellengenossen kennen. Es handelte sich fast ausschließlich um kleine Diebe, Einbrecher und Ganoven, die nach etlichen Verwarnungen nun schließlich doch verhaftet worden waren. Ein paar hatten allerdings auch mit Drogenhandel zu tun.

Einer war Apotheker. Er hatte große Mengen Äthers, angeblich an ein Labor, in Wahrheit natürlich an Kokainhersteller, *Cocineros* (Köche) verkauft.

Ein anderer, der aus der Dschungelregion stammte, war Lastwagenfahrer. Ein einfacher Mann, dem man ohne sein Wissen eine halbe Tonne *Pasta Básica de Cocaína* (Rohkokain) mit auf seinen Laster gepackt hatte. Er war derjenige, der mir in der Nacht seinen Oberkörper gezeigt hatte, nicht weil er schwul war, sondern um mir die Spuren seiner Folterungen zu zeigen.

Dann war da noch Campos Diaz, ein intelligenter Bauer vom Hochland, der wegen des Verdachts auf Terrorismus und Zugehörigkeit zu der Guerilla-Organisation ›Sendero Luminoso‹ (Leuchtender Pfad) festgenommen worden war. Seine Sprüche brachten uns alle zum lachen. Er nannte mich ›Mr. Huevas‹, nach der vulgären Redewendung *hasta las huevas* (total im Eimer), anscheinend wegen meiner prekären rechtlichen Situation.

José war ein ganz junger Bursche von 17, der als Bellboy in einem Luxushotel arbeitete und wegen Drogenkonsums hier war.

Außerdem gab es noch ›*Loco Hans*‹, der so genannt wurde, weil er etwas Deutsch konnte und verrückt war. Er war höchstens 25 und aus guter Familie deutscher Abstammung, aber durch zuviel Drogenkonsum vollkommen kaputt. Ab und zu hatte er ein paar lichte Momente und man konnte ein paar vernünftige Sätze mit ihm wechseln. Das erste allerdings, was er mir sagte, war:

»Wir sind alle Sünder, hörst du? Man hält uns hier fest, damit wir für unsere Sünden bezahlen! Aber ich, ich kann gar nicht bezahlen, ich habe alles bereits ausgegeben, ha, ha!« Er lachte hysterisch; dann wurde sein Blick wieder stumpf, und er starrte nur noch auf den Hof hinaus.

Ich lernte auch einen meiner Komplizen kennen, Lucio Choquehuanca, ein unerhört dicker Mann, der mindestens 150

Kilo wog und aussah wie ein echter Inka. Er hatte ein steifes Knie und ging deshalb auf Krücken. Obendrein war er zuckerkrank. Choquehuanca war der »Koch« unseres Kokains gewesen, seit 20 Jahren ein Spezialist in diesem Metier, und stammte aus ›Puno‹, einem Ort am Titicacasee.

»Du bist also der Gringo, der uns die großen Geschäfte bringen sollte!«

»Das hätte auch alles bestens geklappt, wenn die uns nicht geschnappt hätten. Es ist mir jetzt noch nicht klar, wie es dazu kommen konnte. Wie bist du denn verhaftet worden?«

Choquehuanca machte eine abwinkende Handbewegung.

»Wegen meiner dummen Nachbarin, der Olga. Du hast sie ja gestern nacht gesehen. Die Bullen kamen zu mir nach Hause und fingen an, alles zu durchsuchen, fanden aber nichts, weil ich mein Labor und meine Ware bei ihr untergebracht hatte. Da wird die blöde Frau plötzlich nervös und wirft den ganzen Kram aus ihrem Fenster auf die Straße hinaus, direkt vor die Füße der PIP! Kannst du dir so etwas vorstellen? Na ja, und den Rest kennst du ja!«

Ich mußte beinahe lachen, so grotesk klang seine Schilderung.

»So ein Pech! Aber wer sind denn dann die anderen Leute, die mit dir verhaftet wurden?«

»Nun, außer uns noch Miguels älterer Bruder Alfonso, der das Ganze organisiert hat, und Durán, von dem die Pasta aus dem Dschungel stammt.«

»Das heißt, sie haben fast jedes Glied in der Kette. Das hat aber doch kein Außenstehender wissen können!?«

»Ich verstehe ja auch nicht, wie das passieren konnte!«

Wir fanden die Antwort nicht. Es war trotzdem ganz gut, nicht allein zu sein, denn Choquehuancas Familie kam am Nachmittag und brachte etwas zu essen. Ich hatte mich schon gewundert, warum wir nichts bekommen hatten. Der Grund dafür war, daß es nichts gab!

Wer keine Familie und kein Geld hatte, war vollkommen verloren und mußte verhungern, es sei denn, daß ihm jemand was abgab. Mehrmals am Tag kam eine Frau, die belegte Brötchen, Zigaretten und mittags ein einfaches Essen verkaufte. Das war entweder nur eine *Sopa* (Suppe) oder *Sopa con Segundo*, also mit einer Hauptspeise. Einer der Polizisten hatte mir gestern nacht noch zu meiner Überraschung zehn Dollar zurückgegeben und in die Tasche gesteckt. Für ungefähr eine Woche Essen und Zigaretten würde es reichen.

Wir waren alle auf engstem Raum, und tagsüber versuchte man, ab und zu an der Tür stehen zu können, um etwas frische Luft zu schnappen oder Neuigkeiten mitzubekommen. Zur Zeit lief gerade die Volleyball-Weltmeisterschaft der Frauen, und das peruanische Team schlug sich überraschend gut. Es sollte schließlich Vize-Weltmeister werden, was dann überall enthusiastisch gefeiert wurde.

Das Benutzen der Toilette kam einer Katastrophe gleich; da es keine Abtrennung, sondern nur den alten Fetzen als Vorhang gab, mußte man seine Bedürfnisse vor aller Augen verrichten. Es lief auch kein Wasser, lediglich zweimal am Tag wurde ein Eimer Wasser hereingereicht, um die Kloschüssel zu spülen, so daß der Gestank den ganzen Tag über im Raum stand.

Als es Nacht wurde, schien jeder erleichtert zu sein, daß man jetzt wenigstens schlafen konnte. Wir mußten uns wie Sardinen hinlegen, abwechselnd mit dem Kopf oder mit den Füßen zur Wand. Ich schlief vollkommen erschöpft ein.

Mitten in der Nacht wurde ich durch gleißendes Licht und einen brutalen Ruck nach oben geweckt. Drei PIPs mit Maschinenpistolen und Taschenlampen standen im Raum und zerrten mich hinaus.

»*Levantate, Gringo, vamos, vamos!* (Steh auf, Gringo, los, los!)«

Ich wurde in ein Auto geschleppt und quer durch die Stadt wieder zur ersten Polizeistation gefahren. In einem Hinterzimmer warteten der Major, der Capitán und noch ein weiterer Polizist. Major Quinteros stand auf.

»So, Freund, jetzt wollen wir uns mal ernsthaft unterhalten! Das ist Sargento Suarez. Du wirst uns bitte erzählen, wieviel du für das Kokain bezahlt hast und wer die Mitglieder deiner Organisation in Nordamerika sind!«

Auf solche Dinge war ich zwar gefaßt, dennoch kam jetzt Angst in mir auf. Ich mußte »cool« spielen; die südamerikanische Polizei war für ihre Horror-Foltermethoden bekannt. Mein Leben war hier keinen Pfifferling wert.

»Ich gehöre zu keiner Organisation, das ist alles ein Irrtum, fragen Sie doch die anderen Leute.«

Die drei Polizisten blickten sich grimmig an. De la Calle und Suarez erhoben sich und packten meine Hände, die hinter meinem Rücken gefesselt waren. Quinteros stellte sich auf meine Füße und hielt meine Schultern fest. Die beiden anderen zogen mir nun die Arme mit einem Ruck nach oben. Es schmerzte geradezu höllisch.

»So, wirklich? Wir glauben, daß du lügst! Vielleicht kannst du dich so besser erinnern! Also, wieviel hast du bezahlt?«

»Nichts, Mann, ich weiß von nichts! Sie haben kein Recht, so etwas zu machen, das ist Folter!«

Er lief rot an.

»Kein Recht? Dir werden wir zeigen, was du für Rechte hast!«

Ich bekam mehrere Schläge in den Magen, so daß ich mich fast übergeben mußte. Danach wurde ich in die Knie gezwungen, und man zog mir Jacke und Hemd aus. De la Calle holte ein nasses Handtuch aus dem Nebenraum, machte einen Knoten und schlug mit aller Kraft auf mich ein. Es schmerzte wahnsinnig.

Nach über einer Stunde hatte ich ihnen immer noch nicht die richtigen Antworten gegeben. Man zerrte mich in ein Badezimmer.

»Willst du immer noch nicht sagen, wieviel Geld du für den Koks bezahlt hast, was?«

»Ich habe keinen Koks gekauft!«

Quinteros schrie und fluchte jetzt wie ein Verrückter.

»Du wirst uns alles sagen, sonst kommst du hier nicht mehr lebend raus, hast du verstanden?!«

Sie füllten die Badewanne halb mit Wasser, und dann wurde ich mit dem Kopf unter Wasser gedrückt. Nach einer gewissen Zeit ging mir die Luft aus, und ich versuchte, mich aus ihrem Griff zu lösen. Vergebens! Eiserne Fäuste hielten mich unter Wasser. Ich geriet in Panik, diesen Leuten traute ich zu, ihre Drohung wahrzumachen. Es wurde mir schwarz vor Augen, und in diesem Moment zogen sie mich wieder hoch. Verzweifelt rang ich nach Atem.

»Erinnerst du dich jetzt? Wieviel hast du ihnen dafür bezahlt? *Habla, ya! Hijo de Puta!* (Sprich jetzt! Hurensohn!)«

Wieder drückten sie mich unter Wasser, diesmal noch länger als vorher. Als ich gerade Luft holen wollte, kam ich wieder runter und schluckte Wasser wie verrückt. Nach dem vierten Mal konnte ich nicht mehr.

»25.000 Dollar! Hört auf! Um Gottes Willen!«

Die Polizisten nickten sich befriedigt zu.

»Ah, siehst du, Gringo! So verstehen wir uns doch schon viel besser! Das ist es, was wir wissen wollten. Wenn du so weitermachst, werden wir bald gute Freunde werden.«

Ich hätte sie umbringen wollen, aber das ging natürlich nicht. Nie hatte ich mich so hilflos und gedemütigt gefühlt. Dieses verdammte Geschäft – jetzt lernte ich die Kehrseite der Medaille kennen!

Sie brachten mich nach Pueblo Libre zurück. Im Auto bemerkte ich, daß Sargento Suarez meinen *Walkman* trug. Er grinste mich an.

»Danke, Gringo, für deinen Apparat!«

»Was soll das heißen? Das ist meiner!«

»Ich sagte doch ›Danke‹! Du bist sehr großzügig.«

»Wie bitte? Hey, wo sind meine anderen Sachen, meine Armbanduhr und alles? Ich rede mit euch, verdammt!«

Ich bekam keine Antwort. Im Moment konnte ich nicht viel dagegen tun, sie hatten mich vollkommen in ihrer Hand. Ich konnte nur daran denken, daß mein ganzer Körper ein einziger Schmerz war.

Ich war richtig glücklich, zurück in die überfüllte Zelle zu kommen, und alle erwarteten mich bereits. Chino Chereke gab mir gleich eine Zigarette.
»Na wie war's, was haben sie mit dir gemacht?«
Ich erzählte es ihnen.
»Da hast du noch Glück gehabt! Mit Peruanern gehen die anders um. Uns ziehen sie die Arme mit einem Flaschenzug hoch, bis sie auskugeln; mit dem da drüben haben sie es so gemacht.«

Er deutete auf einen älteren Mann, der nie ein Wort sprach und sich ständig die Schultern rieb, wobei er leise vor sich hinstöhnte.

Campos Diaz ergriff das Wort.
»Bei mir haben sie die Badewanne mit Scheiße gefüllt und mir gleichzeitig Elektroden an den Körper gehalten, überall hin!«

Er deutete auf seine Geschlechtsteile. Der Lastwagenfahrer tippte mir auf die Schulter.
»Das mit den nassen Handtüchern machen sie, weil so keine Spuren auf dem Körper zurückbleiben, verstehst du?«
»Das Wichtigste ist, du tust deinen Mund nicht auf! Wenn du sagst, was sie wissen wollen ... *Uff! Ya se acabó*, dann bist du verloren!«

Das waren ja schöne Aussichten. Ich merkte jetzt, daß der Alptraum erst richtig begonnen hatte. Ich war in der Hölle gelandet, und es schien keinen Weg zurück zu geben ...

*

In den nächsten Tagen versuchte ich eine Nachricht nach draußen zu schicken, irgendwie mußte ich Joachim erreichen. Es war mir unverständlich, daß von ihm noch immer nichts zu meiner Rettung in die Wege geleitet worden war, wir hatten doch Beziehungen genug!

Ich kannte auch verschiedene Leute in Lima, die nichts mit diesem Geschäft zu tun hatten. Den Besitzer des Hotels zum Beispiel, mit dem ich vor Jahren Alpaka-Pullover nach Deutschland exportiert hatte. Oder Getty, eine Freundin, die ich auf meiner zweiten Südamerikareise während einer Zugfahrt in den Anden von ›Cuzco‹ nach ›Macchu Picchu‹ kennengelernt hatte. Seitdem waren wir gute Freunde geworden. Aber entweder kamen die Nachrichten, die ich auf das Silberpapier von Zigarettenschachteln schrieb, nicht an, oder niemand wollte mir helfen.

Später erfuhr ich, daß das letztere der Fall gewesen war und daß mir niemand helfen konnte, ohne sich selbst sofort in den Verdacht der Mitwisserschaft und somit in größte Gefahr zu bringen.

In unregelmäßigen Abständen wurden die Leute zum Verhör geholt, und nachts konnte man sie dann stundenlang schreien hören, wenn sie gefoltert wurden. Die Polizisten drehten in solchen Fällen ein Radio auf höchste Lautstärke, aber die Schmerzensschreie drangen trotzdem durch.

Nach sechs Tagen erschienen zwei elegant gekleidete Männer, um mich zu besuchen. Ich war darüber sehr erstaunt.

»Guten Tag, Herr Babb, mein Name ist Montesinos, ich bin Ihr Rechtsanwalt, und das ist mein Kollege.«

»Mein Rechtsanwalt? Ich kann mich nicht erinnern, Sie bestellt zu haben.«

Der Anwalt lächelte und rückte seine Krawatte zurecht.

»Sie sind ja auch *incomunicado*, aus Sicherheitsgründen von der Außenwelt abgetrennt. Wir haben glücklicherweise von ihrer Situation erfahren und sind jetzt hier, um Ihnen zu helfen.«

Wieder lächelten die beiden. Ich traute ihnen nicht für fünf Pfennig, aber vielleicht konnte man sie doch zu etwas gebrauchen.

»Interessant, wie wollen Sie mir denn helfen? Können Sie veranlassen, daß ich einmal telefonieren darf?«

»Selbstverständlich, wir sind ja hier in einem zivilisierten Land und Sie haben Rechte.«

»Ich wußte nicht, daß es in einem zivilisierten Land noch Foltermethoden gibt!«

Montesinos machte eine abwehrende Geste mit seinem Zeigefinger.

»Sie dürfen das nicht so sehr nach ihren westlichen Maßstäben beurteilen. Das Verbrechen ist hier in unseren Ländern viel brutaler. Die Polizei muß mit den Kriminellen einfach härter umgehen, um die Fälle aufzuklären. Aber Sie wurden bisher doch gar nicht so schlecht behandelt, oder?«

»Ihre Witze können Sie sich sparen, aber im Ernst: Ich muß einen Anruf nach Nordamerika tätigen, niemand in meiner Firma weiß, daß ich hier bin.«

»Kein Problem, das erledigen wir heute noch.«

Am Abend wurden Choquehuanca, seine Nachbarin Olga und ich gemeinsam abgeholt. Seltsamerweise wurden die meisten Gefangenen nicht in der Station verhört, in der sie untergebracht waren. Unsanft wurden wir nacheinander auf den Rücksitz geworfen. Olga war eine ganz einfache Frau, die ständig am Weinen war. Sie tat mir leid, und ich hätte ihr gern geholfen.

In der PIP-Station gab es eine Überraschung: Alles feierte!

Musik lief, und die Polizisten hatten alle Biergläser in der Hand. Montesinos und sein Kollege luden auch uns dazu ein.

»*Salud*! Heute darf jeder mittrinken!«

»Was ist denn los, gibt es einen speziellen Grund?«

»Ja, heute ist der Jahrestag der Gründung der PIP.«

»Ein schönes Fest«, dachte ich, aber es tat gut, mal wieder Alkohol zu trinken. Vor meiner Verhaftung hatte ich relativ viel getrunken, täglich mehrere Gläser Bier, Wein oder Cocktails. Es war ganz unmerklich so gekommen, ich hatte immer gegen Nachmittag ein Verlangen nach einem Glas Alkohol gespürt und dann am Abend weitergetrunken. Nur so hatte ich den unglaublichen Streß des Geschäfts ertragen können. Meine

Freunde tranken genausoviel wie ich, und so war keinem von uns aufgefallen, daß wir bereits angehende Alkoholiker waren.
Montesinos nahm mich beim Arm.
»Kommen Sie bitte mit. Es geht um den Telefonanruf.«
Sie führten mich in den Raum hinter der Tür, auf der *Coronel* stand. Major Quinteros, Capitán de la Calle und ein älterer Mann mit Brille waren anwesend. Auf dem Schreibtisch lag unser Koffer mit den Kokaintüten darin.
»Setz dich, wir haben miteinander zu reden.«
Montesinos wandte sich mir zu.
»Dies ist Coronel Limo, der Chef dieser Station. Was er hier befiehlt, das wird getan. Verstehen Sie das?«
»Ja.«
»Gut, dann wollen wir erst mal mit ihm anstoßen, *Salud!*«
Sie schenkten mir ein Glas Whisky ein, und wir prosteten uns zu. Der Anwalt schien beste Verbindungen zur PIP zu haben, genau, was ich brauchte.
»Deine *Coca* ist gar nicht schlecht, sie ist getestet worden: 92% pur. Ihr hättet ein gutes Geschäft gemacht; fünf Kilo sind in Nordamerika eine ganze Menge Geld. Wieviel zahlen sie jetzt da oben? 50.000 Dollar? 55.000?«
»So ungefähr.«
»Nun, Sie wollen doch wieder nach Hause, nicht wahr?«
»Ja.«
»Dann können wir Ihnen vielleicht helfen, wenn Sie Ihren Teil dazu beitragen.«
»Und der wäre?«
»Sie geben eine ›Spende‹«, er betonte das Wort, »an diese Institution, vertreten durch die Herren hier, und sie werden dann einen Bericht schreiben, daß Sie an dieser Sache nicht beteiligt waren.«
Die Polizisten nickten zustimmend. Das konnte nur ein Trick sein!
»Und was wird aus dem Fall?«
Er winkte ab.
»Das braucht Sie nicht zu interessieren, es sind ja genug

andere da, die damit vor Gericht gehen können. Da dann aber kein Besitzer der Drogen mehr vorhanden ist, werden Sie freigesprochen, und die Sache ist erledigt!«

»Klingt erstaunlich einfach. Und in welcher Höhe ist diese ›Spende‹, von der Sie sprachen?«

Nun wurde er ernst, die Polizisten hörten aufmerksam zu. »100.000, in bar. Das ist doch für Sie nicht viel, oder?«

Ich lehnte mich im Sessel zurück.

»Es ist aber auch nicht wenig, dazu müßte ich erst mal mit meinem Büro telefonieren.«

Mit dieser Antwort schienen alle zufrieden zu sein, die Spannung löste sich. Montesinos reichte mir mein Glas.

»Das erledigen wir später, jetzt ging es zunächst einmal um prinzipielle Dinge. Also *Salud*, auf ein gutes Geschäft!«

*

Wir wurden alle wieder nach Pueblo Libre zurückgebracht. Auf der Fahrt überdachte ich meine Situation: Trotz allem Pech hatte die Polizei doch nicht alles herausbekommen; sie wußten nichts von meiner Organisation in den USA, und obendrein hatten sie es geschluckt, daß ich nur ein unwichtiges Glied in der Kette sei. Damit war die Gefahr erst einmal auf Peru beschränkt! Jetzt kam es darauf an, daß meine Partner fähig genug waren, mich hier wieder rauszuholen! Ich blickte wieder optimistischer in die Zukunft; vielleicht hatten aber auch die Drinks ihren Teil dazu getan ...

Wir versuchten am nächsten Abend tatsächlich, meine Freunde in Miami zu erreichen, aber alle Nummern waren abgestellt worden. Das konnte nur eines bedeuten: Walter hatte von meinem Schicksal erfahren und sofort das Feld geräumt, wohl das Beste, was er in der momentanen Situation tun konnte!

Montesinos und die PIPs waren allerdings bitter enttäuscht.
»Mir scheint, daß Ihre Auftraggeber gar nicht existieren!«
»Doch, natürlich stimmen die Nummern, aber sie scheinen geändert worden zu sein.«
»Also, ich glaube eher, daß die Sie fallengelassen haben. Für heute ist jedenfalls Schluß mit der Anruferei, Sie müssen sich jetzt was Besseres einfallen lassen.«
Die folgenden Tage vergingen wieder qualvoll langsam, es machte mich völlig verrückt, daß ich tatenlos herumwarten mußte, ohne etwas zur Verbesserung meiner Situation tun zu können. Ich, der ich immer jedes Problem sofort in die Hand genommen und auf die praktischste Weise gelöst hatte. Nun mußte ich den Tag damit verbringen, auf eine Rettung zu warten, von der ich noch nicht einmal wußte, ob sie überhaupt kommen würde.

*

Ich mußte auch ständig daran denken, daß mein Vater mittlerweile längst in Florida angekommen war und sich sicher wunderte, daß ich nicht da war. Genauso mußte es auch Sheena gehen; keiner außer Walter wußte ja, wohin ich gereist war!
Mich beschäftigten auch so absurde Dinge wie mein Auto, das ich am Flughafen von Miami im Parkhaus abgestellt hatte. Jeder Tag dort kostete zehn Dollar Parkgebühren. Welche astronomische Höhe würden die Gebühren bald erreicht haben, wenn ich nicht demnächst zurückkäme, um es abzuholen ...
Erst jetzt fielen mir die vielen Kleinigkeiten des alltäglichen Lebens auf, und ich begann sie zu vermissen: morgens ins Büro fahren, mit unserer Sekretärin Kaffee trinken, die tägliche Post durchsehen und mich mit Geschäftsfreunden treffen. Zur Bank gehen – dabei fiel mir ein, daß meine Kreditkartenabrech-

nungen demnächst auch fällig wurden –, am Wochenende mit Sheena, Walter und anderen an den Strand oder nach Key West fahren, um zu tauchen und anschließend zu grillen. Mit meinem Hund Mickey abends spazieren gehen.

Es mußte bald etwas geschehen, sonst würde dieses Gefängnis hier beginnen, das Leben, das ich mir aufgebaut hatte, zu zerstören!

*

Die Zelle war so klein, daß tagsüber jeder nur den Raum hatte, auf dem er gerade stehen konnte. So verbrachte ich eine Stunde im Stehen, bis ich müde wurde; dann eine Stunde im Hocken, dann eine Stunde im Sitzen, dann wieder alles von vorne. Dabei war ich ständig am Zigarettenrauchen, es war die einzige Abwechslung. Mittlerweile waren bereits 14 Tage seit meiner Verhaftung vergangen, ich konnte es kaum glauben.

Am 15. Tag wurde ich zu einer dritten PIP-Station gefahren, nach Lince, fast in der Innenstadt. Als ich aus dem Auto stieg, sprach mich jemand von der Seite an:

»Ronnie, bist du es?«

Ich drehte mich überrascht um. Da stand Julia, ein Mädchen, das ich vor einigen Wochen in der Lobby des *Sheraton-Hotels* kennengelernt hatte. Sie war eine Bekannte von Joachim und konnte sehr gut Deutsch. Danach hatte ich sie nur noch einmal wiedergesehen und schon beinahe wieder vergessen. Nun stand sie vor mir.

»Ja, ich bin's. Ich habe hier im Moment ein kleines Problem, das ich noch lösen muß, aber ansonsten geht es mir soweit gut.«

Sie strich sich ihre langen, schwarzen Haare aus der Stirn.

»Ronnie, ich weiß genau, was passiert ist. Ich war in deinem Hotel, und der Portier hat mir alles erzählt. Seit zwei Wo-

chen suche ich dich bereits, aber niemand wollte mir sagen, wo du bist!«
»Ich bin in einer Station in Pueblo Libre, du mußt mich dort besuchen kommen.«
»O.k., ich komme morgen. Was soll ich dir mitbringen?«
»Meinen Koffer und meine Sachen. Kannst du zur Polizei gehen und meine Sachen von ihnen verlangen? Sie haben mir alles abgenommen!«
»Ja gut, ich frage sie gleich.«
Ich wurde nun in die Station gebracht, und Julia sprach mit Major Quinteros. Kurz darauf kam sie zu mir zurück.
»Sie wollen Geld haben. Er sagt, daß dich deine Freunde im Stich gelassen haben.«
»Was soll das, ich verlange, daß man mir sofort meine persönlichen Sachen wieder zurückgibt, wo sind meine Brieftasche und meine Uhr?«
Quinteros trat hinzu.
»Deine Sachen sind alle gut aufgehoben, du bekommst sie zurück, wenn die Untersuchungen abgeschlossen sind.«
Er ging in einen der Räume und kam mit meinem Toilettenbeutel zurück.
»Da, den kannst du jetzt schon mitnehmen. Das weitere sehen wir morgen.«

*

Am Nachmittag kam ich wieder nach Pueblo Libre zurück, und dort bat ich darum, mich erst mal waschen und rasieren zu dürfen. Seit zwei Wochen hatte ich nun dieselben Sachen an und mir noch kein einziges Mal die Haare gewaschen. Ich sah aus wie ein Landstreicher.
Man erlaubte es mir, aber groß war das Erstaunen, als ich nach einer Steckdose für den Rasierapparat fragte.

Der Leiter der Station und alle anderen Polizisten schauten mir neugierig und mit größtem Interesse zu, als ich den Rasierer einsteckte. So unglaublich es auch schien, keiner von ihnen hatte bisher einen elektrischen Rasierapparat von nahem gesehen!

Ich schaltete ihn ein. Der Apparat begann zu summen, und ich wollte ihn an mein Gesicht führen.

»*Alto! Baja esta huevada!* (Halt! Nimm dieses verdammte Ding runter!)«

Der Capitán hatte seine Pistole gezogen und richtete sie auf meine Stirn.

»*Qué pasa? No hay nada, esta es una maquina para afeitar, nada más! Tranquilo, no pasa nada!* (Was ist los? Es passiert nichts, das ist nur ein Rasierapparat! Ganz ruhig, es passiert nichts!)«

Er nahm seinen 357er Magnum-Revolver wieder runter und schaute mißtrauisch auf den Rasierer, den ich in der Zwischenzeit wieder ausgeschaltet hatte.

»*Hazlo otra vez, anda!* (Mach das noch mal, los!)«

Ich schaltete ein, und der Rasierer fing wieder an zu summen. Diesmal wurde er genauer begutachtet, als ich begann, mich zu rasieren. Alle schauten mir fasziniert zu. Als ich fertig war, deutete mir der Capitán, daß ich ihm nun zeigen sollte, wie das Rasieren ging.

Ich drückte ihm den Rasierer in die Hand und führte sie damit über seine dicken Backen voller Bartstoppeln. Langsam begann er zu kapieren, erst fing er an zu grinsen, dann lachte er schallend.

»*Muy bien, muy bien! El Gringo y su maquina a afeitar! Hahaha!* (Sehr gut, sehr gut! Der Gringo und sein Rasierapparat!)

Nun brüllten alle vor Lachen und schlugen mir auf die Schulter.

»*El Gringo y su maquina a afeitar! Hahaha!*«

Wir amüsierten uns glänzend mit dem Ding und verbrachten den ganzen Nachmittag mit Rasieren. Am Abend brachten sie mir sogar eine Flasche Bier.

Ich fühlte mich wieder besser und fing an, so etwas wie Sympathie für diese ›PIPs‹ zu empfinden, sie waren irgendwie ganz einfache Menschen, wenn auch ohne Skrupel und Moral. Vielleicht mußten sie bei den Verbrechern hier wirklich so sein.

*

In der letzten Nacht war es furchtbar kalt geworden, und ich hatte mir eine Erkältung geholt; es war überaus unangenehm, sich in einer solchen Lage auch noch schlecht zu fühlen.

Als die Tür aufgeschlossen wurde, damit wir uns waschen konnten, fragte ich nach meiner Tasche. Ich bekam sie und erlebte gleichzeitig eine unangenehme Überraschung: Der ganze Inhalt samt Rasierer war weg!

»Hey, wo sind meine Sachen?« fragte ich einen der PIPs.

»Welche Sachen, davon weiß ich nichts! Du mußt schon den Capitán fragen, wenn er heute abend kommt.«

Ich sah meinen Rasierer nie mehr wieder. Meine Sympathien für die PIPs waren bereits wieder verflogen.

Mittags bekam ich Besuch von Julia.

»Hallo, das freut mich aber, daß du so schnell gekommen bist!«

»Ja, ich habe den ganzen Morgen auf der Polizeistation verbracht, um deine Sachen zurückzubekommen.«

»Und, hast du sie bekommen?«

»Nein, sie haben mir nur dies hier gegeben.«

Sie holte ein Buch aus ihrer Tüte.

»Das ist ja meine Bibel, die hatte ich völlig vergessen!«

»Ja, und das ist auch das einzige, was sie mir geben wollten. Die anderen Sachen seien noch in der Untersuchung, meinte Quinteros. Aber ich glaube, sie haben sie gestohlen!«

Sie sah besorgt aus.

»Das ist ja eine Schweinerei, die werden sich noch wundern. Na ja, nun habe ich wenigstens was zum Lesen, ein paar tausend Seiten ...«

Ich blätterte durch die Bibel. Sie nahm meine Hand.

»Ich werde es noch mal versuchen. Ein Bekannter meiner Familie ist auch Major bei der PIP. Er ist ein Freund von Quinteros. Ich werde ihn bitten, daß er mit ihm redet.«

»Vielen Dank jedenfalls, Julia. Dich schickt der Himmel. Was hast du sonst noch in deiner Tüte?«

»Ein halbes Hähnchen, damit du was zu essen hast, Zigaretten und ... «, sie lächelte verschmitzt, » ... etwas zum Trinken!«

Ich blickte in die Tüte und sah eine Dose Bier!

»Hervorragend, du bist ein Engel, glaube ich!«

Wir umarmten uns, und mein Optimismus kehrte wieder zurück. Jetzt hatte ich wenigstens jemand, mit dem ich Kontakt zur Außenwelt halten konnte. Ich gab Julia schnell noch eine Telefonnummer in Miami, wo sie eine Nachricht für Walter hinterlassen konnte, damit er sie zurückrufe. Danach mußte ich wieder zurück in die Zelle.

Ich wurde erwartungsvoll empfangen. Daß ich Besuch erhalten hatte, war das Ereignis des Tages gewesen.

»*Hola, Mr. Huevas!* Kaum hier und hat schon eine *Señorita*! Ich glaube, der Gringo ist mehr Peruaner als wir!«

Alle brüllten vor Lachen, und wir waren guter Stimmung. Ich teilte Hähnchen und Bier und verteilte einige Zigaretten. Dann steckte ich mir selbst eine an und betrachtete die Bibel.

DIE
HEILIGE SCHRIFT
DES ALTEN UND
DES NEUEN TESTAMENTES

Es war schon sehr ungewöhnlich, daß ich sie mitgenommen hatte. Eigentlich wußte ich gar nicht, wieso, ich hatte seit zehn Jahren kein Wort mehr darin gelesen.

Damals hatte ich sie mir für die Schule gekauft, auf den Rat meines Religionslehrers hin. Wenn wir darin lasen, kam es mir allerdings immer so vor, als sei dies nur ein uraltes Geschichtsbuch. Sicher, einige der Geschichten waren ganz interessant: Noah, Mose, König David und so weiter, aber richtig verstanden hatte ich die Bibel nie. Sie war mir stets ein Buch mit sieben Siegeln geblieben.

Schon immer hatte ich einen kindlichen Glauben an Gott gehabt; ich rechnete fest damit, daß er da war und auf mich aufpassen würde. Meine Eltern waren zwar so gut wie nie mit mir in die Kirche gegangen, aber sie hatten mich taufen lassen und mir von klein auf das Beten beigebracht. Später war ich immer unter den Besten im Religionsunterricht. Die biblischen Geschichten und Charaktere gefielen mir, und ganz besonders sympathisch war mir Jesus.

Als ich etwa acht Jahre alt war, hatte ich einmal einen Film gesehen, in dem ein kleiner Junge in Italien jeden Tag in die Kirche ging und vor einem großen Kruzifix für seine todkranke Schwester betete. Eines Tages wurde der Jesus aus Holz lebendig und begann zu sprechen. Er sagte ihm, daß seine Schwester geheilt werden würde, und so geschah es dann auch, ein wirkliches Wunder.

Ich war fasziniert davon, daß Jesus lebendig war, und von da ab fing ich an, mit ihm zu sprechen. Teilweise auch vor Kruzifixen in Kirchen, doch leider wurden sie nie lebendig. Trotzdem hatte ich aber sehr oft den Eindruck, als ob Jesus mir antworten würde. Und tatsächlich geschahen auch Dinge, zum Beispiel gute Noten in der Schule, die meinen Glauben unerhört bestärkten.

Ein Schulfreund lud mich später ein, zu einem christlichen Kinderkreis, der ›Jungschar‹, mitzukommen, und dort hörten wir weitere Geschichten über Jesus Christus und die Erlebnisse mit seinen Jüngern. Ich verstand zwar nicht genau, wie er Gottes Sohn sein konnte, aber Jesus war mein Freund.

Gemäß der Tradition der Evangelisch-Lutherischen Kirche in Deutschland ging ich mit 14 Jahren auch zur ›Konfirmation‹. Dann allerdings begann mein Glaube abzubröckeln, was nicht zuletzt mit einem unschönen Erlebnis in meiner Familie zusammenhing.

Der Konfirmationstag hatte zunächst gut begonnen. Damals lebte ich im Internat in einem kleinen Städtchen im Taunus, und meine Eltern waren zu Besuch gekommen. Ich war dort, da sie sich hatten scheiden lassen. Der Gottesdienst war sehr aufregend, wir hatten das Gospel-Lied ›*O when the saints go marching in*‹ einstudiert und mit großem Erfolg gesungen.

Anschließend gingen meine Eltern mit mir zum Essen. An diesem Tag sollte ich zu Hause bleiben und nicht ins Internat zurückkehren. Dies war das erste Mal seit langer Zeit, daß wir als Familie zusammenwaren, und ich war sehr glücklich. Im Verlauf des Nachmittags und Abends aber fingen meine Eltern an zu trinken und zu streiten. Schließlich kam es zu einer heftigen Auseinandersetzung, und mein Vater brachte mich daraufhin noch in der Nacht ins Internat zurück.

Die Heimleiterin war völlig überrascht, mich dort zu sehen, und als sie mich fragte, ob ich denn keinen schönen Konfirmationstag gehabt hätte, mußte ich anfangen zu heulen. Nein, das war weiß Gott kein schöner Festtag gewesen!

Gott gab es bestimmt nicht, oder er war grausam. Er hatte sich als ein schlechter Freund herausgestellt. Sowieso, wenn es ihn gab, warum konnte man ihn nie sehen? Wie war er denn wirklich? Wo war er? Spielte es denn überhaupt eine Rolle, ob man an ihn glaubte oder nicht?

Ich fand keine Antworten auf diese Fragen, und es war mir dann auch egal; ich war 14 Jahre alt, und mein Leben hatte gerade erst richtig begonnen. Ich besuchte keine Gottesdienste mehr, und nach und nach geriet die Sache mit Gott und Jesus in Vergessenheit.

Daraufhin wanderte auch meine Bibel ins Bücherregal und wurde nicht mehr angefaßt bis zu jenem Tag zehn Jahre später, als ich von Florida nach Deutschland gekommen war, um Joachim abzuholen.

Am Vorabend des Fluges stand ich vor dem Regal und überlegte mir, welches Buch ich für den langen, fast 18-stündigen Flug nach Südamerika mitnehmen sollte.

Aus irgendeinem, mir heute noch unerklärlichen Grund griff ich nach der Bibel.

»Es könnte vielleicht gar nicht schaden, mal wieder was Gutes zu lesen«, dachte ich mir.

Vielleicht waren es auch Gewissensprobleme wegen der Drogengeschäfte; auf jeden Fall verspürte ich Interesse, mich wieder mit diesem Buch zu beschäftigen. Auf dem Flug las ich dann aber doch nicht darin, sondern schaute mir einen Film an und trank Whisky-Sodas.

Und nun war diese Bibel der einzige persönliche Gegenstand, der mir geblieben war – kaum zu glauben!

*

Ich blätterte durch die Seiten: 1. Mose, ... 2. Mose, ... Josua, ... Psalmen, ... Jeremia, ... Matthäus, ... Johannes, ...

Die Überschriften sagten mir wenig. Auch nicht die Zahlenangaben auf jeder Seite: 1,25-2,19 ... 2,20-3,20 ...

Ich hatte längst vergessen, was das alles bedeutete.

Plötzlich war ich wieder neugierig auf den Inhalt, und ich hatte gleichzeitig eine gewisse Ehrfurcht davor.

›Die Heilige Schrift‹: Irgend etwas Besonderes war daran; dies war kein gewöhnliches Buch. Der Hauch der Ewigkeit schien mir entgegenzuwehen.

Wo fing man aber an, die Bibel zu lesen? Ich entschied mich für den Anfang, Seite eins.

DAS ALTE TESTAMENT

Das erste Buch Mose
Genesis

»Am Anfang schuf Gott Himmel und Erde. Und die Erde war wüst und leer, und es war finster auf der Tiefe; und der Geist Gottes schwebte auf dem Wasser. Und Gott sprach: Es werde Licht! Und es ward Licht ... «

(1. Mose 1,1-3)

*

So begann tatsächlich das größte Abenteuer, das ich in meinem Leben erfahren sollte, obwohl mir das natürlich nicht bewußt war. Trotz meiner gewissen Neugierde hatte ich damals noch kein Interesse an der Sache mit Gott. Aber *Er* hatte Interesse an *mir*, und fast unmerklich brachte er mich auf einen Weg, der direkt zu ihm führen sollte ...

5

Um vier Uhr morgens saß ich wieder im Verhörraum. Zwei Schreibtischlampen mit gleißendhellen 150-Watt-Birnen waren auf mein Gesicht gerichtet. Zigarettenqualm erfüllte das ganze Zimmer. Die Polizisten schienen niemals müde zu werden.
»Wie oft hast du bereits Drogen geschmuggelt, raus mit der Sprache!«
»Ich sagte doch: Noch nie, das war das erste Mal.«
Der Major gab einen Befehl, und man drehte eine der Lampen ab. Ich konnte nur noch blinzeln, da meine Augen geschwollen waren.
Er blätterte in einer Akte.
»Warst du schon einmal in Santa Cruz, Bolivien?«
Ich überlegte. Neinsagen konnte ich schlecht, da ich vorigen Monat erst dortgewesen war und einen Einreisestempel im Paß hatte. Aber über unsere Geschäfte in Bolivien konnten sie eigentlich nichts wissen, er bluffte bestimmt.
»Ja, ich hatte dort für meine Fluggesellschaft zu tun.«
»Aha, Fluggesellschaft. Kennst du den Weg von Santa Cruz nach Montero?«
Jetzt merkte ich, worauf er hinauswollte.
»Nein, nie gehört.«

»Wirklich nicht? Du weißt doch, daß in Montero das ganze Kokain hergestellt wird!«

»Tatsächlich? Nun, das kann schon sein, aber ich kenne es trotzdem nicht.«

»Ihr habt doch dort Kokain gekauft, vom ›Bavaria‹ aus, erinnerst du dich nicht mehr?«

Ich ließ mir nicht anmerken, wie sehr ich überrascht war. Das ›Bavaria‹ gab es schon seit über einem Jahr nicht mehr, wie konnte er jetzt diesen Namen kennen?

»Das ›Bavaria‹? Was soll das denn sein?«

Quinteros war nahe daran, die Beherrschung zu verlieren.

»Jetzt tu' mal nicht so blöd, du weißt ganz genau, wovon ich rede! Die deutsche Kneipe, in der du mit deinem Partner Walter immer verkehrt hast.«

Also doch! Sie wußten mehr über unsere Aktivitäten, als ich bisher angenommen hatte. Aber woher nur?

»Ich kenne keinen Walter. Aber vielleicht ist das ein Freund von Joachim Fiebelkorn, den sollten Sie mal fragen. Schließlich haben Sie mich hier in seiner Wohnung verhaftet.«

Major Quinteros und Capitán De la Calle sahen sich an. Irgend etwas stimmte nicht. Immer wenn ich Joachims Namen erwähnt hatte, war das Gespräch abgebrochen worden. Es wunderte mich mittlerweile, daß zu seiner Person keinerlei Fragen gestellt wurden. Er war von Anfang an der einzige gewesen, den zu kennen ich notgedrungen zugegeben hatte, da er der Mieter der Wohnung war. Außerdem glaubte ich ihn in Sicherheit. Sehr enttäuscht war ich allerdings, daß er sich aus dem Staub gemacht hatte, ohne irgend etwas zu meiner Rettung unternommen zu haben. Aber was hätte ich auch von ihm erwarten sollen, unsere Beziehung war von Anfang an eine reine Zweckgemeinschaft gewesen.

De la Calle packte mich am Kragen und zog mich ganz nahe vor sein Gesicht.

»Dein ständiges Ablenken auf Fiebelkorn kannst du dir sparen, verstehst du mich?! Dein Freund arbeitet für die DEA! Raus jetzt mit der Sprache!«

Ich war wie vor den Kopf geschlagen. Joachim ein Informant der DEA? Das konnte doch nicht wahr sein! Nie im Leben würde er so etwas tun. Er war wirklich der Allerletzte, dem ich einen solchen Verrat zutrauen würde! Nein, das mußte wieder ein Bluff sein.

»Ich kenne keine DEA, ich weiß nur, daß er mich in seine Wohnung eingeladen hat und dann weggegangen ist, kurz bevor Sie kamen. O.k.? Alles weitere, was mit diesem blöden Kokain zusammenhängt, müssen Sie von ihm erfahren. Stellen Sie doch mal fest, ob er noch im Land ist!«

»Du willst uns doch nicht vorschreiben wollen, was wir zu tun haben? Jetzt nochmal von vorne: Wie viele Male hast du seit dem ersten Mal in Santa Cruz Kokain geschmuggelt? Wieviel Geld habt ihr damit verdient? Wer sind die Besitzer von ›Antillean International Airlines‹ in Miami? Bist du nicht Halter eines Sportwagens *BMW 635 Csi*?«

Ich konnte es nicht glauben. Sie schienen so gut wie alles herausgefunden zu haben. Ich hatte diese Leute unterschätzt, oder meiner Verhaftung waren Dinge vorausgegangen, von denen ich nichts geahnt hatte. Ihren Informationen nach zu schließen, war die internationale Drogenpolizei mit im Spiel. Wenn Joachim wirklich ein Verräter war, dann sah es ziemlich mies für mich aus. Auf alle Fälle durfte ich keine überstürzten Antworten auf diese Fragen geben.

»Du solltest dir überlegen, was du sagen willst, sonst kommst du mit weniger als 15 Jahren nicht davon, also denk gut darüber nach!«

Sie verließen den Raum, und ich war nun wirklich nachdenklich. Ich blickte auf die großen Schreibmaschinen und die alten Bürostühle, die trübe Sonne, die über dem Smoghimmel von Lima aufging, und den verwahrlosten Garten. Im Nebenhaus waren schon einige Kinder wach. Ihre hellen Stimmen drangen zu mir herüber. Wenn diese Handschellen und die Gitter vor den Fenstern nicht wären, würde ich jetzt sofort über den Garten türmen.

Was sollte ich denn erzählen, von all den Dingen, die ich

nach unserer ersten geglückten Reise erlebt hatte? Es war sehr viel seitdem passiert ...

*

Zwei Jahre waren vergangen, aber es schien mir, als wären es zehn gewesen.

Nach meiner ersten Reise hatten Walter und ich die Operationen mit älteren Männern als Drogenkuriere weitergeführt. Diese Herren waren Freunde von Hans gewesen, aus der Zeit, als er noch »ohne einen Floh in der Tasche«, wie er immer gesagt hatte, in Südamerika ein bescheidenes Dasein gefristet hatte. Von Walter hatte er immer gesagt, daß der Millionen verdienen müßte, wenn da mal was übrig bleiben sollte (was auch stimmte, Walter konnte an einem Tag, ohne mit der Wimper zu zucken, 2.000 Dollar für Vergnügungen ausgeben). Ein weiterer seiner Aussprüche war: »Ich habe ein unglaubliches Glück mit meinen Freunden – und die wahrscheinlich mit mir. Wir sind alle pleite, aber haben noch Hoffnung.«

Daß Hans mit Kokain noch einmal Millionär wurde, konnte er anscheinend nicht mehr verkraften, oder es erledigte ihn die Natur dieses Geschäfts: kurz nach unserer ersten erfolgreichen Operation wurde er krebskrank und darauf immer verstimmter und bösartiger. Er vertraute niemandem mehr und sah ständig Feinde um sich herum. Im Dezember 1982 beging er dann Selbstmord, durch einen Revolverschuß in den Kopf. Er wurde in einem einfachen Grab auf dem Friedhof von Santa Cruz begraben, und dort liegt er heute noch, ohne Kreuz oder Grabstein und neben Peter, der sich totgesoffen hat.

Mit seinen alten Freunden ging das Geschäft weiter. Die Drogen besorgten die bolivianischen Leute, und den Transport zwei Deutsche. Der eine war Herr von Lichtenberg, ein feiner, 71 Jahre alter Mann, der auch in Santa Cruz lebte und Bienenzüchter war. Er war mit seinen Eltern während des ersten Weltkrieges nach Südamerika gekommen und hatte ein bewegtes Leben hinter sich. Wenn wir mit ihm die Schmuggelreisen unternahmen, konnten wir davon ausgehen, daß alles gelingen würde. Herr von Lichtenberg wußte zwar nicht genau, worum es bei der ganzen Sache ging, aber ihm gefiel der hohe Verdienst für jeden Flug, und er verhielt sich wie ein Profi. Kein Zöllner der Welt hätte ihn jemals als Rauschgiftschmuggler verdächtigt. Wenn er seinen Paß vorlegte und freundlich lächelte, wurde er immer gleich durchgewunken. Abgesehen davon war es ein Spaß, mit ihm zu reisen, da er ein sehr interessanter Gesprächspartner war und wir auf der Rückreise immer Bienenköniginnen und Imkereizubehör für seine Bienenstände einkauften. Nur einmal hatte es eine Panne gegeben, als wieder die Koffer während eines Fluges verlorengegangen waren. Diesmal war es für uns ein Totalverlust, und diese Sache sollte ihm letzten Endes noch zum Verhängnis werden.

Der andere war ›Spökenkiccker‹, wie Hans ihn getauft hatte. Er hieß eigentlich Hermann, war Mitte 50 und stammte aus Norddeutschland. In seinem Leben war immer alles schiefgegangen. Im Krieg war er Scharfschütze gewesen und deshalb seinerseits vom Feind ständig aufs Korn genommen worden. Danach hatte er ein Frachtschiff besessen und war damit zwischen Nord- und Südeuropa verkehrt. Um mehr zu verdienen, hatte er die Versicherung gespart – bis eines Tages ein Sturm sein Schiff vor der Küste Portugals zum Sinken brachte. Spökenkiecker rettete zwar sein Leben, war aber geschäftlich ruiniert. Dann war er nach Paraguay ausgewandert, wo er eine Gemüsefarm begann. Wenige Tage vor der ersten Ernte zerstörte aber ein Hagelsturm alle seine Pflanzen, und er war wieder bei Null angelangt. Daraufhin hatte er sehr dankbar diese Arbeit als Drogenkurier angenommen und wußte auch, um was es sich drehte. Allerdings war er sehr eigensinnig und vertraute uns auch nicht so ganz, weswegen es oft Reibereien gegeben hatte.

Mit diesen beiden einzigartigen Kurieren waren wir stets von Bolivien über verschiedene Flugrouten nach Nordamerika geflogen. Wir hatten fast ununterbrochen gearbeitet und Berge von Geld verdient.

Von Anfang an hatten wir unser Hauptquartier in Miami aufgeschlagen, aus strategischen und vor allen Dingen verkehrstechnischen Gründen. Miami, Florida, ist die Ausgangsbasis für alle Verbindungen von und nach Südamerika und wird inoffiziell auch die Hauptstadt Südamerikas genannt.

Im Verlauf der ersten Monate waren wir immer wieder nach Miami und dann nach Puerto Rico, eine Art amerikanische Kolonialinsel in der Karibik, geflogen und hatten uns mit verschiedenen Freunden Walters aus der Flugbranche getroffen. Wir traten auf als Repräsentanten unserer Familien, die angeblich Gelder in Amerika investieren wollten. Bald darauf hatten wir die Firma ›*Antillean International Airlines*‹ gekauft und ein Büro in der ›*NW 36th Street*‹, direkt am Flughafen von Miami eingerichtet.

Die Firma leaste Cargoflugzeuge und flog die verschiedensten Frachten von Mexiko und Zentralamerika nach Puerto Rico und Miami. Seit einigen Monaten waren wir an einer weiteren Fluglinie in Puerto Rico beteiligt. Sie besaß eine große alte Propellermaschine vom Typ ›*DC-3*‹, Baujahr 1942, und unterhielt damit einen Passagierflugdienst von Puerto Rico zu den Karibischen Inseln. Walter war lizenzierter Pilot für dieses Flugzeug, auch einige seiner früheren Kollegen stiegen bei uns ein, so daß wir noch ein Büro in San Juan gründeten.

Unser Lebensstil war dementsprechend verschwenderisch geworden. Eigentlich ein Fehler, aber wir hatten den Eindruck, daß sich der ungeheure Streß gar nicht anders kompensieren ließe. Außerdem waren wir ja noch jung, gerade erst Anfang 20, und wollten das Leben natürlich in vollen Zügen genießen; Geld dazu hatten wir genug.

Wir besaßen mehrere Luxusautos, darunter einen 1959er Bentley, Jeeps, besagten BMW und einige schwere Motorräder. Wir trugen stets die teuerste französische und italienische Garderobe.

Viel Zeit verbrachten wir mit Ausflügen auf Flugbooten in die ›Everglades‹, die riesigen Sümpfe Floridas, wo wir Schießübungen mit großkalibrigen Revolvern und automatischen Gewehren unternahmen, die man problemlos im Staat Florida erwerben kann. Wochenenden vertrieben wir uns mit Segelausflügen zu den Bahamas, mit Tauchen, Wasserskilaufen, Akrobatikflügen mit Pilotenfreunden und großen Essen in den besten Restaurants.

Unsere weitverzweigten Geschäftsbeziehungen brachten es mit sich, daß wir ständig unterwegs waren. Ich hatte in den letzten Jahren über 250.000 Meilen in der Luft zurückgelegt und dabei fast zwei Dutzend Länder und Staaten der beiden amerikanischen Kontinente kennengelernt.

Kein Mensch ahnte, daß Walter und ich ein Doppelleben führten, selbst unsere Freunde und Verwandten nicht, die uns des öfteren besuchten. Ihnen hatten wir stets die legale Seite präsentiert, und die war überzeugend gewesen.

In Miami hatten wir schließlich eine große, alte 16-Zimmer-Villa anbezahlt, nur wenige Minuten von der Innenstadt entfernt und direkt am Wasser gelegen. Das Haus war 1925 im spanischen Stil erbaut und von fast eineinhalb Hektar Land umgeben. Sobald wir es renoviert und abbezahlt hatten, würde es ein Vermögen wert sein.

Außerdem mieteten wir ein ›Townhouse‹ im Stadtteil ›Coconut Grove‹, dem Yachthafen und Künstlerviertel der Stadt. Dort lebten wir im Zentrum der Straßencafés und Musiklokale auf der ›*Main Highway*‹. Des öfteren ließen wir uns in unserem Bentley, der mit einer Bar ausgestattet war, mit Freunden durch *Coconut Grove* chauffieren und stießen mit Sektflaschen und -gläsern in den Händen durchs Fenster mit anderen Freaks auf der Straße an. In der ›*Grove*‹ war immer was los, und man traf alle Arten von reichen und neureichen Typen, von denen viele ihr Geld zumeist wie wir mit Drogen verdienten.

Dort hatte ich vor zwei Monaten Sheena kennengelernt. Ich ging mit einem Freund aus, und wir luden sie und ihre

Schwester zum Essen ein. Sie wohnte eigentlich in Atlantic City im Bundesstaat New Jersey und war Informatikstudentin. Ihre Schwester wohnte südlich von Miami, und sie verbrachte hier ihre Sommerferien.

Sheena war 20, vier Jahre jünger als ich, und wir verstanden uns von Anfang an, obwohl keiner von uns an diesem Abend große Lust zum Ausgehen gehabt hatte. So aber verbrachten wir die ganze Nacht in Diskotheken mit Tanzen und Unterhalten.

Es kam nicht oft vor, daß mir ein Mädchen auf Anhieb so gut gefiel. Sie war sehr hübsch, mit kurzen, kastanienfarbenen Haaren, grünen Augen und einer perfekten Figur. Sie hatte gleich gemerkt, was ich für ein Typ war und daß wir beide eine Vorliebe für Abenteuer hatten. Wir verabredeten uns fürs nächste Wochenende und waren sehr bald ineinander verliebt.

Ich konnte mich noch genau an den Abend in Fort Lauderdale erinnern. Wir hatten eine ›Comedy-Show‹ besucht und uns köstlich amüsiert. Anschließend schlenderten wir Arm in Arm die Strandpromenade entlang und genossen den Sonnenuntergang. Es war herrlich warm, der Himmel in ein leuchtendes Purpurrot getaucht, und jeder auf der Promenade war in guter Stimmung.

Der U.S.-Flugzeugträger ›Nimitz‹ hatte vor der Küste angelegt, und die riesige Schiffsgestalt schien von einem Ende des Horizonts zum anderen zu reichen. Matrosen bevölkerten den Strand und die Cafés, Ausschau haltend nach hübschen Mädchen. Sheena genoß ihre bewundernden Blicke, und ich war sehr stolz auf sie. Seit langer Zeit fühlte ich mich wieder im Frieden mit mir selbst und der Welt. Alles in meinem Leben lief jetzt richtig. Ich war auf dem Höhepunkt meines Erfolgs, und der alte Blues, den ein schwarzer Tramp am Strand sang, paßte dazu: »*I'm sitting on top of the world.*«

Dann waren ihre Ferien zu Ende, und sie mußte zurück nach Atlantic City. Es war der 30. August 1982, und ich würde drei Tage später nach Peru fliegen. Sheena hatte ich erzählt, daß ich nach Europa fliegen müßte, um mit unseren Investoren zu reden.

Unsere Fluggeschäfte liefen auf Hochtouren, und auch sie hatte nur diese Seite meines Lebens kennengelernt. Keiner meiner legalen Geschäftspartner wußte etwas von dem Drogenhandel, und so hatte alles perfekt zusammengepaßt.

Ich selbst war schon so weit, zu glauben, daß ich nichts Schlechtes tat; das ganze Geld wurde schließlich in ein gutes Geschäft investiert, das wiederum für Arbeitsplätze sorgte. »Woher das Geld kommt, spielt doch keine Rolle«, dachte ich, und mittlerweile hatten wir auch genug Kapital gesammelt, um uns aus den riskanten Unternehmen zurückziehen zu können.

Nach der Operation in Peru wollte ich mich nur noch auf die Airline konzentrieren.

An diesem letzten Abend gingen wir zusammen ins Kino. Nach der Vorstellung saßen wir in einer Eisdiele, und während ich ihre Hand hielt und in ihre Augen blickte, hatte ich auf einmal den Eindruck, daß ich diesmal nicht aus Südamerika zurückkehren würde.

Wir würden uns nie mehr wiedersehen. Welch ein absurder Gedanke! Ich war bereits über ein Dutzend Mal dort unten gewesen, und Südamerika war wie mein zweites Zuhause. Ich vertrieb diese Vorstellung und gab Sheena einen Kuß.

»Weißt du, ich kann mir kaum noch vorstellen, daß wir nicht schon immer zusammengewesen sind.«

»Ja, das geht mir genauso. Die Zeit hier ist so schnell vergangen! Weißt du noch, wie wir mit diesem riesigen Motorrad nach Key Largo gefahren sind, um Korallentauchen zu gehen?«

»Ja, mit Walters Kawasaki 1300; und wir sind schon auf der Fahrt tauchen gegangen. Es fing an wie aus Eimern zu regnen!«

Wir mußten beide lachen. Sie nahm meine andere Hand und zog mich näher zu sich heran.

»Und als wir dann ankamen, schien wieder die Sonne. Meine Schwester und ihr Mann konnten kaum glauben, daß wir so naß waren, dort hatte es überhaupt nicht geregnet. Ich werde ihre Gesichter nie vergessen.«

Sie seufzte und lächelte. Das alles schien erst gestern gewesen zu sein. Dann verschloß sich ihr Gesicht.

»Schade, daß ich morgen weg muß. Ich mag es gar nicht wahrhaben.«

»Ich auch nicht. Die Zeit ist viel zu schnell vergangen. Aber sobald ich übernächste Woche aus Europa zurückkomme, fahre ich zu dir, und dann bleiben wir eine ganze Weile zusammen.«

»Wirst du im Ausland auch keine Dummheiten machen?«

»Nein, mach' dir keine Sorgen, du kennst mich jetzt doch; mir passiert nie was!«

»Das meinte ich auch nicht. Ob du nicht nach anderen Mädchen sehen wirst?«

Ich streichelte über ihre Haare.

»Nein, ich bin treu!«

Wir lachten wieder. Es wurde noch ein schöner Abend. Als wir schließlich in mein Haus zurückkamen, gab ich ihr einen kleinen goldenen Delphin als Brosche zum Geschenk. Wir umarmten uns und hörten dem Hit dieses Sommers von der Rockgruppe ›*Chicago*‹ zu, der gerade im Radio lief:

»Hold me know, it's hard for me to say I'm sorry
I just want you to stay...«

Ich wollte nicht von hier, von ihr weg. Unsere Liebe war echt, aber ich war es nicht. Was würde sie von mir denken, wenn ich ihr die Wahrheit über mein Leben sagen würde? Ich spürte, daß ich so nicht viel länger weiterleben konnte. Nach diesem Geschäft würde ich damit aufhören und fortan ein normales, halbwegs ehrliches Leben führen.

*

Am nächsten Morgen brachte ich Sheena mit ihrer Schwester zum Flughafen. Die Maschine nach Philadelphia war abflugbereit, und uns blieb nur noch ein Moment am Gate. Sonst waren mir Abschiede immer leichtgefallen, aber diesmal war ich sehr traurig, als wir uns den Abschiedskuß gaben.

»Paß gut auf dich auf, Liebling, in ein paar Tagen bin ich wieder bei dir.«

Auch ihr liefen Tränen über die Wangen.

»Bitte komm bald zurück, Ronnie. Versprich mir das! Ich liebe dich.«

Ich fischte nach einem Taschentuch und trocknete ihre Wangen.

»Ich dich auch. Mach dir keine Sorgen. *Be happy!*«

*

Das war vor nur drei Wochen gewesen, im Nachhinein erschien es mir wie eine Zeit im Paradies. Seitdem war ich in der Hölle und hatte ihr noch nicht einmal einen Brief schicken können. Sie mußte sich große Sorgen machen oder gar denken, daß ich sie vergessen hatte.

Warum war dieses Unglück passiert? Und wieso ausgerechnet jetzt und hier, am Ende der Welt? Wurde ich wirklich für meine Taten bestraft? Aber andere Leute waren doch noch viel schlechter als ich, und denen passierte nichts! Wie viele Verbrechen wurden von den Reichen und Mächtigen dieser Welt begangen, aber diese waren immun vor den Gesetzen und konnten unbehelligt weitermachen, lachend und trinkend. War das die Gerechtigkeit?

Irgendwo mußte es doch eine Antwort auf diese Fragen geben ...

*

Später am Vormittag, als ich wieder in unserer Zelle war, las ich weiter in der Bibel. Das erste Kapitel war mir noch aus frühester Kindheit wohlbekannt, es ging darum, wie Gott die Welt in sechs Tagen erschaffen hatte und sich am siebten ausruhte.

Während ich die Verse las, schien es mir aber, als sei es diesmal anders. So, als wären diese Zeilen nicht vor Tausenden von Jahren, sondern erst gestern, und zwar direkt an mich persönlich, geschrieben worden! Ich erkannte auf einmal einen tiefen Sinn dahinter.

»Und Gott schuf den Menschen zu seinem Bilde, zum Bilde Gottes schuf er ihn; und schuf sie als Mann und Weib. Und Gott sah an alles, was er gemacht hatte, und siehe, es war sehr gut.«
(1. Mose 1, 27.31)

»Interessant«, dachte ich, dieselbe Feststellung wie in dem Zeitungsartikel, den ich neulich über Charles Darwin gelesen hatte. Kurz vor seinem Tod soll er nur noch mit Bibellesen beschäftigt gewesen sein und hatte seine Evolutionstheorie widerrufen wollen. Es war mir damals etwas befremdlich erschienen, daß sein Christsein für ihn und seine Theorie solch einen Unterschied gemacht hätte.

Jetzt erkannte ich, daß dieser Bibelvers ganz im Gegensatz zu dem stand, was ich in der Schule gelernt hatte. Nach der Evolutionstheorie hatte sich das Universum im Laufe der Zeit aus Molekülen gebildet. Die Erde und alle Lebewesen waren während Milliarden von Jahren irgendwie aus einer Kette unendlicher Zufälle entstanden. Wie aus toter Materie organisches Leben entstehen konnte, hatte mir kein Lehrer erklären können, auch nicht, woher denn nun die Moleküle und die ganzen Naturgesetze stammten! Was war vor dieser ganzen Zeit gewesen?

Sofern diese Evolution so stattgefunden haben sollte, stammten Mensch und Affe von einem gemeinsamen Vorfahren ab. Kein Wunder, daß Darwin seine Theorie widerrufen wollte. Was damit letztendlich behauptet wurde, war, daß es vermutlich keinen Gott gab; denn die Welt und alles Leben hatten sich ja von selbst geschaffen.

Geglaubt hatte ich dieser Theorie nie ganz, denn ich war mir schon immer ziemlich sicher gewesen, nicht mit Affen verwandt zu sein. Da die Schule aber keine Alternativtheorie anzubieten hatte, hatte ich mich auch nicht weiter damit beschäftigt.

Angenommen, die Aussage der Bibel stimmte und ihr Schöpfergott existierte wirklich. Dann würden diese Verse bedeuten, daß wir Gott ungeheuer ähnlich wären. Umgekehrt bedeutete das aber auch, daß Gott *uns* ähnlich war, so daß man sich schon vorstellen konnte, wie er auf bestimmte Situationen reagieren würde.

Gott konnte demnach gar nicht so fern und fremd sein, wie ich bisher angenommen hatte.

Ich versuchte mir vorzustellen, was ich an Gottes Stelle mit jemandem wie mir tun würde.

Ich hatte das Gesetz gebrochen, ein menschliches Gesetz zumindest. Ob Drogenschmuggel auch in der Bibel verboten war, mußte ich noch herausfinden. Falls ja, wäre es durchaus denkbar, daß Gott diese Bestrafung angezettelt hatte.

Und wenn es so wäre, wie würde ich der Strafe dann entgehen können? Gott mußte ziemlich hart sein, daß er mich ausgerechnet in solch ein Loch geworfen hatte, damit ich mit dem Schmuggeln aufhörte.

Gab es überhaupt einen Weg, sich wieder mit ihm zu versöhnen? Oder hatte ich seine Gunst ein für allemal verloren? Wenn er vielleicht so wäre wie mein Vater ... Wir hatten uns bisher immer wieder ausgesöhnt – allerdings war es auch nie so gewesen, daß nur einer allein Schuld an einer Auseinandersetzung hatte.

Hieß es nicht immer bei den Christen, Gott vergebe alles?

Ich war bestimmt kein schlechter Mensch, fast jeder schätzte und liebte mich, soweit ich das beurteilen konnte, von der Polizei einmal abgesehen. Wenn ich auch Rauschgift geschmuggelt hatte, so doch auf ehrliche Weise. Nie hatte ich jemand auch nur um einen Cent betrogen, ganz im Gegensatz zu den Ganoven, mit denen ich in diesem Geschäft zu tun gehabt hatte!

Ich hatte auch gute Dinge getan, Geld gespendet, soziale Dienste unterstützt. Wie vielen Menschen in Not hatte ich schon geholfen; in Bolivien hatte ich einer armen Indiofrau einmal 100 Dollar geschenkt.

Auf meinem Konto müßte doch einiges im Plus stehen! Also würde mir Gott vielleicht vergeben, wenn ich jetzt meine Lektion gelernt hatte?

Sollte ich aber deswegen an Gott glauben, nur aus Angst vor ihm, oder weil mir nichts anderes übrigblieb? spann ich den Gedanken weiter. Ist das der christliche Glaube? Welch ein tyrannischer Gott!

Weshalb kümmerte er sich dann überhaupt um die Menschen? Wieso hatte er mich nicht in Ruhe gelassen, damit ich mein Leben so weiterleben konnte, wie *ich* wollte? Mußte er sich auf diese Weise einmischen?

Ich hing diesen Gedanken noch lange nach und war gespannt, ob der Schlüssel zu diesem ganzen Gefüge irgendwo in der Bibel zu finden war.

*

Nachmittags bekam ich unerwarteten Besuch: Die britische Konsulin erschien. Ich war sehr überrascht und auch nicht so ganz begeistert, jemanden von offizieller Stelle hier zu sehen. Meine Illusionen gingen immer noch dahin, demnächst durch Bestechung von hier wegzukommen.

Im Vorzimmer erwartete mich eine zierliche Frau mit Brille, mittleren Alters und in einem grauen Kostüm.

»Guten Tag, ich bin Mrs. Pemberton von der britischen Botschaft. Wir hätten Sie schon früher besucht, aber erst gestern sind wir überhaupt davon unterrichtet worden, daß Sie in Haft sind.«

»Tja, nichts scheint normal zu laufen. Können Sie mir helfen, hier herauszukommen?«

Mrs. Pemberton verzog das Gesicht.

»Das ist immer die erste Frage. Ich muß Sie enttäuschen. Nein, wir können leider gar nichts für Sie tun. Sie stehen unter dem peruanischen Gesetz, und es spielt dabei keine Rolle, welcher Nationalität Sie sind. Das Justizsystem funktioniert hier nach einem völlig anderen Prinzip als in unseren Ländern.«

»Und welches wäre das?«

Sie seufzte und blickte mich hilflos an.

»Es ist der ›*Code Napoléon*‹, praktisch eine Kopie des uralten französischen Rechtssystems. Es geht davon aus, daß der Angeklagte als schuldig gilt, bis seine Unschuld bewiesen ist. Bei uns ist es genau umgekehrt, der Angeklagte gilt bis zu seiner Verurteilung als nichtschuldig.«

»Das sind ja keine schönen Aussichten. Wie kommen die europäischen Regierungen dazu, so viele Milliarden in solch ein korruptes Land zu stecken, um angeblich den Drogenhandel zu bekämpfen, wenn sie gleichzeitig zulassen, daß ihre eigenen Staatsbürger in diese mittelalterlichen Kerker und Rechtssysteme geraten; das ist doch geradezu ein Witz!«

Die Konsulin gab mir keine Antwort.

»Sie wollen mir also nicht helfen?«

»Wir werden eine Beschwerde an das Innenministerium schicken, daß wir erst so spät über ihren Fall unterrichtet wurden, und wir werden Sie weiterhin regelmäßig besuchen; aber ich befürchte, daß das so ziemlich das einzige ist, was wir für Sie tun können«

»Und wie steht es mit Kontakten zu meiner Familie und meinem Büro in den USA?«

»Ihre Familie können wir selbstverständlich benachrichtigen, eventuell auch Ihr Büro, aber mehr als Briefe und Geld für Ihren Unterhalt können wir nicht in Empfang nehmen.«

»Also gut, benachrichtigen Sie bitte meine Eltern in Deutschland und bleiben Sie in Verbindung.«

»Geht es Ihnen einigermaßen gut hier, behandelt man Sie korrekt?« Mrs. Pemberton blickte besorgt nach Foltermalen, wie es schien.

Ich winkte ab.

»Die Behandlung ist unvorstellbar schlecht; ich bin geprügelt worden, mein Essen muß ich selbst bezahlen und alle meine Sachen sind gestohlen worden!«

Sie schüttelte den Kopf und seufzte wieder.

»Ja, das kennen wir bereits, da ist nicht viel zu machen ...«

»Und wie lange, glauben Sie, daß es dauern wird, bis dieses Problem gelöst ist?«

Nun wurde sie sehr ernst, anscheinend hatte sie diese Frage schon oft beantworten müssen.

»Das ist in Peru äußerst schwer zu sagen. Theoretisch muß jeder Angeklagte nach sechs Monaten seinen Prozeß haben, aber wir haben viele Gefangene, die schon zwei bis drei Jahre darauf warten. Diese lange Wartezeit ist für die meisten am schwierigsten zu ertragen.«

Für mich stand damit endgültig fest, daß ich flüchten mußte. Diesen Wahnsinn mit den Gerichten würde ich mit Sicherheit nicht mitmachen!

*

Die Konsulin hatte sich verabschiedet, und am selben Nachmittag noch wurde ich mit all meinen Sachen abgeholt und zu der PIP-Station nach Lince gebracht. Dort kam ich in eine neue Zelle, in der unter anderem Miguel, sein Bruder und ein weiterer Ausländer untergebracht waren. Sie waren in keiner guten Stimmung.

»Wir sitzen ganz schön im Dreck, dein Freund Joachim war ein *Soplón* für die DEA, hast du das nicht gewußt?«

»Nein, woher denn; meint ihr, ich wäre blöd? Ich kann es jetzt noch nicht glauben. Er sollte eine Menge Geld mit diesem Transport verdienen.«

Miguel steckte sich nervös eine Zigarette an.

»Die Amerikaner zahlen lässig 50.000 Dollar für einen erfolgreichen *Bust* (Verhaftung)! Dann sorgen sie dafür, daß der Informant mit einem anderen Paß aus dem Land kommt und irgendwo untertaucht.«

»Wir werden ihn kriegen, verlaßt euch drauf, sein Leben ist bereits verwirkt!«

»Das sowieso, aber wir haben im Moment wichtigere Probleme zu lösen, wie wir hier wieder rauskommen zum Beispiel!«

Alfonso schenkte uns Kaffee aus einer Thermoskanne ein; es war bitterkalt in dieser Zelle. Die Wände waren alle feucht, und der Wind heulte durch die Gittertür. Alfonso war älter als sein Bruder, schon über 40, und hatte auch mehr europäische Züge. Wie ich später erfuhr, hatte er einen anderen Vater als Miguel; einen deutschen Einwanderer, deswegen auch der andere Nachname. Alfonso wohnte eigentlich in Huánuco, einer Stadt im Dschungel, und betrieb dort einen Holzgroßhandel. Er war ein gewissenhafter Geschäftsmann und besaß einen ausgeprägten Sinn für Humor.

Miguel war ein völlig anderer Charakter, eine sehr komplexe Persönlichkeit. Seine Erscheinung war leicht asiatisch, was von seiner Abstammung mütterlicherseits herrührte. Er war überdurchschnittlich gebildet und gab sich intellektuell, was sicher damit zusammenhing, daß er zehn Jahre in den USA gelebt hatte und mit einer Amerikanerin verheiratet war. Er besaß eine Diskothek im Herzen von Miraflores.

In unserer Zelle waren noch zwei weitere Peruaner und Cubano, ein junger US-Kubaner, mit flinken Augen und kurzen, lockigen Haaren, der auch in Miami wohnte. Er war ein ausgekochter Bursche, und sein Vater war auch hier im Gefängnis, im berüchtigten ›Lurigancho‹.

»Diese Sache mit dem Verräter in eurer Bande ist ein alter Hut, mach' dir nichts draus! Mein Vater und ich sind aus genau demselben Grund hier. Das ist der einzige Weg, wie die Polizei uns schnappen kann. Niemand, es sei denn er ist ganz blöd, wird verhaftet, weil die Bullen erkannt hätten, daß er ein Ding dreht! Weniger als zehn Prozent aller Schmuggler im Drogengeschäft werden erwischt.«

»Dann gehören wir also zu diesen zehn Prozent! Wozu dann aber der ganze Aufwand? Wenn all die Milliarden, die dafür ausgegeben werden, als einziges Ergebnis haben, daß weniger als zehn Prozent erwischt werden, dann steht das doch in keinem Verhältnis dazu!«

Cubano nickte zustimmend, und seine schwarzen Augen funkelten.

»Genau, aber das ist unsere verrückte Welt. Die Regierungen müssen ihren Bürgern etwas vorzeigen, sonst werden sie das nächste Mal nicht mehr gewählt. Das Drogenproblem wird immer größer, und keiner vermag etwas dagegen zu tun. Trotzdem muß Geld dafür ausgegeben werden, um zumindest den Anschein aufrechtzuerhalten, *daß* etwas getan wird. Auch wenn es praktisch keine Ergebnisse bringt.«

Miguel hatte unserer Konversation interessiert zugehört und mischte sich nun ein. Wir saßen alle auf alten Schaumstoffmatratzen, über die Alpaka-Decken gebreitet waren. Von ihrer Ausstattung her konnte man diese Zelle beinahe gemütlich nennen.

»Eben! Und wem könnte das Geschäft denn schaden, den Menschen in Südamerika vielleicht? Für die ist es der einzige Weg, Geld zu verdienen, um aus der jahrhundertelangen Misere rauszukommen. Haben nicht die Europäer und Amerikaner unser Land von Anfang an ausgebeutet? Ist es nicht gerecht, wenn wir jetzt an der Dekadenz der reichen Länder verdienen? *Sie* wollen die Drogen, es ist ja nicht so, daß wir sie ihnen aufzwingen würden.«

»Na ja, aber es schadet immerhin der Gesellschaft. Überleg mal: die vielen Arbeitsstunden, die verlorengehen, weil die Leute high sind. Oder den Haufen Geld, den manche für Dope ausgeben.«

Miguel strich sein schwarzes Haar zurück, und seine Stirn legte sich in Falten. In dem Moment sah er aus wie ein Inka-Nachfahre.

»Für die Gesellschaft? Welche Gesellschaft? Gibt es nicht jede Menge von Drogen, die permanent konsumiert werden, aber gesellschaftlich anerkannt sind? Alkohol, Zigaretten, Kaffee, Tee, Aspirin, Valium, Hustensaft, und, so weiter! Was ist damit? Worin liegt da der Unterschied in der Gesundheitsgefährdung?«

»Warum sind wir dann aber hier? Welchen Zweck erfüllt es, Leute wie uns einzusperren, wo zur selben Zeit die wirklich großen Schmuggler 500 Kilo pro Tag in einer Flugzeugladung aus dem Land schaffen?«

Cubano zündete sich eine Zigarette an und blies den Rauch langsam in den Raum. Er deutete mit dem Finger auf den Boden.

»Wir sind hier, um die Statistiken zu füllen, aus keinem anderen Grund! Aber willst du dich deswegen verrücktmachen? Das ist eben das Risiko bei diesem Geschäft. Darum verdient man auch soviel dabei. Schließlich handeln wir nicht mit Äpfeln oder Tomaten, sondern mit schneeweißem Dope – ansonsten würde es wohl jeder machen. Nun reg' dich erst mal ab, mit etwas Geld sind wir alle bald wieder draußen!«

Während wir uns unterhielten, lief der Fernseher eines unserer peruanischen Zellengenossen. Er hatte einige Privilegien, da er den Beamten großzügige Geschenke machte. Es gab die alte US-Krimiserie *Baretta*. Gerade als Cubano seinen Satz beendete, lief der Abspann des Films mit der Titelmusik:

»Don't do the crime, if you can't do the time ...«
(Wenn du die Zeit nicht absitzen kannst,
begeh' das Verbrechen nicht ...)

Wir blickten einander an. Jeder hatte den Refrain schon unzählige Male gehört, aber noch nie unter solchen Umständen, jetzt hatte er eine ganz andere Bedeutung.

»Teufel nochmal, das klingt wie ein schlechter Scherz!«

»Ja, es scheint beinahe, als wollte sogar der uns verhöhnen.« Aber gab es überhaupt einen Teufel?

*

Am Abend kam ein anderer Gefangener an unsere Zellentür und rief meinen Namen. Ich wunderte mich, daß er so frei herumlaufen konnte.

»Hey, *Alemán*! Komm' mal her!«

»Was gibt's denn?«

Er blickte verstohlen zur Seite und zog dann eine Plastiktüte aus der Hose. Ich wollte meinen Augen nicht trauen: Darin eingewickelt befand sich mindestens eine Unze Kokain! War der Typ wahnsinnig?

»Beste Qualität, *Alemán*, 90 Prozent! Wenn du etwas willst, ich verkaufe dir das Gramm für zehn Dollar.«

»Du willst mir Kokain in der Polizeistation verkaufen?! Weißt du, weswegen wir hier sitzen?«

»Na klar, das weiß doch jeder. Aber was regst du dich so auf, ist doch kein Problem mit dem Koks. Der Comandante ist geschmiert, du kannst soviel haben, wie du willst!«

Ich war total schockiert und verärgert.

»Nein, kein Interesse, mach' die Fliege, Mann!«

Selbst als er weg war, dauerte es noch lange, bis ich mich wieder einigermaßen beruhigt hatte. Wie völlig absurd! Ich war eingesperrt, weil es illegal war, mit Drogen zu handeln, und hier im Gefängnis bot man es mir zum Kaufen an. Was war das für ein Justizsystem?!

*

Die Toilette in der PIP-Station von Lince war gleichzeitig der einzige Wasserhahn und die Dusche. Sie befand sich in einer kleinen Nische auf dem Korridor und war nicht mehr als ein stinkendes Kanalloch, über das man sich hocken mußte, während man von dem undichten Wasserhahn direkt über dem Kopf naßgetropft wurde. Eine Tür gab es keine, so daß jeder, der vorbeiging, hineinsah und dreckige Bemerkungen machte, oder auf Eile drängte, weil er selbst hineinwollte.

Scharen von Fliegen schwärmten umher und machten einem die Zeit zur Hölle. Ich mußte wieder an den Teufel denken, wurde er nicht auch »Herr der Fliegen« genannt?

Auf einer der Wände hatte jemand folgenden Spruch in Englisch eingeritzt:

> Hey Brother, welcome to the pit.
> Don't despair and don't take too much dope.
> Keep your mouth shut and you will be alright.

> (Hey Bruder, willkommen im Loch.
> Verzweifle nicht und nimm nicht zuviel Drogen.
> Halte den Mund und es wird gut ausgehen.)

Welcher verrückte Gringo mochte dies wohl vor Ewigkeiten hier eingeritzt haben? Ich wurde unwillkürlich an den Film ›*Midnight Express*‹ erinnert. In der letzten Woche vor meiner Abreise hatte ich ihn mir noch einmal in meinem Haus in Coconut Grove mit Schmugglerfreunden als Videofilm angesehen, und wir hatten alle darüber gelacht. Sollte jetzt eine ähnliche Erfahrung auf mich zukommen?

Es dämmerte mir, daß ich wahrscheinlich schon mitten drin war ...

6

»Aber die Schlange war listiger als alle Tiere auf dem Felde, die Gott der Herr gemacht hatte, und sie sprach zur Frau: Hat Gott wirklich gesagt: Ihr dürft von keinem Baum des Gartens essen?
Da sprach die Frau zur Schlange: Wir dürfen von den Früchten der Bäume im Garten essen; nur von den Früchten des Baumes mitten im Garten hat Gott gesagt: Eßt nicht davon; rührt sie auch nicht an, daß ihr nicht sterbt!
Da sprach die Schlange zur Frau: Ihr werdet keineswegs des Todes sterben; sondern Gott weiß: an dem Tage, da ihr davon eßt, werden eure Augen aufgetan, und ihr werdet sein wie Gott und wissen, was gut und böse ist.
Und die Frau sah, daß von dem Baum gut zu essen wäre und daß er eine Lust für die Augen wäre und verlockend, weil er klug machte. Und sie nahm von seiner Frucht und aß und gab auch ihrem Mann neben ihr, und er aß. Da wurden ihnen beiden die Augen aufgetan, und sie wurden gewahr, daß sie nackt waren, und flochten Feigenblätter zusammen und machten sich Schurze.
Als sie nun hörten, wie Gott der Herr in der Abendkühle im Garten wandelte, verbarg sich der Mensch mit seiner Frau vor dem Angesicht Gottes des Herrn unter den Bäumen im Garten.
Und Gott der Herr rief Adam und sprach zu ihm: Wo bist du?
Und er sprach: Ich hörte dich im Garten und fürchtete mich; denn ich bin nackt, darum versteckte ich mich.«

Und Gott sprach: Wer hat dir gesagt, daß du nackt bist? Hast du etwa von dem Baum gegessen, von dem ich dir zu essen verboten habe?
Der Mensch sprach: Die Frau, die du mir zugesellt hast, die hat mir von dem Baum gegeben; da habe ich gegessen.
Da sprach Gott zur Frau: Warum hast du das getan?
Die Frau antwortete: Die Schlange hat mich verführt; da habe ich gegessen.
Da sprach Gott der Herr zur Schlange: Weil du das getan hast, seist du verflucht, verstoßen aus allem Vieh und allen Tieren auf dem Felde. Auf deinem Bauch sollst du kriechen und Erde fressen dein Leben lang. Und ich will Feindschaft setzen zwischen dir und der Frau und zwischen deinem Nachkommen und ihrem Nachkommen: er wird dir nach dem Kopf treten, und du wirst ihm nach der Ferse schnappen!
Und zur Frau sprach er: Ich will dir viel Mühsal schaffen, wenn du schwanger wirst; unter Mühen sollst du Kinder gebären. Und dein Verlangen soll nach deinem Mann sein, er aber soll dein Herr sein!
Und zum Manne sprach er: Weil du auf die Stimme deiner Frau gehört und von dem Baum gegessen hast, von dem ich dir gebot: du sollst nicht davon essen, so ist um deinetwillen der Erdboden verflucht. Mit Mühsal sollst du dich von ihm nähren dein Leben lang. Dornen und Disteln soll er dir tragen, und das Kraut des Feldes sollst du essen. Im Schweiße deines Angesichtes sollst du dein Brot essen, bis du wieder zur Erde kehrst, von der du genommen bist. Denn du bist Erde, und zur Erde mußt du zurück.
Und der Mensch nannte seine Frau Eva; denn sie wurde die Mutter aller Lebenden.
Und Gott der Herr machte dem Menschen und seiner Frau Röcke von Fellen und zog sie ihnen an.
Und Gott der Herr sprach: Siehe, der Mensch ist geworden wie unsereiner und weiß, was gut und böse ist. Nun aber, daß er nur nicht ausstrecke seine Hand und breche auch von dem Baum des Lebens und lebe ewiglich!
Da wies ihn Gott der Herr aus dem Garten Eden, daß er die Erde bebaue, von der er genommen war.
Und er trieb den Menschen hinaus und ließ östlich vom Garten

Eden die Cherube sich lagern mit dem flammenden, zuckenden Schwert, zu bewachen den Weg zum Baum des Lebens.«
(1. Mose 3)

Es war früher Nachmittag, als ich dieses Kapitel zum ersten Mal las, und nachdenklich legte ich die Bibel auf die verlotterte Schaumstoffmatratze. Alfonso las ein Comic-Heft, Miguel war am Schlafen, Cubano spielte Schach mit dem reichen Gauner. Aus der Wachstube dröhnte Salsamusik.

Ich zündete mir eine Zigarette an. ›*East of Eden*‹, mit James Dean, das war einer meiner Lieblingsfilme. Die uralte Frage nach der Vereinbarkeit von Liebe und Gerechtigkeit. Ich ahnte, daß in dieser vermeintlich so simplen Geschichte unendlich tiefe Weisheiten verborgen lagen, die Antwort zu dieser Frage und womöglich auch der Schlüssel zu meinem Problem.

Warum hatte ich mich über Gesetze hinweggesetzt und ohne Rücksicht auf Strafandrohung das getan, was *ich* wollte? Weil es viele taten? War nicht jeder Mensch nur auf seinen eigenen persönlichen Vorteil aus?

Wozu gab es Gesetze und in jedem Land eine Polizei, Justiz, Gefängnisse? Konnten die Menschen nicht ohne dies auskommen? Was bezweckte man damit? Daß sich niemand dadurch änderte, war doch allgemein bekannt, und das Drogenproblem war das beste Beispiel dafür.

Der Geschichte vom ›Sündenfall‹, wie das Kapitel überschrieben war, entnahm ich einige grundlegende Erkenntnisse:

1. Es gibt einen Teufel.

›*Sympathy for the devil*‹ heißt ein bekannter Hit der ›Rolling Stones‹. Ich konnte mich noch einigermaßen an den Text erinnern:

»Please allow me to introduce myself -
I'm a man of wealth and taste.

I've been around for a long, long year,
stole many a man's soul and faith ...
Pleased to meet you - hope you guess my name,

>but what's puzzling you is the nature of my game.!

As head is tails, just call me Lucifer,
'cause I'm in need of some restraint.«

Der Teufel war darauf aus, uns zu Dingen zu verleiten, die uns letzten Endes ins Verderben stürzten.

Wie hatte der alte Hans immer zu meinen Bedenken gesagt: »Ach was, das ist doch kein Verbrechen, laß dir sowas bloß nicht einreden! Es geht nur darum, im Leben Erfolg zu haben, das ›Wie‹ spielt dabei überhaupt keine Rolle!«

Genau dasselbe war mit Adam und Eva passiert, sie hatten sich zu einer Dummheit überreden lassen und waren reingelegt worden.

2. Gott ist gerecht.

Er hatte den beiden eigentlich relativ große Freiheiten gegeben; nur ein einziges Gebot: eben nichts von diesem einen Baum zu essen. Er hatte ihnen auch gesagt, was passieren würde, wenn sie es doch tun würden: nämlich, daß sie sterben müßten. Also nichts von der Illusion, daß Gott alles durchgehen lassen und immer nur vergeben würde. Er war doch ein gerechter und strafender Gott.

3. Der Mensch wurde schon am Anfang ungehorsam.

Kaum hatte er das Gebot erhalten, hat er es schon übertreten.

Jetzt verstand ich auch, was damit gemeint ist: »*nach seinem Ebenbild geschaffen*«. Der Mensch hat einige entscheidende Persönlichkeitsmerkmale, die ein Tier nicht besitzt: Verstand, Gefühle, einen eigenen Willen. Er wird nicht wie die Tiere von seinen Instinkten geleitet, ist aber auch kein manipulierter Roboter.

Wir haben immense Entscheidungsfreiheit von Gott bekommen, gleichzeitig hat er uns eine ungeheure Verantwortung übertragen.

Ich erinnerte mich, daß mir mein Vater als Kind einmal

geboten hatte, nicht an seinen Werkzeugschrank zu gehen, wenn er nicht zu Hause war. Alles dürfte ich anfassen, nur nichts, was im Werkzeugschrank war. Er war kaum aus dem Haus, als ich schon neugierig vor dem Schrank stand, und es dauerte nicht lange, bis ich doch hineinblickte.

Ich konnte Adam und Eva gut verstehen; wir Menschen waren alle gleich. Zumindest war ich nicht der erste, dem so etwas passiert war.

Was war aber jetzt die Konsequenz für meine momentane Situation? War Drogenschmuggeln eine Sünde, und wurde ich deswegen bestraft? Wie hart würde meine Strafe sein? Noch ein paar Wochen in diesem Verlies, bis zu irgendeiner internen Regelung? Würde ich mit einem »blauen Auge« davonkommen? Oder sollte ich wirklich 15 Jahre im Gefängnis bleiben?

Nein, völlig unmöglich, ich war schließlich kein Anfänger und auch kein armer ›Mule‹ (Drogenkurier), wie die meisten anderen Gringos, die hier geschnappt wurden!

Das würde ich schon drehen können, ich brauchte nur endlich Kontakt zu meinen Leuten in Nordamerika; warum ließen die auch so lange auf sich warten?

*

Einige Tage später bekam ich Besuch. Major Quinteros persönlich schloß die Zellentür auf und führte mich sehr höflich in das Büro. Mich erwartete eine freudige Überraschung: Ray Greenberg, mein Rechtsanwalt aus Texas, war gekommen!

»Hallo Ray, na endlich! Es wurde auch Zeit, daß man mir hilft, was bringst du für Neuigkeiten?«

Ray blickte mich ernst durch seine Hornbrille an, er schien nicht so begeistert zu sein.

»Es sieht nicht gut aus. Deine Freunde«, er blickte zur Seite, ob einer von den Polizisten unserer Unterhaltung lauschte, »haben Probleme bekommen und sind vorläufig umgezogen, wenn du verstehst, was ich meine.«

»Ich verstehe, die Sache hier hat also Wellen geschlagen.«

»Allerdings, du bist durch eine großangelegte Operation der Drogenpolizei verhaftet worden. Dein deutscher Freund hier hat ganze Arbeit geleistet, wenn ich es mal so ausdrücken darf.«

»Das habe ich mittlerweile auch schon herausgefunden, aber daran läßt sich nun leider nichts mehr ändern. Soweit ich die Sache überblicken kann, brauchen wir ca. 50.000 Dollar, um meinen Fall hier zu regeln, diese Summe muß umgehend beschafft werden.«

Ray schüttelte den Kopf.

»Ausgeschlossen. Deine Freunde haben sich im Moment völlig zurückgezogen, und alles ist auf Eis gelegt. Sie haben mir gerade das Geld für den Flug und meine Spesen bereitgestellt, mehr nicht.«

Ich spürte, wie mein Optimismus sank.

»Das darf doch nicht wahr sein, wie soll ich denn dann hier herauskommen, hast du eine Idee?«

»Ich habe heute morgen mit diesem Polizeioffizier geredet, er hat auf die Schwere deines Falls hingewiesen und daß nicht viel zu machen sei. Über etwaige Möglichkeiten könnten wir heute abend sprechen.«

»Na ja, natürlich gibt es Möglichkeiten, aber ohne Geld tut sich gar nichts! *Money walks and bullshit talks*, nicht wahr?«

Ray griff mich beschwichtigend beim Arm.

»Ich bin hier nicht mehr als eine Privatperson, meine Lizenz gilt nicht außerhalb der USA! Das ist das eine Problem. Das andere ist, daß ich das peruanische Gesetz erst noch studieren muß. Niemand weiß bis jetzt, welche rechtlichen Möglichkeiten es überhaupt gibt. Freilassung gegen Kaution kennen sie jedenfalls nicht, das kompliziert die Sache bereits außerordentlich.«

»Das weiß ich doch alles. Es ist völlig sinnlos, hier etwas

legal erreichen zu wollen, es geht nur über Bestechung, die Leute hier sind auch bereit dazu.«

»Das ist aber eine riskante Angelegenheit, momentan ist da nichts drin. In ein paar Wochen ist die Sache etwas abgekühlt, und dann werden wir bestimmt etwas unternehmen können. In der Zwischenzeit mußt du dich noch etwas gedulden.«

Jetzt wurde ich ärgerlich.

»Noch etwas gedulden?! Ich sitze bereits seit vier Wochen in einem mittelalterlichen Verlies mit Ratten und Kellerasseln, umgeben von Verbrechern, fast ohne Nahrung und schlafe auf dem Boden, mit einer geliehenen Decke! Nächste Woche werden wir in ein Gefängnis außerhalb der Stadt gebracht, wo Mord und Totschlag an der Tagesordnung sind. Und du sagst, ich sollte mich noch etwas gedulden?«

Ray legte mir beruhigend die Hand auf die Schulter.

»Beruhige dich, Ronnie, wir tun wirklich alles, was im Moment möglich ist. Aber so ein großes Problem läßt sich nicht im Handumdrehen wieder in Ordnung bringen. Das mußt du verstehen.«

Ich verstand ihn nicht. Er ließ mir noch einige Zeitschriften und etwas Geld da, und wir verabschiedeten uns voneinander.

Ray war ein guter Anwalt, ein Spezialist für Drogenfälle, allerdings in den USA. Dort hätte er mich schon längst herausgepaukt, aber hier befanden wir uns am Ende der Welt und hundert Jahre in der Vergangenheit.

Wir kannten uns über Duane, einen unserer texanischen Freunde; derselbe, der mir auch vom Gefängnis erzählt hatte.

Beide waren Vietnam-Veteranen und seit jener Zeit befreundet. Damals hatten wir in Rays Büro gesessen und uns über die Risiken des Drogengeschäfts unterhalten, wenn auch so, als wären wir nicht persönlich darin verwickelt. Er mußte als Rechtsanwalt mit solchen Angelegenheiten vorsichtig sein.

Vor zwei Monaten erst hatten wir über ihn den Sohn eines bolivianischen Dealers, der bei einem Geschäft mit Undercover-Agenten verhaftet worden war, gegen Kaution wieder freibekommen. Es hatte uns eine Stange Geld gekostet, das wir noch nicht wieder zurückbekommen hatten, aber zumindest war der Junge jetzt wieder zu Hause in Santa Cruz.

Daß Walter und die anderen nun auf einmal kein Geld flüssig haben sollten, machte mich sehr besorgt. Wie sollte ich ohne Geld jemals wieder hier herauskommen?

Ray kam nicht mehr zurück. In einem Brief schilderte er mir später, daß Polizisten ihn auf Schritt und Tritt überwacht und sein Hotelzimmer durchsucht hatten, so daß ihm die ganze Sache schließlich zu ungemütlich geworden war. Er flog schon einen Tag später wieder zurück. Während die Maschine sich bereits auf der Rollbahn befand, kamen verschiedene PIP-Fahrzeuge herangefahren und versuchten die Maschine zu stoppen. Ray sollte wieder aussteigen und mit zur Wache kommen. Zum Glück ließ sich der Pilot nicht darauf ein, und so konnte er doch noch das Land verlassen. Meinen Freunden beschrieb er daraufhin meine Situation mit den Worten: »Er befindet sich in den Klauen des Satans ...«

Nachdem Ray weg und die Aussicht auf Bestechungsgelder damit vergangen war, schien die Polizei das Verfahren rasch abschließen zu wollen. Dem Gesetz nach betrug die Frist, binnen der offiziell Anklage erhoben werden mußte, maximal 14 Tage, was in unserem Fall jedoch nicht beachtet worden war. Ich hatte die Tage gezählt: es waren 32. Von Miguel hatten sie eine große Summe für die Freilassung seiner Frau Laura bekommen. Sie hatte zwar mit der ganzen Sache wenig zu tun, außer daß sie davon gewußt hatte, aber es war in Peru üblich, daß in solchen Fällen zunächst einmal alle Familienmitglieder verhaftet und dann gegen ein Lösegeld wieder freigelassen wurden. Dies ging aber nur, wenn es denjenigen vorher gelungen war, noch genug von ihrem Besitz oder Bargeld vor den gierigen Klauen der PIP zu retten, da die Polizisten im allgemeinen alles, was nicht niet- und nagelfest war, konfisziert, gleichbedeutend mit gestohlen, hatten. Choquehuancas Nachbarin Olga erfuhr zum Beispiel, daß man aus ihrem Haus die gesamte Einrichtung ausgeräumt hatte, obwohl keiner von uns bisher angeklagt, geschweige denn rechtskräftig verurteilt worden war.

Die PIP unterschlug auch fast ein Drittel des Kokains; von den fünf Kilo blieben im Polizeibericht merkwürdigerweise nur noch 3,6 Kilo übrig ...

*

Meine Aussage bestand aus Antworten auf über hundert Fragen, die man mir gestellt hatte. Teilweise waren sie völlig absurd, wie zum Beispiel, wo man meine ›Playboy Club‹-Karte benutzen könne, oder welche Drinks ich im Flugzeug getrunken hatte. Man fragte mich sogar nach dem Namen meines Hundes. Ich gab ›*Mickey Mouse*‹ an.

Für große Verwirrung sorgte ein Brief in meinen Papieren von Ronald Reagan, der an meine Adresse in Florida gerichtet war und mit den Worten begann:

»Dear Mr. Babb,
I've thought of you often during my first year in the White House, because I realize how important you are to the future of our country.
I believe you are one of the special few who understand that personal direct support of our party is one of the most important ways of protecting our individual and national freedom ...«

Der Brief war über vier Seiten lang, und es ging dabei eigentlich um eine Spende für die Republikanische Partei. Ich hatte ihn ungefähr zwei Monate zuvor erhalten, wie wohl tausende andere Leute, und mich mit meinen Freunden köstlich darüber amüsiert. Natürlich hatte ich die Regierungspartei unterstützt; ich war auch Mitglied der ›*Vereinigung gegen das Verbrechen*‹. So absurd es klingt, als Verbrecher fühlt man sich am besten, wenn man am lautesten für ›*Law and Order*‹ eintritt; so kommt bestimmt niemand auf die Idee, nachzuforschen, was man wirklich treibt.

Die Polizisten, die diesen Hintergrund nicht kannten, waren zunächst von dem Brief sehr beeindruckt, und das versuchte ich natürlich sogleich zu meinem Vorteil zu nutzen, indem ich ihnen erklärte, daß Ronald Reagan mein Onkel sei. Einen Vormittag lang dürften wohl die Telefone von und zur amerikanischen Botschaft heißgelaufen sein, dann aber gab man mir den Brief kommentarlos zurück.

Ich habe ihn später eingerahmt, und er hängt heute in meinem Büro.

*

Seite für Seite des Polizeiberichts wurde mit sechs Durchschlägen auf altertümlichen Schreibmaschinen getippt, was erhebliche Zeit in Anspruch nahm, und dann auf beiden Seiten mehrere Male abgestempelt: zunächst von dem Beamten, der die Seite getippt hatte, dann von dem, der mich verhört hatte, dann vom Leiter der Einsatzgruppe und schließlich vom Oberst, der Leiter der Station war.

Ich selbst mußte jede Seite unterschreiben und neben meine Unterschrift noch den Fingerabdruck meines rechten Zeigefingers setzen.

Es war eine furchtbar umständliche Prozedur, die Tage dauerte, ohne daß ein Sinn zu erkennen, geschweige denn ein Ende der Angelegenheit abzusehen war.

Ich konnte nicht umhin, an den Roman ›*Der Prozeß*‹ von Franz Kafka zu denken, hier erlebte ich ihn live.

Mittlerweile war unsere Geschichte auch an die Presse gegeben worden, und wir konnten unsere Fotos in allen Tageszeitungen sehen, teilweise sogar auf der Titelseite. Alles war natürlich maßlos übertrieben, es wurde von ›Mafiosi‹ und

Hunderten von Kilos und großen Laboratorien geschrieben, die die Polizei entdeckt hätte.

Tatsache war, daß Alfonsos Partner Durán in einem seiner Häuser mitsamt einem Laboratorium verhaftet worden war, im selben Haus, in dem Choquehuanca auch das Kokain »gekocht« hatte. Zwischen Alfonso und Durán herrschte seitdem eine erbitterte Feindschaft, da jeder die Schuld auf den anderen schob und sie sich deshalb in der Polizeistation einmal fast geschlagen hatten. Wann immer ich mit einem von ihnen sprach, begann er über den jeweils anderen zu fluchen, obwohl meiner Ansicht nach eigentlich beide gleich schuldig waren.

Alle PIPs, die an unserer Verhaftung beteiligt waren, wurden von ihrer Behörde um einen Rang befördert, was nur äußerst selten vorkam. Ich hatte mir mittlerweile auch die polizeiliche Rangordnung erklären lassen, sie entsprach der des Militärs. Für jeden Rang gab es Sterne, die aber nur von den uniformierten Polizisten getragen wurden:

ein Stern war ein ›*Alférez*‹ (Unterleutnant)
zwei Sterne waren ein ›*Teniente*‹ (Leutnant)
drei Sterne waren ein ›*Capitán*‹ (Hauptmann)
vier Sterne waren ein ›*Major*‹ (Major)
fünf Sterne waren ein ›*Teniente Coronel*‹ (Oberstleutnant)
sechs Sterne waren ein ›*Coronel*‹ (Oberst)

Danach kam der ›*General*‹, in verschiedenen Rängen.

De la Calle war jetzt also *Major* und Quinteros *Teniente Coronel*, auch ›*Comandante*‹ genannt. Sie waren sichtlich stolz über diesen Aufstieg und wurden uns deswegen nur noch unsympathischer. De la Calles Freude hielt allerdings nicht lange an. Seine Mutter starb einige Tage später und er war danach sehr bedrückt.

*

An einem Nachmittag nahmen mich Quinteros und De la Calle zur Hauptdirektion der PIP mit. Es ging um den Laborbefund über das Kokain. Während wir darauf warteten, blickte ich aus dem Fenster auf den großen Innenhof, wo sich gerade die PIP-Kadetten zu einer Exerzierübung aufgestellt hatten. Es war ganz amüsant, ihnen zuzuschauen, und Quinteros meinte, daß er auch einmal so angefangen habe.

»Was wäre dir lieber, Gringo: 15 Jahre Gefängnis oder 25 Jahre bei der PIP?«

Alle Polizisten im Raum schauten mich erwartungsvoll an.

»Hm, ich wüßte nicht, was die schlimmere Strafe wäre; danke für das Angebot.«

Sie lachten schallend.

»Ha, ha, hört euch das an! Der Gringo weiß mehr als wir!«

*

Wenige Tage danach bekam ich noch einmal unerwarteten Besuch.

»Guten Tag, Ronnie, Mensch, daß wir uns hier wiedersehen müssen!«

»Das darf ja nicht wahr sein, Rudolf!! Wie hast du mich gefunden?«

»Julia hat es mir erzählt, und außerdem hatte ich schon so etwas geahnt, wegen Joachim.«

Ich hatte Rudolf und seine Freundin Hanna kennengelernt, als ich mit Joachim einmal in Miraflores Kaffetrinken gegangen war. Er kannte die beiden noch von früheren Aufenthalten in Lima, und da sie wie immer pleite waren, hatten wir sie anschließend zu einem Festessen im Sheraton-Hotel eingeladen.

Rudolf und Hanna waren mit das originellste Paar, das mir jemals begegnet war. Beide waren auf der Flucht vor der

deutschen Justiz, auch wegen Drogenproblemen. Er versuchte sich hier als Maler, wenn auch relativ erfolglos, und sie verkaufte Nylonstrümpfe und Zigarettenpapierchen, die sie sich aus Deutschland schicken ließen, weil es sie in Peru nicht gab.
»Wie geht es dir, wie ist das Leben draußen?«
Ich freute mich sehr über seinen Besuch. Rudolf war zwei Köpfe kleiner als ich, hatte stets einen Kater und sprach mit starkem bayerischem Dialekt; er kam ursprünglich aus dem Allgäu.
»Ah, genau wie immer, ständig auf der Suche nach Geld, um die Miete zu bezahlen, man kommt nie aus den Problemen heraus.«
»Wußtest du, daß Joachim für die Polizei gearbeitet hat?«
Er verzog angewidert das Gesicht.
»Nein, natürlich nicht! Du wirst es nicht glauben, aber ich habe diese Ratte noch mal gesprochen, nachdem du bereits verhaftet warst.«
»Wie, tatsächlich?! Und was hat er gesagt?«
»Er war sehr nervös und aufgeregt. Ich traf ihn im Sheraton-Hotel, wo er mit einigen Amerikanern zusammen war. Er meinte, daß sie ihn auch suchen würden, da er der Kopf der ganzen Organisation sei.«
»Der verdammte Lügner! Na, der wird sich noch wundern, wenn wir ihn zu fassen kriegen. Ich nehme an, daß er das Land in der Zwischenzeit verlassen hat?«
»Ja, sicher. Er ist noch in derselben Woche abgeflogen.«
Was hatte mich dieser Kerl doch reingelegt! Am meisten aber ärgerte ich mich über mich selbst und meine eigene Dummheit. Ich hätte es doch merken müssen!
»Hast du vielleicht eine Idee, wie ich hier rauskommen könnte?«
Nun nahm mich Rudolf etwas zur Seite und raunte mir ins Ohr: »Deswegen bin ich ja hier, es gibt die Möglichkeit, daß ein Arzt dich für drogensüchtig erklärt und deine Einweisung in eine Klinik beantragt. Das ganze dauert cirka zwei Wochen und kostet dich ein paar Tausend Dollars. Aber dafür bist du

nicht im Knast und kannst eventuell sogar von der Klinik aus türmen!«

Ich raunte zurück: »Sehr gute Idee, das Einzige, was mir dazu fehlt, ist das nötige Kleingeld, aber das wird schon noch kommen. Wir müssen in Verbindung bleiben!«

»Du kannst mir über Julia Nachrichten zukommen lassen. Wenn du erst im Gefängnis sitzt, werde ich dich nicht besuchen können, der Ort ist mir zu gefährlich.«

Ich mußte lachen und schlug ihm auf die Schulter, Rudolf war in Ordnung; obwohl er nie Geld hatte, trug er doch stets teure Jacketts und war immer zum Helfen bereit.

»O.k., dann bereite schon mal alles vor, ich zähle auf dich!«

»Keine Sorge, wir werden uns bald wiedersehen! Hier hast du noch etwas zum Lesen, ich hoffe, es wird dir die Zeit vertreiben.«

Er gab mir einige Bücher: Micky Maus und Charles Bukowski. Mit dieser interessanten Mischung würde es mir bestimmt nicht langweilig werden.

Ich hätte nicht geglaubt, daß ich Rudolf erst zwei Jahre später wiedersehen sollte, unter völlig anderen Umständen.

Auch hätte ich zu diesem Zeitpunkt nicht im Traum daran gedacht, daß sein Sohn eines Tages mein Patenkind werden würde ...

*

Die Ermittlungen waren abgeschlossen. Wir wurden alle des illegalen Rauschgifthandels angeklagt: ›*Tráfico illícito de Drogas - T.I.D.*‹.

Diese Formulierung sollte ich im weiteren Verlauf des öfteren hören.

Bald würden wir dem Haftrichter vorgeführt und dann in das Stadtgefängnis ›El Sexto‹ gebracht werden. Alfonso und

Manuel hatten dafür bezahlt, daß wir nicht nach ›Lurigancho‹ kamen.

Ich hatte bis jetzt ständig meine Kontaktlinsen getragen, aber nun war es unerträglich geworden. Durch den vielen Staub waren meine Augen stark entzündet und brannten wie Feuer. Julia besorgte mir einen Behälter für die Linsen und nahm sie zum Reinigen mit. Ich konnte ohne die Linsen nur sehr schlecht sehen, aber solange ich in der Zelle blieb, war es nicht so schlimm.

Am nächsten Morgen kam für uns der Moment des Aufbruchs.

»*Vamos, vamos!* Raus mit euch, es geht ab in den ›*Palacio de Justicia*‹ (Gerichtspalast)!«

Alfonso, Durán und ich wurden in das Heck eines Kombiwagens gesetzt, mit drei Polizisten vorne. Manuel und die anderen kamen in ein weiteres Auto.

Während der Fahrt wurde mir bewußt, daß man uns keine Handschellen angelegt hatte! Die Heckklappe konnte man von innen öffnen. War das eine Gelegenheit zur Flucht? Ich blickte nach vorn zu den PIPs. Die beiden Beifahrer hatten ihre *Uzi*-Maschinenpistolen im Anschlag, aber wenn ich einen günstigen Moment abpaßte, vielleicht beim Anfahren, könnte ich aus dem Wagen springen und davonrennen ...

Da fiel mir siedendheiß ein, daß ich meine Kontaktlinsen nicht trug, welch ein Mist! Ich müßte sehr gut rennen, um den Polizisten zu entkommen, da sie mit Sicherheit auf mich schießen würden. In Peru gab es keine Diskussion über den Gebrauch der Schußwaffe – selbst auf offener und belebter Straße; wer im Weg stand, mußte eben dran glauben.

Ich hatte keine Chance. Ohne richtig sehen zu können, würde ich keine 50 Meter weit kommen. Dieser Gedanke verdroß mich sehr, und als wir am Justizpalast ankamen, war ich in der denkbar miserabelsten Laune.

Der Spaß und die Hoffnungen waren zu Ende.

Von jetzt an würde es hart werden ...

7

Der ›*Palacio de Justicia*‹ in Lima ist ein riesiges, palastartiges Gebäude im typischen klassizistischen Stil des 19. Jahrhunderts. Es befindet sich im Herzen Limas, an der ›*Paseo de la República*‹, direkt gegenüber dem Sheraton-Hotel.

Als ich 1979 das erste Mal nach Lima gekommen war, hatte ich mich in diesem Hotel einquartiert, und der Balkon meines Zimmers war in Richtung Justizpalast. Nur hatte ich das damals noch nicht gewußt. Von der Bauart her hatte ich eher ein Museum oder ein Opernhaus dahinter vermutet, und oft dem geschäftigen Treiben an den Eingängen zugeschaut. Damals hatte ich kein Interesse, mir weitere Gedanken über dieses Gebäude zu machen, und hätte wiederum auch nie geglaubt, daß ich es eines Tages wie meine Westentasche kennen würde ...

Wir wurden hinab in die Kellergewölbe, den sogenannten ›*Sotano*‹ geführt, wo schon seit Urzeiten die Gefangenen untergebracht waren. Ich kam mir wie ins Mittelalter versetzt vor, zur Zeit der spanischen Inquisition.

Durch verschiedene, ehemals weißgekalkte Gewölbe und große eiserne Tore, die mit riesigen Schlüsseln geöffnet werden mußten, kamen wir schließlich auf einen kleinen Innenhof. Die

Wände reichten mindestens vier Stockwerke hoch, und darüber konnte man den grauen Himmel Limas sehen.

Es war ein naßkalter Tag, und wegen der hohen Luftfeuchtigkeit kam man sehr bald ins Schwitzen, noch dazu, da wir unsere ganzen Habseligkeiten samt Decken mit uns trugen. Wir sahen alle aus wie Tramps, unrasiert und in zerknitterten Kleidern.

Draußen konnte man Verkehrslärm und Gehupe hören, von drinnen kamen wirre Geräusche: Schreie, Tellerklappern, Öffnen und Schließen von Türen, Trillerpfeifen, Befehle, die gerufen wurden. Diese ›Gefängniskulisse‹ habe ich nie vergessen.

»*Por aqui, esos nuevos!* (Hier entlang, diese Neuen da!)«

Wir traten in einen großen Raum, der von mehreren Aktenschränken und Schreibtischen unterteilt war. Von der Decke strahlten einige Neonleuchten, von denen viele nicht mehr funktionierten und ständig blinkten.

Man führte uns zu einer Art Rezeption. Ein dicker, halbindianischer Beamter saß vor einem noch dickeren Buch, welches in unzählige Spalten eingeteilt war.

»*Nombre?!*«

»Ronald Leslie Babb«

»*Qué? Cuál es tu nombre?*«

»Ronald Leslie Babb«

Er schüttelte unwillig den Kopf. Ich verstand nicht, was er wollte. Miguel half mir weiter.

»Er will deinen Vornamen wissen.«

»Ah so, RONALD.«

Der Beamte nickte zufrieden.

»*Ronald, como Ronald Reagan, eh?*«

Gelächter ertönte von den anderen Schreibtischen.

»Sí, como Ronald Reagan, es mi tio. (Das ist mein Onkel.)«

Noch mehr Gelächter.

»*Muy bien. Y tu appellido?*«

»Dein Nachname!«

»BABB.«

»*Babb qué?*«

»Was meint er damit? So heiße ich doch!«

»Es gibt im Spanischen immer zwei Nachnamen, den vom Vater und dann den von der Mutter.

»So was gibt es bei uns nicht. Mein Nachname ist BABB, *comprende?*«

Der Beamte schaute auf die Papiere von der PIP.

»*Tu nombre completo es RONALD LESLIE BABB, sí? Entonces tu eres Ronald Leslie-Babb!*«

Er trug also Leslie als den einen Nachnamen und Babb als den anderen ein. Solche Mißverständnisse sollte ich noch des öfteren erleben.

Anschließend folgten endlose Fragen nach Adresse, Wohnort, Beruf und so weiter. Der Beamte trug alles sorgfältig in sein Buch ein. Ich mußte unterschreiben, wie üblich, samt Fingerabdruck, er stempelte alles, und dann wurde ich zum nächsten Schreibtisch geführt.

»*Ponense delante de esta pared!* (Stellen Sie sich vor diese Wand!)«

Ich stellte mich vor eine Wand, auf der ein Zentimetermaß eingezeichnet war. Der Fotograf knipste eine altertümliche Lampe mit einem silbernen Schirm an und stellte sich hinter eine noch antikere Kamera. Es war ein Modell aus Großvaters Zeiten, mit einem langen, gefalteten Objektiv und einer Decke, unter die der Fotograf schlüpfte.

»*Listo! Mira adelante!* (Fertig! Schauen Sie nach vorn!)«

Er drückte auf den Auslöser und die riesige Blitzbirne leuchtete auf. Er wechselte sie aus und fuchtelte aufgeregt vor meinem Gesicht herum.

»*Ya, otro; mira por el lado derecho!* (Jetzt noch eins; schauen Sie nach rechts!)«

Wieder blitzte es, und damit war ich fertig. Als nächstes kamen die Fingerabdrücke dran.

Verhöre und Protokolle sind anstrengend und zermürbend, aber das Selbstbewußtsein kratzen sie kaum an. Doch sobald einem die Fingerabdrücke genommen werden, hat man augenblicklich das Gefühl, nun ein richtiger Verbrecher zu sein. Es ist eine Demütigung, so registriert zu werden. Praktisch wird damit ausgedrückt – und für alle Zeiten festgehalten, daß jemand Verbrecher ist und bleibt. Die Abdrücke werden ja aufbewahrt und archiviert, damit man beim etwaigen nächsten Verbrechen sofort identifiziert werden kann. Man geht demnach davon aus, daß jeder Registrierte irgendwann einmal wieder rückfällig wird.

Es gab keine Prozedur, die ich so verabscheute, wie dieses Fingerabdrückenehmen. Der Polizeibeamte packte jeden einzelnen Finger, stets mit der Aufforderung, locker zu bleiben. Dann rollte er den Finger in Druckerschwärze und anschließend auf einem Papier, das in verschiedene Kästchen eingeteilt war. So ging er der Reihe nach alle Finger durch. Selbstverständlich nicht nur auf einem, sondern auf fünf verschiedenen Papieren. Es dauerte fast 20 Minuten, bis es endlich vorbei war. Man reichte mir ein Stück Stoffwolle, und dann kamen wir zurück auf den Innenhof. Nun erkannte ich auch, warum die Wände alle so verschmiert waren: Jeder wischte sich die Druckerschwärze von den Fingern daran ab.

· Als letztes kam die ›ärztliche Untersuchung‹. Franz Kafka hätte es nicht besser beschrieben haben können.

Der Arzt saß in einem winzigen, düsteren Raum, in dem die einzigen Möbelstücke sein Schreibtisch, zwei Stühle und ein Skelett waren.

Sein Untersuchungsgerät bestand aus einem Stethoskop und einer Leuchte auf seiner Stirn. Er war ein alter Mann, der nicht das geringste Interesse an den Gefangenen oder seiner Arbeit zu haben schien.

»Setzen Sie sich auf diesen Stuhl. Gut. Jetzt ziehen Sie sich das Hemd aus und öffnen Sie den Mund.«

Er leuchtete mit seiner Stirnlampe in meinen Mund und machte ein Kreuz auf seiner Liste.

»Hat noch alle Zähne.«

Dann horchte er mit dem Stethoskop an meinem Rücken.

»Ein paarmal atmen – – husten – – gut, das wär's. Keine TB.«

Er machte wieder ein Kreuz auf der Liste.
»Irgendwelche Gebrechen oder Beschwerden?«
»Nein, außer, daß ich kurzsichtig bin.«
»Aha.«
Er machte kein Kreuz.
»Irgendwelche Tätowierungen?«
»Nein.«
»Bestimmt nicht?«
»Nein!«
»Gut, damit ist die Untersuchung beendet, ziehen Sie sich wieder an. Der Nächste!«

Ich blickte noch einmal auf das Skelett und war froh, wieder draußen zu sein. Mir war jetzt schon klar, daß ich verloren war, wenn ich hier krank werden würde.

Wir kamen alle in eine große Zelle. Zu meiner Freude erkannte ich einige meiner Genossen aus der PIP-Station in Pueblo Libre wieder: Chino Chereke, Campos Diaz, den Lastwagenfahrer.

Der junge José, dem ich meinen Pullover geschenkt hatte, war freigelassen worden. Als ich ihn Jahre später zufällig wiedertraf, hatte er ihn immer noch als Andenken.

In dieser Zelle konnte man sich nicht hinsetzen, es sei denn, man hatte eine Menge Zeitungspapier zum Unterlegen. Der Grund dafür war ebenso simpel wie unglaublich: Jeder, der mal mußte, pinkelte einfach in die Ecke. Ich wollte zunächst meinen Augen nicht trauen, aber die Leute machten es tatsächlich so. Im Laufe der Jahre – oder Jahrzehnte –, hatte sich eine zentimeterhohe, grauschwarze, klebrige Schicht am Boden gebildet, auf die man sich aus einsichtigem Grund nicht mehr setzen konnte. Es stank zudem bestialisch nach Urin, und ich stellte mich mit Manuel und Alfonso an die Zellentür, um wenigstens frische Luft atmen zu können.

Als ich mich umschaute, erlebte ich eine weitere Überraschung: Es waren hier auch zwei Frauen untergebracht!

Die eine war sogar recht hübsch und kokett und lächelte mir ständig zu. Wie war so etwas möglich? Hatten sie keine Angst, vergewaltigt zu werden?

»*Vamos, Gringo, habla con las chicas. Les gustan los blancos!* (Auf, Gringo, sprich' mit den Mädchen. Ihnen gefallen die Weißen!)«

Diejenigen, die um uns standen, grinsten alle.

»Na«, dachte ich, »das wollen wir doch mal sehen.« Ich winkte sie zu mir heran.

»Hallo, ihr beiden Süßen! Wie kommt ihr denn hier rein?«

Sie kicherten schüchtern.

»Ja, weißt du, die bösen Polizisten haben uns auf der Straße verhaftet und hierhergebracht«, flötete eine der beiden.

»Aha, und weswegen?«

»Oh, kannst du dir das nicht vorstellen?«

Sie lächelte mich ganz bezaubernd an. Sie konnten nur wegen Prostitution hier sein, obwohl ich mir nicht denken konnte, daß es dafür Gefängnis gab. Ich lächelte zurück. Alfonso und die anderen hörten unserer Unterhaltung mit sichtlichem Vergnügen zu.

»Gib ihr doch mal einen Kuß, sie mag dich! Ha, ha, ha!«

»Haltet die Klappe! Tut mir leid wegen meiner Freunde, sie haben keine Manieren.«

»Ach, das macht nichts«, sagte jetzt die andere, »wir haben auch keine. Hi, hi.«

Ich war reichlich verblüfft. Sie waren tatsächlich typische Straßenmädchen, die eine hatte lange, blonde Haare und eine ausnehmend gute Figur.

»Komm, setz dich zu uns«, wandte sich die erste wieder an mich, »wir wollen dich etwas näher kennenlernen. Von woher kommst du?«

»Jetzt mußt du sie küssen! Auf, wir stellen uns vor euch, damit es niemand sieht.«

Alfonso schüttelte sich vor Lachen. Wieso fand er das so komisch?

Als ich mich beinahe gesetzt hatte und zufällig auf ihre Hose blickte, merkte ich den Grund.

»Mann, das sind ja keine Frauen, sondern Transvestiten!«
Die ganze Zelle brüllte vor Lachen.

»Ha, ha, ha! Beinahe hätte er sie geküßt! Ha, ha, ha!«
Die ›Mädchen‹ zogen sich beleidigt zurück, wobei mir die eine noch immer zulächelte.

Ich war fassungslos. Sie sahen aus und wirkten haargenau wie echte Frauen. Für die nächste Stunde war mein kleiner Flirt Gesprächsthema Nummer Eins in der Zelle ...

Der Tag verging, ohne daß sich sonst noch etwas ereignete. Langsam wurde ich sehr hungrig. Seit gestern Mittag hatte keiner von uns mehr etwas gegessen, und es sah nicht so aus, als ob es hier etwas geben würde. Wie sollte das weitergehen?

Gegen 10 Uhr nachts schließlich hörte man aufgeregtes Geschrei auf dem Korridor. Alle kamen in Bewegung und drängten sich erwartungsvoll an die Tür.

»*La Paila! La Paila!*«

»La was?« Ich wandte mich an Miguel.

»*LA PAILA!* Das Essen, oder vielmehr das Fressen. Hier ist es anders wie im Sheraton. Aber besser als gar nichts, wir müssen zusehen, daß wir was abkriegen. Es langt bestimmt nicht für alle!«

Die Tür wurde aufgeschlossen, und ein bulliger Polizist in brauner Uniform und mit einem Lederknüppel in der Hand trieb die Leute hinaus und befahl, daß sich alle in einer Reihe aufstellen sollten.

Vorne sah ich zwei Gefangene an zwei großen Trögen stehen, jeder mit einem Schöpflöffel in der Hand.

»Ich sehe weder Geschirr noch Löffel, wie soll man da was bekommen?«

»Es gibt keins! Laß dir was auf eine Zeitung geben!«

»Auf eine Zeitung??«

»Ja, auf was denn sonst?! Auf, die Reihe bewegt sich vorwärts!«

Es gab Reis und eine undefinierbare Soße aus Kartoffeln und Gemüse, wie es schien. Es entbrannte tatsächlich ein heftiger Kampf, da die Essensmenge in keiner Weise der Anzahl der Gefangenen entsprach. Schließlich bekam ich meine Portion und rettete sie in unsere Zelle.
»So, und wie sollen wir das jetzt essen, mit den Fingern?«
Ich bemerkte, wie einige der Gefangenen das Essen wie Hunde gierig mit dem Mund aufnahmen.
»Es gibt hier einen Trick, wie du dir einen Löffel machen kannst.«
Miguel nahm eine Streichholzschachtel in die Hand, leerte den Inhalt in seine Tasche und nahm den Boden heraus.
»Siehst du, und jetzt brichst du eine Seite davon ab – voilà, ein Knastlöffel!«
Es war mehr eine Art Schieber, aber zumindest konnte man damit das Essen in den Mund bekommen. Unter normalen Umständen hätte ich diesen Fraß wahrscheinlich noch nicht einmal meinem Hund gegeben, so aber machte ich mir auch einen Knastlöffel und verschlang das »Essen« mit einem Heißhunger, wie ich ihn selten gehabt hatte.
»Nun, schmeckt es dir?«
» ›In der Not frißt der Teufel Fliegen‹, hat mein Großvater immer gesagt, wenn er das Leben während der Nachkriegsjahre in Deutschland beschrieb. Wir werden es überleben!«

※

Gegen Mitternacht ertönten schrille Pfiffe. Wieder kam Bewegung in die Leute, und die Zellentür flog auf.
»*Ya, vamos! Fuera, fuera, esos por El Sexto!*«
Wir mußten durch einen Korridor, in dem mehrere uniformierte Polizisten standen. Sie sahen aus wie eine paramilitärische Truppe. Es war die ›GR‹ was für ›Guardia Republicana‹ stand. Die Gefangenen nannten sie allerdings ›Repuchos‹. Man

mußte in einen Korridor rennen und sich mit gespreizten Beinen an die Wand stellen, um sich durchsuchen zu lassen. Die Peruaner wurden arg schikaniert; wenn sie nicht schnell genug waren, setzte es schwere Hiebe mit den langen Lederknüppeln. Bei mir waren sie etwas weniger ruppig, fragten aber gleich nach Geld: »Dólares, Gringo? Dólares?«

Dann mußten sich alle in vier Reihen aufstellen, und ein Repucho verlas Namen von einer endlos langen Liste. Jeder, der aufgerufen wurde, mußte weiter nach vorne rennen, sich erneut aufstellen, sich mit Handschellen an seinen Nebenmann ketten lassen. Nach einer dreiviertel Stunde war es endlich soweit.

Die Eisengitter wurden geöffnet, und zusammen mit meinem angeketteten Nachbarn rannte ich die Treppen hinauf und dann in einen Transportwagen hinein, der draußen auf der Straße wartete. Ich konnte kurz erkennen, daß es tiefdunkle Nacht war und etliche Polizisten mit ihren Maschinenpistolen im Anschlag auf der Straße bereitstanden.

Der Transportwagen hatte keine Fenster, nur zwei Entlüftungsluken am Dach, und war bald völlig überfüllt. ›La Furgonetta‹ wurde er von den anderen Gefangenen genannt. Er war für vielleicht 35-40 Personen gedacht, aber jedesmal wurden bis zu 120 Gefangene hineingequetscht! Es war unbeschreiblich. Durch das Gedränge hatte ich die vier anderen aus den Augen verloren, war aber sicher, daß sie sich ebenfalls im Wagen befanden.

Schließlich setzte er sich in Bewegung. In der Dunkelheit spürte ich plötzlich, wie Hände in meine Tasche griffen. Das hatte mir gerade noch gefehlt! Auch mein Nachbar schien einer derjenigen zu sein. Mit einem Ruck zog ich seine Hand mit der Handschelle nach oben und donnerte mit der anderen Faust dem Nächsten ins Gesicht. Man hörte einen Schmerzensschrei.

»Idiotisches Verbrecherpack! Haut ab, oder ich breche euch sämtliche Knochen!« brüllte ich auf deutsch, so laut ich konnte.

Auch ein Trick, den mir mein Freund aus Texas verraten hatte, die Leute in einer fremden Sprache einzuschüchtern. Sie konnten ja nicht wissen, was ich für ein Typ war, ich hätte ein brutaler Massenmörder sein können. Es schien zu funktionieren. Die Hände zogen sich blitzschnell von mir zurück, und mein Nebenmann klagte über Schmerzen an seinem Handgelenk.

»Du wirst noch ganz andere Schmerzen bekommen, wenn du nicht Ruhe hältst. Hast du verstanden?«

Bis zum Ende der relativ kurzen Fahrt hatte ich dann wirklich Ruhe. Man schien Respekt vor dem Gringo aus Alemania bekommen zu haben.

Der Wagen hielt, und die Tür am Heck wurde geöffnet. Ich sah ein großes, hohes Tor vor mir. Auf dem Schild war eine Waage abgebildet, unter der stand:

ESTABLECIMIENTO PENAL DE EL SEXTO
D.G.E.P.

Das berüchtigte Stadtgefängnis von Lima.

Zunächst mußten wir uns alle in Reih und Glied in einem Vorhof aufstellen und die Handschellen abnehmen lassen. Dann wurden wieder alle Namen von der Liste gelesen. Anschließend verschwanden die anderen Häftlinge durch eine Tür. Wir fünf waren die einzigen Neuankömmlinge. Vom Inneren des Gefängnisses hörte man die wildesten Schreie und Geräusche, wie aus einem Dschungel. Alfonso, Miguel, Durán und Choquehuanca machten alle sehr ernste Gesichter. El Sexto schien ein schrecklicher Ort zu sein.

»Hier sind dieses Jahr 30 Gefangene verbrannt, die man in einer Zelle eingeschlossen hatte. Schau mal da hinauf, an der Wand siehst du noch die Feuerspuren.«

Ich blickte an der hohen Wand hinauf und sah einige vergitterte Fenster, deren Umgebung schwarz verfärbt war.

»Wieso haben sie das getan?«

»Es gibt in Lima eine ständige Verbrecherfehde zwischen den Stadtteilbanden von ›La Victoria‹ und ›El Callao‹. Die eine

Bande hat Kerosinflaschen angezündet und in die Zelle geworfen. Bevor die Wächter sie geöffnet hatten, waren alle bereits verbrannt.«

Ein »schöner« Ort. Ich überlegte, wie es uns demnächst ergehen würde, unter diesen Wilden.

Ein Beamter winkte mir aus der Wachstube zu. Ich ging hinüber und trat ein.

»*Gringo*, ihr seid die Neuen vom *Palacio*?«

»Richtig. Wo werden wir untergebracht?«

»Nun«, er lehnte sich gemächlich in seinen Stuhl zurück und blickte grinsend zu seinen zwei Kollegen hinüber, »das liegt an euch. Wir können euch in den ›*Pabellon*‹ (Zellenflügel) stecken, wo ihr bestimmt eine aufregende Nacht verbringen werdet, oder wir geben euch eine Zelle außerhalb des Pabellons, vorläufig zumindest. Morgen sehen wir dann weiter.«

Mir war klar, was er damit sagen wollte.

»O.k., wieviel?«

»Wieviel hast du?«

»Zehn Dollar.« Ich hatte zwar mehr, aber das sollte genug sein.

»Also gut, her damit, dann kommt ihr in eure Zelle.«

Ich gab ihm das Geld, und er steckte es in seine Hemdtasche. Er winkte dem anderen Beamten, der von seinem Schreibtisch aufstand und einen Schlüsselbund in die Hand nahm.

Er kam mit mir auf den Hof hinaus und schloß zunächst die Innenpforte auf. Wir gelangten in einen weiteren, schmalen Hof. Dann führte er uns nach links zu einer in völliger Dunkelheit liegenden, eisernen Seitenpforte. Er öffnete sie mit einem großen bronzenen Schlüssel, und nun waren wir in einem Korridor. Vor uns befand sich der Pabellon, aus dem die Schreie ertönten. Der Beamte führte uns nach links. Langsam gewöhnten sich meine Augen an die Dunkelheit, und ich erkannte, daß es einige Zellen am Fuß des Pabellons gab, zu denen Treppenstufen hinabführten. Er blieb vor einer stehen und schloß sie auf.

»So, da wären wir. Rein jetzt mit euch!«
Von drinnen kamen unmutige Laute.
»Hey, da ist doch schon jemand drin!«
»Natürlich, meinst du, wir hätten ein Einzelzimmer für euch reserviert? Die beiden da drin sind harmlos, es ist Platz genug für alle!«

Nun kam einer der Zellenbewohner, ein spindeldürrer Mann mit langen zottigen Haaren hervor und diskutierte lebhaft mit dem Wächter. Anscheinend schien es ihm gar nicht zu passen, daß wir in seine Zelle gelegt wurden. Es war immerhin schon zwei Uhr morgens. Der Beamte ließ sich aber nicht aus der Ruhe bringen, schubste uns alle in die Zelle und verschloß die Tür. Der dürre Mann fluchte. Sein Zellengenosse steckte nun eine Kerze an, und ein unheimliches Licht erleuchtete die bizarre Szene.

Der andere Häftling war etwas kräftiger und hatte stark negroide Züge. Allerdings war auch er in Lumpen gekleidet und lag auf einem der ›Betten‹ – alten aufgeplatzten Strohmatratzen. Sonst schienen sie keine anderen Habseligkeiten oder Möbelstücke zu besitzen. Alles war vollkommen verdreckt und stank entsetzlich.

Miguel und Alfonso verhandelten mit den beiden. Ich verstand nicht viel, da sie in einem vulgären Dialekt sprachen.

Fluchwörter kamen dabei fast in jedem Satz vor.

Alfonso wurde sehr bald ärgerlich. Dann gab er ihnen ein paar Geldscheine, 3- oder 4000 *Soles* (drei Dollar).

»Was ist denn das Problem?«

»Die beiden wollen, daß wir ihnen den Platz in der Zelle bezahlen, sie ist angeblich gekauft. Aber das ist dummes Zeug, es sind *Pasteleros*, die jeden *Sol* verrauchen.«

»Dann sagt ihnen doch, sie sollen die Klappe halten. Ich habe bereits für die Zelle bezahlt!«

»Mit solchen Leuten kannst du nicht vernünftig reden. Jetzt geht es erstmal darum, daß sie Ruhe geben und wir endlich schlafen können!«

Sie einigten sich schließlich, und wir rollten unsere Dekken auf dem Boden aus und legten uns hin. Der Boden war steinhart, aber das war mir bereits egal. Bloß etwas Schlaf bekommen! Ich behielt alle meine Sachen samt Schuhen an, diesen Typen vertraute ich keine fünf Sekunden lang.

Wir sollten nicht lange Ruhe haben. Zunächst war der Spindeldürre an die Tür gegangen und hatte unter der Türritze hindurch einen Namen gerufen. Nach einer Weile kam auch jemand. Er wechselte einige Worte mit ihm und schob ihm einen Geldschein unter der Tür hindurch. Zurück kam ein kleines Plastiktütchen, mit weißem Pulver gefüllt, offensichtlich Kokain. Er schob einen weiteren Geldschein hindurch und erhielt mehrere Zigaretten und einzelne Streichhölzer.

Wieder wurde die Kerze angezündet. Die beiden unterhielten sich angeregt, hantierten mit dem Kokain und den Zigaretten herum und steckten sie schließlich an. Ein bestialischer, beißender Geruch erfüllte den Raum. Sie rauchten ›Pasta‹, das halbfertige, noch stark mit Kerosin und anderen Chemikalien verunreinigte, aber unter Umständen rauchbare Kokain. Nach einer Weile wiederholte sich das Spiel, bis schließlich das Geld alle und die Pasta aufgeraucht war.

Der Neger schüttelte Alfonso.

»*Oye, danos una Luca más!* (Hey, gib uns noch einen Tausender!)«

»*Vete al diablo, ya no pasa nada!* (Scher dich ... , es gibt nichts mehr!)«

Der Mann gab nicht auf. Schließlich wurde es mir zu blöd.

»Halt die Klappe, du Mistkerl, sonst hau ich dir ein paar drauf!«

Die beiden *Pasteleros* blinzelten verblüfft.

»*Qué ha dicho? Oye, el Gringo está molesto!* (Was hat er gesagt? Hör mal, der Gringo ist sauer!)«

»Ihr sollt die Schnauze halten!«

Sie gaben trotzdem keine Ruhe. Es ging so lange weiter, bis Alfonso ihnen doch noch einen Tausender gab. Sofort be-

gab sich der eine zur Tür und kaufte wieder ein Tütchen Drogen. Nachdem sie alles verraucht hatten, fingen sie wieder an zu betteln. Es war mittlerweile 4^{30} Uhr. Ich wurde langsam wahnsinnig.
»Wenn ihr nicht sofort Ruhe gebt, bring ich euch um!«
Sie bettelten weiter.
»Aber nicht doch Gringo! Nur noch eine Tüte. Wir können nicht schlafen! Morgen kommt meine Mutter zu Besuch, und dann zahle ich dir das Geld zurück. Nur noch einen Tausender, bitte!«
Ich überlegte, ob ich sie verprügeln oder ihnen das Geld geben sollte. Zum Verprügeln war ich zu müde, also gab ich ihm den Tausender.
Er kaufte wieder Drogen, diesmal bekam er drei Tüten. Nach einer Weile klopfte es an der Tür.
»Hey, wo ist mein Geld, ihr schuldet mir noch für zwei Tüten!«
»Hau ab, das zahlen wir dir morgen!«
»Nichts da, ich werde bald in meine Zelle eingeschlossen. Ich will das Geld jetzt!«
»Mach' die Fliege!«
Mittlerweile verstand ich große Teile der Konversation. Anscheinend hatten sie etwas Drogen auf Kredit bekommen und sollten sie jetzt zahlen.
Sie stellten sich taub. Der Typ draußen aber schlug plötzlich mit einem Knüppel gegen die Tür, daß es nur so dröhnte.
Miguel war aufgesprungen und trat von innen gegen die Tür, daß sie fast aus der Wand brach.
»Du Dreckskerl, mach, daß du wegkommst!«
Für eine Weile war Ruhe. Plötzlich hörten wir Geräusche vor der Tür. Dann Wasserplätschern.
»Das Schwein leert einen Eimer Wasser auf den Stufen aus!«
»Auch das noch! Das darf doch wohl nicht wahr sein!«
Es war aber so. Das ausgeleerte Wasser floß die drei Treppenstufen hinunter und in die Zelle hinein. Wir mußten

blitzschnell aufstehen und unsere Decken in Sicherheit bringen, denn im Nu war der ganze Zellenboden überschwemmt. Es war nun bereits sechs Uhr, an Schlaf war sowieso nicht mehr zu denken.

»Vergessen wir's. In einer Stunde werden die Zellen aufgeschlossen und dann nichts wie raus hier!«

*

Als wir endlich wieder draußen waren, saßen wir in dem zweiten Vorhof auf einer steinernen Bank und blickten alle bedrückt vor uns hin. Ich rauchte eine Zigarette, wodurch es mir etwas besser zu gehen schien. Noch nie hatte ich in meinem Leben soviel geraucht, aber das Nikotin beruhigte mich etwas. Ich fühlte mich hundsmiserabel. Wenn das der erste Tag im Gefängnis war, wie würden die weiteren werden? Jetzt waren wir endgültig in die Hölle abgestiegen. Wäre ich doch am Vortag nur geflüchtet! Die Chancen wären gar nicht schlecht gewesen. Jetzt gab es keinen Ausweg mehr.

Ich dachte an Sheena, Walter, meinen Vater, der jetzt bestimmt schon in Florida war; an mein Haus und das schöne Leben, das dort auf mich wartete.

Was war von meinem Leben noch übriggeblieben, ohne meine gewohnte Umgebung? Nicht viel. Ich hatte alles in einem Augenblick verloren. Gefängnis bedeutet, daß man abrupt aus seiner Umwelt und dem normalen Leben gerissen und in ein erzwungenes Leben in der Hölle geworfen wird. Wer hatte bloß Gefängnisse erfunden? Es mußte der Teufel persönlich gewesen sein.

Ich las weiter in der Bibel und war nun schon fast mit dem 1. Buch Mose durch. Mittlerweile hatte ich auch wieder herausgefunden, was die geheimnisvollen Zahlenangaben auf den Seiten bedeuteten: Die Bibel bestand aus 66 verschiedenen Büchern unterschiedlichster Verfasser. Jedes Buch war in verschiedene Kapitel unterteilt, und diese wiederum in einzelne Verse. 1. Mose 39,19 bezeichnete also den neunzehnten Vers im neununddreißigten Kapitel des 1. Buches Mose. Eigentlich ein sehr präzises System, so konnte man schnell eine beliebige Stelle im Buch wiederfinden.

Ab dem 37. Kapitel stieß ich auf die Geschichte des *Joseph*.

Joseph war einer der Charaktere in der Bibel, an die ich mich noch gut aus dem Religionsunterricht erinnern konnte.

Er war einer der zwölf Söhne Jakobs, bzw. Israels und stets sein Lieblingssohn. Da seine Brüder neidisch auf ihn waren, ergriffen sie ihn eines Tages und warfen ihn in einen Brunnen. Später verkauften sie ihn an einige Sklavenhändler, die ihn nach Ägypten mitnahmen. Dort kaufte ihn der Oberste der Leibwache des Pharao, und Joseph wurde sein Diener. Er kam sogar recht bald zu Ehren, da sein Herr mit seiner Arbeit zufrieden war. Dann aber wollte dessen Ehefrau mit Joseph schlafen, und er flüchtete vor ihr. Wegen dieser Ablehnung verleumdete sie ihn daraufhin bei ihrem Mann.

> »Als sein Herr die Worte seiner Frau hörte, die sie ihm sagte und sprach: So und so hat dein Knecht an mir getan, wurde er sehr zornig. Da nahm ihn sein Herr und legte ihn ins Gefängnis, in dem des Königs Gefangene waren. Und er lag allda im Gefängnis.«
>
> (1. Mose 39,19-20)

Ich staunte, wie realistisch diese Geschichte war, obwohl sie vor bestimmt mehr als 3500 Jahren geschrieben worden war. Genau dasselbe passierte in unserer Zeit jeden Tag.

Noch etwas fiel mir auf: Joseph war der erste ausländische Gefangene in der Bibel! Was mußte er wohl in diesem ägyptischen Gefängnis empfunden haben, wo es bestimmt so ähnlich wie hier ausgesehen haben muß! Fern von seiner Heimat, verkauft von seinen Brüdern, in einer hoffnungslosen Situation?

Ich hätte nicht gedacht, daß eine Geschichte der Bibel so aktuell sein könnte.

Wenn Gott dieses Buch hatte schreiben lassen, dann schien er das Leben und die Menschen sehr gut zu verstehen. Je mehr ich von ihm las, um so vertrauter wurde er mir. Obwohl dieses Buch Genesis wohl offiziell von Mose aufgeschrieben worden war, war mir einsichtig, daß man dahinter den Sinn und den Geist Gottes erkennen konnte.

Joseph blieb zwei ganze Jahre im Knast. Gott war der einzige Freund, den er noch hatte, der etwas für ihn tun konnte.

> »Aber der Herr war mit ihm und machte ihn beliebt und erwarb ihm die Gunst des Aufsehers über das Gefängnis, so daß er ihm alle Gefangenen im Gefängnis anvertraute und alles, was dort geschah, durch ihn geschehen mußte. Der Aufseher über das Gefängnis kümmerte sich um nichts, denn der Herr war mit Joseph, und was er tat, dazu gab der Herr Glück.
> (1. Mose 39,21-23)

Während dieser Zeit gerieten zwei der Hofbeamten des Pharaos ins Gefängnis und wurden Josephs Zellengenossen. Sie hatten dort jeder einen Traum, und da Joseph eine besondere Gabe der Traumdeutung hatte, erklärte er ihnen deren Bedeutung: Der eine sollte wieder entlassen und rehabilitiert, der andere aber würde gehängt werden.

Genauso kam es dann auch. Allerdings vergaß der Freigelassene Joseph, trotz seines Versprechens, ihm nach seiner Entlassung zu helfen.

Zwei Jahre später hatte der Pharao selbst einen Traum, den er sich nicht erklären konnte. Jetzt erst erinnerte sich der besagte Hofbeamte an den Mann im Gefängnis, und man ließ ihn holen. Joseph deutete den Traum des Pharaos von den sieben fetten und den sieben mageren Jahren. Das machte einen solchen Eindruck, daß sich daraufhin Josephs Schicksal wendete: Er wurde sofort vom Pharao begnadigt und zum Minister über Ägypten eingesetzt.

»Welch eine Karriere«, dachte ich. ›From Riches to Rags and from Rags to Riches‹ (Vom Reichtum zu Lumpen und von Lumpen zum Reichtum). Wenn so etwas in einem Leben möglich war, dann gab es für mich bestimmt auch noch die Hoffnung, daß dieser ganze Alptraum schließlich ein gutes Ende finden würde!

Am Schluß der Geschichte, nachdem viele Dinge passiert waren, sein Vater und die Brüder nach Ägypten gekommen waren, um fortan dort zu wohnen, und sich alle wieder miteinander versöhnt hatten, sagte Joseph einen Satz zu seinen Brüdern, der mir besonders auffiel:

»Ihr zwar gedachtet mir Böses zu tun, aber Gott hat es zum Guten gewendet ... « (1. Mose 50,20)

Würde ich das eines Tages auch sagen können, eventuell sogar zu Joachim?
Ich konnte es mir kaum vorstellen. Eher wohl, daß ich ihn umbringen würde, wenn er mir noch einmal zufällig über den Weg liefe.

*

Der kleine Zwischenhof war zu unserem Glück vom Haupthof und Pabellon getrennt, aus dem einfachen Grund, weil in dem kleinen Gebäude unter der Direktion einige »Drogenbaron« untergebracht waren. Es waren fünf Gefangene, alles Millionäre, die hier lebten und besondere Bedingungen genossen. Einer von ihnen hieß ›*Mosca Loca*‹ (Verrückte Fliege) mit Spitznamen und war angeklagt, über eine halbe Tonne Kokain geschmuggelt zu haben.

»Alles dummes Zeug, eine politische Intrige!« wie er sagte.

Alfonso kannte einen von ihnen, er war Besitzer eines großen Sägewerks in der Dschungelstadt ›Tingo Maria‹, wo sich auch die meisten Cocaplantagen befinden. Er war in den bislang spektakulärsten Drogenfall der peruanischen Polizeigeschichte verwickelt. Sein Partner und Kopf des Drogenrings war Carlos Langberg, ein sehr bekannter peruanischer Millionär deutscher Abstammung, der mit vielen Politikern eng befreundet war. Langberg selbst war allerdings nicht im Gefängnis, sondern in einer Privatklinik – seiner eigenen – untergebracht.

Doch auch diese Männer hier hatten eine Menge Privilegien.

Getrennt vom »Pack«, wie sie es nannten, hatten sie Einzelzimmer, eigene Möbel, Zugang zum Telefon und täglichen Besuch. Der Direktor kam des öfteren zum Frühstück, das sie sich teilweise vom Sheraton-Hotel bringen ließen, und er erfüllte seinen ›V.I.P.s‹ jeden Wunsch. Sie zeigten sich wohl recht dankbar dafür.

Mit ihnen diskutierten wir von da ab jeden Tag über unseren Fall, und welches die besten Verteidigungsstrategien sein könnten. Fest stand schon jetzt, daß dazu eine Menge Geld erforderlich war.

Für diese Männer war der Rauschgifthandel ein ganz legitimes Geschäft, sie hatten keinerlei moralische Skrupel.

»Was soll es denn, wir haben das Drogenproblem doch nicht erfunden, sondern die dekadenten *Gringos*, denen ihr Wohlstand schon so zum Hals raushängt, daß sie sich mit Drogen vollstopfen müssen. Gäbe es den 500 Milliarden-Dollar-im-Jahr-Markt in der westlichen Welt nicht, dann gäbe es auch kein Drogengeschäft. *Sí o no?*«

»Das ist richtig«, sagte ein anderer, »die Nachfrage nach Drogen ist unersättlich; in den reichen Ländern rennen alle schon wegen der geringsten Kleinigkeit zum Arzt oder Psychiater, um sich Beruhigungsmittel verschreiben zu lassen.«

»Die Leute haben eben zuviel Geld«, meinte Miguel, »vieles läuft auf Kredit, aber schließlich befriedigt sie auch das nicht mehr, der ganze Überflußkonsum, die neuen Autos, Stereoanlagen und so weiter. Nachher müssen sie dann in die Klapsmühle. Wußtet ihr, daß in den USA alle drei Minuten jemand in ein Irrenhaus eingeliefert wird?«

Alfonsos Freund schenkte Whisky nach und stieß mit uns an.

»Jedenfalls, mit Kokain trifft es dort keine Armen. Auf die *Coca Peruana!*«

Mosca Loca ergriff das Wort.

»Hier ist es aber genauso. Das wirklich große Geschäft wird in Peru von einer bestimmten Gruppe von Leuten gemacht. Das sind einerseits wir, aus dem Dschungel, wo die Coca angebaut und verarbeitet wird, dann einige Leute aus der Führung von Polizei und Militär und schließlich die Politiker.«

»Sagtest du Politiker?«

»Politiker, richtig! Schau sie dir doch mal an, wer sind denn die Politiker hier in Peru? Fähige, studierte Köpfe? Nicht die Bohne! Gibt es einen Mann indianischer Abstammung, der irgend etwas zu sagen hätte? Nein! Also, es sind alles Leute aus den gleichen Familien, die schon seit Jahrhunderten das Land besitzen und beherrschen. Sie sitzen in der Wirtschaft und bei den Militärs. Südamerika ist eine Vetternwirtschaft, das kennst du doch bestimmt von Bolivien her.«

»Klar, wer aus der richtigen Familie kommt, hat die Beziehungen, die er braucht. Gehört er nicht zu dieser Elite, kann er es gleich vergessen.«

»Siehst du, und deswegen wird der Drogenhandel nie aufhören, auch wenn die Gringos, Deutschen und Engländer mit ihrer Polizeiorganisation noch so viele Millionen Dollars hierherschicken. Was die nicht merken, ist, daß sie ihr Geld genau den Leuten geben, die die meisten Drogen schmuggeln!«

Mosca Loca war immer aufgeregter geworden. Jetzt war Stille im Raum. Er lehnte sich zurück und trank sein Glas Whisky leer.

»So, genug mit der Politik für heute, ich geh' ins Bett. Morgen kommen meine Frau und die Kinder. Gute Nacht allerseits!«

*

Am nächsten Tag arrangierten wir mit Hilfe einiger Dollarnoten, daß wir im sogenannten ›COFIPROBI‹-Gebäude, was für die Abkürzung einer gefängnisinternen Getränkevertriebsorganisation stand, untergebracht wurden. Das COFIPROBI befand sich am Ende des Korridors neben dem Zellblock. Der Wächter öffnete die schwere Eisentür und wir traten ein. Es sah wie in einer einfachen Kneipe aus: einige Tische, eine Theke, Zigarettenqualm, Salsamusik.
Ich bemerkte hauptsächlich Ausländer an den Tischen. Wir stellten unsere Sachen vor der Theke ab und bestellten eine Runde Kaffee. Einer der Ausländer setzte sich zu uns und streckte mir seine Hand hin.
»Willkommen in El Sexto, mein Name ist Luigi, ich bin auch erst einen Monat hier.«
»Freut mich, ich heiße Ronald. Von woher kommst du?«
Luigi machte eine theatralische Geste.
»Geboren wurde ich in Shanghai. Mein Vater war Italiener und meine Mutter Russin. Ich habe lange Jahre in den USA gelebt, und seit einiger Zeit bin ich in Südamerika. Ich arbeite als Rezeptionist im besten Hotel der Stadt.«
»Das klingt ja interessant. Bist du auch wegen Drogen hier?«
»Das behauptet die Polizei. Ich sage es dir gleich: Gerechtigkeit gibt es hier nicht. Vergiß die Gerichtsverhandlung, die Rechtsanwälte und den ganzen Kram. Was du brauchst, sind 10.000 Dollar, und damit haust du von hier ab, ganz peruanisch-unbürokratisch...«
Wir mußten lachen. Luigi war mir auf Anhieb sympa-

thisch. Wir unterhielten uns noch eine Weile. Er war recht gebildet und sprach sieben Sprachen: Englisch, Spanisch, Portugiesisch, Italienisch, Französisch, Russisch und Chinesisch. Dann führte er mich durch die zwei Stockwerke des *COFIPROBI* und stellte mir die restlichen Ausländer vor.

Frans sah aus wie ein Hippie und war auch einer, aus Holland. Er las den ganzen Tag ›*Clever & Smart*‹-Comicheftchen und rauchte dazu Marihuana. Er war stets bester Laune und zu Scherzen aufgelegt.

Steve war ein ca. 50-jähriger Engländer, der seit langer Zeit in den USA lebte. Er war Songwriter und Manager bekannter Rockstars aus den 60er und 70er Jahren, wie zum Beispiel von *Eric Burdon*. Man hatte ihn auf dem Flugplatz mit 7 Kilo Kokain erwischt.

Charles kam aus Fort Lauderdale, meinem Nachbarort, und ich wollte gleich wissen, wie die ›*Miami Delphins*‹ gespielt hatten. Seine Geschichte klang fast unglaublich.

»Ich bin Ingenieur und hatte einen hohen Posten in der Stadtverwaltung. Bis ich mit dem Koks anfing. Ich dachte erst, daß ich mich kontrollieren konnte, aber ich mußte immer mehr davon nehmen. Schließlich fiel ich auf und wurde beurlaubt, was meinen Konsum noch erhöhte. Dann verließ mich meine Frau mit den Kindern und ließ sich scheiden. Ich gab am Tag 1.500 Dollar für Kokain aus und verlor schließlich mein Haus. Zuletzt habe ich den Koks nur noch gespritzt, weil meine Nasenwände zerstört sind. Hier nehme ich nur noch wenig, aber was macht es jetzt schon noch aus? Mein Leben ist ruiniert.«

Ich hatte bislang noch nie von einem Kokain-Süchtigen gehört und war sehr erstaunt über seine Schilderung. Sein deprimierter Gesichtsausdruck allerdings schien seine Geschichte zu bestätigen.

Auf seinem linken Arm bemerkte ich eine Tätowierung: Zwei Würfel mit einem schlechten Wurf beim Blackjack und darunter der Spruch:

»BORN TO LOOSE«
(Geboren, um zu verlieren.)

Er hatte sein Schicksal wohl vorausgeplant.
Im zweiten Stock gab es ein Fenster, und Luigi zog mich heran.
»Schau mal da raus, kennst du jenes Gebäude da?«
Man konnte das ›Sheraton‹ sehen.
»Ja, da habe ich vor ein paar Wochen noch gewohnt, oben rechts im zehnten Stock war mein Zimmer.«
»Als du damals aus dem Fenster geschaut hast, hättest du wohl nicht gedacht, daß du mal hier unten landen würdest! Genau dahin haben wir zurückzukehren, vergiß das nie! Wenn du so denkst wie Charles, dann kommst du nie mehr hier raus!«
Er hatte sicher recht. Die Szenen und Begegnungen im Gefängnis erinnerten mich nur allzu deutlich an den ›Midnight Express‹-Film, und ich hatte keine Lust, diese Erfahrung selbst zu machen.
Ich fragte Frans, ob er nicht Heimweh nach Holland hätte. Er winkte resigniert ab.
»Was soll ich jetzt in Holland? Da werde ich bereits seit zwei Jahren gesucht: verschiedene Deals, die schiefgegangen sind. Es bedeutet dir auch nichts mehr, wenn du mal auf Drogen bist.«
»Ja, aber du rauchst doch fast nur Gras, das könntest du draußen leichter haben.«
Frans grinste und zupfte an seinem langen Vollbart, mit seiner Nickelbrille erinnerte er mich ein wenig an John Lennon.
»Zum Glück rauche ich jetzt nur Gras, früher war es Opium, wenn du wüßtest, was ich schon alles erlebt habe! Fünf Jahre war ich in Indien und Nepal, das waren noch Zeiten!« Seine Augen blickten in eine imaginäre Ferne. »Mein Fall ist gar nicht so wild, ich werde mit zwei Jahren davonkommen und sofort entlassen werden, weil ich bis jetzt schon 20 Monate habe. Also, warum soll ich mich verrücktmachen?«
»Wegen deiner Freiheit; wie kann es dir gefallen, in so einem Loch zu sitzen?«

»So ein Loch? Das ganze Leben ist so ein Loch. Sieh doch mal die Vorteile: Hier hast du immer Gesellschaft, viel Abwechslung und soviel Dope wie du willst. Und das, ohne befürchten zu müssen, von den Bullen belästigt oder verhaftet zu werden. Mehr als in den Knast stecken können sie dich ja nicht!«

Seine Antworten verblüfften mich.

»Das ist auch eine Philosophie, na gut. Aber diese Pastaraucherei ist doch irre schädlich, wißt ihr das nicht? Das Zeug ist nur ein Zwischenprodukt auf dem Weg vom Cocablatt zum richtigen Kokain. Es war nie zum Rauchen gedacht, schon wegen der ganzen Stoffe, die da drin sind. Pasta besteht fast zur Hälfte aus Kerosin!«

Frans verzog das Gesicht.

»Ach was, wen interessiert das schon? Wenn du Kaffee trinkst, schlürfst du genausoviel Schadstoffe in dich hinein. Hauptsache ist doch, daß es dich antörnt.«

Seine Einstellung war unter den ausländischen Gefangenen weit verbreitet. Anscheinend hatten viele von ihnen bereits resigniert und sich in ihr Schicksal ergeben. Eine erschreckende Perspektive, die mich nur darin bestärkte, auf jede nur erdenkliche Weise zu versuchen, aus diesem Sumpf herauszukommen.

*

Es gab im *COFIPROBI* keinen Schlafplatz für uns, und so mußten wir den ganzen Abend im Restaurant sitzen, bis die Leute schlafen gingen.

Während dieser Zeit lernte ich zwei weitere ausländische Gefangene kennen, mit denen mein Leben später noch schicksalhaft verbunden werden sollte. Unsere erste Begegnung schien allerdings gar nicht dafür zu sprechen.

Über dem Restaurant gab es ein Zwischengeschoß, das

aus Holz gebaut worden war. Dort befanden sich die notorischsten Drogenkonsumenten, wie man mir sagte.

Irgendwann am späten Abend kam einer von ihnen die Leiter heruntergepoltert und mußte sich dabei übergeben. Sofort beschwerten sich die anderen lautstark, besonders ein hellhäutiger Farbiger, der in einem unverständlichen englischen Kauderwelsch auf David, einen anderen Amerikaner, einbrüllte, der dem kranken Süchtigen, einem schmächtigen Italiener, zu Hilfe gekommen war. Da ich nicht weit von ihnen wegsaß, versuchte ich den Streit etwas zu schlichten, aber der farbige Mann winkte ab.

»Laß mich nur, dies ist nicht dein Problem. Die Typen da oben machen ständig solchen Mist.«

Ich konnte nur die Hälfte seiner Worte verstehen.

»Wundere dich nicht über seinen Dialekt«, sagte David, »Gary kommt aus London und spricht ›Cockney‹, kein Mensch versteht diese Sprache!«

Gary Harris grinste und streckte mir seine Hand zur Begrüßung hin.

»Das ist auch richtig so, es gibt keine so guten Engländer wie die Londoner.« Worauf er ein bekanntes Londoner Volkslied zu singen anfing: ›*Maybe it's because I'm a Londoner* ...‹

Nun mußten wir doch alle lachen, sogar der drogenkranke Italiener.

Viel weiter entwickelte sich unsere Beziehung nicht; wir sahen uns zwar jeden Tag, wechselten aber nur wenige Worte miteinander, nicht zuletzt wegen meiner mangelnden Sprachkenntnisse in ›*Cockney*‹.

Gott hatte damals bereits einen Plan mit uns dreien, und er würde mit jedem von uns noch seinen Weg gehen. Doch davon ahnten wir alle zu jener Zeit nichts.

Tief in der Nacht räumte dann der Wirt, der auch ein Gefangener war, die Tische zur Wand, und wir konnten unsere Decken auf dem Betonboden ausbreiten. Es wurde kein sehr erholsamer Schlaf, aber wenigstens ruhiger als in der ersten Zelle.

So verbrachten wir fast zwei Wochen in *El Sexto*. An mehreren Tagen wurden wir morgens zum Gericht gebracht, um weitere Aussagen vor einem Untersuchungsrichter zu machen. Die Rückkehr abends ins *Cofiprobi* wurde dann jedesmal ein Spießrutenlaufen, da um diese Zeit der Zellblock noch nicht abgeschlossen war und die drogensüchtigen Häftlinge auf der Lauer lagen. Der Beamte schloß die schwere Eisentür auf, pfiff und gebot uns, so schnell wie möglich zu rennen. Wir rannten also den Korridor hinunter auf die Eingangstür des *COFIPROBIS* zu und schlugen im Laufen nach den Pasteleros, die von allen Seiten kamen, um nach uns zu greifen. Wir erreichten die Tür und polterten dagegen. Man öffnete, zog uns herein und schloß wieder, gerade noch rechtzeitig, denn schon hatten sich einige Arme mit langen Messern und selbstgefertigten Macheten in den Spalt gezwängt. Es war jedesmal eine haarsträubende Erfahrung.

*

Nach 15 Tagen platzten morgens um sieben mehrere Beamte herein und trieben uns mit ihren Gummiknüppeln aus dem Schlaf.

»Aufstehen, los, los! Der Transportwagen ist da. Es geht ab mit euch nach *Lurigancho*!«

Lurigancho? Ich wollte meinen Ohren nicht trauen. Wir hatten doch bezahlt, um hierzubleiben! Irgendwo mußte jemand ein Fehler unterlaufen sein. Aber alles Argumentieren half nichts, der Transport war angeordnet und mußte ausgeführt werden. Wir hatten kaum noch Zeit, uns zu verabschieden.

Den Rest des Tages mußten wir im Justizpalast verbringen, und am Abend saßen wir schließlich in der *Furgonetta*, das berüchtigte Ziel vor Augen: *LURIGANCHO!*

8

Die Fahrt nach Lurigancho dauerte fast eine halbe Stunde. Der Transportwagen fuhr rasend schnell durch die Stadt, begleitet von mehreren Polizeiwagen mit Blaulicht und Sirene. Wir standen zu 120 dichtgedrängt und wurden in jeder Kurve ständig aufeinandergequetscht. Sehen konnte man nichts, außer zeitweiligen Lichtblitzen, die durch die Luke am Dach hereinkamen.

Endlich kam der Wagen zum Stillstand, und den Geräuschen und Stimmen draußen war zu entnehmen, daß wir in ein Tor einfuhren. Wir kletterten völlig steif aus der »Sardinenkiste« hinaus und atmeten tief die kühle Nachtluft ein. Zunächst hatten wir uns wieder in mehreren Reihen aufzustellen.

Ich blickte mich um. Über mir war der für Südamerika typische sternenübersäte Nachthimmel. Um uns herum eine Mondlandschaft von grauen Felshügeln, auf denen nicht ein Strauch zu wachsen schien. Wir befanden uns auf einem großen Platz direkt hinter dem riesigen Gefängnistor, vor einigen pavillionartigen, dreistöckigen Gebäuden. Das mußten die 16 Zellblöcke sein, von denen man mir erzählt hatte. Lurigancho ist mit durchschnittlich 7000 Insassen das größte Gefängnis Perus und eines der größten Südamerikas, bzw. der Welt überhaupt.

»Es ist so still hier, gar nicht die übliche Gefängniskulisse«, meinte ich zu Miguel.

»Ja, anscheinend ist hier nachts Ruhe, aber das täuscht vielleicht, weil der Ort so groß ist.«

»Wir werden sehen, daß wir zusammenbleiben und einen guten Platz bekommen«, sagte Alfonso, »ich habe eine Empfehlung für den Direktor von meinem Freund in El Sexto. Es wird ein paar Dollars kosten.«

»Kein Problem, das regeln wir morgen früh.«

»*RONALD LESLIE!*«

Mein Name wurde aufgerufen.

»*Pasa*! (Passiere!)«

Man schickte uns zunächst in den Kellerraum unter dem Direktionsgebäude, wo die Neuankömmlinge untergebracht wurden. Wir breiteten unsere Decken auf dem Betonfußboden aus und legten uns auf unsere harten Lager, an die wir uns mittlerweile gewöhnt hatten. Dort traf ich Chino Chereke wieder, er hatte die letzten paar Wochen im Justizpalast verbracht.

»Ihr werdet morgen einem ›*Pabellon*‹ zugeteilt werden«, erzählte er mir.

»Was ist ein Pabellon?«

»Ein Zellblock. Lurigancho besteht aus zwölf regulären und vier Sonderzellblöcken, *Pabellons* genannt. Der Knast ist praktisch durch sie geteilt: sechs Hauptpabellons auf dieser Seite, welche sie ›*Jardin*‹ (Garten) nennen, – er deutete aus dem Fenster auf den großen Platz vor dem Eingangstor hinaus, man konnte von hier aus nur den ersten Block sehen – »und sechs spiegelbildlich auf der anderen Seite, dieser Teil wird die ›*Pampa*‹ genannt.«

»Und durch die Mitte läuft ein Korridor?«

»Ja, den nennen sie ›*Jirón de la Unión*‹, nach der Haupteinkaufsstraße in Lima. Das ist aber ein Niemandsland, wenn du da mal reingerätst, dann Gute Nacht, die verrückten Pasteleros da drin massakrieren dich sofort!«

»Die Pabellons sind alle numeriert, habe ich gehört.«

»Stimmt, auf dieser Seite die ungeraden Zahlen 1-3-5-7-9-

11 und auf der anderen die geraden. Der elfer ist der Hochsicherheitstrakt, aufgeteilt in Seite A und B, da ist es auch furchtbar drin. Dann gibt es noch den ›*Pab. 13*‹, wo alle deine Freundinnen untergebracht sind, ha, ha!«
Ich stieß ihm scherzhaft in die Seite.
»Hör' bloß auf damit, das werde ich nie vergessen!«
»Ist schon gut. Außerdem gibt es noch eine Turnhalle, ein Krankenhaus, einen Industriepabellon, in dem gearbeitet werden soll, und das Direktionsgebäude hier.«
»O.k., das langt mir für heute, merken kann ich mir das nicht. Der einzig interessante Pabellon ist der, wo es den Tunnel nach draußen gibt!«

*

Alfonso regelte die Sache mit unserer Unterbringung sehr geschickt. Wir wurden nicht im regulären Zellentrakt, sondern in einem separat gelegenen Pabellon, dem sogenannten ›*Mantenimiento*‹ (Instandhaltung) untergebracht. Eigentlich war dieses Gebäude nur den Justizangestellten und besonderen Gefangenen, unter anderem ehemaligen Polizisten, vorbehalten, aber Alfonsos Beziehungen und 150 Dollar machten das schnell auch für uns möglich. Choquehuanca und Durán waren nicht Teil dieses Geschäfts, nicht zuletzt wegen des noch immer schwelenden Streits mit Alfonso. Sie kamen in einen der überfüllten Pabellons mit 50 Mann pro Gemeinschaftszelle.

Zunächst mußten wir aber registriert werden. Noch einmal die ganze Prozedur mit Karteikarten, Fingerabdrücken und Bildern.

Der Gefängnisfotograf, Herr Huaicochea, war der erste freundliche Beamte, der mir begegnete, und er würde noch eine wichtige Rolle während meiner Haftzeit spielen. Auf dem Bild, das er von mir aufnahm, sah ich allerdings schaurig aus, nach fast sechs Wochen ohne Rasur und in stets denselben Kleidern.

Wir kamen zum *Mantenimiento* und bekamen unsere Plätze zugewiesen, ausgerechnet in der großen Zelle ›*FF.PP.*‹, was für ›*Fuerzas Policiales*‹ (Polizeikräfte) stand. Ich bekam den oberen Teil eines Kojenbetts, über einem dicken älteren Mann mit Stirnglatze, der ehemaliger Sergeant der ›*Guardia Civil*‹ war.

»In unserer Zelle herrscht Disziplin und Ordnung«, begrüßte er mich in belehrendem Ton, »wir wollen hier kein Durcheinander und auch keine Drogen sehen!«

In diesem Raum befanden sich 18 Gefangene, fast alles ehemalige Polizisten, die von ihren Behörden ausgestoßen worden waren. Sie saßen wegen der verschiedensten Delikte, von Unterschlagung über Bankraub bis zu Mord und Drogenhandel. Neben mir auf dem nächsten Bett war ein freundlicher alter Herr mit feinen Manieren. Er war weitgereist und kannte ganz Europa. Später erfuhr ich, daß er ein sehr illustres Mitglied der peruanischen Gesellschaft war, mehrfacher Millionär, aber homosexuell und wegen Mordes an seinem Liebhaber in Haft.

Der Mantenimiento-Pabellon bestand im Erdgeschoß aus unserer Zelle – einer Art Küchenraum, in der ein japanisch-peruanischer Häftling lebte und ein Restaurant betrieb – einem großen, geteilten Raum, der zum einen Teil Dusche und zum anderen Pissoir war, sowie einer »richtigen« Dusche und Toilette, in der aber kein Wasser lief.

Im ersten Stock waren die ›privilegierten‹ Gefangenen untergebracht. Sie »bewohnten« einen großen Raum, den sie durch Holzwände in kleine Zellen unterteilt hatten.

Einer von ihnen war Gustavo.

»Die ersten sechs Monate sind die schwersten, und die letzten sechs Monate«, sagte er mir, »für mich ist es bereits das zweite Mal, aber meine Zeit ist demnächst um. Fast zwei Jahre war ich diesmal hier.«

Gustavo war spanischer Abstammung und aus angesehener peruanischer Familie. Er war das schwarze Schaf, hatte nie größeres Interesse an Arbeit gehabt und sein Leben mit Surfen und Reisen in den USA verbracht. Beide Male war er wegen Rauschgifthandels verurteilt worden, aber wegen guter Beziehungen seiner Familie stets mit der Mindeststrafe davongekommen.

»Ich hatte eine ausgezeichnete Methode mit meinen kalifornischen Freunden entwickelt: Wir bauten den Koks in elektrische Gitarren ein, es ging fast ein Kilo in jedes Instrument rein! Weil mich einer verraten hat, bin ich aber in meinem Strandhaus mit sieben Gitarren erwischt worden, das Schwein wurde nachher von jemandem in Amerika erschossen. Wenn ich jetzt rauskomme, werde ich allerdings in der Firma meines Bruders arbeiten; Schluß mit dem illegalen Kram, man verdient im Endeffekt doch nichts dabei.«

»Wie ist das so mit den sechs Monaten, wie fühlt man sich in dieser Zeit?«

»Oh, man wird verrückt, wenn man daran denkt, daß man eingesperrt ist. Du kannst nicht mehr dahin gehen, wohin du willst, du bist getrennt von deiner Familie, deinen Freunden, deinem ganzen normalen Leben. Du kannst nicht mehr zu deinem Kaufmann, zur Tankstelle, zum Friseur ; statt dessen mußt du mit dem Abschaum der Gesellschaft zusammenleben!«

»Genau dasselbe empfinde ich jetzt schon, es ist, als wäre man in der Hölle.«

Gustavo schnippte mit dem Finger.

»Das ist der richtige Ausdruck dafür, ein Ort der Qual, getrennt von allem und jedem, den man liebt.«

»Meinst du, dieser Ort ist wirklich von Gott verlassen?«

»Nein, das nicht, dafür sind wir ja auch noch nicht in der ›richtigen‹ Hölle, aber weit weg davon ist es bestimmt nicht. Auf alle Fälle denke ich, daß ›Hölle‹ auch die Abwesenheit von Liebe bedeutet. Hier regieren nur Haß und Mißtrauen. Schau dich doch nur mal um, würdest du solche Typen im normalen Leben kennenlernen?«

Ich blickte aus dem Fenster auf den erdbedeckten Hof, wo mehrere Gefangene aus anderen Teilen des Gefängnisses herumlungerten. Sie waren den ganzen Tag damit beschäftigt, sich bei kleinen Geschäften gegenseitig zu betrügen und miteinander zu streiten.

»Wahrscheinlich nicht. Außerdem ist stets jeder gegen jeden, man hat keine fünf Minuten Ruhe.«

»Weil jeder den anderen haßt, genau wie sie sich selbst hassen. Sie denken an ihre Bosheit und ihre Blödheit, erwischt worden zu sein. Ich habe auch oft haßerfüllte Gedanken, aber dann hole ich mir etwas ›Marimba‹ und alles ist wieder O.k.«

»Was ist das denn?«

Gustavo lachte und rieb sich seine sonnengebräunten Beine.

»Ha, du kennst *Marimba* nicht, edles *Marihuana*, ›*Maryjane, Grass, Reefer, Yerba*‹, *comprendes Amigo*?! Apropos, hast du etwas Geld, es gibt heute ein gutes Kraut, 5000 *Soles* die Unze, das reicht uns für eine Woche, oder wir können es mit Gewinn verkaufen!«

»Ich bin aber kein Marihuanaraucher oder großer Freund davon.«

»Ach, ›Gras‹ ist doch im Vergleich zu Kokain eine relativ harmlose Droge! Aller Streß läßt nach und man fällt in angenehme Träume.«

Obwohl Marihuana eine entspannende Wirkung hat, ist es mit Vorsicht zu genießen, da man leicht die Kontrolle darüber verlieren kann.

Freunde in California hatten mir einmal in einem Motel einen Joint aus selbstangebautem Marihuana angeboten, und ich hatte ein paar Züge probiert. Das Zeug war unerhört stark, und schon nach wenigen Minuten mußten wir über alles Mögliche schallend lachen. Danach driftete jeder in verschiedene Träumereien ab. Ich hatte das Gefühl, es wären Stunden vergangen, als ich das Telefon klingeln hörte. Wir blickten alle auf den Apparat, aber niemand machte Anstalten, den Anruf zu beantworten. Das Telefon klingelte und klingelte, bestimmt zehn Minuten lang. Schließlich raffte ich mich auf und nahm ab. Die Empfangsdame war dran und bat mich, zur Rezeption zu kommen, um noch etwas Geld für die Rechnung einzuzahlen. Ich wollte sie abwimmeln, aber sie bestand darauf, daß ich jetzt käme. Taumelnd stand ich auf und wankte auf den Hof hinaus, ich schien wie durch einen Ozean von Farben und Geräuschen zu wandeln. Wie ich zur Rezeption kam, das Geld einzahlte und wieder zu unserem Zimmer zurückfand, weiß ich heute noch nicht. Wir haben zwar alle darüber gelacht, aber seitdem betrachtete ich diese Droge mit großem Respekt.

Schließlich überredete mich Gustavo doch noch, ihm das Geld zu borgen, und wenig später hatte er sein Gras. Verkaufen tat er dann allerdings nichts davon, sondern rauchte alles selbst auf; meine 5000 Soles sah ich auch nie wieder. Trotzdem wurden Gustavo und ich Freunde.

*

Ich lernte noch ein paar Peruaner aus reichen Familien kennen, die alle wegen Drogenhandels saßen, darunter den ehemaligen Bürgermeister eines Stadtteils von Lima, Joaquín Planas. Er war ein älterer Mann mit bereits lichten Haaren auf der Stirn und immer sehr nett und zuvorkommend. Auch er sollte noch eine schicksalhafte und wenig erfreuliche Rolle spielen.

Hier fand ich auch den Hausbesitzer der PIP-Station von Pueblo Libre, es war kaum zu glauben! Er war ein relativ junger Typ, etwas älter als ich und italienischer Abstammung. Sein Haus war ein ehemaliges Hauptquartier für Drogengeschäfte gewesen.

Der mieseste Charakter, vor dem ich von allen gewarnt wurde, war ein kleiner, dünner Mann halbindianischer Abstammung mit einem Spitzbärtchen, das ihm diabolische Züge gab; er hieß Kike Valle. Obwohl er mich freundlich begrüßte, spürte ich nichts Gutes von ihm ausgehen, und er sollte später mein großer Widersacher in Lurigancho werden.

Es gab außer mir nur noch einen einzigen weiteren Ausländer; Marcel aus Quéebec, Kanada. Er war 35 Jahre alt, hatte sehr kurze, graue Haare, und sah aus wie ein typischer Franzose. In Lima betrieb er eine Autoverleihfirma, saß jetzt allerdings schon über 40 Monate ein, auch wegen Drogenhandels.

»Hör zu, mein Freund, das einzige, was du hier tun kannst, ist, abzuhauen. 10.000 Dollar und du bist draußen, alles andere ist vertane Zeit und verschwendetes Geld!«

Ich wußte nicht, ob ich ihm vertrauen konnte, oder ob er vielleicht ein Informant war. Deswegen ließ ich mir zunächst nichts von meinen Fluchtplänen anmerken.

»Ja, daran habe ich auch schon gedacht. Ich will aber erst mal sehen, was sich in unserem Fall machen läßt.«

Marcel winkte ab.

»Gar nichts kannst du mit diesem Justizsystem machen, die leben hier noch im Mittelalter. Ich habe bis jetzt 70.000 Dollars ausgegeben, und was habe ich damit erreicht? Zehn Jahre als Urteil, da siehst du, was dich erwartet!«

»Hast du wirklich so viel Geld ausgegeben? Das klingt ziemlich unwahrscheinlich, was ist denn daraus geworden?«

»Rechtsanwälte, Richter, Staatsanwälte, alle wollen sie dein Geld. Für diese Typen sind wir Goldgruben, die man ausnehmen muß. Besonders wenn du Ausländer und wegen Drogen drin bist, dann denken sie, du hättest Millionen zu Hause auf der Bank, und es spielt überhaupt keine Rolle, um wieviel man dich erleichtern kann.«

Marcel schlug wütend mit der Faust an die Wand; wenn alles stimmte, hatte man ihn ganz schön ausgenommen. Seine Fehler würde ich bestimmt nicht wiederholen.

»Zum Glück habe ich bis jetzt noch keinen Pfennig an irgend jemand gezahlt, und wie ich das sehe, wird es auch so bleiben. Aber sag' mal, wie hast du diese irre lange Zeit bisher ausgehalten, ohne verrückt zu werden?«

Er deutete auf das Bücherregal, das über seiner Koje angebracht war.

»Lesen, den Verstand mit anspruchsvoller Literatur beschäftigen! Du mußt dich disziplinieren, positiv zu denken und dich nie zu irgendwelchen negativen oder depressiven Gedanken verleiten lassen. Wenn du das zuläßt, dann fängst du an, verrückt zu werden und Drogen zu nehmen, so wie der ganze Rest der Meute hier. Ich habe übrigens ein Buch für dich, falls es dich interessiert. Es hat mir am Anfang sehr geholfen.«

Marcel griff nach einem schmalen Buch mit Kunststoffeinband und reichte es mir herüber, es hatte einen französischen Titel.

»Das habe ich aus Kanada, die französische Übersetzung eines Buchs von einem schon verstorbenen amerikanischen Psychologen. Er schreibt sehr lebensnah. Das einzige, was mich an seinem Buch gestört hat, war sein dauerndes Gerede über Gott, ich glaube nicht daran.«

*

Marcels Buch sollte ein entscheidender Meilenstein auf meinem Weg zum Glauben werden. Glücklicherweise reichte mein Schulfranzösisch aus, um es zu verstehen, und ich legte es nicht mehr aus der Hand, bis ich es gelesen hatte. Ich habe es ihm später zurückgegeben und dann nicht mehr wiedergesehen, aber einige wichtige Gedanken befinden sich noch in meinen Aufzeichnungen.

Der Autor gab den Rat, sich intensiv mit Gottes ewigen Wahrheiten zu beschäftigen, wie sie in der Bibel überliefert sind. Mit Gott zu leben, ihm zu vertrauen, zu ihm zu beten, brächten die Ruhe und den Frieden für die Seele, den man sonst ein Leben lang vergeblich in den Dingen dieser Welt suche.

Diesem Gedanken konnte ich aus meiner Erfahrung heraus zustimmen. Das ganze Geld und das Luxusleben zum Beispiel hatten mir zwar viel Abwechslung und Unterhaltung, aber nie den wahren Frieden gebracht, was mir unter anderem an meinem Alkoholkonsum aufgefallen war. Wir waren alle immer rastlos und gestreßt gewesen, kaum fähig, einmal auszuspannen und an keine Geschäfte mehr zu denken.

»Die aber dem Herrn vertrauen, empfangen immer neue Kraft, daß ihnen Flügel wachsen wie Adlern, daß sie laufen und nicht ermatten, daß sie wandeln und nicht müde werden.«
(Jesaja 40,31)

Der Schlüssel sei der Glaube.
Ich dachte bisher, daß dieser doch mehr oder weniger eine persönliche Illusion wäre. Manche Leute glaubten an den Mann im Mond, obwohl der gar nicht existierte.
»Glauben heißt nicht wissen« hieß es im Buch, »aber bestand nicht das ganze Leben aus Glauben? Wer glaubte nicht daran, daß er heute abend noch etwas zu essen bekäme? Wenn man einen Brief in den Briefkasten warf, glaubte man daran, daß er an seinem Bestimmungsort ankäme und nicht in diesem Kasten liegenbleiben würde. Glauben ist ein Prinzip des Lebens.«
Es gab dazu einige interessante Geschichten.
Zum Beispiel die eines Mannes, der unverhofft wegen einer Krankheit ins Krankenhaus eingeliefert werden mußte. Er wollte sich mit dieser Situation aber überhaupt nicht abfinden, und seine Gedanken waren ständig in seinem Büro, bei den laufenden Geschäften, seinem Heim und seiner Familie. Er weigerte sich, krank zu sein. Nach kurzer Zeit konnte er wieder entlassen werden, obwohl die Ärzte von einem mehrmonatigen Aufenthalt ausgegangen waren. Sein Wunsch, gesund zu werden, hatte ihm bei der Genesung geholfen.

Das Gegenbeispiel war ein Patient, der schon seit Wochen im Krankenhaus lag, ohne daß sich sein Zustand besserte. Er hatte seine Stelle verloren, Eheprobleme, hohe Schulden und zu trinken angefangen. Die Ärzte sagten, daß er resigniert, sich mit seinem vermeintlichen Schicksal abgefunden hätte und deshalb nicht gesund werden wolle.

Als Erklärung dafür wurde wieder ein Bibelvers herangezogen:

»Denn wie der Mensch in seinem Herzen denkt, so ist er.«
(Sprüche 23,7)

Der Grund, warum der eine Patient gesund wurde und der andere nicht, war nicht zuletzt die innere Einstellung der jeweiligen Personen.

Mir fiel unwillkürlich der Amerikaner in El Sexto ein, der sich seinen Glauben mit ›*Born to loose*‹ sogar auf den Arm tätowiert hatte.

Das übertrug ich aber auch auf meine Situation. Der Grund, warum ich mich in dieser miserablen Lage befand, war wahrscheinlich nicht nur in Joachims Verrat zu suchen, sondern es mußte mehr dahinterstecken.

Marcel hatte seine eigenen Ansichten über diese Thesen:

»Das unbestimmte Schuldgefühl, auf illegale Weise Geld zu verdienen, die ständige Vorsicht, keine Fehler zu machen, aber immer in einer gewissen Paranoia zu leben, haben in dir eine negative Denkweise geprägt.«

»Nun, ich muß immer von der schlechtesten Möglichkeit ausgehen. Du kannst ja niemandem einfach auf sein Wort hin vertrauen, sondern nur insoweit, wie du alles vollständig überprüfen und kontrollieren kannst.«

»Weil jeder Mensch von Natur aus nur auf seinen eigenen Vorteil bedacht ist, das ist einer der Gründe allen Übels.«

Die Frage nach der Beeinflussung des Verstandes beschäftigte mich daraufhin jeden Tag. Wenn das alles stimmen sollte, was hatte Gott dann damit zu tun, vor allem, falls er tatsächlich so persönlich war, wie in der Bibel beschrieben? Ich kehrte zurück zu meinen Fragen von vor zehn Jahren, als ich mir den Kopf darüber zerbrochen hatte, wie Gott nun wirklich sei. Ich hatte ihn mir einfach nicht als Person oder Gegenüber vorstellen können; vielleicht war auch mein Verstand dazu nicht fähig. Lag es eventuell an meiner Erziehung?

Darüber diskutierte ich auch häufig mit Miguel.

»Wodurch, glaubst du, wird unser Denken beeinflußt? Im ›*Time*‹-Magazin stand zum Beispiel, daß eine Durchschnittsperson ganze drei Stunden und 59 Minuten am Tag und ein Durchschnittskind bis zu seinem 18. Lebensjahr über 20.000 Stunden vor dem Fernsehbildschirm verbringt.«

»Das Fernsehen hat natürlich einen enormen Einfluß auf unser Denken: woran wir glauben, was wir für gut und richtig halten, und was wir tun. Unser Verstand ist aber von verschiedenen Seiten manipuliert: durch unsere Erziehung, unsere Umgebung, unsere Arbeit, durch die Presse.«

»Es hat aber auch mit dem Kulturkreis zu tun, in dem man aufgewachsen ist. Mein Denken zum Beispiel ist von der deutschen Mentalität geprägt, wo alles im Leben korrekt und präzise zu laufen hat. Von Anfang bis Ende geplant, perfekt organisiert und überschaubar. Für unklare und mysteriöse Dinge gibt es da nicht viel Platz.«

Miguel grinste und schüttelte den Kopf.

»Ja, ihr verrückten Deutschen, und euer sogenannter ›aufgeklärter‹ Verstand! ›Das Volk der Dichter und Denker!‹«, er lachte spöttisch, »wohin hat es euch aber gebracht? In Atheismus, Kommunismus, Nazi-Regime und zwei Weltkriege; alles von intelligenten Deutschen ausgedacht! Weißt du, von wem ich spreche?«

Ich mußte nachdenken.

»Von Marx und Engels. Von Nietzsche, Feuerbach, Hitler ...«

»Siehst du, und jetzt bist du in einem Land, wo alles ganz anders und längst nicht so rational ist! Hier haben die Leute nicht so viel Muße gehabt, sich über den vermeintlichen Sinn oder Unsinn des Lebens den Kopf zu zerbrechen. Die Peruaner mußten sich immer entweder ums Überleben oder um ihre Freiheit sorgen. Es geht den Menschen hier mehr um die praktischen Dinge des Lebens, und die werden viel lässiger und spontaner als bei euch gehandhabt; wenn es heute nicht geht, dann eben morgen, oder übermorgen. ›Mañana‹ sagen wir immer, ›morgen‹.«

»Na schön, aber es gab auch andere Deutsche, die gar nicht so übel waren: Karl der Große, Martin Luther, Bach, Beethoven, Mozart ...«

»O.k., dann will ich dir noch ein paar Namen nennen von Deutschen, die zur Geschichte Perus *und* zu unserer Situation heute Entscheidendes beigetragen haben.«

Ich blickte ihn verblüfft an.

»Wer denn, etwa große Naturforscher?«

»Nein, sie hießen Gaedecke, Niemann und Freud!«

»So?«

»Gaedecke und Niemann waren die beiden deutschen Chemiker, denen es 1855 als ersten gelungen ist, das Kokain aus den Kokablättern zu isolieren. Und Sigmund Freud, der Begründer der Psychoanalyse, war einer der ersten Wissenschaftler, der Kokain benutzt und dessen Effekt in höchsten Tönen gepriesen hat. Er hat vor fast hundert Jahren darüber sogar ein berühmtes Buch geschrieben: *Über Coca*.«

Ganz unrecht hatte Miguel nicht. So absurd es auch klang, ohne das Werk dieser Wissenschaftler hätte es vielleicht niemals diese Sucht nach Kokain, seine Sonderstellung und den Handel damit gegeben, auch wir wären dann heute sicherlich nicht hier ...

*

Der Autor des französischen Buches riet, das achte Kapitel des Römerbriefes zu lesen.

An das Neue Testament hatte ich mich bisher noch wenig herangewagt, weil es mir völlig unverständlich war, von den Gleichnissen Jesu einmal abgesehen. Trotzdem versuchte ich es. Es ging in diesem Brief des Paulus teilweise auch um den menschlichen Verstand und seine Unfähigkeit, an Gott zu glauben:

»Denn die da fleischlich sind, die sind fleischlich gesinnt; die aber geistlich sind, die sind geistlich gesinnt. Aber fleischlich gesinnt sein ist der Tod, und geistlich gesinnt sein ist Leben und Friede. Denn fleischlich gesinnt sein ist Feindschaft gegen Gott, weil das Fleisch dem Gesetz Gottes nicht untertan ist; denn es vermag das auch nicht.« (Römer 8,5-7)

Das also sollte die Erklärung für den »natürlichen Unglauben« sein: Der menschliche Verstand war Gott gegenüber feindlich eingestellt!

Gedanken über Gott oder an Religion waren für mich nicht natürlich; im normalen Leben hatte ich an alles Mögliche, aber so gut wie nie an Gott gedacht. Ich hatte immer zu viele andere Dinge im Kopf. Interessanterweise war es zum Beispiel viel leichter, an zukünftige erfolgreiche Drogengeschäfte oder erotische Abenteuer mit irgendwelchen Frauen zu denken, als an wirklich positive Dinge.

Der Verstand war sehr leicht vom Negativen beeinflußbar, soviel konnte ich aus meinen eigenen Erfahrungen bestätigen. Ob es jetzt kriminelle, unmoralische Gedanken, oder Verzweiflung und Depression waren, Marcel hatte recht, wenn er behauptete, daß der Verstand kontrolliert werden mußte.

Der wichtigste Vers in seinem Buch, fast am Schluß, stammte auch aus dem Römerbrief:

»Was wollen wir nun hierzu sagen? Ist Gott für uns, wer mag wider uns sein?« (Römer 8,31)

Das wollte ich nicht glauben; Gott war für mich?

Warum sollte Gott für einen Drogenschmuggler sein, noch dazu in einem Knast in Südamerika?

Dieser Gedanke war unerhört befremdend, aber hier stand es schwarz auf weiß in der Bibel.

Gott war *nicht* gegen mich, wider meine Erwartung!

Ich formulierte den Bibelvers daraufhin um und beschloß, von nun ab an dieses Wort für mich zu glauben:

»Ist Gott für mich, wer mag gegen mich sein?«

*

Das Wasser lief in Lurigancho am Tag nur einmal, morgens früh gegen 7 Uhr für maximal eine halbe Stunde, manchmal nur für 20 Minuten oder sogar überhaupt nicht. Das lag zum Teil daran, daß die Wasserleitungen und -hähne im ganzen Gefängnis zerstört oder beschädigt waren.

Denn ›San Juan de Lurigancho‹, wie es offiziell hieß, ist ein ländliches Slumviertel, in dem die wenigsten Leute in festen Häusern wohnen. Das Wasser muß mit Tanklastwagen gebracht und bei den jeweiligen Bewohnern in großen Behältnissen, zumeist ehemaligen Ölfässern, aufbewahrt werden. Der Wasservorrat reicht dann bis zum folgenden Tag.

Für das Gefängnis und seine Insassen wurde frühmorgens eine große Zisterne auf dem Gipfel eines der Hügel gefüllt, von wo aus das Wasser dann durch die Leitungen nach unten in die verschiedenen *Pabellons* geleitet wurde.

In der Praxis sah es so aus, daß jeden Morgen hektische Aktivität herrschte, sowohl um sich zu waschen oder zu duschen, als auch um das Wasser in Eimer und Ölfässer zu füllen, solange es lief. Da es nur drei Wasserhähne gab, von denen einer lediglich ein Loch in der Wasserleitung war, mußte jeder kämpfen, um etwas davon abzubekommen.

Miguel, Alfonso und ich hatten uns ein Ölfaß für 15 Dollar gekauft und vereinbart, daß jeden Morgen zwei sich duschen konnten, während der dritte das Faß zu füllen hatte.

Die eine Dusche war ein Wasserschlauch, der am Boden lag und den jeder ein paar Minuten benutzen durfte. Einen Abfluß gab es nicht, das Wasser konnte nur durch die Ritzen einer Eisentür nach draußen fließen und stand demzufolge knöcheltief. Glücklich war, wer Plastiksandalen besaß.

»Na, das ist wohl ein anderer Komfort als in deinem Hotel!« meinte Miguel ironisch.

»Halt bloß die Klappe, wenn wir hier wieder raus sind, spendierst du mir zwei Monate im Waldorf Astoria!«

»Nun sei mal nicht so. Hier wohnen immerhin nur 50 Leute. Stell dir mal vor, wie es in den anderen Zellblöcken zugeht, wo 500-800 Gefangene auf einen Pabellon kommen.«

»Wahnsinnig, wir müssen zusehen, daß wir nie dort landen. Stimmt es eigentlich, daß man dieses Wasser nicht trinken darf?«

»Allerdings nicht! Da oben auf dem Hügel, in der Zisterne, schwimmen tote Ratten und alles mögliche herum. Wenn du diese Brühe trinkst, hast du sofort Typhus oder andere schlimme Krankheiten!«

Sein Rat kam leider zu spät, denn am zweiten Tag hatte ich ein Glas Wasser getrunken. Die Konsequenzen sollten bald folgen.

Zunächst hatte ich keinen Appetit mehr, alles Essen war mir ein Greuel. Ich fühlte mich schlapp und kraftlos, konnte nur noch irgendwo sitzen oder im Bett liegen. Dann hatte ich ständig einen tiefschwarzen Durchfall, so daß mir langsam mulmig wurde. Es gab keinen Arzt, und von den anderen wurde mir gesagt, daß so etwas öfters vorkäme. Alfonso besorgte mir schließlich eine Art Magnesiumsaft, der ein peruanisches Hausmittel gegen diese Erkrankung war, und tatsächlich war es nach einer Woche überstanden. Ich hatte aber wiederum einige Kilo abgenommen und wog jetzt mindestens 15 Kilo weniger als vor meiner Verhaftung.

Keine meiner Hosen paßte mir mehr, ich mußte sie mit meinen nicht vorhandenen Schneidertalenten um einige Zentimeter engernähen, was meine einstmals teuren *Pierre Cardin*-Hosen zu Vogelscheuchen-Modellen machte.

*

Es gab in Lurigancho jede Menge Drogen zu kaufen, aber Alkohol war sehr viel schwieriger zu beschaffen. Ich hatte seit dem ersten Tag nach Bier gefragt, aber nur abweisende Antworten erhalten, Rum wäre schon eher möglich. So bestellten wir also eines Abends zwei Flaschen Rum, der im berüchtigten Gringo-Pabellon Nummer sieben gehandelt wurde. *Ron Pomalca*, die billigste Sorte, hier aber kostete sie beinahe 20 Dollar die Flasche. Wir beauftragten den *Limpiecero*, den Saubermacher des Pabellons, die Flaschen zu holen. Er war ein kleiner Typ, mit europäischen Zügen, der ein kleines Holzkreuz um den Hals trug.

Wir warteten eine Stunde, zwei, drei, vier ..., der Mann kam nicht wieder. Auch die nächsten drei Tage nicht, Gerüchte erreichten uns, daß er unser Geld verraucht hätte. Dann kam er schließlich und wurde sofort in die Mangel genommen.

»Wo ist unser Geld, elender Schuft; du glaubst wohl, wir warten hier drei Tage auf dich! Wo ist der Rum?«

Der Typ duckte sich unter den Schlägen.

»Ich hab's nicht mehr, der *Alcaide* (Oberwächter) hat mir die Flasche abgenommen, als ich gerade den Pabellon verlassen wollte! Ihr müßt es mir glauben, ich war die ganze Zeit im *Castigo* (Strafzelle)!«

»Verraucht hast du alles, verdammte Ratte!«

»Nein, ich schwöre es!«

Wir glaubten ihm natürlich nicht, und er bezog eine gehörige Tracht Prügel. Am Abend traf ich ihn allein im Waschraum und hatte Lust, ihm nochmal eine runterzuhauen.

»*Alemán*, bitte, ich habe euch wirklich nicht betrogen, ich bin nicht so schlecht.«

»Tatsache ist doch, daß wir, und vor allen Dingen ich, 20 Dollar verloren haben! Wie gedenkst du uns dafür zu entschädigen?«

»Ich werde den ganzen Monat umsonst deine Wäsche für dich waschen und jeden Morgen euren Wassertank füllen!«

Dieser Dienst war ungefähr soviel wert wie mein Verlust.

»Also gut, morgen früh fängst du an!«

»*Alemán!*«

»Was?«

Der kleine Typ blickte verstohlen zu mir herüber und trat von einem Fuß auf den anderen.

»Jetzt, wo keine Probleme mehr zwischen uns bestehen, möchte ich dich um einen Gefallen bitten.«

Ich machte eine abweisende Geste.

»Was für einen Gefallen; Geld bekommst du keins!«

»Doch, bitte, nur 1000 Soles (etwa ein Dollar). Auch nicht geschenkt, ich gebe dir mein Kreuz dafür.«

Er streifte sein Kreuz ab und reichte es mir, ein kleines katholisches Kruzifix aus Rosenholz. Ich war überrascht, so etwas in meinen Händen zu halten. ›*Made in Italy*‹ stand auf der Rückseite.

»Du hoffnungsloser Pastelero, du würdest mir noch deine Großmutter verkaufen. Also gut, hier hast du deine 1000 Soles.«

Das kleine Holzkreuz aus Lurigancho trage ich heute noch. Es ist mittlerweile etwas lädiert, der Christus ist vor einigen Jahren abgefallen, aber ich habe es als Erinnerung an Lurigancho, symbolisch für mein eigenes, persönliches Kreuz, und an die Begegnung dort mit Jesus Christus behalten.

*

Einige Wochen später gab es eine Art Morgenappell, höchst ungewohnt für die meisten Bewohner des *Pabellon Mantenimiento*, weswegen viele im Schlafanzug oder Morgenmantel erschienen. Ich kam als einer der Letzten auf die kleine Veranda und hörte zunächst nur eine keifende Stimme. Als ich mich nach vorne drängte, erblickte ich einen kleinen Mann spanischen Aussehens, der eine Drohrede hielt.

»Diese Privilegien, die Sie hier noch genießen, hören jetzt auf! Ich bin seit heute der neue *Alcaide*. Sie sind genauso Gefangene wie alle anderen auch. Alkohol, Drogen und Sonderbehandlung gibt es bei mir nicht! Überhaupt werden jetzt Ei-

sengitter auf dieser Veranda angebracht, und es gibt keinen Ausgang mehr nach Einbruch der Dunkelheit. Wem das nicht paßt, den weise ich höchstpersönlich in den Pabellon elf ein!«
»Wer ist dieser Mensch?« fragte ich Gustavo.
Er blickte mißmutig zurück.
»Das ist Miguel Castro Castro, der ehemalige Sicherheitschef; jetzt haben sie ihn zum Oberwächter befördert, weil auch der Direktor gewechselt hat. Man munkelt, der alte sei geflogen, wegen Korruption. Die Direktoren halten sich hier alle nur drei oder vier Monate.«
»Aha, das ist ja interessant. Ich hoffe, daß wir nicht viel mit diesem Castro Castro zu tun haben werden.«
Ich sollte aber in Zukunft noch sehr viel und sehr Unangenehmes mit diesem verbitterten Mann erleben, der eines Tages ein schreckliches Ende finden würde ...

*

Wiederum einige Tage später erhielt ich einen Zettel. Auf diesem erkundigte sich ein britischer Gefangener namens ›Shuggy‹, ob es mir gutginge. Man hätte unter den Ausländern schon von mir gehört und in der Zeitung gelesen.
Wenig später kam Shuggy dann auch zu Besuch. Er war ein drolliger Charakter, recht klein und drahtig, mit langen, roten Haaren und voller Sommersprossen; wie aus einem alten Piratenfilm. Ich schätzte ihn auf Mitte dreißig.
»Hallo, Kumpan! Willkommen im ›*Koka Inn*‹. Man nennt mich Shuggy und ich bringe dir Grüße von den Ausländern aus *Pabellon sieben*.«
Wir schüttelten uns herzlich die Hände. Shuggy sprach mit einem typisch nordenglischen Akzent, wie meine britischen Verwandten.
»Freut mich sehr, obwohl ich jetzt lieber in einem anderen Gasthaus säße! Wie lange bist du denn schon hier?«

»Oh, ein knappes Jahr ungefähr. Wir sind hier zu siebt, alles Europäer.«

»Was, nur sieben Ausländer im ganzen Knast?«

Shuggy lachte, wobei einige Goldzähne sichtbar wurden, was ihn einem Piraten nur noch ähnlicher machte.

»Nein, nein, ich meinte, daß wir sieben Europäer in einer Bande sind. Die britische und holländische Polizei hat uns hier hopsgehen lassen, mit Hilfe eines Informanten natürlich. Aber Ausländer gibt es hier massenweise, an die 180!«

»Mann, so viele? Wo kommen die denn alle her?«

»Uff, aus über dreißig Ländern, wir sind hier die ›Vereinten Nationen des Kokainhandels‹.«

Ich war über diese Zahl erstaunt, wie konnten allein in Lima so viele Ausländer verhaftet und eingesperrt werden?

»Wie ist es denn im ›*Pabellon sieben*‹? Man hört hier, es sei ein Irrenhaus voller Drogensüchtiger.«

Shuggy kratzte sich am Kopf.

»Nun, wir kommen zwar nicht von der Stelle, dafür reisen wir aber alle zusammen in der Zeit voran. Damit es nun nicht so langweilig wird, fahren viele eben den ganzen Tag auf Drogen ab, davon kriegt man hier ja genug. Wie willst du sonst so einen Horror-Trip aushalten?«

Das fragte ich mich auch schon. Wenn man hier nicht innerhalb der ersten paar Monate herauskam, hatte man eine lange Zeit vor sich, und um die auszuhalten, mußte man schon ›*Superman*‹ sein, um nicht verrückt zu werden.

»Ich werde versuchen, euch mal besuchen zu kommen, vielleicht in den nächsten Tagen. Wo finde ich dich denn dort?«

»Du fragst einfach nach meinem Namen. Jeder kennt mich dort, und du bist bei mir immer willkommen. *Peace, Man!*«

Wie ich später von ihm erfuhr, kam Shuggy tatsächlich aus Lancashire, derselben Gegend, aus der auch meine britischen Verwandten und Vorfahren stammen. Er war ein Überlebender aus der Hippie-Zeit und hatte zuletzt in Amsterdam gelebt. Obwohl auch er ständig Drogen nahm, hatte er noch alle seine Sinne beisammen und war einer der wenigen vertrauenswürdigen Leute in diesem verrückten Gefängnis.

Einerseits wollte ich hier zwar niemanden mehr kennenlernen, um mich nicht unnötig der Gefahr einer Bespitzelung auszusetzen; andererseits aber reizte es mich doch, mir diesen Zellblock voller ausländischer Drogenschmuggler einmal anzusehen. Zumindest mußte ich einen Eindruck davon mit nach Hause nehmen, um dort meinen Freunden davon zu erzählen.

Damals ahnte ich noch nicht, welch tiefgreifende Erfahrungen ich im ›*Koka Inn*‹ noch machen würde und daß Jesus Christus, der meine wichtigste Begegnung in diesem Gasthaus am Ende der Welt werden sollte, von Anfang an mit mir dabei war ...

9

Von Zeit zu Zeit traf ich auf dem Hof den Lastwagenfahrer aus der PIP-Station. Er begrüßte mich stets mit der genauen Angabe, wieviel Tage, bzw. Monate wir schon gefangen waren.

»*Buenos Dias, Mister, ya tenemos 66 dias cumplidos, son dos meses! Cuanto nos falta todavia?* (Jetzt haben wir schon 66 Tage hinter uns, das sind zwei Monate! Wieviel fehlt uns noch?)«

»Nichts mehr, wir haben genug! Nächste Woche sind wir draußen!«

Er lachte sich dann immer kaputt und schlug mir auf die Schulter.

»*Ha, ha, ›Senor Huevas‹! Vamos estar aqui 15 años, falta mucho todavia!* (Wir werden 15 Jahre hier sein, es fehlt noch viel!)«

Ich hatte immer großen Spaß mit ihm, obwohl er wirklich glaubte, noch 15 Jahre hierbleiben zu müssen, und ich genauso sicher war, nächste Woche endlich flüchten zu können. Am meisten gefielen mir aber seine einfache natürliche Art und der singende Dialekt, den er sprach.

Mit Miguel unterhielt ich mich des öfteren über Peru, seitdem ich festgestellt hatte, daß er sehr genau über sein Land Bescheid wußte.

»Wie viele Einwohner hat Peru eigentlich?«

»An die 20 Millionen. Davon leben sieben Millionen allein in Lima ...«

»Das ist irgendwie typisch für solche Länder. Eine Torheit, wenn man bedenkt, daß Peru fünfmal so groß ist wie Deutschland und ein ungemein fruchtbares Land. Warum wird keine Landwirtschaft betrieben?«

»Das ist ein Erbe der Spanier. Sie hatten nie Interesse daran, lediglich am Gold und an den Bodenschätzen. Bevor sie kamen, war Peru das reichste Land weit und breit. Es hatte fast genauso viele Einwohner wie heute und war perfekt organisiert, Hunger kannte man nicht. Durch sie ist auch dieses Rassen-Bewußtsein in die Gesellschaft gekommen. Peru ist ein sehr rassistisches Land, auch wenn immer das Gegenteil behauptet wird. Jeder in der Bevölkerung ist sich seiner Herkunft und des Unterschieds zu anderen Rassen bewußt. Das merkst du hier ganz besonders, wo sich die Gefangenen gegenseitig immer *Cholo* oder *Negro* und so weiter rufen!«

»Mittlerweile kann ich einige Typen unterscheiden, bei euch gibt es ja alles: Weiße europäischer Abstammung, Halbindianer, aber auch Neger und mehr asiatisch Aussehende ...«

Miguel deutete auf Gustavo, der Surfshorts anhatte und in der Sonne lag.

»Menschen weißer Hautfarbe nennen wir *Criollos* oder *Gringos*. Diese Gruppe hatte und hat in Peru am meisten zu sagen, praktisch jede wichtige Person in der Wirtschaft oder Politik ist weiß, obwohl die Weißen insgesamt nur etwa zehn Prozent der Bevölkerung ausmachen.«

»Das ist ja erstaunlich. Dann sind die meisten Leute Mestizen, also halbeuropäisch-halbindianisch?«

»Ja, und wenn sie vom Hochland kommen heißen sie *Cholos*, aber jetzt leben so viele in Lima, daß sie mittlerweile fast alle *Cholos* genannt werden.

Da auch Sklaven aus Afrika nach Peru gebracht wurden, gibt es dann noch die *Negros*, die Schwarzen; und *Morenos*,

Mischlinge zwischen weiß und schwarz, oder *Sambos*, Mischlinge zwischen schwarz und indianisch.«
Ich rieb mir die Stirn.
»Mann, seid ihr kompliziert!«
Miguel deutete auf sich selbst.
»Es gibt noch mehr. Ich könnte mich als *Chino* bezeichnen, da ein paar meiner Vorfahren aus China kamen. Außerdem haben wir dann noch die Leute aus dem Dschungel, *Charapas* genannt, die du sofort an ihrem Dialekt erkennen kannst, wie deinen Freund, den Lastwagenfahrer.«
»Den ›typischen‹ Peruaner, mit Inka-Aussehen, scheint es in Lima demzufolge nicht mehr zu geben.«
»Nein, außer ein paar nach Lima Ausgewanderten sind das nur die Leute aus dem Anden-Hochland, aus der Gegend um Huaraz, oder Ayacucho und Cuzco. Sie gelten als die Nachfahren aus der Inkazeit, obwohl auch sie mit Spaniern vermischt sind. Ganz ›reinrassige‹ Indios gibt es nur sehr selten. Die einzigen reinen Indianer findest du nur noch in Stämmen am Amazonas.«
»Also gibt es wirklich keine Inkas mehr?«
Miguel schüttelte den Kopf.
»Der Ausdruck ›*Inkas*‹ ist sowieso falsch. Der ›*Inka*‹ war der König des Volkes, nur einer also, und gleichzeitig verstand man ihn als Sohn des Sonnengottes ›*Inti*‹. Er war praktisch Mittler zwischen Gott und den Menschen und absoluter Herrscher über das Reich.«
»Ja, das weiß ich noch von früher. Und wie hieß Peru damals?«
»Das Inkareich war in vier Sektionen geteilt, durch zwei imaginäre Linien, die sich in der Hauptstadt Cuzco kreuzten. Das Wort ›*Cuzco*‹ bedeutet schon ›*Der Nabel der Welt*‹. Jedenfalls hieß die Region im Norden ›*Chinchasuyu*‹, welches bis über das heutige Ecuador nach Kolumbien hinausging, im Süden lag ›*Collasuyu*‹ das bis nach Chile reichte, ›*Contisuyu*‹ war die Ostregion, also die Gegend um die peruanische Küste, und ›*Antisuyu*‹ im Westen umfaßte das heutige Bolivien. Das

Ganze wurde ›*Tahuantinsuyu*‹ ›*Die vier Viertel der Welt*‹ genannt.«

Man mußte beeindruckt sein, Peru war ein Land mit außergewöhnlicher Geschichte.

»Und wie ist der Name ›*Peru*‹ zustande gekommen?«

Miguel zuckte mit den Achseln.

»Niemand weiß das so recht. Man nimmt an, daß die Spanier ein Wort aus der Inka-Sprache dazu verstümmelt haben, aber das ist nur eine Theorie.«

»Die Inka-Sprache ist das *Quechua*?«

»Richtig, damals war es die Sprache der Könige, heute ist es die Sprache des armen Volkes. Fast ein Drittel aller Peruaner spricht überhaupt nur Quechua, und für viele andere ist Spanisch eine Zweitsprache.«

»Es ist eigentlich kaum zu glauben, wie eine Handvoll Spanier dieses Land so verändert haben soll, vom einstmals reichsten Land Amerikas zum heutigen Armenhaus ...«

»Ja, das ist auch das Argument des *Sendero Luminoso*, der heutigen Guerilla-Organisation. Sie möchten wieder die Zustände wie vor der spanischen Eroberung herstellen.«

Wir waren während des Gesprächs auf dem staubigen Platz vor dem Pabellon herumgelaufen, und ich blickte auf die kahlen, grauen Hügel, die hinter dem doppelten Sicherheitszaun aufragten. An ihrem Fuß stand ein Wachtturm, in dem ein *Republicano* mit seiner Waffe zu sehen war. Ich mußte daran denken, wie ich in meinem Leben zum ersten Mal mit Peru und seiner Geschichte bekannt geworden war ...

*

Mit elf Jahren war ich eines Nachmittags ganz allein ins Kino gegangen. Der Film hieß ›*ATAHUALPA*‹ und handelte von dem letzten Inkakönig, der vom spanischen Eroberer Pizarro besiegt worden war.

Ich konnte mich noch gut an den Film erinnern, denn schon damals fand ich die Geschichte der Eroberung Perus außerordentlich interessant. In der Zwischenzeit, vor allem seitdem ich im Land war, hatte ich mich immer wieder damit beschäftigt:

Im Jahr 1532 war Francisco Pizarro mit einer Expeditionsstreitkraft von nur 67 Reitern und 110 Fußsoldaten an der Nordküste Perus gelandet.

Er war ein Spanier aus ärmlichsten Verhältnissen, ein ehemaliger Schweinehirt und Analphabet, und hatte jahrzehntelang als erfolgloser Abenteurer und Söldner in der damaligen Kolonie Panama gelebt. Die Spanier hatten schon seit langem von einem sagenumwobenen Land voller Gold, ›El Dorado‹, gehört und in ihrer unersättlichen Geldgier danach gesucht; aber erst Pizarro hatte es 1527 bei einer Expedition entdeckt.

Trotz allem war Pizarro ein intelligenter und gerissener Mann, so daß es ihm gelang, in Spanien Unterstützung für eine Peru-Expedition zu finden. Der deutsch-römische Kaiser Karl V., der gleichzeitig der spanische König Carlos I. war, gab ihm das Recht zur Eroberung Perus und verlieh ihm den Gouverneurstitel, mit der Verpflichtung, den Katholizismus zu den Eingeborenen zu bringen. Karl V. war 1516 in Frankfurt am Main gewählt worden und ein fanatischer Katholik. Er wurde einer der erbittertsten Gegner Martin Luthers und der Reformation. Der Vertrag über Peru wurde in Gottes Namen geschlossen und sollte demnach eine Missionsreise sein, obwohl Pizarro später vom Papst ›Is Furor Domini‹ ›*Der Schrecken Gottes*‹ genannt wurde.

Peru, oder besser gesagt *Tahuantinsuyu*, war damals die mächtigste Nation Südamerikas und mit über 15 Millionen Einwohnern einer der am besten organisierte antike Staat der Geschichte. In Peru hatte es bereits seit Jahrtausenden hochentwickelte Kulturen gegeben, und der vorher relativ unbedeutende Stamm der Inkas hatte ab dem 13. Jahrhundert nach und nach alle anderen Stammesgebiete erobert und blutig unterworfen. Ihr Staatswesen war eine echte Theokratie, und der jeweilige Inka, ›*Der Sohn der Sonne*‹, mußte als Herrscher und Gott von allen Einwohnern des Landes verehrt werden.

Bei Pizarros erster Expedition hatten ihn die Indianer überaus gastfreundlich empfangen, nicht zuletzt, da sie die Weißen mit ihren langen Bärten gemäß ihrer Mythologie als ›*Viracochas*‹ – ›*Kinder des Schöpfers*‹ – ansahen.

Der mitgereiste spanische Priester hatte dies seinerseits als Zeichen Gottes verstanden, daß die Expedition Erfolg haben würde, obwohl Pizarro und seine Männer nur das Gold im Kopf hatten.

Mit seiner verhältnismäßig winzigen Truppe erreichte Pizarro nach einigen Monaten die in 2750 m Höhe gelegene Andenstadt ›Cajamarca‹, wo der Inka ›Atahualpa‹ sein Hauptquartier aufgeschlagen hatte.

Atahualpa hatte zwar jede Bewegung der Spanier seit ihrer Ankunft genauestens beobachten lassen, war sich aber der drohenden Gefahr überhaupt nicht bewußt. Er galt als Gott in seinem Land, und auf einen Wink hin konnte er über Leben und Tod bestimmen. Mit einer Mischung aus Überraschung und Neugier hatte er Pizarro sogar nach Cajamarca eingeladen.

Was Pizarro entscheidend zugute kam, war ein Bruder- und Bürgerkrieg in Tahuantinsuyu zwischen dem Inka Atahualpa und seinem Halbbruder ›Huascar‹, wodurch das Reich praktisch geteilt war. Huascar stand in der Thronfolge eigentlich vor seinem Bruder, aber ihr Vater, der vorhergehende Inka, war in Quito an Pocken – die auch erst von den Spaniern nach Amerika eingeschleppt worden waren – gestorben und hatte keinen Nachfolger mehr benennen können.

Atahualpa hatte mit seinem Vater in Quito gelebt und nach dessen Tod ohne viel zu fragen die Macht und Heeresführung übernommen, während Huascar in der eigentlichen Hauptstadt Cuzco residierte und dort seinen Herrschaftsanspruch stellte. Es kam im Frühjahr 1532 zum Krieg, nur wenige Monate vor der Ankunft der Spanier, bei dem Atahualpa die Truppen seines Bruders bei Cuzco besiegte und ihn selber gefangennahm.

Vor diesem Hintergrund nun waren die Spanier erschienen und als eine kuriose Randerscheinung betrachtet worden. Atahualpa feierte noch seinen Sieg; das Reich befand sich im Aufruhr, da große Teile noch immer Anhänger Huascars waren und andere, von den Inkas brutal eroberte Stämme, hofften, das Inkareich stürzen zu können. Die Spanier verstanden die Konstellation zu nützen und erhielten so wertvolle Informationen über die Situation im Land.

Außerdem gab es noch die Sage von einem Traum, den der mächtigste Inka ›Pachacutec‹ hundert Jahre zuvor gehabt hatte. Darin hatte ihn eine Erscheinung mit einem langen Bart vor Fremden gewarnt, die in Tahuantinsuyu landen und es erobern würden.

Pizarro hatte in einer Kriegslist Atahualpas Boten mitteilen lassen, daß er Gesandter eines großen Herrschers sei und ihn mit seiner Armee im Bürgerkrieg unterstützen würde.

Auf die Indianer hatten besonders die noch nie gesehenen Pferde, Schwerter und Feuerwaffen großen Eindruck gemacht.

Am 16. November 1532 empfing Atahualpa Pizarro auf dem großen Platz von Cajamarca. Beide waren überaus starke und listige Führer, rücksichtslos und stolz.

Der Dominikaner-Priester hatte am Morgen noch eine Messe zelebriert und sich im Gebet auf die Begegnung mit dem mächtigen, heidnischen König vorbereitet.

Die Prozession des Inka mit seinem Hofstaat durch Cajamarca dauerte den ganzen Tag, wobei die Spannung, Furcht und Erregung unter den Spaniern immer größer geworden war.

Pizarro hatte geplant, den Inka auf diesem Platz zu überrumpeln und gefangenzunehmen, obwohl die meisten seiner Männer es für glatten Wahnsinn und Selbstmord hielten. 178 Spaniern standen fast 30.000 Indianersoldaten gegenüber. Pizarro hatte seine Truppe aber eisern im Griff. Für ihn gab es nur den Weg nach vorn – zum Sieg oder in den Tod.

Am späten Nachmittag wurde der Inka schließlich in einer Sänfte auf den Platz getragen, umringt von Tausenden seiner Diener und Vasallen. Eine eisige Stille brach über die Stadt herein.

Atahualpa spürte, daß etwas Unheilvolles in der Luft lag, ahnte aber nicht, daß dieser Tag das Ende seiner Herrschaft und seines Reiches bringen würde.

»Wo sind sie nun, diese Fremden?« hallte seine mächtige Stimme voller Autorität im leicht gutturalen Tonfall des Quechua über den Platz und ließ die Spanier erschauern.

Der Priester und sein Übersetzer kamen nach vorne, in der einen Hand ein Kruzifix, in der anderen das katholische Andachtsbuch.

Er las ihm ein Dokument, die sogenannte »Forderung« vor, in dem zunächst der Glaube an den allmächtigen Gott, Schöpfer des Himmels und der Erde, und an seinen Sohn Jesus Christus, der als Opfer für die Sünde der Menschen zur Erde gekommen, gekreuzigt worden und auferstanden war, erklärt wurde.

Weiterhin erklärte der Priester, daß sie gekommen seien, um im Namen des römischen Papstes und des römischen Kaisers Karl V. von Spanien das katholische Christentum zu den Indianern zu bringen. Der Inka sollte diesen Glauben annehmen und dem Kaiser von nun an dienen.

In den Augen des Inkas war dies eine ungeheuerliche Lästerung, denn *er* selbst sah sich ja als den Sohn Gottes an! Aber er hatte bereits von diesem Glauben gehört und war bisher sehr neugierig auf den ›anderen‹ Sohn Gottes gewesen, der sich hatte kreuzigen lassen.

Am Ende der Rede des Priesters aber waren Atahualpas Augen kalt vor Zorn geworden.

»Ich weigere mich, Diener irgendeines Menschen zu sein. Dein Kaiser mag groß sein, und ich bin vielleicht gewillt, ihn als meinen Bruder anzusehen, aber ich werde nicht zu diesem Papst gehören und auch meinen Glauben nicht ändern! Dein Gott wurde getötet, aber meiner lebt noch. Schau!« Und er deutete auf die Sonne, die ironischerweise gerade hinter den Bergen der Anden unterging.

Daraufhin wollte er wissen, mit welchem Recht der Priester gesprochen hatte, und dieser reichte ihm das Brevier. Die Inkas kannten keine Schrift, so daß Atahualpa das Buch zunächst gar nicht zu öffnen vermochte. Der Priester bot seine Hilfe an, aber der Inka schlug ihm wütend den Arm weg. Schließlich gelang es ihm, in das Buch hineinzusehen. Er war von den Schriftzeichen sehr beeindruckt, auch wenn sie ihm nichts bedeuteten.

Was in diesem Moment in seinem Kopf vorging, war nicht zu erahnen, jedenfalls schleuderte er das Buch plötzlich mit einer ärgerlichen Handbewegung in den Staub.

Für die Spanier, die so etwas vorausgesehen hatten, war dies das Zeichen zum Angriff.

Pizarro und seine Reiter stürmten mit lautem Kriegsgeschrei vorwärts und feuerten mit Gewehren und Kanonen von allen Seiten in die Menschenmenge hinein, obwohl die Begleiter des Inka völlig unbewaffnet gekommen waren.

Eine Panik brach aus, nie hätten die Menschen gedacht, daß jemand es wagen würde, den Inka anzugreifen! Aber es war bereits zu spät, die Indianer waren der List und der überlegenen Kriegsführung der Spanier erlegen.

Mit bloßen Händen und ihren Körpern versuchten die adligen Begleiter des Inka ihn vor dem Zugriff der Söldner zu schützen, wurden aber rücksichtslos und auf barbarische Weise niedergemetzelt. In nur zwei Stunden starben über 6000 Indianer auf dem Platz, und viele andere wurden verstümmelt. Blut floß in Strömen, und Pizarros Leute wüteten wie Tiere; kein einziger von ihnen kam dabei ums Leben.

Atahualpa wurde gefangengenommen und unter Hausarrest gestellt.

Pizarro begann seine Eroberung mit einem Schachmatt, wie ein Historiker es später beschrieb. Des Inkas vermessener Stolz und seine Unvorsichtigkeit hatten ihn zu Fall gebracht. Sein Volk sah die Spanier nun wirklich als Söhne ihres Schöpfergottes *Viracocha* an, vielleicht sogar als Bestrafung für den Bruderkrieg der Inkas.

In der Haft wurde Atahualpa als Gefangener mit besonderen Privilegien behandelt und hatte alle möglichen Annehmlichkeiten, wie Unterricht in Spanisch und Schachspielen, freier Besuch des Hofadels und natürlich seine königliche Kleidung. Die Spanier bestaunten einen seiner Mäntel, der ganz aus Vampirhäuten hergestellt war. Vor allem aber genoß er die Gesellschaft seiner Lieblingsfrauen, die ihm die Gefangenschaft erleichterten.

Im Film hatte man den Eindruck bekommen, daß eine beinahe freundschaftliche Beziehung zwischen Pizarro und Atahualpa entstanden war. Jeder bewunderte und fürchtete zugleich den anderen, und sie führten lange Gespräche miteinander.

Der Inka hörte jedes Mal aufmerksam zu, wenn Pizarro und der Mönch über den christlichen Glauben sprachen, und als eines Tages der indianische Hohepriester von der alten Tempelstätte *Pachacamac* aus der Nähe des heutigen Lima zu ihm kam, verspottete er diesen wegen der Machtlosigkeit seiner Götter und bat die Spanier, ihn in Ketten legen zu lassen.

Atahualpa erklärte, daß er den Glauben an solche fehlbaren Götter verloren hatte.

Dann allerdings traf er eine fatale Fehlentscheidung.

Sein Bruder Huascar, der sich immer noch im Gewahrsam seiner ihm nach wie vor treu ergebenen Streitkräfte befand, hatte versucht, mit den Spaniern Kontakt aufzunehmen.

Statt seinen Bruder freizulassen, um so den Widerstand gegen die Spanier organisieren zu können und wenigstens das Reich zu retten, ließ er ihn in einem Fluß ertränken.

Huascar weissagte noch vor seinem Tod, daß sein Bruder ihn nicht lange überleben würde. Er sollte recht behalten ...

Nachdem Atahualpa sich von dem Schock seiner Gefangennahme und der traumatischen Veränderung seiner Umstände erholt hatte, wurde er besessen von Fluchtplänen. Wenn er nur aus der Hand der Spanier entkommen könnte, dann wäre noch nicht alles verloren!

Er hatte bemerkt, daß hinter der religiösen Fassade seiner Überwältiger eine viel größere Lust steckte: die Gier nach dem Gold. Davon hatte er schließlich genug! Gold war im Inkareich ein heiliges Metall. ›*Der Schweiß der Sonne*‹, wurde für alles mögliche benutzt und war überreichlich vorhanden. Er konfrontierte Pizarro mit seiner Annahme, und als dieser es bejahte, bot er ihm an, als Lösegeld für seine Freiheit einen ganzen Raum mit Gold zu füllen!

Pizarro war einverstanden, und innerhalb der nächsten sechs Monate wurde tonnenweise Gold zusammengetragen. Man schmolz es auf Pizarros Geheiß zusammen, was über zwei Monate dauerte und wobei einer der größten Kunstschätze der Geschichte verlorenging.

Der Raum existiert heute noch, ohne das Gold natürlich, und man kann ihn in Cajamarca besichtigen.

Das Gesamtgewicht des Goldes soll über sechs Tonnen betragen haben, nach heutigem Kurs ein Wert von annähernd 60 Millionen Dollar.

In Lima existiert ein kleines Goldmuseum, in dem aber nur noch wenige Kunstgegenstände ausgestellt sind. Der wertvollste davon, ein sogenannter ›*Tumi*‹ (Opferdolch), wurde sogar von Museumsangestellten gestohlen, und, da sie ihn nicht verkaufen konnten, zersägt und nach Gewicht verkauft. Die beiden wurden gefaßt, und ich fand sie in Lurigancho wieder.

Jedenfalls wurde nie ein größeres Lösegeld bezahlt als das, welches Pizarro und seine Männer dann nach langen Streitereien unter sich aufteilten.

Wohl aufgrund heftiger Angriffe und Vorhaltungen seiner Partner und aus taktischen Gründen entschloß sich Pizarro dann aber, sein Versprechen zu brechen, und er ließ Atahualpa vor ein Gericht stellen.

Es wurde ein Schauprozeß, noch dazu illegal, da man den Inka als König vor den Kaiser nach Spanien hätte bringen müssen, und er wurde zum Tod durch die Garotte (Erdrosselung) verurteilt.

Kurz vor seiner Hinrichtung nahm Atahualpa noch den

christlichen Glauben an und wurde getauft. Sein Tod leitete den Anfang der Eroberung Südamerikas ein.

Der Wortbruch Pizarros und das vorangegangene Massaker wurden symbolisch für die große Rücksichtslosigkeit der Europäer, insbesondere der Spanier, gegenüber den Indianern und für die völlige Mißachtung von Leben und Kultur der Ureinwohner Amerikas.

Der Name Gottes wurde von gottlosen Menschen schamlos mißbraucht. Zwar waren die Inkas, oder in Mexiko die Azteken, genauso brutal mit den Völkern umgegangen, die sie unterworfen hatten, – und sie würden heute vielleicht noch immer in ihrem Aberglauben und in Furcht vor Dämonen leben und ihren Göttern Menschen und Kinder als Opfer darbringen – aber es hätte für Christen, und dafür hielten sich ja die Spanier, sicherlich einen besseren – christlichen – Weg für die Missionierung Südamerikas gegeben.

Peru mußte im Lauf der Geschichte noch größere und häßlichere Massaker erleben, die es schließlich zu dem machten, was es heute ist – ein Land voller Leid und Gewalt.

*

In der ganzen Geschichte über Atahualpas Schicksal sah ich in vielen Phasen meine eigene Gefangenschaft reflektiert, die Parallelen kamen mir dabei manchmal sogar unheimlich vor.

Als ich damals mit elf Jahren aus dem Kino gekommen war, hatte mich das Land und seine Leute fasziniert. Sofort sah ich auf meinem Globus zu Hause nach, wo diese sagenumwobene Nation denn nun lag.

Eines Tages würde ich dort hinkommen, sagte ich mir, und dieses Land und seine Menschen kennenlernen.

Nie hätte ich geahnt, *wie* gut ich es einmal kennenlernen würde und daß mir ausgerechnet auf diesem Teil der Erde ›*der allmächtige Gott, Schöpfer des Himmels und der Erde, und sein Sohn Jesus Christus*‹ begegnen würden.

Ich kann nur vermuten, daß Gott schon von Anfang an mein Leben übersehen konnte und genau diesen Plan für mich hatte. Es überwältigt mich jedesmal aufs neue, wenn ich daran denke.

> »Denn meine Gedanken sind nicht eure Gedanken, und eure Wege sind nicht meine Wege, spricht der Herr, sondern so viel der Himmel höher ist als die Erde, so sind auch meine Wege höher als eure Wege und meine Gedanken als eure Gedanken.«
> (Jesaja 55,8-9)

*

Samstags war Frauenbesuchstag.

So chaotisch und rückständig der Strafvollzug in Peru auch zu sein schien, er hatte eine Regelung, die fortschrittlicher war als in allen industrialisierten Ländern: Die Häftlinge konnten einmal in der Woche intime Besuche ihrer Frauen oder Freundinnen erhalten.

Vielleicht war dies auch eine Tradition aus der Zeit der Gefangenschaft des Inka, ich fand sie jedenfalls einzigartig und äußerst angenehm!

Von neun Uhr morgens bis sechs Uhr nachmittags wurde das Gefängnis für weibliche Besucher und Kinder geöffnet, und man konnte sich mit seinem Besuch frei bewegen oder auf seine Zelle gehen, sofern man eine hatte.

Julia kam zu Besuch, zusammen mit Miguels und Alfonsos Freundin. Sie wirkten alle nervös in dieser Umgebung, hatten uns aber eine Menge zu essen mitgebracht.

»Das freut mich, daß du mich weiter besuchen kommst, Julia.«

»Natürlich komme ich weiter, meinst du, ich würde dich jetzt im Stich lassen?«

»Nun, du bist ja nicht dazu verpflichtet.«
»Aber ich komme, weil ich mich in dich verliebt habe.«
Ich mußte schlucken.
»Ich habe dich auch gern, aber ich bin bestimmt nicht der Richtige für dich.«
Ich wollte ihr nichts von Sheena sagen, weil ich befürchtete, daß sie dann nicht mehr kommen würde.
»Doch, du bist es für mich!«
»Naja, essen wir erst mal was.«
Der Besucherstrom hielt den ganzen Tag über an.

Es kamen auch Dutzende von Marktfrauen mit Säcken und Körben voller Lebensmittel, die sie in den Höfen auf dem Boden ausbreiteten und verkauften. Es war genau wie auf einem Wochenmarkt in der Stadt. Die ganze Atmosphäre im Gefängnis war wie verwandelt: Statt der gedrückten, gespannten Stimmung und der haßerfüllten Schreie, war man entspannt und freundlich zueinander.

Später erfuhr ich, daß die Besuchszeit, ›*La Visita*‹, absolut heilig war; wer es wagte, an diesen Tagen Probleme zu machen, wurde von den Insassen des ganzen Pabellons zusammengeschlagen und gegebenenfalls aus dem Block geworfen.

La Visita war die einzige Zeit im Gefängnis, in der man wieder ein halbwegs normaler Mensch sein konnte.

Wir hatten noch einen schönen Tag zusammen. Obwohl ich Julias wegen mit Problemen rechnete, tat es doch sehr gut, fast einen ganzen Tag lang nicht mehr an das Gefängnis denken oder sich dauernd mit Männern unterhalten zu müssen. Weibliche Gesellschaft machte die Zeit doch wesentlich erträglicher und trug sicher entscheidend dazu bei, daß wir überhaupt gesellschaftsfähig blieben!

Ich hatte mir vorher in Schreckensvisionen vorzustellen versucht, wie es wohl sein mußte, zehn oder fünfzehn Jahre lang nur unter Männern leben zu müssen. Abgesehen davon, daß wohl ein Großteil davon früher oder später homosexuell werden würde, mußte man ja völlig verstört sein, wenn man eines Tages wieder herauskäme und Frauen begegnete.

Genau diesen Effekt hat aber der Strafvollzug in den sogenannten modernen Ländern, und es wundert mich überhaupt nicht mehr, daß sowohl Männer als auch Frauen sich nach ihrer Haftzeit nicht mehr in der Gesellschaft zurechtfinden können.

*

Einige Tage nach dem ersten Besuchstag kam ein weiterer Ausländer zu uns, er hatte zuvor in der sogenannten Klinik gewohnt und war von dort hinausgeworfen worden, da er natürlich kerngesund war.

Zu meiner großen Überraschung stellte ich fest, daß der Mann William, der Vater von Cubano aus der PIP-Station, war, welch ein Zufall!

William war ungefähr 50 Jahre alt, klein und drahtig, mit grauen Haaren und einem Oberlippenbärtchen. Er sprach Englisch mit dem typischen kubanischen Akzent, wie er in Miami gesprochen wird.

»Mein Sohn hat mir bereits von dir erzählt, er ist vorige Woche entlassen worden und kam zu Besuch. Ich werde jetzt auch nicht mehr lange hier sein, in zwei Monaten ist mein Fall bei Gericht geregelt.«

»Worum geht es denn bei dir?«

»Ach, eigentlich ein Unsinn, man hat einige Flaschen mit Chemikalien in meinem Haus gefunden. Das ist zwar nicht strafbar, aber da ich eine Vorstrafe wegen illegalen Rauschgifthandels habe, hat man mich festgenommen. Eine lausige Bande, diese PIP! Ich weiß aber, daß dahinter ein anderer steckt; einer unserer Partner will das Geschäft alleine machen und hat uns die Typen auf den Hals geschickt.«

»Aha, und sonst wohnt ihr in Florida?«

»Ja, direkt am Meer, in Boca Raton.«

»Dein Sohn erzählte mir, daß ihr demnächst ein Hamburger-Restaurant aufmachen wollt.«

William lächelte verschmitzt.
»Richtig. Wir kaufen uns eine Lizenz, die kostet ungefähr 90.000 Dollar. Den richtigen Ort dafür habe ich auch schon, und den Rest richtet die Firma ein. Der Laden läuft danach von selbst, ich brauche nur noch die Angestellten zu beaufsichtigen. Nach ein, zwei Jahren verdiene ich eine Million damit, und alles ganz legal. Dann mache ich weitere Restaurants auf!«

Er erzählte noch eine ganze Stunde, wieviel er verdienen und wie er den ganzen Gewinn anlegen würde. Ich mußte zurückdenken; der alte Hans und ich hatten damals genauso gedacht. Ich sah Hans noch deutlich vor mir, als wir vor drei Jahren in seiner Pension in Santa Cruz zusammensaßen.

*

»Beim ersten Transport verdienst du 10.000 Dollar, o.k.? Das zweite Mal investierst du diese Summe in ein Kilo und läßt jemand anders fliegen. Das wären dann 50.000 Verkaufserlös minus 10.000 für den *Mule*. Mit den 40.000 kaufst du dann vier Kilo, was immer noch ein Transport ist, und bekommst 200.000 minus 10.000 Transportkosten und 40.000 Einsatz; das ergibt einen Verdienst von 150.000 Dollar. Ist das nichts? Und das alles innerhalb von zwei Monaten!«

»Und was mache ich dann mit dem ganzen Geld?«

»Ah, was für eine Frage, du verpraßt alles in einer Woche mit Huren und Saufbolden! Nein, im Ernst: Damit kaufen wir ein zweimotoriges Flugzeug und eröffnen mit Walter einen Lufttaxibetrieb. Schon in einem Jahr haben wir das Geld wieder raus und kaufen uns eine weitere Maschine ...«

So gingen die Gespräche weiter, stets bis spät in die Nacht hinein, wobei wir beide immer begeisterter und motivierter wurden.

Jeder Drogenschmuggler oder -händler hat solch einen Traum, der sich aber fast nie verwirklichen läßt.

Das Drogengeschäft kann man nicht einfach einstellen, wenn genügend Geld verdient ist. Es gibt immer noch irgendwo eine unerledigte Sache: Es hat noch jemand zu bezahlen, eine Lieferung ist noch unterwegs ... Walter und mir war es so ergangen, wir hatten zwar enorme Umsätze gehabt, aber uns in diesen zwei Jahren in so viele Deals verwickelt, daß ein Schlußstrich gar nicht mehr zu ziehen gewesen war. Das ganze Geschäft klebte an uns wie Pech und Schwefel, als hätte man seine Seele dem Teufel verschrieben gegen ein Leben voller Reichtum.

*

»In Kanada habe ich Abnehmer, die für ein Kilo 70-80.000 US-Dollar zahlen, die Leute dort sind verrückt danach, besonders in der französischen Provinz ›Québec‹. Der Statistik nach wird dort im Jahr mehr für Marihuana und sonstige Drogen ausgegeben als für Alkohol!«

Ich kehrte langsam in die Gegenwart zurück.

»Das ist ja interessant! In Deutschland werden im Jahr über 50 Milliarden DM für Alkohol und Zigaretten ausgegeben, aber nur ca. zwei Milliarden für harte Drogen!«

William zupfte aufgeregt an seinem Schnurrbärtchen; man sah, wie es in seinem Kopf arbeitete.

»Dann könnte man doch ein Geschäft in Kanada machen! Sobald wir hier draußen und wieder im Geschäft sind, organisierst du einen Transport nach Kanada. Ich werde dort die Abnehmer bereithalten, und wir teilen uns die Unkosten und den Gewinn!«

Ich dachte nach, das klang in der Tat nicht schlecht.

»So was Ähnliches wäre möglich, mal sehen.«

Wir diskutierten noch den ganzen Abend lang, und anschließend gab mir William vor dem Schlafengehen noch einen Krimi zum Lesen mit. Es war eine authentische Gangstergeschichte, über den berühmten Überfall auf das ›Brinks‹-Geldtransportbüro in Chicago vor einigen Jahren.

*

Ich mußte über die Konversation mit William nachdenken. Was hatten wir gesagt: »Wenn wir wieder im Geschäft sind«, dann würden wir genauso weitermachen wie vorher, ja sogar noch in viel größerem Stil. Ich brütete schon wieder über Geschäftsplänen für Kokainschmuggel, obwohl ich deswegen noch mitten im Schlamassel steckte! Vor ein paar Tagen erst hatte ich nie mehr etwas davon wissen wollen. Heute abend hatte ich es beinahe schon als Gewinn betrachtet, *hier* zu sein und eine so günstige Beziehung geknüpft zu haben.

Was hatte das Gefängnis doch für einen geringen Effekt! Sobald man über den ersten Schock hinweg war, dachte man genau wie vorher. Kein Gefängnis der Welt kann Menschen ändern, im Gegenteil, man trifft dort ja vor allem wieder mit Verbrechern zusammen. Druck von außen machte uns nur noch härter und motivierter, das Gesetz wieder zu brechen. Wir würden dem System zeigen, daß man unseren Willen nicht so einfach beugen konnte.

Aber war ich nicht vielleicht auch hier, weil Gott mich bestrafte? Müßte ich nicht mit noch viel schlimmerer Strafe rechnen, wenn ich wieder mit Drogen Geschäfte machen würde?

Auf der anderen Seite, wie würde ich Gott – falls ihn mein Verhalten tatsächlich so sehr interessieren sollte – zufriedenstellen können? Wenn ich ihm versprach, mich zu bessern und nie mehr an Geschäfte zu denken? Kaum zu schaffen!

*

Von meinen Freunden aus dem Drogengeschäft hatte ich in der Zwischenzeit so gut wie nichts gehört. Die einzige Ausnahme war Pepe, einer unserer Partner in Bolivien. Er war mit einem Rechtsanwalt für ein paar Tage nach Lima geflogen, um zu versuchen, mich mit Beziehungen und Bestechungsgeldern herauszuholen. Wäre es nur ein peruanischer Fall gewesen, wäre dies auch kein Problem gewesen, aber da die internationale Polizei dahinterstand, ließ jeder die Finger davon. Irgendwie bekam die »PIP« Wind von Pepes Anwesenheit und versuchte ihn ausfindig zu machen, so daß er schließlich das Land wieder verließ.

Mir wurde nach und nach bewußt, daß meine Lage im Moment ziemlich festgefahren und doch nicht so leicht zu lösen war, auch nicht mit einem hohen Lösegeld.

Weder Sheena, noch meinen Eltern oder sonstigen Freunden hatte ich bisher eine Nachricht zukommen lassen, so daß ich mich nun entschloß, ihnen allen Briefe zu schreiben. Es war mit das Schwierigste, was ich zu Beginn meiner Haftzeit tun mußte, da ich ihnen einerseits nicht die Wahrheit über den Grund meines Hierseins in Peru sagen konnte, und da andererseits zumindest meine Eltern durch die Botschaft von meiner Gefangennahme wußten, ich ihnen aber nicht noch größere Sorgen machen wollte.

So schrieb ich am 4.11.82 meinen Eltern: » ... Nach einigen Wochen Hölle habe ich mich mittlerweile wieder erholt, ich lebe hier ziemlich ruhig und ungestört ... Also keine Sorgen, physisch und psychisch bin ich im Moment in Top-Form, ich weiß, daß ich nicht allzulange hierbleiben werde ... «

Sheena schrieb ich: »Liebling, bestimmt hast Du Dich bereits darüber gewundert, was aus mir geworden ist und warum ich mich nicht gemeldet habe. Du wirst es nicht glauben, aber ich bin in Südamerika, krank und in einer Art Klinik. Man wird mich noch eine Weile hierbehalten, bis ich auskuriert bin; wir sehen uns aber bald ... «

Meiner ehemaligen Freundin Jenny erzählte ich schon mehr: »Vielleicht denkst Du jetzt: ›So was habe ich schon immer geahnt‹, und ich muß gestehen, daß es mir im Prinzip recht geschehen ist. ›Der Krug geht so lange zum Brunnen, bis er bricht.‹ Quatsch. Aber mach' dir keine Sorgen, ich mag in alle Arten von Problemen geraten, irgendwie komme ich doch wieder unversehrt heraus.«

Jahre später wurde mir erst bewußt, wie schwer es doch für sie alle gewesen war, meine Situation zu verkraften, wesentlich schwerer als für mich selbst! Das Leid des Gefangenseins trägt interessanterweise weniger der Gefangene selbst, sondern viel mehr seine Angehörigen und Freunde. Es ist eine seelische Folterqual, einen geliebten Menschen im Gefängnis zu wissen, und die Justiz sollte sich ernsthaft fragen, ob es gerecht ist, die Angehörigen von Gefangenen für deren Vergehen durch ein solches Einsperren mitzubestrafen.

*

Bis jetzt hatte ich immer noch nicht den berüchtigten Gringo-Pabellon Nummer sieben besuchen können und auch von Shuggy nichts mehr gehört. William machte es aber schließlich möglich, daß ich mit ihm einen Ausflug dorthin machen konnte.

Wir mußten dabei den großen Platz überqueren, an der Klinik und einem angrenzenden, mit einem Eisentor verschlossenen Garten vorbei. Aus diesem lugten wild aussehende Gestalten heraus und fuchtelten mit ihren Armen in der Luft herum. Sie schrien dabei unverständliche Laute, und einigen stand Schaum vor dem Mund, eine schockierende Szene.

»Was ist denn da los, William, sind diese Leute besessen?«

Er winkte ab und zog mich weiter.

»Nein, das ist der ›*Annexo Psiquiatrico*‹, die Klapsmühle!

Man hat dort an die Hundert Verrückte untergebracht, mit denen man nichts weiter anfangen kann.«
»Warum entläßt man sie dann nicht einfach?«
»Ja, weißt du, dazu ist eine Menge Bürokratie notwendig: richterliche Anordnungen, Untersuchungen und so weiter. Wenn die armen Leute keine Angehörigen haben, die sich darum kümmern, bleiben sie für ewig da drin ... «
»Wie kann ein Justizsystem nur so grausam sein!«

Wir passierten einen Wachposten vor einem bestimmt zehn Meter hohen Maschendrahtzaun und gelangten auf einen Weg, der zwischen dem doppelten Gefangniszaun und den rechts stehenden Pabellons entlangführte.

Die Gebäude waren dreistöckige, kastenförmige Backsteinblöcke, die alle gleich häßlich und verwahrlost aussahen. Aus den großen, vergitterten Fenstern ragten überall schreiend und fuchtelnd Arme und Köpfe heraus, es war ein einziges Affentheater. Dutzende von Gefangenen verkehrten auf dem Weg und zwischen den Zellblöcken, ständig wurden Taschen und Körbe hin und her transportiert oder mit Seilen durch die Fenster hochgezogen. Es erinnerte mich an die Bazare in Istanbul oder Kairo, die ich früher einmal besucht hatte.

William wußte zum Glück genau, wo es langging, und so gelangten wir an eine Stahltür am Fuße eines der mittleren Pabellons.

»Durch diese Tür kommen wir auf den *Patio*, oder Hof des *»Pabellon sieben««*, meinte er und klopfte dagegen. Ein schwerer Schlüssel wurde gedreht und quietschend öffnete sich die Tür. Ein dickleibiger Beamter mit öligem Gesicht schaute uns mißtrauisch an. William kannte ihn aber, und mit 500 Soles war er schnell überredet, uns hereinzulassen.

»Schau dich ruhig um, hier wirst du viele deiner Landsleute sehen! Da vorne sehe ich Helmut, der ist ein Freund von mir, den ich dir unbedingt vorstellen muß!«

Wir bewegten uns über den Hof, auf dem auch ein geschäftiges, aber zivilisierteres Treiben herrschte. Ich erkannte unter den Menschen viele europäisch oder amerikanisch aussehende Personen. Einige lagen in der Sonne und bräunten sich, andere spielten Fußball, die meisten aber gingen zu zweit oder in kleinen Gruppen auf und ab und unterhielten sich. Viele blickten neugierig auf uns, besonders auf mich. William winkte einem Mann mit goldblonden Haaren, Tennisshorts und markant deutschen Zügen.

»Hallo, Helmut! Ich muß dir einen Freund von mir vorstellen, Ronald, er kommt auch aus Deutschland.«

Wir schüttelten einander die Hände. Helmut wirkte etwas reserviert und sprach breitestes Berlinerisch.

»So, na denn mal herzlich willkommen in dem verrückten Hotel hier! Wir haben dich schon erwartet, der deutsche Konsul hat uns von dir erzählt.«

»Das kann ich mir vorstellen, der Deutschen wegen bin ich ja hier drin, aber zum Glück habe ich einen englischen Paß, so daß ich die Typen gar nicht zu sehen brauche.«

Helmuts Gesichtsausdruck entspannte sich, und er lachte.

»Ja, das alte Lied, wir sind auch eine ihrer Trophäen im internationalen Drogenkrieg. Aber mach dir nichts draus, hier bist du besser dran als in einem deutschen Knast.«

»Wie viele Deutsche gibt's denn hier?«

»Da muß ich mal scharf nachdenken; so um die sechs oder sieben.«

Ich blickte Helmut genau an, sein Gesicht kam mir irgendwie bekannt vor.

»Sag mal, warst du nicht in irgendeiner Zeitung oder Illustrierten?«

Er machte eine ärgerliche Geste.

»Ja, im ›Stern‹ kam so ein idiotischer Artikel über uns, das kannst du aber vergessen, was da drinstand!«

Jetzt fiel es mir ein. Ein Jahr zuvor war wieder mal ein großaufgemachter Artikel über Kokain erschienen, mit Bildern über die Verhaftung dreier Deutscher, zweier Männer und einer Frau, in Lima; ein Ergebnis einer internationalen Aktion der deutschen Drogenfahnder. Nun lernte ich einen davon kennen, wer hätte das gedacht!

Wir verabschiedeten uns von Helmut, und William führte mich an das andere Ende des Hofs. Hier waren einige Gefangene beim Wäschewaschen und -trocknen, ich erkannte Shuggy unter ihnen.

»Hey, alter Freund, hier finde ich dich also!«

Er begrüßte mich freudig; nur mit Shorts bekleidet, sah er noch kurioser aus, mit seinen langen roten Haaren und Sommersprossen am ganzen Körper.

»Das ist ja eine Überraschung, ich dachte schon, du wärst entkommen! Na, jetzt siehst du, wo ich wohne, im Moment habe ich allerdings noch zu tun. Ich muß noch für drei Leute Wäsche waschen, 'n bißchen Geld verdienen.«

»Laß' dich nicht stören, wir sehen uns später noch!«

Wir gingen weiter. Direkt vor der Eingangstür zum Pabellon empfing uns ein entsetzlicher Gestank.

»Wo kommt denn das schon wieder her, das ist ja nicht zum Aushalten!«

William deutete auf einen abgemauerten Teil links von uns. Man konnte darin zwei Reihen völlig verdreckter Latrinen sehen, die durch ein Becken mit etwas brackigem Wasser getrennt waren. Schwärme von Fliegen schwirrten um die Leute, die über den Löchern hockten.

»Das ist die ›Toilette‹, es läuft ja kein Wasser. Das bißchen Wasser in dem Becken reicht nie zum Spülen, außerdem sind meistens die Abflüsse verstopft, und deswegen stinkt es so bestialisch.«

»Geh' weiter, Mann, ich werde sonst noch ohnmächtig!«

Im Inneren des Gebäudes war es im ersten Moment ziemlich düster, aber angenehm kühl, im Gegensatz zu draußen, wo die Sonne auf den Beton brannte. Wir gingen eine Treppe hinauf, bis in den zweiten Stock. Unterwegs begegneten uns im Halbdunkel einige undefinierbare Gestalten, die aber allem Anschein nach keine Ausländer waren.

»In diesem Pabellon leben an die 400 Gefangene, davon sind aber nur ungefähr 180 Ausländer, der Rest reiche Peruaner oder Drogenhändler«, erklärte William, der meine fragenden

Blicke richtig interpretiert hatte. »Pabellon sieben ist der Hauptumschlagplatz für Drogen innerhalb der Anstalt.«

Direkt nach der Treppe gab es eine Art Flur, der an einem Gitter endete. Von dort konnte man in einen Innenhof sehen, der zu beiden Seiten auf allen Stockwerken von einer Zellengalerie umsäumt war. Die meisten Zellentüren aus massivem Holz standen offen, und viele Gefangene lehnten sich davor über eine rundumverlaufende Reling. Andere waren unterwegs oder schienen auf Campingkochern etwas zu braten oder zu kochen.

Am Flur gab es drei Zellen, und William blieb vor der zweiten Tür stehen. Sie war offen, aber von einem alten Bettlaken verhängt, und er klatschte davor nach südamerikanischer Manier in die Hände.

»*Hello, is anybody there?*«

»*Come in!*« tönte eine brummige Stimme heraus.

Wir traten in die Zelle. Vor uns saß ein älterer Mann auf einem Bett, in Shorts und bloßem Oberkörper, mit weißgrauen, lockigen Haaren, Brille und einem langen Bart wie der Oberschlumpf. Er las die ›New York Times‹.

In der Mitte des Raums stand ein mit Papieren und Eßgeschirr überladener Tisch und daneben ein Kojenbett, in dem oben ein kleiner, italienisch aussehender Mann lag und eine Zigarette ohne Filter rauchte.

Auf dem Bett darunter saß ein hagerer Mann mit Oberlippenbärtchen und schälte Kartoffeln. Seine Ähnlichkeit mit dem Charakter ›Inspektor Clusot‹ aus dem Film ›Der Rosarote Panther‹ war erstaunlich.

»Das ist die beste Zelle des ganzen Pabellons. Ronald, ich möchte dich bekanntmachen mit Mr. Harry Steinberg aus Chicago; Monsieur François Agostini von der Insel Korsika und Monsieur Géry Rossignol aus Quéebec!«

Wir schüttelten uns alle die Hände. Géry holte eine Bank hervor und bot uns Platz an. Er sprach Englisch mit einem klangvollen französischen Akzent.

»Freut uns sehr, möchtet ihr einen *Café au lait*?«

»Gern. Ihr habt ja eine echt internationale Zelle!«

Harry legte seine Zeitung weg und steckte sich eine Zigarette an.

»Der einzig halbwegs vernünftige Ort in diesem Irrenhaus! Wie lange bist du denn schon hier, junger Freund?«

»Ich bin vor ungefähr drei Monaten hier gelandet.«

»›Gelandet‹ ist der richtige Ausdruck!« Harry deutete aus dem Fenster auf die kahlen grauen Bergfelsen. »Als ich vor einigen Monaten hier ankam und nachts aus dieser geschlossenen Sardinenkiste stieg, dachte ich wirklich, auf dem Mond angekommen zu sein. Schau dir das doch mal an! Ich glaube, wir *sind* sogar auf dem Mond, oder kann mir jemand das Gegenteil beweisen?«

Wir mußten alle herzlich lachen. Géry hatte mittlerweile heißes Wasser aus einer Thermoskanne und ein Kaffeekonzentrat aus einer Flasche in verschiedenfarbige Becher eingeschenkt.

»Zumindest sind wir uns alle noch im unklaren darüber, wie es hier weitergeht. Ich warte schon seit 20 Monaten auf einen Prozeßtermin. Das System hier ist hoffnungslos!«

»*Et alors, est-ce que tu parles français aussi?*« fragte François von oben herab und bot mir eine ›*Gauloise*‹ aus seiner Schachtel an, zollfrei, wie ich bemerkte.

»Ja, ich habe es mal in der Schule gelernt, sieben Jahre lang. Bist du auch wegen Drogen hier?«

»Natürlich, wegen was sonst würde jemand in dieses Land kommen? Wir sind ein paar Leute aus Südfrankreich und Italien, warten aber alle noch auf einen Prozeß.«

Ich wandte mich an William.

»Mir scheint, daß die Mühlen der Justiz hier sehr langsam mahlen, kein Mensch kommt jemals vor Gericht!«

Er lachte.

»Ha! Die ›Justiz‹, die gibt es hier nicht, niemand interessiert sich für Gerechtigkeit. Was zählt, ist, ob du Geld hast oder nicht.« Er begann zu flüstern. »Das einzig richtige, was wir hier tun sollten, ist, zu flüchten!«

Die drei anderen nickten zustimmend.

»Ich habe meine Familie gebeten, 10.000 Dollar aufzutreiben und mir hierher zu schicken. Sobald das Geld da ist, Pfft ..!«, François ließ beide Hände rasch aneinander weggleiten, »bin ich weg, und am selben Tag noch gehe ich über die Grenze!«

»Was denn, so einfach?«

»Und ob, die Republicanos organisieren das Ganze, du brauchst nur den richtigen Draht zu ihnen. Die bringen dich für den Preis sogar bis nach Ecuador!«

Wir unterhielten uns den ganzen Nachmittag über verschiedene Fluchtmöglichkeiten, und sie erzählten mir von den vielen Ausländern, die bereits geflüchtet waren. Etwas später kam ein weiterer Gefangener zu Besuch. Harry stellte ihn vor.

»Das ist ein guter Junge, ein bißchen frech vielleicht. Mike Coyne, Irisch-Amerikaner und Musikproduzent aus San Diego.«

Mike war Mitte dreißig, drahtig, gutaussehend, hatte ein leicht lädiertes Nasenbein und einen Schnurrbart. Er sah sympathisch aus, wie ein Abenteurer. Ich schüttelte seine Hand.

»Hallo, das ist ja interessant; was führt dich denn hierher mit einem so einträglichen Beruf?«

»Zwei Gramm Koks. Ich bin seit Oktober 1980 hier, im Moment läuft endlich mein Prozeß.«

»Sagtest du zwei Gramm? Das ist doch lächerlich, wieso gibt es dafür keine Kaution oder sowas?«

»Weil die Regierung möchte, daß die Statistiken gefüllt werden. Macht sich doch gut: ›Letztes Jahr wurden 15 amerikanische Drogenhändler in Peru verhaftet.‹ Daß jeder nur ein paar Gramm bei sich hatte, wird tunlichst verschwiegen.«

Mike sprach im typischen Straßenjargon, und gebrauchte dabei ständig seine Hände.

»Wieso erfährt denn niemand von diesen Ungerechtigkeiten?«

»Wir hatten Anfang des Jahres einen großen Hungerstreik, ich habe 64 Tage lang nichts gegessen, die internationale Presse war hier, aber geändert hat sich bisher noch nicht viel.«

Mike war ein interessanter Charakter, von Natur aus ein echter Kämpfer. Später erzählte er mir, daß er auch einige Jahre als ›*Marine*‹ (Elitesoldat der US-Marineinfanterie) in Vietnam gewesen und hochdekoriert worden war. Wie man dem von einer Menge Falten gezeichneten Gesicht ansehen konnte, hatte er bereits viel in seinem Leben erlebt.

Er würde sehr bald eine wichtige Rolle auch in meinem Leben spielen.

*

Ich hatte diesen Tag im Pabellon sieben noch in schöner Erinnerung, als einige Wochen darauf das passierte, was einige von uns bereits seit langem befürchtet hatten: Der *Alcaide* Castro Castro ließ den *Pabellon Mantenimiento* räumen.

Alle Bestechungsgelder halfen nichts, und so kam ich kurz darauf wieder zu Harry, Géry und François, diesmal als Zellengenosse ...

Ronald L. Babb vor einem Flugzeug der Antillean International Airlines.

»Die Verlobten des Todes«: Joachim Fiebelkorn (zweiter von rechts, stehend) und Hans Stellfeld (dritter von rechts) als Mitglieder von Klaus Barbies Killer-Trupp in Bolivien.

Blick auf die Gefängnisanlage von Lurigancho. Im Vordergrund Halle, Krankenbaracke und Mantenimiento, im Hintergrund die Pabellons.

Lageplan des Lurigancho-Gefängnisses.

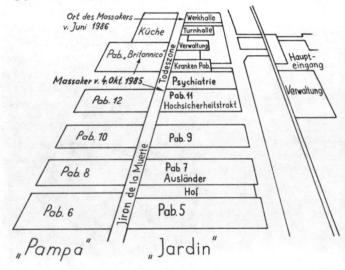

Blick ins Innere eines Pabellons.

Essensausgabe: Bohnen und Reis.

Durch den »Jiron« auf dem Weg ins Konzert.

Momentaufnahme während des Konzerts. In der Mitte, klatschend, mit weißem Shirt: Ronald Babb.

»Deutsche Küche« im Gefängnishof von Lurigancho.

Während des Konzerts.

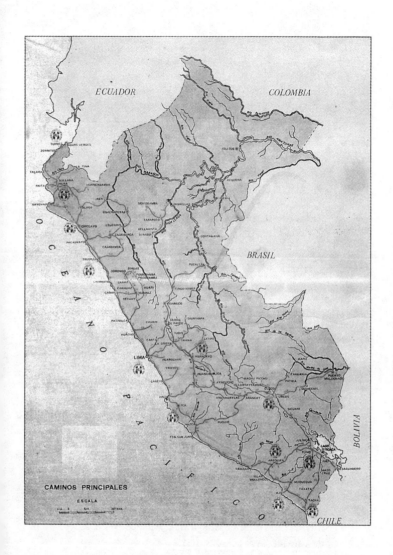

10

Géry war gerade damit beschäftigt, in eine andere Zelle zu ziehen, als wir mit unseren Habseligkeiten eintrafen.

Als sich die Gerüchte über den bevorstehenden Umzug verhärtet hatten, waren immer mehr unserer Sachen verschwunden: zunächst ein Eimer, dann mein Spiegel, eine Schere und schließlich Miguels Transistorradio, alles Gegenstände, die in Lurigancho schwer zu ersetzen waren. Während des Umzugs hatten einige Ratten, wie mittellose und drogensüchtige Gefangene genannt wurden, ihre »Hilfe« angeboten, aber wir hatten sie energisch zurückgewiesen. Andere, die argloser waren, hatten daraufhin ihre Besitztümer nie mehr wiedergesehen.

Für den Pabellon sieben gab es drei Wachbeamte, *Empleados* (Angestellte) genannt. Sie waren in Zivil, unbewaffnet, einfache Leute und sehr korrupt.

Zunächst hieß es: »Es gibt hier keinen Platz mehr, alle Zellen sind bereits belegt, ihr müßt entweder zu acht in eine Zelle oder auf der Treppe schlafen!«

Dies entsprach vielleicht den Tatsachen. Aber nachdem wir jedem von ihnen 20 Dollar gegeben hatten, wurden zwei Gefangene aus einer Zelle im Erdgeschoß verlegt, in die Alfonso und Miguel einzogen. Und für mich war ja soeben ein Platz bei Harry und François frei geworden.

Es waren aber noch weitere Probleme zu lösen: Ich mußte meine Einrichtung kaufen. Die Gefängnisverwaltung stellte grundsätzlich *nichts* zur Verfügung, außer den vier Wänden, für die man ja praktisch auch noch bezahlen mußte.

Harry stellte mich daraufhin dem Ausländersprecher vor, den sie den ›Colonel‹ nannten.

»*Hey man, can I say welcome? If you ever get into trouble, just call on me.* (... kann ich willkommen sagen? Falls du mal in Schwierigkeiten gerätst, melde dich bei mir.)«

Er war ein uriger Typ, eine weitere außergewöhnliche Persönlichkeit im Koka-Inn und ich unterhielt mich eine ganze Weile mit ihm.

›Colonel P. Hacker‹, so genannt wegen seines Dauerhustens, war ein Amerikaner aus San Francisco und ehemaliger Hauptmann der US-Luftwaffe. Er war um die 40, sah aber aus wie 60, sehr dürr, mit langen grauen Haaren, die sich über der Stirn bereits zur Glatze lichteten, und einem Bart wie ein Weihnachtsmann. Der Colonel war einer der Übriggebliebenen aus der ›*Woodstock Generation*‹, erfahren in allen Arten von Drogen, und hatte Jahre im peruanischen Dschungel verbracht. Gleichzeitig war er hochintelligent und hatte ein ›*Master's Degree*‹ in Chemie von der ›*University of California*‹ in Berkeley. Mit diesen Kenntnissen hatte er Kokain derart präpariert, daß er es in Keramiken verwenden konnte, in einer bestimmten chemischen Verbindung, die nicht zu entdecken war, außer durch Verrat, und deswegen saßen er und seine langjährige Freundin auch hier in Lima im Knast. Das Frauengefängnis ›*Chorillos*‹ war allerdings am anderen Ende der Stadt.

Mit Hilfe des Colonels kaufte ich dann nach einigem Suchen ein Klappbett für zehn Dollar, eine Matratze für fünf, eine Holzbank für denselben Preis und einen neuen Eimer.

Bettwäsche, Decke und Kopfkissen hatte mir Julia bereits am Anfang besorgt, und so konnte ich die erste Nacht im Pabellon sieben einigermaßen angenehm verbringen. Ich war froh, ausgerechnet in dieser Zelle untergekommen zu sein.

※

Am nächsten Morgen wachte ich durch lautes Fluchen auf. Harry saß völlig zerzaust auf seinem verlotterten Bett und schimpfte vor sich hin.

»Blödes Indianerland, verlogene Botschaft, die wollen mich wohl für dumm verkaufen. Aber es werden sich noch alle wundern, wenn ich hier wieder rauskomme! Die glauben, mit einem alten Mann könnten sie's machen, aber mit mir nicht!«

»Guten Morgen, Harry, was ist denn los?«

Er schaute böse zu mir herüber.

»Was geht denn dich das an? Kümmere dich um deine eigenen Probleme! Hast du nichts Besseres zu tun, als dumme Fragen zu stellen?«

Ich war erstaunt, daß er so unfreundlich reagierte, er schien völlig verwandelt.

Ein paar Minuten später ging er aus dem Raum und kam kurz darauf wieder zurück. Aus seiner Unterhose zog er ein kleines Papierpäckchen heraus, es war Marihuana. Er drehte sich daraus einen Joint, inhalierte tief und hielt die Luft an, wobei er mehrmals husten mußte; aber sobald der Joint aufgeraucht war, hatte er wieder seinen gewohnten Gesichtsausdruck.

»Tut mir leid, Junge, daß ich vorhin so grob zu dir war. Mach' dir nichts draus, das meinte ich nicht so. Aber bevor ich nicht meinen ersten Joint geraucht habe, bin ich immer miserabler Laune.«

»Das habe ich gemerkt, ist schon gut. Wie alt bist du eigentlich, Harry?«

Er lachte brummelnd.

»Nächste Woche werde ich 59, ich bin der älteste Ausländer hier, ›*El Viejo Harry*‹ (der Alte Harry).«

Ich hatte bisher nur selten einen alten Mann Drogen nehmen sehen. Harry war fast genauso alt wie mein Vater; kaum zu glauben, daß er in seinem Alter noch in einem solchen Knast gelandet war!

»Wieso bist du eigentlich verhaftet worden?«

»Ach, das war eine Intrige der Hotelbesitzerin. Ich habe ein paar Monate hier gelebt, um ein Buch zu schreiben, und sie war scharf auf mich. Als ich ihr gesagt habe, daß für mich nur jüdische Frauen in Frage kommen, ist sie eingeschnappt. Ein paar Tage später fand die Polizei angeblich ein Kilo Kokain in meinem Koffer.«

»Aber das ist doch ein Unding!«

»Natürlich, trotzdem kommst du deswegen sofort in den Knast, ich kann jetzt nur auf die Gerichtsverhandlung warten.«

»Was für ein Buch schreibst du denn?«

»Eine tragische Liebesgeschichte, sie spielt in Südamerika in den dreißiger Jahren, zwischen einem Amerikaner und der Tochter eines Generals.«

Er deutete auf eine Reiseschreibmaschine unter dem Bett und Stapel von vollgetippten Papiers.

»Na, dann paßt dieser Fall ja gut dazu ...«

Harry rollte eine Zeitung zusammen und holte nach mir aus.

»Von wegen, mach' daß du hier rauskommst, du frecher Bengel!« aber er mußte dabei selbst lachen.

*

Es war Weihnachten geworden, mein erstes im Gefängnis. Zu dieser Jahreszeit ist in Südamerika Hochsommer und es ist unerträglich heiß. Aber nicht nur deswegen wollte in dieser Umgebung keine so rechte Weihnachtsstimmung aufkommen.

Trotzdem hatten einige Häftlinge den ganzen Block mit bunten Girlanden geschmückt, hauptsächlich natürlich des Besuchs ihrer Familien und der Kinder wegen, und am Weihnachtstag sollte es eine große Überraschung geben: für jeden Gefangenen eine Flasche Bier!

Darauf freute ich mich fast am meisten, denn seit Monaten hatte ich keinen Tropfen Bier mehr getrunken.

In Peru wird Weihnachten traditionell am 25. Dezember um Mitternacht gefeiert, im Kreis der Familie, mit einer Tasse Schokolade und einem italienischen Rosinenkuchen, *Panetton* genannt.

Wir hatten Besuch bis gegen 19:00 Uhr, und dann wurden die Bierkästen gebracht. Jeder hatte sich für seine Flasche anzustellen. Als ich allerdings an die Reihe kam, erfuhr ich eine böse Überraschung: Man hätte sich einige Tage vorher in einer Liste einschreiben müssen, wenn man ein Bier wollte, und das hatte ich überhört. Es gab daher keine Flasche für mich, und niemand wollte mir seine verkaufen, so daß ich fast als einziger leer ausging. Ich ärgerte mich maßlos darüber.

Jedoch die Biere waren relativ bald getrunken, und man ging schnell auf das gewohnte Angebot von Drogen über: Koks, Pasta, Marihuana und Rum.

Miguel lud mich in seine Zelle ein, denn an Weihnachten war auch sein Geburtstag.

»Schließlich heiße ich Miguel *Jesús*, weil ich am 25. Dezember geboren bin!«

Er und Alfonso bestellten einige Gramm Koks, und Alfonso teilte es aus. Er tat dies nach der Art der südamerikanischen *Cocaleros*. Mit einer Messerspitze, Visitenkarte oder ähnlichem, teilweise gar mit einem zu diesem Zweck langgewachsenen kleinen Fingernagel, nimmt man ein Häufchen Kokain aus dem Tütchen und hält es jedem unter die Nase, damit er es einschnupfen kann.

Die nordamerikanische Methode, bei der der Stoff auf einem Spiegel in *Lines* (Linien) geteilt und durch einen zusammengerollten 100-Dollarschein oder ein Röhrchen geschnupft wird, galt hier als verpönt. Der Effekt war natürlich derselbe, so daß man nach kurzer Zeit in angeregte Unterhaltungen vertieft war.

Nach mehreren Runden aber waren alle zu aufgedreht und benötigten Alkohol, um vom High wieder herunterzukommen. Kokain kann man eigentlich nicht in größeren Dosen nehmen, ohne dabei erhebliche Mengen Alkohols zu trinken, da man sonst sozusagen davonfliegt, übernervös oder sogar paranoisch wird.

Also kauften wir zwei Flaschen Rum und Coca-Cola, und alle fühlten sich unter dem Einfluß der verschiedenen Drogen bald wieder rundum wohl und fidel. Das Problem, an Weihnachten im Gefängnis sitzen zu müssen, existierte nun nicht mehr, und wir sprachen euphorisch über unsere baldige Freilassung, die nur noch eine Frage von ein paar Wochen sein konnte. Dann aber ging der Rum im Pabellon aus, und wir waren gezwungen, in anderen Zellblöcken nach Nachschub suchen zu müssen.

Patrick D'Amato, ein französischer Gefangener, bot seine Hilfe an. Er war auch einer der markanteren Charaktere, sehr groß und breitschultrig, mit langen Haaren und einem riesigen Zinken als Nase. Patrick war Berufsverbrecher aus Nizza und hatte seinen eigenen Angaben zufolge bereits 20 Jahre seines Lebens in Jugendstrafanstalten und Gefängnissen zugebracht. Von dieser Zeit zeugten auch seine zahllosen Tätowierungen, mit denen sein gesamter Körper bedeckt war; so trug er zum Beispiel einen Henker auf dem Bauch, und ein großer Drachen zierte seinen Rücken.

Ich gab Patrick 20 Dollar, und er versprach, dafür Rum zu kaufen. Aber er kam an diesem Abend nicht mehr zurück. Nachdem er keinen Rum bekommen konnte, hatte er das Geld anderweitig ausgegeben. Er zahlte es allerdings nach ein paar Tagen zurück und entschuldigte sich für sein Verhalten.

Das Weihnachtsfest nahm dadurch aber für mich einen völlig anderen Verlauf, denn ich hatte keine Lust mehr zum Weiterfeiern und lief auf dem Hof herum.

Überrascht und voller Staunen erlebte ich, wie um Mitternacht ein katholischer Priester mit einer Delegation hereinkam und eine Messe zelebrierte. Er stammte aus Belgien und wurde von den Häftlingen Padre Lanssier genannt.

Anschließend führte er einen Film über die Weihnachtsgeschichte vor, wozu sich der halbe Pabellon auf dem Hof versammelte.

Es war für mich ein ernüchterndes und bewegendes Erlebnis zugleich, in einer solchen warmen Sommernacht auf dem Hof eines Gefängnisses in Südamerika zu sitzen, in Gemeinschaft mit einigen hundert Gefangenen. Über uns ein Heer von Sternen, vor uns Szenen aus Israel in biblischer Zeit.

Dieses Weihnachten werde ich nie vergessen, und sogar Patrick und ich wurden trotz der negativen Ouvertüre noch gute Freunde während unserer Haftzeit und darüber hinaus, bis zum heutigen Tag.

Als ich Jahre später mit der Missionierung ausländischer Gefangener begann, war er zu meinem größten Erstaunen der erste, der sich in meiner Gegenwart bekehrte.

*

Während der ganzen Monate hatte ich nicht aufhören können, an Joachim und seinen Verrat zu denken. Julia hatte mir noch in der PIP-Station einen Zeitungsartikel gezeigt, in dem darüber berichtet wurde, daß bereits im September in Italien ein Haftbefehl gegen ihn ausgestellt worden war.

Er wurde dringend verdächtigt, im August 1980 an einem Bombenanschlag rechtsextremistischer Terroristen im Bahnhof von Bologna beteiligt gewesen zu sein, bei dem 85 Menschen ums Leben gekommen waren.

Er hatte mir des öfteren erzählt, daß er zwar die Gruppe kannte, die dafür verantwortlich gewesen war, daß er selbst aber zu dieser Zeit in Bolivien gewesen sei, was eigentlich stimmen mußte, da auch wir in diesem Monat nach Santa Cruz gekommen waren.

Durch den Zeitungsartikel erfuhr ich, daß er sich der Polizei in Deutschland gestellt hatte und wieder freigelassen worden war, da der deutschen Justiz die italienischen Verdachtsgründe nicht ausreichend genug erschienen waren, um ihn an Italien auszuliefern.

Dies bedeutete aber, daß der Kerl einfach nach Deutschland zurückgeflogen war, als sei nichts geschehen, und sich sogar frech der Polizei stellen konnte, obwohl auch in Peru mittlerweile ein Haftbefehl gegen ihn vorlag. Wo war da die Gerechtigkeit?

Im Laufe der Zeit projizierte ich all meinen Ärger auf Joachim und haßte ihn wegen seines charakterlosen und hinterlistigen Verrats. Wäre er nicht gewesen, hätte das Geschäft geklappt, wir hätten alle verdient und ich säße jetzt auf der Veranda meiner Villa in Miami und würde mich des Lebens erfreuen, statt in diesem Dreckloch zu sitzen!

Die Mitgefangenen, denen ich die Geschichte erzählte, waren alle einer Meinung: »Kameradenschwein, so ein Typ gehört erschossen!« »Für Verräter gibt es im Drogengeschäft nur ein Urteil: die Todesstrafe!«, »Sofort umbringen lassen, wenn nicht gleich ihn selbst, dann eben erst mal seine Familie!«

Besonders von den Italienern und Kolumbianern erhielt ich Angebote, um gegebenenfalls bereits vom Knast aus den Auftrag zu seiner Ermordung geben zu können, gegen einige zehntausend Dollar Kopfgeld. »*Hijo de Puta... Hijo de Puta!* (Hurensohn)« war sowieso jedes zweite Wort der Kolumbianer.

*

Bereits Anfang 1981 war die Regierung Garcia Mezas in Bolivien wieder gestürzt worden, nachdem der Skandal um den offenen Drogenhandel immer größer geworden war. Gegen den Ex-Außenminister Arce Gomez bestand bereits ein US-Haftbefehl und Auslieferungsantrag. Gomez und Meza setzten sich nach dem Putsch nach Argentinien ab, und Joachim und seine Söldnerbande wurden über Nacht macht- und brotlos. Einige von ihnen versuchten noch, eine Ölbohrstation zu besetzen, wurden aber von bolivianischen Armee-Einheiten sofort niedergekämpft und gefangengenommen. Joachims ehemaliger Hauptmann wurde in Santa Cruz wegen Mordes an einem Barbesitzer verhaftet und kam ins Gefängnis. Er selbst konnte zwar über die Grenze nach Brasilien entkommen, wurde dann dort aber verhaftet. In dieser Zeit mußte er die Seiten gewechselt haben und Informant für die DEA geworden sein, höchstwahrscheinlich, um seine eigene Haut zu retten.

Jedenfalls hatte er sich Mitte 1981 bei Walters Eltern gemeldet und um dringenden Rückruf gebeten. Walter hatte einige Wochen später mit ihm gesprochen und ein Treffen bei unserem nächsten Besuch in Deutschland vereinbart. Bei dieser Zusammenkunft in der Nähe von Frankfurt schien er immer noch der Alte zu sein, großspurig und voller Pläne. Er bat uns, ihm das Geld für einen Flug nach Miami und anschließend nach Lima zu leihen. In Florida wollte er einen der großen bolivianischen Kokainhändler treffen, der sich nach dorthin abgesetzt hatte, und in Peru würden angeblich Teile seiner Truppe und einige bolivianische Militäreinheiten in der Nähe des Titicacasees auf ihn warten, um einen Gegenputsch zu starten.

Wir zahlten ihm also den Flug, er verbrachte ein paar Wochen in Florida und dann einige Monate in Peru, wo er auch Alfonso kennenlernte. Mehrmals rief er aus Lima an, um mehr Geld von uns zu borgen. Aber eines Tages war er wieder in Deutschland, und ich erhielt von dort seinen Anruf.

»Ronnie, ich bin am Ende, die haben mich aus Peru ausgewiesen, ich hatte keinen Pfennig Geld mehr, kein Schwein wollte mir helfen!«

»Aber was ist denn aus dem Putsch geworden, und aus deiner Truppe?«

»Alles Mist! Große Schwätzer, keiner von denen war mehr zu finden. Ich will jetzt mit euch zusammenarbeiten!«

»So, wie denn, wir betreiben jetzt nur noch unsere Fluggesellschaft.«

»Quatsch, das kannst du mir doch nicht erzählen, wir müssen uns sobald wie möglich in Deutschland treffen!«

Er ließ nicht locker, und so hatten wir ein weiteres Treffen etwa Mitte 1982. Er wollte mir zwei alte Freunde aus seiner Zeit als Zuhälter im Frankfurter Bahnhofsviertel vorstellen. Wir trafen uns im Restaurant eines Einkaufszentrums. Joachims Freunde waren beide Amerikaner, ein weißer und ein schwarzer, angeblich Tommy und Johnny.

In Wirklichkeit handelte es sich, wie ich Jahre später erfuhr, um die *DEA Special Agents* William Bottger und Roger Johnson.

Sie gaben sich als Konzertveranstalter aus und boten an, mehrere Kilo Kokain von mir zu kaufen, gegen sofortige Barzahlung. Obwohl ich Joachims wegen keinen Verdacht hegte, erschien mir dieses Angebot doch etwas fragwürdig, weil im Rauschgiftgeschäft kaum jemand *cash* bezahlt. Ich erklärte mich für interessiert, wenn sie die ganze Operation finanzieren würden. Joachim stellte mir daraufhin einen 72jährigen Mann aus seinem Heimatort vor, der als Kurier fungieren sollte.

»Überleg' doch mal, Ronnie, wir machen dabei das große Geschäft! Ich fliege mit dem Alten nach Lima. Dort kaufen wir die Drogen von Alfonso, ich organisiere alles und begleite dann den Alten zurück nach Deutschland, wo wir das Zeug an Johnny und Tommy verkaufen. Die zahlen 110.000 Mark pro Kilo, bar auf die Hand! Ist das etwa nichts? Du kommst beim ersten Mal mit, damit du siehst, daß ich dich nicht übers Ohr haue, und von da ab läuft der Laden alleine.«

Ich besprach diese Idee mit Walter, und er war damit einverstanden, hauptsächlich aber, um Joachim endlich loszuwerden.

Daraufhin besorgte ich alle nötigen Flugtickets, gab sie Joachim, plus Spesengeld, und kurz vor meiner Abreise nach

Lima trafen wir uns noch einmal mit dem schwarzen Typ in der Bar des *Interconti*-Hotels in Frankfurt.

Wir bestellten drei Drinks, und Joachim war so nervös, daß er sein Glas umkippte und alles über seine Hose schüttete.

»Immer mit der Ruhe, alter Freund, noch ist es ja nicht soweit«, meinte der Undercover-Agent und bestellte einen neuen Drink. Dann zog er mich zu sich heran und flüsterte in mein Ohr: »Ich habe das Geld, es ist alles bereits hier im Hotel! Sobald ihr zurückkommt, geht in ein Hotel, aber nicht in das hier. Ich will diesen Kerl«, er blickte kurz auf Joachim, »nicht mit dabeihaben. Du kommst allein, und wir machen das Geschäft zusammen, o.k.?«

Ich trank aus und verließ das Hotel wieder. An jenem Abend war es, dem 13. August 1982, als ich meine Bibel aus dem Regal nahm und drei Tage darauf nichtsahnend in die große Falle flog, die sich bereits zu schließen begann.

*

Jetzt saß ich im Gefängnis, und er führte die Justiz an der Nase herum. Wie hatte Joachim nur zum Feind überlaufen und ein solch abgekartetes Spiel treiben können? Es war geradezu teuflisch geschickt eingefädelt worden, und die ganze Operation hatte als Volltreffer für die Polizei geendet. Es gab keinen Ausdruck dafür, wie sehr ich ihn deswegen haßte!

Diese Haßgedanken entwickelten sich bei mir zu einer regelrechten Leidenschaft. Ich verbrachte Tage damit, an nichts anderes zu denken. Nach meiner Flucht von hier würde ich ihn zusammen mit seiner Frau, die daran mitbeteiligt war, aufspüren und sie dann beide langsam zu Tode quälen. Sie müßte zuerst sterben, vor seinen Augen, dann wüßte er bereits, daß er genauso dran wäre. Ich wollte ihn um Gnade wimmern sehen und ihm dann schließlich doch eine Kugel verpassen.

Aber je länger ich diese Gedanken hegte, um so schlechter ging es mir. Immer öfter war ich miserabelster Laune und haßte jeden, der mir über den Weg lief, mich selbst eingeschlossen. Harry war das auch schon aufgefallen.

»Dieser Typ hat sich selbst bereits gerichtet. Ich glaube zwar nicht besonders an Gott, obwohl ich Jude bin, aber es gibt so etwas wie die göttliche Gerechtigkeit. Steht sogar, glaube ich, irgendwo in der Bibel. Du kannst es auch schlechtes Karma nennen. Was immer du einem anderen im Leben Schlechtes zufügst, wird auf dich zurückrollen, das ist eins der Gesetze des Lebens.«

Trotzdem fand ich keinen inneren Frieden, meine Situation war zu schlecht, als daß ich mich einfach damit abfinden konnte.

Zu Beginn der Weihnachtszeit hatte ich begonnen, das Neue Testament zu lesen, es fing mit dem Matthäusevangelium an. In der Bergpredigt stieß ich auf einige unglaubliche Aussagen:

> »Ihr habt gehört, daß gesagt ist: ›Auge um Auge und Zahn um Zahn‹. Ich aber sage euch, daß ihr nicht widerstreben sollt dem Übel, sondern: Wenn dich jemand auf deine rechte Backe schlägt, dem biete die andere auch dar ...«
> (Matthäus 5,38-39)

> »Ihr habt gehört, daß gesagt ist: ›Du sollst deinen Nächsten lieben‹ und deinen Feind hassen. Ich aber sage euch: Liebt eure Feinde und bittet für die, die euch verfolgen, damit ihr Kinder seid eures Vaters im Himmel! Denn er läßt seine Sonne aufgehen über Böse und Gute und läßt regnen über Gerechte und Ungerechte.«
> (Matthäus 5,43-45)

> »Darum sollt ihr so beten:
> Unser Vater im Himmel!
> Dein Name werde geheiligt.
> Dein Reich komme.
> Dein Wille geschehe wie im Himmel so auf Erden.

Unser tägliches Brot gib uns heute.
Und vergib uns unsere Schuld,
wie auch wir vergeben unsern Schuldigern.
Und führe uns nicht in Versuchung, sondern erlöse uns von dem Bösen.

Denn wenn ihr den Menschen ihre Verfehlungen vergebt, so wird euch euer himmlischer Vater auch vergeben. Wenn ihr aber den Menschen nicht vergebt, so wird euch euer Vater eure Verfehlungen auch nicht vergeben.«

(Matthäus 6,9-15)

Gerade diese beiden letzten Verse schienen mir jedesmal geradezu entgegenzubrennen und gingen mir daraufhin auch nicht mehr aus dem Kopf.

Wenn ich Joachim vergeben würde, würde Gott mir auch vergeben. Wenn ich ihm nicht vergeben würde, würde Gott mir auch nicht vergeben.

Das war klar und deutlich. Wie ein Abkommen unter bestimmten Bedingungen. Was war mir nun wichtiger, meine Rache an Joachim oder Gottes Vergebung für meine Verfehlungen?

Nachdem ich diese Verse gelesen hatte, waren die Haßgedanken auf einmal zurückgegangen, nun beschäftigte mich diese neue Frage viel mehr. Aber war ich denn auf Gottes Vergebung angewiesen, wegen dieses bißchen Drogenschmuggels? Dazu war ich viel zu stolz, außerdem hatte ich bis jetzt noch nichts darüber in der Bibel gefunden. Die Antwort darauf sollte ich aber bald bekommen.

*

Harry verbrachte jeden Tag mit Rauchen und Schreiben. Er bekam und beantwortete auch jede Menge Post. Eines Tages zog er höchst amüsiert ein Photo aus einem Brief: eine nackte Frau, die sich selbst im Spiegel photographiert hatte.

»Was sind das eigentlich für Berge von Briefen, die du da bekommst?«

»Oh, das ist Post aus ganz USA, von Freunden und Menschen, die sich für mich einsetzen. Ich habe früher als Journalist gearbeitet und aus dieser Zeit noch viele einflußreiche Beziehungen. Es sind bereits mehrere Artikel über mich erschienen, und ich habe die DEA verklagt, daß sie Steuergelder amerikanischer Bürger dazu benutzt, andere amerikanische Bürger in menschenrechtsverletzenden Staaten inhaftieren zu lassen. Jeder weiß doch, daß die großen Drogendealer hier wie dort ungeschoren bleiben.«

»Ich verstehe, und wie siehst du die Aussichten auf Erfolg?«

Harry wühlte in seinen Briefen.

»Sehr gut! Ich habe hier einige Briefe vom Außenministerium«, er hielt einen Umschlag hoch, »von meinem Kongreßabgeordneten, von verschiedenen Senatoren, sie alle machen sich bereits Sorgen, denn ihre Wähler fragen sie: ›Warum macht ihr Harry Steinberg kaputt?‹«

Es gab viele Gefangene, die so oder ähnlich versuchten, über ihre Regierungen Druck auf Peru auszuüben, um frei oder wenigstens zu einem Gerichtstermin zu kommen, aber nur die wenigsten hatten Erfolg damit. Niemand wollte sich in solche Fälle einmischen.

Auch mein Vater hatte an die britische Premierministerin, Frau Thatcher, geschrieben, aber nur einige nichtssagende Briefe ihres Sekretärs zurückerhalten. Ob Menschenrechte verletzt wurden oder nicht, Drogentäter galten überall auf der Welt als ›the scum of the earth‹ (Der letzte Dreck). Der alte Harry sollte aber letzten Endes noch Erfolg mit seiner Kampagne haben.

Seine Raucherei steigerte sich von Woche zu Woche, oft rauchte er sogenannte *Mixtos*, Joints mit einem Gemisch aus Kokainpasta und Marihuana, die eine ganz starke Wirkung hatten.

François regte das entsetzlich auf, denn mehrmals war bereits ein Empleado hereingekommen und hatte Harry auf frischer Tat ertappt; offiziell war der Drogenbesitz und -konsum im Gefängnis natürlich strengstens verboten. Es gab dann immer eine große Szene, Harry verfluchte den Beamten auf englisch, und dieser wollte ihn ins *Castigo* (Strafzelle) werfen. Am Ende einigten sie sich dann immer auf die Bezahlung eines Bestechungsgeldes.

Da François aber kein Wort Englisch und Harry kein Wort Französisch sprach, war die Konversation zwischen ihnen auf die paar Brocken Spanisch, die sie beide konnten, und auf theatralische Gesten beschränkt, wobei es ob ihrer starken Charaktere zu teilweise bühnenreifen Szenen kam.

*

Einmal hatte Harry bis spät in die Nacht hinein *Mixtos* geraucht und war dann schließlich hungrig geworden, wie das bei einem vom Grasrauchen mitstrapazierten Magen oft üblich ist. Tagsüber hatte er sich dann immer Kuchen oder Schokolade gekauft, aber zu dieser Stunde war natürlich nichts mehr zu bekommen. So kam er auf die Idee, sich einen Reispudding zu machen.

Dazu mußte man den Reis allerdings zunächst einmal kochen, und das bedeutete wiederum, daß der *Primus*-Kerosinkocher angezündet werden mußte.

Diese einzigartigen Geräte gab es zu Tausenden in Lurigancho. Sie sahen ungefähr wie Campingkocher aus, hatten aber statt einer Gaspatrone einen Tank, in den Kerosin gefüllt wurde. Das Kerosin mußte mit einer kleinen Handpumpe, die am Tank angebracht war und den Luftdruck im Tank erhöhte, durch eine Düse nach oben gepumpt werden. Dann mußte man ihn anstecken, und nach einigen Minuten, wenn die Düse heiß genug geworden und wieder gepumpt worden war, verwandelte sich das Kerosin in Gas und verbrannte in einer starken bläulichen Flamme.

Eigentlich eine großartige Erfindung. Diese Dinger waren fast alle in Schweden hergestellt worden und anscheinend in Arabien sehr weit verbreitet, denn auf vielen war eine Gebrauchsanweisung in arabischer Schrift eingestanzt.

Die Handhabung bedurfte allerdings einiger Übung, da man oft nachpumpen oder mit einer speziellen Nadel, die an einem Blechstiel angebracht war, in die Düse pieksen mußte, weil sie sich dauernd verstopfte. Ich brauchte über zwei Monate, bevor ich kapierte, wie man diese Geräte anbekam.

Harry füllte also Wasser und Reis in einen Topf und startete den Primus. Das laute metallische Geräusch der Pumpe hallte durch den ganzen Zellblock.

KLINK-KLONK KLINK-KLONK KLINK-KLONK KLINK-KLONK...!!!

François und ich wachten natürlich sofort auf und blinzelten verblüfft, bzw. verärgert zu Harry hinüber, der nur mit einer schlabberigen, alten Unterhose bekleidet vor dem Primus stand.

»*Oh, qué pasa, 'arry?* (Was ist los, Harry?)« fragte François.

Harry winkte nur ab und bedeutete uns, daß wir ruhig sein sollten, wegen der Empleados draußen.

Der Primus war heiß genug geworden und hatte jetzt seine richtige Kochflamme bekommen. Harry stellte den Topf mit dem Wasser und dem Reis oben auf den wackeligen Grill, der an dem Tank angeschweißt war, und stellte das Ganze auf das Regal an der Wand.

Es vergingen viele Minuten. Man hörte nur das zischende Geräusch des Kochers, bis das Wasser langsam zu kochen anfing.

Anscheinend hatte Harry aber den Topf nicht richtig ausbalanciert, denn kurz darauf geschah die Katastrophe:

Mit ohrenbetäubendem Lärm fiel der Topf mitsamt dem Primuskocher vom Regal herunter und krachte scheppernd auf den Betonfußboden. Reis, kochendes Wasser und Kerosin verteilten sich sofort über den ganzen Boden. Harry warf wenigstens geistesgegenwärtig sein Handtuch über den Primus, so daß die Flamme ausging, aber mittlerweile war bereits der halbe Pabellon erwacht, und alles schrie lauthals um Ruhe.

François stand senkrecht in seinem Bett und hatte einen ganz roten Kopf.

»*Putain de merde, 'arry!! Mucho!* (... Harry! Zuviel!)«

Harry legte verlegen seinen Zeigefinger an die Lippen und machte »Pssssstt!«

Draußen klopfte bereits ein Empleado wütend mit seinem Knüppel an die Reling.

»*Oye, qué pasa aqui, caracho*?! (Hey, was zum Kuckuck ist hier los?!)«

François rief wieder »*Mucho*!«

Harry winkte ab und meinte »*Nada*! (Nichts!)«

»*Si, mucho*!«

»*No, nada*!«

»*MUCHO*!!«

»*NADA*!!«

Ich glaube, sie warfen sich noch fast zehn Minuten lang gegenseitig ›*Mucho*‹! und ›*Nada*‹! an den Kopf, und obwohl ich aus dem Schlaf gestört worden war, konnte ich jetzt das Lachen nicht halten. Es war köstlich, noch dazu, da die beiden es todernst meinten und nur mit eben diesen Worten dem anderen ihre erregte Meinung verständlich machen konnten.

Nach über einer Stunde hatte Harry schließlich den größten Teil der gräßlichen Schweinerei wieder aufgewischt und aus der Zelle auf den Flur gekehrt, und langsam kehrte wieder Ruhe in den Pabellon sieben ein ...

*

Mike Coyne war einer der häufigen Besucher in unserer Zelle, hauptsächlich, weil er gerne mit Harry einen Joint rauchte und sich dann angeregt mit ihm unterhielt. Mike hatte oft kein Geld zum Rauchen, Harry dagegen immer, wobei es ihm aber oft zuviel wurde und er Mike dann schlicht hinauswarf.

»*No, Mike, that's it for today, see you tomorrow!* (Nein, Mike, das wär's für heute, bis morgen!)«

»*Come on, Harry, let's smoke just one more!* (Ach, Harry, eine einzige noch!)«

»*The answer is no! Do you understand NO? N-O!* (Die Antwort ist Nein! Verstehst du Nein? N-E-I-N!)«

Es war schon fast ein Spiel der beiden, das sich alle paar Tage wiederholte. Ausgenommen dienstags, da rauchte Mike nie und ließ sich auch sonst nicht blicken. Ich fragte ihn daraufhin, was denn an diesen Dienstagnachmittagen so Wichtiges los sei.

»Dann kommt ›Bibel Steve‹ zu Besuch, und wir halten unsere Bibelstunde ab.«

Ich war total überrascht.

»Was? Wer ist das denn?«

»Steve ist ein amerikanischer Missionar, der alle zwei Wochen hierherkommt; wir versammeln uns meist in dem großen Gemeinschaftsraum, wo die Schreinerei ist, am Ende des ersten Stocks.«

Jetzt erinnerte ich mich, ab und zu einen sehr gepflegt aussehenden, ausländischen Mann mit blonden Haaren und einer großen Hornbrille gesehen zu haben. Miguel hatte gemeint, daß dies jemand von der amerikanischen Botschaft sei, höchstwahrscheinlich ein Agent.

»Das ist doch ein DEA-Agent, wozu triffst du dich denn mit dem?«

Mike lachte schallend.

»Ha, ha, das ist das Größte! Nein, Steve ist nicht von der DEA, wirklich nicht, der ist ein heiliger Mann!«

»Und was macht ihr mit dem?«
»Wir singen christliche Lieder, lesen die Bibel und beten miteinander.«
»So was macht *dir* Spaß, dem hochdekorierten Vietnamhelden, und Drogendealer? Du erstaunst mich, Mike!«
»Ja, das macht mir Spaß, und es bringt mir was, sehr viel sogar! Aber warum kommst du nicht mal mit und bildest dir selbst ein Urteil darüber?«
»Was, ich? In die Bibelstunde, warum denn?«
»Warum nicht?«
Seine Frage kam für mich unerwartet, ich mußte überlegen.
»Nun, vielleicht hast du recht, warum eigentlich nicht!«
Und so lernte ich ›Bibel Steve‹ am darauffolgenden Dienstag schließlich kennen.

*

Es waren noch ein knappes Dutzend andere Gefangene gekommen, von denen ich aber die meisten nicht näher kannte, außer Mike natürlich. Fünf von ihnen waren US-Amerikaner, einer davon der Colonel, zwei Kanadier und Horace aus Jamaica, den ich letztens bei einem Besuch der britischen Botschaft flüchtig kennengelernt hatte.

Steve war noch relativ jung, ich schätzte ihn auf höchstens zwei bis drei Jahre älter als ich es war, obwohl sein Haar sich an der Stirn bereits zu lichten begann. Er war kräftig gebaut und trug eine blaue Hose mit Bügelfalten und ein weißes Hemd mit kurzen Ärmeln. In der einen Hand hielt er eine Gitarre und die andere streckte er mir entgegen und begrüßte mich im breitesten Südstaaten-Dialekt:

»*Howdy, brother, I'm pleased to meet the first German who comes to our group!*«

Ich mochte die meisten Leute aus *Old Dixie* gut leiden, und so war Steve mir auch sogleich sympathisch.

»Freut mich auch, dich kennenzulernen, aber ich bin eigentlich halb englisch und halb deutsch.«

Steve grinste breit und hielt dabei noch immer meine Hand fest.

»Das macht nichts, du bist deshalb genauso willkommen. Setz dich, Bruder, wir wollen erst mal die Stimmbänder ein bißchen trainieren.«

Es waren drei große Holzbänke im Dreieck zusammengestellt, und jemand reichte mir ein Blatt mit einigen englischen Liedertexten.

Alle sangen ohne jede Scheu aus vollem Halse. Eins der Lieder kannte ich sogar der Melodie nach.

»Amazing grace, how sweet the sound
That saved a wretch like me.
I once was lost, but now I'm found,
Was blind, but now I see ...«

Danach sprach Steve ein Gebet, und die Mitglieder der Gruppe stellten sich mir vor:

Der Colonel; Hank aus Minnesota; Bob aus New Jersey, ein sehr kräftiger, bärtiger Mann mit einem großen Herzen, wie es schien; Marty aus Florida, er hatte ein leicht verkrüppeltes Bein, auf das die Comic-Figur ›Popeye‹ tätowiert war; Jeff aus Los Angeles, er war Mikes Mitangeklagter; Wayne, ein junger, sehr intellektueller Theaterschauspieler mit weißgrauen Haaren, aus Toronto; Claude, Mitte 40 und Agraringenieur, aus Quéebec, und Horace, schwarzer Geschäftsmann aus Miami, wie er sagte.

»Dann laßt uns anfangen, für heute habe ich eine Stelle aus dem Markusevangelium herausgesucht, aber wir wollen zunächst mal das erste Kapitel zusammen lesen. Können wir es so machen, daß jeder der Reihe nach einen Vers liest?«

Nachdem wir alle gelesen hatten, beugte sich Steve nach vorne und schaute uns an.

»Die ersten Worte, die Jesus laut Vers 15 predigte, waren:

›Die Zeit ist erfüllt und das Reich Gottes ist herbeigekommen. Tut Buße und glaubt an das Evangelium!‹ Was sagt euch das?«

Bob meldete sich zu Wort.

»Das heißt, daß wir von jetzt ab nicht mehr für uns selbst leben, sondern Jesus nachfolgen sollen.«

»Sehr gut! Aber warum gerade Jesus folgen und nicht irgendeinem anderen guten Menschen oder religiösen Führer?«

»Weil Jesus der Sohn Gottes ist, er ist der Messias.« Horace nickte zustimmend über seine eigenen Worte.

»Richtig. Als Gott seinen Sohn auf die Erde sandte, zur von den Propheten vorausgesagten Zeit, ist sein Reich uns nahegekommen. Hat das jeder verstanden?«

Ich hatte es nur halb verstanden. Was bedeutete das, ›Jesus war Gottes Sohn‹? War Jesus dann ein kleinerer Gott, oder ›Gott Junior‹? Ich wagte aber nicht, als einziger so eine dumme Frage zu stellen.

Steve fuhr fort. »Im ersten Teil des Satzes sagt Jesus, was *Gott* bereits getan hat, und im zweiten Teil fordert er *uns* auf, zwei Dinge zu tun. Welche sind das?«

»Tut Buße und glaubt an das Evangelium«, brummte der Colonel in seinen Bart.

»Heißt das etwa, daß wir in Sack und Asche gehen sollen?« fragte Wayne dazwischen.

»Nein, überhaupt nicht. ›Tut Buße‹ ist eine etwas unglückliche Übersetzung, im Originaltext bedeutet das Wort dafür eher ›ändert euren Sinn‹, oder ›denkt um‹.«

»Du schaltest auf 'nen andern Kanal, weil du das Programm, das du bisher immer gesehen hast, langsam satthast!« meinte Marty.

»Gut gesagt! Du wendest dich ab von der Sünde und hin zu Gott.«

Jetzt wollte ich aber doch etwas fragen.

»Was ist denn Sünde, bitte schön? Ist es das, was Adam und Eva getan haben, oder ist es etwa auch Sünde, mit Drogen zu handeln?«

Nun war ich gespannt auf die Antwort. Steve holte tief Luft.

»Das ist natürlich ein riesiges Thema! Aber um es kurz zu sagen, das Wort, das wir ›Sünde‹ nennen, bedeutet in der Bibel auch ›Verfehlung‹ oder ›das Ziel verfehlen‹. Somit ist das, was Adam und Eva gemacht haben, das erste Beispiel einer Sünde, sie hatten Gottes Auftrag und Anweisung verfehlt.«

»O.k., ist es dann aber auch eine Verfehlung, ein menschliches Gesetz zu brechen?«

»Der Gesellschaft gegenüber ja, sonst gäbe es dieses Gefängnis ja wohl nicht. Allerdings wirst du in der ganzen Bibel nichts über Kokainschmuggel finden, da mußt du dann schon tiefergehen und deine Motive für den Handel mit Drogen und die Konsequenzen für andere daraus untersuchen. Wenn ihr Interesse habt, schauen wir uns demnächst mal die Gebote und Gesetze Gottes an.«

Es herrschte allgemeine Zustimmung.

»Gut, ist deine Frage damit vorerst einigermaßen beantwortet?«

»Hm ja, gut. Mach' weiter!«

»Die zweite Aktion, die Jesus von uns verlangt, ist nur durchführbar, wenn man die erste getan hat. Ohne Sinnesänderung kann man nicht an ihn oder an das Evangelium glauben.

Wayne hatte wieder sehr skeptisch zugehört.

»Kann jemand von euch definieren, was das Evangelium eigentlich ist?«

»Das Evangelium ist die gute Nachricht von der Liebe Gottes und der Vergebung der Sünde durch Jesus Christus; oder um es dir in den Worten der Bibel zu sagen, Moment ...«, Mike blätterte eifrig in seiner dicken Bibel, » ... hier ist es: ›*Darin besteht die Liebe: nicht, daß wir Gott geliebt haben, sondern daß er uns geliebt und seinen Sohn zur Versöhnung für unsere Sünden gesandt hat.*‹ *1. Johannesbrief, Kapitel 4, Vers 10;* das klingt für mich ziemlich gut!«

Wayne und er lachten.

»Genau das haben wir ja schon x-mal gesungen, ›*Amazing grace, how sweet the sound that saved a wretch like me ...*‹ (Erstaunliche Gnade, wie süß der Klang, der einen Elenden wie mich gerettet hat)«, warf Claude ein und rieb sich seine Bartstoppeln. Er sah immer aus wie drei Tage unrasiert.

Steve nahm seine Gitarre wieder auf.

»O.k., Freunde, das war ganz gut für heute, laßt uns dieses Lied doch noch einmal singen!«

Diesmal hatten die Verse schon eine gewisse Bedeutung für mich, und es machte Spaß, mit den anderen zu singen.

Anschließend beteten noch einige zusammen; ich hatte noch nie mit jemandem gebetet und war auch jetzt nicht dazu fähig.

Die geistliche Exkursion mit der Bibelstunde hatte mir aber gutgetan, ich fühlte mich inspiriert und guter Dinge. Steve unterhielt sich noch eine Weile mit mir, und ich schilderte ihm kurz meinen Fall und vor allem das Problem mit Joachim. Er dachte lange darüber nach und sagte mir dann folgendes:

»Vom menschlichen Standpunkt aus kannst du ihm niemals vergeben, das ist richtig, aber von dieser Warte aus kann *dir* auch niemand vergeben! Willst du nicht Christ werden? Bedenke, daß Jesus auch durch seinen Freund verraten und dem Gericht ausgeliefert wurde und daraufhin ans Kreuz kam! Aber er starb diesen schrecklichen Tod, um sich freiwillig für *deine* Sünden zu opfern. Wenn du das glauben kannst, dann kannst du diesem Typ auch seine Verfehlung dir gegenüber vergeben. So gemein seine Tat auch war, Gott hat sie zugelassen, und er weiß, was er tut. Überlaß ihm die Rache!«

Ich hatte den Eindruck, als ob Gott selbst in diesem Moment durch den Missionar zu mir gesprochen hätte. Wir verabschiedeten uns kurz darauf voneinander und die Gruppe zerstreute sich langsam. Ich blieb für den ganzen Rest des Nachmittags allein in dem Raum zurück und blickte auf den Sonnenuntergang, während in mir ein großer innerer Kampf tobte.

Ich spürte, daß ich vor eine gewaltige Entscheidung gestellt worden war. Es ging längst nicht mehr nur um den rechtlichen Fall hier oder um meine Geschäfte, sondern um mein Inneres und die Beziehung zu Gott. Es war schon zuviel Zeit vergangen, als daß ich meine Lage einfach mit einem schicksalhaften Verrat abtun konnte. Etwas wesentlich Wichtigeres mußte dahinterstecken.

Mein skeptischer Verstand sträubte sich aber dagegen; mir selbst war bis jetzt noch nicht einmal klar, worin eigentlich meine Schuld bestand, und wieso sollte ich Joachim vergeben? Ich wollte auch Jesus nicht ›folgen‹. Was bedeutete das überhaupt? Waren er und Gott etwa ein und derselbe? Außerdem war ich doch bereits Christ, oder nicht?

Es lag noch ein weiter Weg vor mir, aber nach einigen Tagen traf ich zumindest eine Kompromißentscheidung: Ich entschloß mich, Joachim nicht länger mit meinem Haß zu verfolgen. Es erschien mir zwar verrückt, aber nun wollte ich abwarten, wie es weiterging.

*

Wiederum einige Wochen später erhielt ich einen Brief von meinem Vater, der einen ausgeschnittenen Artikel einer Frankfurter Tageszeitung enthielt. Ich erkannte sofort Joachims Bild darauf.

»HAT FIEBELKORN 1,8 TONNEN KOKAIN VERSCHOBEN?
Frankfurt, 13. 1. 83 – Wieder machte der ehemalige Söldner-Kommandant Joachim Fiebelkorn von sich reden: Am gestrigen Donnerstagmorgen, neun Uhr, ist der 35jährige in seiner Wohnung aufs neue festgenommen worden. Es wurde Haftbefehl erlassen ... «

Das war kaum zu glauben, sollte dies ein Zufall sein? Es gab sie also doch, die göttliche Gerechtigkeit, Harry hatte recht gehabt. Ich empfand trotz allem eine gewisse Genugtuung über diese Nachricht. Seine für mich völlig unerwartete Verhaftung mußte kurz nachdem ich ihm vergeben hatte, erfolgt sein.

Später sollte noch mehr über ihn erscheinen. Unter anderem, so in einem ›Spiegel‹-Artikel, daß er bereits seit 1981 Informant des *BKA* (Bundeskriminalamts) und der *DEA* gewesen war, obwohl er später selbst zugab, das Kokain im Auftrag von Roberto Suarez nach Kolumbien geschmuggelt zu haben. Durch ihn war sogar noch ein weiterer Mann in Frankfurt verhaftet worden, nach Verhandlungen mit denselben DEA-Agenten in derselben Kneipe im Einkaufszentrum bei Frankfurt.

Im Verlauf seines Prozesses wurden mehrere Mordattentate auf ihn verübt, anscheinend durch Leute aus Bolivien, so daß man es vorzog, einen speziellen unterirdischen Gang zum Gerichtssaal zu benutzen.

Unerklärlich blieb aber, warum die mächtigen internationalen Polizeibehörden ausgerechnet solch einen Mann benutzt – und ihn dann so plötzlich fallengelassen hatten.

*

Ich habe oft darüber nachgedacht, was passiert wäre, wenn wir nach Frankfurt geflogen wären.

Aus einem unerklärlichen Mißtrauensgefühl heraus hatte ich erst wenige Tage vor unserer geplanten Abreise die Route nach Kanada geändert und das Geschäft mit Joachims vermeintlichen Freunden abgesagt. Möglicherweise traf die Polizei daraufhin die Entscheidung, mich bereits in Lima verhaften zu lassen, da die Falle in Frankfurt ja nun nicht mehr zuschnappen konnte.

Wie dem auch sei, wäre ich in Deutschland inhaftiert worden, hätte ich wahrscheinlich ganz anders darauf reagiert. Mit Sicherheit aber wäre mir die Frage nach Gott in einem Gefängnis dort niemals wichtig geworden, eher hätte ich mein Herz noch viel mehr verhärtet und wäre schlimmer aus dem Gefängnis herausgekommen, als ich hineingegangen war.

So wirkten all diese negativen Dinge letztlich doch zum Guten.

Die besonderen Umstände, in einem fremden Land, und ausgerechnet in Peru eingesperrt zu sein, waren für *mich* der einzig mögliche Weg zum Glauben. Gott hatte gewußt, was er tat.

›*Amazing Grace!*‹

11

Julia war jede Woche treu zu Besuch gekommen, aber je mehr Zeit verging, desto größere Probleme hatte ich, ihr klarzumachen, daß aus unserer Beziehung nichts werden würde. Ich wollte sie aber auch nicht verlieren, denn sie war bisher die einzige Person, über die ich Kontakt zur Außenwelt hatte.

Was sollte ich nun tun? Ich wandte mich um Rat an William, der das höchst amüsant fand.

»Mann, solche Probleme würde ich auch gerne haben! Aber laß' dir eins sagen: Es ist sehr wichtig, draußen jemand zu haben, und einen besseren Freund als eine Frau kannst du nicht finden!«

»Ja, wieso?«

»Ein Freund hat es irgendwann mal satt, dich besuchen zu kommen, oder er betrügt dich früher oder später, besonders wenn Geld im Spiel ist. Wenn du flüchtest, und irgendwo untertauchen mußt, kannst du meist nicht mehr auf ihn zählen; aber eine Frau, noch dazu wenn sie dich liebt, wird dir immer helfen, egal um welchen Preis. Sie wird dich noch in fünf Jahren besuchen kommen, wenn du sie gut behandelst.«

»Also was rätst du mir?«

»Du mußt dich entscheiden. Entweder behältst du deine

Freundin in den USA und bleibst deswegen womöglich hier, oder du gibst sie auf, und nimmst die andere, die jetzt hier ist.«

Ich redete mit Julia bei ihrem nächsten Besuch darüber, ob wir nicht einfach Freunde bleiben könnten, aber sie wollte nichts davon hören. Schließlich sagte ich ihr, daß ich bereits vergeben sei. Sie war sehr schockiert darüber und verlangte von mir, daß ich meine Freundin aufgeben solle. Wir kamen leider zu keiner Einigung. Sie verließ mich mit den Worten, daß sie mich nie mehr sehen wolle. Das fand ich sehr traurig, aber es war nicht zu ändern. Trotzdem sollte ich später noch von ihr hören ...

*

Dafür bekam ich aber endlich Post von Sheena. Sie hatte meinen Brief erst über mehrere Umwege bekommen und mir schon an meine Adresse in Florida geschrieben, aber keine Antwort erhalten.

Natürlich war sie sehr besorgt, aber die wichtigste Nachricht in ihrem Brief war, daß sie mich noch liebte! Sie schrieb mir, wie sehr sie mich vermißte und daß sie auf ein baldiges Wiedersehen hoffte.

Mir fiel ein Stein vom Herzen und meine Laune stieg sogleich. Ich schrieb ihr sofort zurück, daß sie sich keine Sorgen zu machen brauche und ich bestimmt in einigen Wochen wieder zurück sei. Dann würden wir gleich zu unserem Skiurlaub in die Alpen fahren.

»Ha!«, dachte ich, »auch wenn dieses unmenschliche System mir meine Freiheit genommen hat, so ist mein Leben doch noch völlig intakt, und sobald ich hier herauskomme, werde ich ohne Probleme wieder normal weiterleben können.«

Ich sollte mich sehr irren. Was ich damals noch nicht wußte, war, daß die Gefangenschaft mein Leben fast völlig zerstören würde.

*

Auch meine Eltern schrieben mir zu meiner Überraschung sehr gefaßt. Sie teilten mir mit, daß ich nur die Ruhe bewahren solle, Hilfe sei schon unterwegs. Ein gewisser Dr. Robert Cohen, jüdischer Rechtsanwalt aus Frankreich mit weitreichenden Beziehungen, sei von ihnen beauftragt worden, mich wieder herauszuholen. Er würde mich bald besuchen kommen.

Von dieser Nachricht war ich eben nicht begeistert, denn gegen Rechtsanwälte, die ich nicht kannte, hegte ich großes Mißtrauen. Einerseits, weil den meisten von ihnen Geld wesentlich wichtiger war als ihre Mandanten, und andererseits, weil ich befürchtete, daß die Polizei solche Leute auf mich ansetzen würde, um an Walter und meine anderen Freunde heranzukommen.

Gewarnt von den Schicksalen anderer Gefangener, die, wie Marcel, viel Geld an angebliche Staranwälte bezahlt und diese dann nie mehr wiedergesehen hatten, nahm ich auf Miguels Empfehlung hin einen ganz gewöhnlichen Anwalt.

Dr. Carlos Ormeño war ein gemütlicher, dicker Mann, der mir von Anfang an klarmachte, daß in meinem Fall mit einem Freispruch nicht zu rechnen sei. Ich zahlte ihm 300 Dollar, und dafür erledigte er die notwendigen Angelegenheiten bei Gericht. Zur Lösung meines Problems kam sowieso nur eine Flucht in Frage.

Besagter Cohen erschien Anfang 1983. Er war ein älterer, dicker Mann, mit einer großen Hornbrille und erwartungsgemäß großspurigem Auftreten. Er war mir nicht ganz unsympathisch, aber irgend etwas stimmte nicht mit ihm. Seinen Schilderungen nach stammte er ursprünglich aus Griechenland und war in große Geschäfte mit fast allen Regierungen der Welt verwickelt. Er versicherte mir, der peruanische Präsident persönlich würde meinen Fall innerhalb der nächsten paar Wochen einstellen lassen.

Ich wußte nicht, was ich von ihm zu halten hatte, war aber der Meinung, es lohne sich, abzuwarten, ob er tatsächlich etwas erreichen würde.

Nach einer Woche reiste er allerdings unverrichteter Dinge wieder ab und ließ mir die Nachricht zukommen, er sei in kürzester Zeit wieder zurück.

*

Mit Harry, François und Géry hatte ich eine Essensgemeinschaft gebildet, da der Gefängnisfraß häufig ungenießbar war.

Dieser sollte zwar dreimal täglich gebracht werden, aber oft fielen eine, zwei oder gar alle Mahlzeiten aus, oder sie kamen mit stundenlanger Verspätung.

Die *Paila* bestand morgens aus zwei trockenen Brötchen und einer Tasse Tee, mittags und abends aus Reis mit braunen Bohnen. Oder es gab braune Bohnen mit Reis. Oder nur Reis oder nur braune Bohnen. Ab und zu eine undefinierbare Suppe, in der Hühnerköpfe und -füße schwammen; keiner wußte, was aus den eigentlichen Hühnern geworden war.

Der Fraß wurde in großen Blechbottichen, einer Art von Schweinetrögen, von einigen Gefangenen aus der Küche in den Hof des Pabellons getragen. Dann war er aber oft bereits kalt und wurde stets von riesigen Fliegenschwärmen heimgesucht. Jeder hatte sein eigenes Eßgeschirr mitzubringen und sollte sich in einer Reihe aufstellen. Selten aber sorgte jemand für die nötige Disziplin, so daß es immer ein einziges Gedränge und Gerempel war, jeder wollte zuerst drankommen und verfluchte ständig die anderen.

»*Oye, a la cola, la cola, hijo de puta*! (Hey, in die Reihe, die Reihe ... !)«

Ein dicker Kerl, der immer erst zuletzt auf den Hof kam und sich dann frech vordrängelte, wurde einmal von seinem

Hintermann in den Bottich mit ausnahmsweise heißer Suppe geschubst.

Alles brüllte natürlich vor Lachen und Schadenfreude, aber er selbst schrie noch stundenlang vor Schmerzen wegen seiner Verbrühungen vom Kopf bis zum Bauch.

Es erschien mir immer wie eine Fütterung von Schweinen oder wilden Tieren, deshalb verzichtete ich auf diese *Paila*. Hunger zu haben war eine Erfahrung, die ich bisher noch nie gemacht hatte, und ich verstand auf einmal, warum so viele arme Leute im Gefängnis saßen. Wer Hunger hat, ist zu allem bereit, um irgendwie an Geld für etwas Eßbares zu kommen.

Die Regelung mit der Essensgemeinschaft war natürlich sehr vorteilhaft, besonders da Géry ein vorzüglicher Koch war und wir von den Marktfrauen am Samstag stets gute Lebensmittel erhielten.

Abends praktizierte ich dann mein Französisch, während ich mit Géry und François auf dem Hof auf und ab ging; 65 Schritte hin und 65 Schritte zurück. Géry meinte, er käme sich vor wie in einem Schwimmbad, wo man eine Lage nach der anderen schwimme.

*

So vergingen die Tage und Wochen, es wurde »Frühjahr«, nach peruanischem Kalender noch immer Hochsommer mit Temperaturen bis zu 45 Grad im Schatten. Tagsüber begaben sich viele der Gefangenen mit einer Decke auf den Hof und legten sich zum Sonnen auf den Boden. Für gelegentliche Abkühlung sorgte ein Eimer mit Wasser, den man sich mitnahm.

Mein Spanisch hatte sich in der Zwischenzeit wesentlich verbessert, nicht zuletzt durch Fernsehen und Zeitunglesen. In einer Tageszeitung war sogar ein großaufgemachter Artikel über unsere »Mafia-Bande« erschienen. Eine interessante Regelung in Lurigancho bewirkte, daß man jeden Tag die aktuellen

Zeitungen kaufen konnte. Sie wurden frühmorgens zum Gefängnis gebracht und dann von zwei Gefangenen überall angeboten und verkauft. So lasen Alfonso, Miguel und ich jeden Morgen gemeinsam die Zeitung. Das konservative Blatt ›*El Comercio*‹ war in sehr gutem Spanisch geschrieben, und nach und nach erkannte ich die grammatischen Formen, die Akzente und wie diese Sprache funktionierte. Alfonso sah im Fernsehen den ganzen Tag lang *Telenovelas*, die lateinamerikanische Hausfrauenkultur in Form von verfilmten Liebesgeschichten mit Hunderten von Folgen, und öfters schaute ich mit zu.

Ich las auch verschiedene Bücher, eines der ersten war ironischerweise ›*Midnight Express*‹ von Billy Hayes, das ich in nur drei Tagen verschlang. Seine Geschichte war im Buch wesentlich detaillierter und dichter als im Film. Ein beklemmendes Gefühl überkam mich.

»Hör dir das an, Harry:

›So lief es schließlich darauf hinaus:
Nach drei Jahren ringen und feilschen und
Rechtsanwälte bezahlen und hoffen und reden
und sorgen und beten, waren es am Ende
immer noch dreißig Jahre ...‹

Was meinst du dazu?«
Harry griff nach seinem angerauchten Joint.
»Ich meine dazu, daß du die Klappe halten sollst, wer will schon so etwas hören?!«

Lesen war eine der Hauptbeschäftigungen in Lurigancho, überall lagen Romane und Zeitschriften herum.

Die Peruaner lasen allerdings fast ausschließlich Comic-Hefte, Science-Fiction, Wildwest- oder Fantasy-Geschichten. Es gab sogar ein kolumbianisches Comic mit Geschichten über die *Narcotraficantes*, also die Rauschgifthändler. Haarsträubende Sachen, die aber teilweise ganz gut gemacht waren. Das Schema war jedesmal dasselbe: Das viele Geld wurde in Autos und Häuser umgesetzt, und dann brachten sich die Dealer des Geldes wegen untereinander um.

*

Ray Greenberg kam noch einmal zu Besuch, mit weiteren Hiobsbotschaften: Sowohl Herr von Lichtenberg als auch Hermann, der Spökenkieker, waren in Deutschland verhaftet worden!

Der vor zwei Jahren verlorengegangene Koffer hatte Herrn von Lichtenberg den Garaus gemacht. Die Polizei hatte akribisch seine Spur verfolgt, bis sie genügend Beweise zusammenhatte, um ihn zu verhaften.

Dazu beigetragen hatte der alte Narr von Spökenkieker, der beim Schmuggeln auf eigene Faust erwischt worden war und daraufhin ausgepackt hatte. Unsere Organisation war fast zusammengebrochen. Gegen Walter und viele aus unserer Bekanntschaft bestanden internationale Haftbefehle. Trotzdem setzten sie nach wie vor alles daran, Geld zu meiner Auslösung aufzutreiben und mich hier wieder herauszuholen, behauptete Ray.

Dies war auch das letzte Mal, als ich ihn sah. Wie ich erst sehr viel später erfuhr, hatte er mit Duane gemeinsame Sache gemacht, um Walter vorzugaukeln, daß $ 50.000 (die Duane ihm schuldete), für meine Auslösung bereitgestellt worden wären. In Wirklichkeit hatten die beiden dieses Geld aber einfach unterschlagen, genau die Summe, die ich anfangs zum Freikommen gebraucht hätte ...

*

Eines Morgens führte die Polizei in aller Frühe eine Razzia durch, die gefürchtete *Requisa* der Guardia Republicana. In Hundertschaften stürmten die paramilitärischen Polizisten, mit Maschinenpistolen und Schlagstöcken bewaffnet, in jeden Zellblock. Unter permanentem, ohrenbetäubendem Getriller ihrer

Pfeifen trieben sie alle Gefangenen mit Schlägen auf die Höfe hinaus. Bei früheren solcher Aktionen waren verschiedene Gefangene schwer verletzt oder gar totgeschlagen worden; ein älterer, einäugiger Argentinier erzählte uns, wie er dabei sein Auge verloren hatte.

So entstand eine beträchtliche Angst und Panik, und alle bemühten sich, die Polizisten so wenig wie möglich zu provozieren. Viele von denen hatten dennoch ein sadistisches Vergnügen daran, ihre Macht auszunutzen und die Gefangenen zu schlagen.

Wir mußten uns alle im Hof auf den Boden hocken, mit dem Gesicht zur Wand, und die Arme hinter dem Kopf verschränken. Dann hatten wir bis zum Mittag so stillzusitzen; wer sich bewegte oder mit dem Nachbarn sprach, erhielt sofort Schläge mit dem Knüppel. Es war nicht einmal erlaubt, zur Toilette zu gehen, und das Stillsitzen in der gleißenden Sonne wurde bald unerträglich.

Derweil wurden alle Zellen auf den Kopf gestellt und verwüstet; was irgendeinen Wert besaß, wurde mitgenommen.

Nach Stunden dann erfolgte eine *Quenta* (Zählung), und jeder Gefangene wurde mit Namen aufgerufen, mußte zur anderen Seite des Hofes rennen und sich dort hinhocken. Am Nachmittag war der ganze Spuk vorüber, und wir gingen daran, unsere Zellen wieder aufzubauen.

Nach massiven Protesten, Anzeigen und Beschwerden der ausländischen Botschaften wurden die Requisas im Laufe der Zeit etwas humaner, und man versuchte die Diebstähle einzuschränken, dennoch blieben es grauenvolle Stunden. Jedesmal wurde auch entdeckt, daß einige Dutzend Gefangene fehlten, die entweder tot oder geflüchtet waren.

Die erste Razzia, die ich miterlebte, hatte Konsequenzen besonderer Art: Die Zivilbeamten sollten ein größeres Büro bekommen, und dafür war unsere Zelle ausersehen.

So fand ich mich ein paar Tage darauf in Zelle 17 wieder, zusammen mit Jürgen, einem der Deutschen. Ich sollte jetzt das Gefängnis richtig kennenlernen ...

*

Mit Jürgen hatte ich mich bereits des öfteren unterhalten. Er war 31 und stammte aus Hamburg. Groß und schlank, mit blonden Haaren und angenehmen Umgangsformen. Er hatte mir gleich nach der Razzia angeboten, bei ihm einzuziehen.

Seine Zelle war allerdings wesentlich kleiner als unsere vorherige, sie maß nicht mehr als acht Quadratmeter, inklusive Toilette und Waschbecken. Jürgen besaß ein massives Etagenbett aus Holz, das vor dem Fenster stand und die gesamte Breite einnahm. Er überließ mir das obere Bett, was sich aber als Strapaze herausstellte, denn die Hitze war so dicht unter der Decke unerträglich. Selbst nachts war es noch so heiß wie in einem Backofen.

»Du darfst dich nicht so anstellen«, meinte Jürgen, »früher haben die in diesen Zellen bis zu acht Leute untergebracht, und dann war nachts noch Einschluß. Kannst dir ja vorstellen, wie es da zuging!«

»Mir reicht es so schon, der Komfort in diesem ›Hotel‹ läßt immer mehr zu wünschen übrig...«

Jürgen verdiente sich etwas Geld mit Wäschewaschen und Bügeln, er arbeitete jeden Abend.

»Du scheinst ein guter Geschäftsmann zu sein.«

»Tja, ich war sogar mal Inhaber einer Millionenfirma.«

»Wirklich, wo denn?«

»In Deutschland natürlich, ich besaß damals eine Firma, die Musikanlagen für Rockkonzerte vermietete, große Konzerte meine ich! Unsere Anlage war zwei Millionen Mark wert.«

»Donnerwetter, was ist denn daraus geworden?«

Seine Augen blickten in eine imaginäre Ferne.

»Bei einem Rockfestival erschienen mehrere Gruppen nicht, und die Zuschauer wurden sauer. Als sie merkten, daß die großen Stars wirklich nicht kamen, stürmten einige tausend Leute auf die Bühne und schlugen alles kurz und klein, wir konnten gar nichts dagegen tun! Na ja, und die Versicherung wollte dann nicht zahlen; ich führe heute noch einen Prozeß gegen die Gauner. Jedenfalls war das dann das Aus für meine Firma.«

»Aber du hättest doch wieder neu anfangen können!«

Jürgen winkte ab und verzog das Gesicht zu einem merkwürdigen Grinsen.

»Hätte ich vielleicht, ja, aber ich war damals schon so auf ›H‹, daß ich gar keinen Bock mehr dazu hatte.«

»Sagtest du auf ›H‹, auf Heroin?!«

»Ja, was hast du gedacht?«

Ich war verblüfft, bisher hatte ich nur einmal einen Heroinsüchtigen von nahem gesehen.

»Aber jeder, der Heroin nimmt, stirbt doch daran!«

»Nein, nur wenn du schlechtes Zeug hast oder dir eine Überdosis spritzt. Heroin an sich ist genauso gesundheitsschädlich wie Alkohol.«

»Was, das glaube ich nicht, man sieht doch immer die Toten in den Bahnhofstoiletten, das sind doch alles Heroinsüchtige!«

»Das sind die hoffnungslosen Junkies und Fixer, ich habe *H* nur geschnieft, die türkischen Dealer machen das alle so, da greift keiner zur Spritze.«

Es war immer wieder interessant, wie unterschiedlich die Lebensgeschichten der Leute aussahen, die hier »gelandet« waren.

Spät abends kamen regelmäßig die meisten anderen Deutschen zu Besuch, ausgenommen Helmut, der kein großes Interesse an den Einpfeifern (den Pastarauchern) hatte, wie er sagte.

Auffallend war, daß diese keinerlei Wertgegenstände besaßen, selbst eine Armbanduhr oder eine Haarbürste fielen in ihrer Nähe bereits auf. Der Grund dafür war, daß sie alles, was sich irgendwie zu Geld machen ließ, gegen Drogen eintauschten.

Jürgen war zusammen mit zwei Freunden verhaftet worden, mit Schorsch, einem ehemaligen Angestellten von ihm, und mit Matthias, der erst 21 war und einstmals als Koch in einem exklusiven Frankfurter Restaurant gearbeitet hatte. In ihrem Fall ging es um ganze 60 Gramm Koks. Alle drei fanden sich des öfteren zum Pastarauchen in unserer Zelle ein. Ab und zu kam auch Fritz, ein, wie er selbst sagte, »schwerer Junge« aus Offenbach. Die Pasta wurde in kleinen Plastiktütchen, ›Bolsas‹ gehandelt. Eine *Bolsa* kostete 5000 *Soles* (zehn DM) und enthielt etwa ein Gramm Pasta.

Matthias war der schnellste im Jointdrehen. Die an sich höchst komplizierte Prozedur dauerte bei ihm nur zwei Minuten:

»Ganz einfach. Du schüttelst aus einer Zigarette den Tabak heraus und füllst ihn dann wieder vermengt mit Pasta ein, so etwa.«

Er saugte den Tabak und die Pasta in die Zigarette ein.

»Du kannst auch Marihuana dazu nehmen, wenn du einen ›*Mixto*‹ rauchen willst. – Voilà! Fertig ist der Pastajoint, auch ›*Duro*‹ genannt.«

Die anderen lachten alle, Fritz erklärte mir den Namen.

»Weißt du, Ronald, das ist deswegen, weil du nach dem Rauchen eines Joints ›*duro*‹ bist, so hart und steif, daß du dich kaum noch bewegen kannst und rumläufst, als hättest du 'nen Stock verschluckt!«

»Eben, und obendrein seid ihr total von der Rolle. Aber wieso raucht ihr es dann?«

»Mann, hier kannst du ja nichts anderes tun, als dir einen in die Birne zu hauen, in diesem Irrenhaus!« meinte Schorsch und zog kräftig an dem Joint, der herumging, wobei sich das Papier ganz schwarz verfärbte. Ein beißender Qualm stieg auf.

Sie rauchten dann immer bis in den frühen Morgen und führten endlose Gespräche um Drogen, die Qualität der Pasta, den Knast oder die Gefangenen. Der Gestank, der zu mir nach oben drang, war derart penetrant, daß ich kaum schlafen konnte. Pastaraucher versuchen ständig, andere zum Mitrauchen einzuladen, in der Absicht, daß man dann den nächsten Joint kaufen werde. »Anschieben« wurde das genannt. Jeder, der in eine solche Situation kommt, sei gewarnt: Das Pastarauchen ist kein sehr schönes Erlebnis.

Man kann immer nur einen bis zwei Züge machen und muß dann den Joint weitergeben, da die Wirkung des Kokains sofort ins Gehirn steigt. Der allererste Zug ist vielleicht noch berauschend, aber sobald nach wenigen Minuten und schließlich nur noch Sekunden die Wirkung verflogen ist, geht es massiv nach unten, und der Raucher fühlt sich total deprimiert und hundeelend.

»Das ist wie Achterbahnfahren«, beschrieb mir Fritz, »du versuchst immer, das orgastische Gefühl des ersten Zugs wiederzubekommen; statt dessen fährst du nur noch steil rauf und steil runter. Wenn du dann unten bist, ist das einzige, was den beschissenen Zustand vertreiben kann, ein neuer Pastajoint ...«

*

Die Droge wurde von mehreren Dealern im Gefängnis verkauft; ihr King war ein Mann namens Buitron. Ein an sich unscheinbarer, kleiner Mann indianischer Abstammung, doch hatte er den gesamten Markt in Lurigancho unter seiner Kontrolle. Sein Talent, Geschäfte zu machen und Beziehungen richtig zu nutzen, war erstaunlich, aber er scheute sich auch nicht, hart durchzugreifen, wenn jemand nicht parierte oder seine Schulden nicht bezahlen wollte. Im Aussehen glich er einem Raubvogel, und bezeichnenderweise erinnerte sein Name an das spanische Wort ›*Buitre*‹ für Geier...

Buitron hatte einen kanadischen Laufburschen, der für ihn im Pabellon sieben herumlief und Drogen verkaufte.

Robert war erst 20 Jahre alt und stammte aus Montreal. Es stellte sich heraus, daß er für Marcel Drogen hatte transportieren sollen. Nun war er schon über drei Jahre im Gefängnis und bereits zum zweitenmal wegen Dealens innerhalb der Anstalt verurteilt. Er war vollkommen drogenabhängig und sah sehr viel älter aus, seine Beine waren mit häßlichen Geschwüren bedeckt. Ursprünglich war er sicher mal ein gutaussehender Junge gewesen. Die anderen nannten ihn ›Ratten-Robert‹, da er jeden ständig übers Ohr haute, aber ich mochte ihn irgendwie doch.

»Wenn du mich fragst, rauchen 90 Prozent aller Insassen von Lurigancho mehr oder weniger regelmäßig Pasta. Mindestens zwei Drittel davon sind süchtig!«

»So viele?! Das muß ja ein Irrsinns-Geschäft sein, wenn ihr die alle mit Drogen versorgt, mehrere hundert Kilo Pasta im Monat!«

»Na klar, was glaubst du, was Leute wie Buitron hier verdienen; in diesem Pabellon allein macht der über 10.000 Dollar im Monat! Seine Strafe ist auch schon längst um, er könnte auf Bewährung entlassen werden, aber hier verdient er mehr als draußen, und obendrein sicherer ...«

»Pasta ist die Volksdroge der armen Leute«, meinte Jürgen, »große Teile der Bevölkerung in den Slums von Lima rauchen das Zeug Tag und Nacht. Das Geld dazu beschaffen sie sich durch Raubüberfälle, Einbrüche und Diebstähle. Ergo hast du die Hälfte der Gefangenen auf der anderen Seite, in der *Pampa*.«

Robert nahm ihm den Joint ab, zog daran und begann ganz schrecklich zu husten. Er verkrampfte sich und würgte und mußte schließlich die Zelle verlassen.

»Der ist ein armer Teufel«, meinte Schorsch, »die Lunge ist bereits total hin, du mußt dir mal vorstellen, wieviele Kilo der von dem Zeug schon verraucht hat!«

Zum ersten Mal begriff ich jetzt, daß Kokain sehr wohl abhängig macht und die Süchtigen langsam, aber sicher umbringt. Schockierend war, daß sie selbst sich an dieser Tatsache gar nicht zu stören schienen.

*

›*Bibel-Steve*‹ war alle zwei Wochen zu Besuch gekommen und hatte seine interessanten Bibelstunden gehalten. Was mich besonders dorthinzog war das Gefühl, in ihm einen Christen zu sehen, der tatsächlich nach seinem Glauben lebte. Wenn er uns an eine Bibelstelle heranführte, dachte ich immer, daß er einen direkten Draht zu Gott haben müßte, um so viel über dieses Thema sagen zu können.

»Wie schon lange versprochen, habe ich heute etwas zu den Zehn Geboten vorbereitet. Ihr kennt sie doch sicher alle, oder?«

Jeder mußte angestrengt nachdenken.

»Gelesen haben wir sie natürlich mal, aber ob wir sie noch alle zusammenbringen ... «

»Also gut, dann lesen wir sie doch noch einmal. Zurück zur Bibel, ins Alte Testament ... Gott hatte die Juden aus Ägypten herausgeführt und schloß auf dem Sinai einen ewigen Bund mit ihnen. Mose erhielt die Gebote direkt von Gott und sagte sie dann dem Volk weiter, später schrieb er sie auf Steintafeln:

1. ›Ich bin der Herr, dein Gott, der ich dich aus Ägyptenland, aus der Knechtschaft, geführt habe. Du sollst keine anderen Götter haben neben mir.‹
2. ›Du sollst dir kein Gottesbildnis machen ... Bete sie nicht an und diene ihnen nicht ...‹
3. ›Du sollst den Namen des Herrn, deines Gottes, nicht mißbrauchen; denn der Herr wird den nicht ungestraft lassen, der seinen Namen mißbraucht.‹
4. ›Gedenke des Sabbattages, daß du ihn heiligest. Sechs Tage sollst du arbeiten und all deine Werke tun. Aber am siebenten Tage ist ein Ruhetag, dem Herrn, deinem Gott geweiht ...‹
5. ›Du sollst deinen Vater und deine Mutter ehren, auf daß du lange lebest in dem Lande, das dir der Herr, dein Gott, geben wird.‹
6. ›Du sollst nicht töten.‹

7. ›Du sollst nicht ehebrechen.‹
8. ›Du sollst nicht stehlen.‹
9. ›Du sollst nicht falsches Zeugnis reden wider deinen Nächsten.‹
10. ›Du sollst nicht begehren deines Nächsten Haus ... noch irgend etwas, was dein Nächster hat.‹

(2. Mose 20,1-17)

Wer von euch kann sagen, daß er noch keins dieser Gebote gebrochen hat? Steve blickte in die Runde.

Ich war in gewisser Weise erstaunt, wie simpel und grundsätzlich diese Gebote waren, eigentlich waren sie alle sinnvoll. Außerdem waren diese Zehn Gebote nicht viel, vergleichbar wohl mit dem Grundgesetz, das aber bereits weit über 100 Artikel hat. Als Moralordnung waren sie relativ einleuchtend, obwohl ich unfähig gewesen war, mich in meinem bisherigen Leben daran zu halten.

»Ich habe alle zehn gebrochen«, sagte ich. Die Reaktion war allgemeines Erstaunen.

»Wirklich, du hast doch noch keinen umgebracht, oder?«

»Direkt nicht, aber ich habe es schon einige Male vorgehabt und indirekt auch den Auftrag dazu gegeben.«

Horace kratzte sich am Kopf.

»Ich glaube, Ronald hat recht. Wer von uns weiß, wie viele Dealer sich wegen der Drogen bereits gegenseitig umgebracht haben? Jesus hat gesagt, daß schon, wer seinen Bruder beschimpft, dem Gericht verfallen sei.«

»Stimmt, oder wie viele Süchtige schon dabei draufgegangen sind? Ich für meinen Teil kann sagen, daß ich bereits das erste Gebot nie gehalten habe, mein ›Gott‹ war das Geld!« meinte Marty.

»Das war meiner auch, Geld und Reichtum waren für mich das Allerwichtigste.«

»Und die Sache mit dem Ehebruch ... Wenn ich an die vielen gutaussehenden Frauen denke, die wir bereits vernascht haben ... «

Mike hatte den Nagel auf den Kopf getroffen. Alles lachte. Steve ergriff wieder das Wort.

»Ihr seht, daß diese Gebote sowas wie ein Spiegel oder ein Prüfstein für unser Verhalten sind. Ohne ein Gesetz wüßten wir nicht, was richtig oder falsch ist. Warum zum Beispiel seid ihr jetzt alle hier in Lurigancho? Mit welchem Recht hält der peruanische Staat euch hier fest?«

»Mit überhaupt keinem, dieses Land besteht doch seit jeher nur aus Gaunern und Verbrechern!« entrüstete sich der Colonel.

»O.k., aber jetzt mal davon abgesehen?«

»Nun, ein gewisser Artikel im *Código Penal*, dem peruanischen Strafgesetzbuch, besagt, daß auf den Handel und Besitz von Kokain Gefängnisstrafe steht.«

»Aha, die Strafe beim Verstoß gegen das menschliche Gesetz ist in diesem Fall Gefängnis. Wenn nun jemand gegen eins der Gebote Gottes verstieß, was war dann die Konsequenz?«

Mike kratzte sich hinterm Ohr.

»Er hatte ein Opfer zu bringen, glaube ich, meist irgendein Tier oder so.«

»Richtig, aber nur wenn der Verstoß aus Versehen geschah; brach jemand eins der Gebote vorsätzlich, bedeutete das den Tod! Wenn ihr bei Mose im selben Kapitel weiterblättert, werdet ihr noch eine ganze Reihe von Sozialgesetzen finden, die Gott den Israeliten gab, um das tägliche Leben zu regeln. So gab es Bestimmungen über Streitereien, Sachschaden, Diebstahl, Geldverleihen, Ehe- und Familienregeln und so weiter. Seht mal nach, was dort das Verfahren bei Verstößen war.«

Es verging eine Weile, in der wir in den Bibeln blätterten, Bob schaute schließlich auf:

»Es gab zwei Arten von Bestrafung, soweit ich das sehe: entweder Wiedergutmachung des Schadens, oder die Todesstrafe, je nach Schwere des Falls.«

»Interessant, nicht wahr? Kein Wort von Gefängnisstrafe! Das ist ein durchgängiges Prinzip in der Bibel. Damals gab es zwar auch schon Gefängnisse, aber sie dienten nur dazu, die Leute bis zum Gerichtstermin festzuhalten. Dann wurden sie entweder freigelassen oder getötet. Das heutige Prinzip vom Abbüßen einer Strafe durch jahrelangen Freiheitsentzug mit gleichzeitiger Rehabilitierung ist ein Produkt des Mittelalters, wo man glaubte, daß sich die Gefangenen durch die Leiden der Haft ändern würden.«

Mike deutete auf das dicke Buch, das er in letzter Zeit ständig mit sich herumtrug.

»Genauso wird es in »*Shogun*« beschrieben, im alten Japan gab es auch nur zwei Urteile: Freispruch oder Tod.«

Meine Gedanken wanderten weiter: Wenn die Bibel keine Gefängnisstrafe kannte, hatte Gott die Gefängnisse auch nicht erfunden! Aber die Todesstrafe für bewußten Verstoß gegen auch nur eins der Gebote beunruhigte mich.

»Wurde das denn wirklich so streng gehandhabt?«

»Na ja, wenn ihr genau hinschaut, dann seht ihr, daß die Zehn Gebote zwar das perfekte Gesetz Gottes sind, aber kein Mensch wird jemals in der Lage sein, sie alle zu halten. Selbst Mose konnte es nicht, dazu hätte er genauso sündlos wie Gott sein müssen. Der einzige, der es konnte, war Jesus.«

»Aber es heißt doch immer in der Kirche, daß man alle Gebote halten soll, um in den Himmel zu kommen, und daß man gute Werke tun muß!« Wayne blickte skeptisch.

»O.k., das ist eine menschliche Auffassung, die leider auch in vielen Kirchen vorherrscht, sie ist aber komplett falsch! Sehen wir uns doch mal an, was die Bibel dazu sagt, z.B. im Neuen Testament:«

> »Wie geschrieben steht: ›Da ist keiner, der gerecht ist, auch nicht einer. Da ist keiner, der verständig ist; da ist keiner, der nach Gott fragt.
> Sie sind alle abgewichen und allesamt verdorben. Da ist keiner, der Gutes tut, auch nicht einer.‹«
>
> (Römer 3,10-12)

»Das besagt, daß niemand, weder ich, noch ihr, noch sonst wer gerecht genug vor Gott sein kann.«

»Auch Leute wie die Heiligen nicht?«

»Wenn der frömmste Heilige alle guten Werke nur tun würde, um besser vor Gott dazustehen, wäre er auch nicht gerechter als der schlimmste Verbrecher hier im Gefängnis.«

»Wozu dann aber diese Gebote und Gesetze, wenn doch niemand gut genug ist?«

Statt einer Antwort las Steve weiter im Text:

»Wir wissen aber: was das Gesetz sagt, das sagt es denen, die unter dem Gesetz sind, damit allen der Mund gestopft werde und alle Welt vor Gott schuldig sei, weil kein Mensch durch die Werke des Gesetzes vor ihm gerecht sein kann. Denn durch das Gesetz kommt nur die Erkenntnis der Sünde.«

(Römer 3,19-20)

»Seht ihr es jetzt? Das Gesetz ist dazu da, um uns einerseits zu sagen, welche Maßstäbe Gott setzt, und um uns andererseits überhaupt *bewußt* zu machen, wo wir verfehlt haben. Erinnert ihr euch an diesen Ausdruck? Verfehlen ist das biblische Wort für Sünde. Durch das Gesetz wissen wir, *was* Sünde ist, ganz einfach!«

»Was verlangt Gott dann aber von uns? Diese Maßstäbe sind ja unerreichbar!« warf ich ein. Langsam kam es mir so vor, als seien wir alle unrettbar verloren.

»Eine sehr gute Frage! Lesen wir noch ein Stück, die Antwort kommt im selben Abschnitt:«

»Nun aber ist ohne Zutun des Gesetzes die Gerechtigkeit, die vor Gott gilt, offenbart, bezeugt durch das Gesetz und die Propheten. Ich rede aber von der Gerechtigkeit vor Gott, die da kommt durch den Glauben an Jesus Christus zu allen, die glauben.
Denn es ist hier kein Unterschied: Alle haben gesündigt und die Herrlichkeit verloren, die Gott ihnen zugedacht hatte, und werden ohne Verdienst gerecht aus seiner Gnade durch die Erlösung, die durch Jesus Christus geschehen ist. Den hat Gott für

den Glauben hingestellt als Sühne in seinem Blut zum Erweis seiner Gerechtigkeit, indem er die Sünden vergibt ...«
(Römer 3,21-25)

»Das Gesetz führt uns unweigerlich zu Jesus, denn nur sein Opfer macht uns gerecht vor Gott. Dazu muß man allerdings besonnen genug sein, um zu erkennen, daß man als Sünder vor Gott steht. Jesus kam nicht, um Gerechte zu berufen, sondern um Sünder zu retten.«

Dieser Jesus, den ich mir bisher eher als guten Menschen oder Propheten vorstellen konnte, mußte doch eine ganz besondere Person sein, soviel war mir jetzt klar. Was mir noch fehlte, war die Beziehung zwischen ihm und Gott, das mußte der Schlüssel zu dem Ganzen sein!

*

Die Bibelstunden hatten mich nachdenklich gemacht. Ich begann zu zweifeln, ob der Drogenhandel wirklich nur ein harmloses Abenteuer gewesen war, bei dem niemand zu Schaden gekommen war. Hier im Gefängnis lebte ich zum erstenmal mit richtigen Drogensüchtigen zusammen und erfuhr von ihrer Qual mit diesem Zeug. Außerdem wurde mir zunehmend bewußt, daß unser Abenteuer vom anfänglichen Gentlemen-Geschäft zusehends ins harte Verbrechen übergegangen war.

Ich erinnerte mich an unsere Geldeintreiber in Texas.

Je mehr Drogen wir ins Land brachten, um so mehr Kontakte bekamen wir zu Dealern. Viele lernten wir über unsere bolivianischen Freunde kennen, unter anderem Duane. Wann immer ich zur Ranch unserer Freunde herauskam, fühlte ich mich in die Zeit des Wilden Westens versetzt, in der noch die *Outlaws* Amerika beherrscht hatten. Obwohl Duane nach außen unerhört lässig wirkte, war er ein gefährlicher Mann, mit dem in geschäftlichen Dingen nicht zu spaßen war.

Zum Geldeintreiben nahm er immer seine beiden Hunde mit, zwei riesige, schwarze dänische Doggen, die speziell abgerichtet waren. Sie setzten sich stets neben seinen Sessel, eine links und die andere rechts. Bei jeder unbedachten Bewegung fingen sie an zu knurren und die Zähne zu fletschen. Streckte man die Hand nach ihrem Herrn aus, erhoben sie sich sofort und gingen in Angriffsstellung. Ein Wort von ihm genügte – und nicht wenige Leute waren bereits krankenhausreif gebissen worden. Jedenfalls zahlten die meisten Dealer sehr schnell ihre Schulden, wenn Duane mit seinen Hunden auftauchte.

Einmal wurde einem Freund von uns ein Kilo Kokain gestohlen. Es stellte sich bald heraus, daß ein iranischer Drogendealer dahintersteckte, und so wurde die Angelegenheit Duane und seinen Leuten übergeben.

Er hatte dazu eine Schlägertruppe, die aus Rockern und Vietnamveteranen bestand. Sein bester Mann war 2,25 Meter groß und fast ebenso breit, er bestand fast nur aus Muskeln. Seine Arme waren wie Baumstämme, und man nannte ihn *Mountain*, weil er so groß war wie ein Berg.

Mountain bekam den Auftrag, sich den Typ vorzuknöpfen. Er ging mit zweien seiner Männer in das Haus, statt anzuklopfen trat er gleich die Tür ein. Bevor sie zu ihren Waffen greifen konnten, blickten der Iraner und seine Leibwächter in die Mündungen zweier ›M-10‹ Maschinenpistolen. Mountain und seine Leute nahmen sich die Einrichtung vor, teure Möbel, Stereoanlage, Flaschen und Geschirr gingen in tausend Stücke, und nach einer halben Stunde war das elegante Haus ein einziger Trümmerhaufen. Die drei Männer wurden zusammengedroschen. Mountain warf den Mann in einen Sessel und drohte, ihm die Beine mit einem Baseballschläger zu brechen.

»*So, where is it, Arab man?*«

»Ich weiß nichts davon, ich habe es nicht!«

Er gab schließlich zu, das Kokain bereits verteilt zu haben, und übergab Mountain 15.000 Dollar in bar sowie einen nagelneuen BMW, der als Pfand dienen sollte, bis das restliche Geld gezahlt war. Die Aktion wurde damit beendet.

Auf der Ranch feierten wir daraufhin den Erfolg, und die Männer gaben die Geschichte mehrmals zum besten. Keiner konnte uns in diesem Geschäft mehr was anhaben dachten wir; wenn man nur hart genug war, war man auch erfolgreich ...

*

Als ich nun darüber nachdachte, mußte ich den Kopf über mich selbst schütteln. Was, wenn einer der Männer dabei umgekommen wäre?

In Lurigancho ging es ähnlich zu. Hier wurde sogar fast jeden Tag einer umgebracht – aber das waren ja auch alles eiskalte Mörder und dergleichen. Sollte ich etwa genauso schlecht sein? Vielleicht war das die Lehre dieser Inhaftierung.

Abends lief ich gern auf dem Hof umher und schaute zum Himmel hinauf. Wenn ich mir die Milliarden von Sternen und Galaxien ansah, konnte ich die Mauern und das Eingeengtsein von Lurigancho für kurze Zeit vergessen.

Steve hatte uns ein altes christliches Volkslied aus Rußland gelehrt, dessen Melodie mir nicht mehr aus dem Kopf ging:

»Du großer Gott, wenn ich die Welt betrachte,
die du geschaffen durch dein Allmachtswort,
wenn ich auf alle jene Wesen achte,
die du regierst und nährest fort und fort,
dann jauchzt mein Herz dir, großer Herrscher, zu:
Wie groß bist du! Wie groß bist du!«

Ich hatte mich als Kind schon immer gefragt, wo das Weltall wohl zu Ende sei, war aber nie zu einem Schluß gekommen. Gäbe es zum Beispiel in unendlicher Entfernung eine Mauer, auf der stünde: ›Hier ist das Ende des Weltraums‹, was wäre dann hinter der Mauer?

Eine andere Frage war, wie lange das All bereits bestand, oder bestehen würde? Diese Fragen endeten für mich stets mit der Feststellung, wie klein und winzig wir Menschen und unser Planet doch waren. Wenn Gott überall war, und das mußte er wohl sein, sonst wäre er nicht Gott, dann hatte er bestimmt alle Hände voll damit zu tun, dieses ganze Universum in Bewegung zu halten.

Wie konnte ich überhaupt erwarten, daß Gott Interesse an *mir* zeigte, oder daß er mir überhaupt Beachtung schenken würde? Ich konnte nicht mehr viel Positives an mir finden, und da draußen waren sowieso Millionen von Menschen, die anständiger waren als ich!

Warum kam ein Pfarrer in dieses Höllenloch und hielt einen Bibelkreis für uns, es gab doch bestimmt wichtigere Aufgaben für ihn? Wie ich Steve einschätzte, kam er nicht aus eigenem Antrieb, sondern weil Gott ihn geschickt hatte!

Irgendwie war ich mir dessen sicher: Er kam nur hierher, weil es einen Gott gab und weil dieser nach uns suchte.

Jesus, der Gute Hirte, der seine guten Schafe auf der Weide zurückließ, um nach den verlorenen zu suchen ...

>»Und seh' ich Jesus auf der Erde wandeln
>in Knechtsgestalt, voll Lieb' und großer Huld,
>wenn ich im Geiste seh sein göttlich Handeln,
>am Kreuz bezahlen vieler Sünder Schuld,
>dann jauchzt mein Herz dir, großer Herrscher, zu:
>Wie groß bist du! Wie groß bist du!«

*

Eines Morgens wachte ich auf und stellte fest, daß meine Turnschuhe weg waren. »Das gibt es doch nicht«, dachte ich, »ich habe sie doch gestern abend unter das Bett gestellt!«

Sie waren aber weg. Ich hatte nur dieses eine paar Schuhe, außer meinen Badeschlappen aus Plastik. Sonst paßte ich auf meine Sachen auf wie ein Luchs, denn andauernd wurde man beklaut oder belästigt, so daß ich mein Geld immer in die Strümpfe oder den Unterhosenbund steckte. Ich machte mich auf in den Hof, und unterwegs begegnete mir Robert.

»Suchst du deine Schuhe, Ronnie?«
»Ja, woher weißt du das?«
Er raunte mir ins Ohr.
»Gestern nacht haben Jürgen und sein Liebhaber sie zu Buitron gebracht, als Pfand für zwei Tüten.«
»Was? Stimmt das wirklich? Was ist das für ein Liebhaber?«
Er grinste.
»Weißt du das nicht? Jürgen ist doch schwul geworden durch seine Pastasucht!«
Schockiert und verärgert zugleich stürmte ich zurück in unsere Zelle und warf Jürgen aus seinem Bett.
»Aufwachen, *Pastelero*, wo sind meine Schuhe?«
Er blinzelte und hielt sich die Hände vors Gesicht.
»Oh, Mann, das muß ich dir erklären, wir waren heute Nacht so drauf, daß ich nicht mehr wußte, was ich machen sollte. Ich hätte dich ja gefragt, aber du hast fest geschlafen. Ich löse sie gleich wieder aus, muß mir nur Geld besorgen.«
Eine Stunde später hatte ich sie zurück. Jetzt wollte ich aber wissen, was es mit diesem Liebhaber auf sich hatte.
»Sag' mal, einige Leute sagen, du seist jetzt schwul geworden?«
Jürgen tat völlig entgeistert.
»Was, wer sagt das, so eine Unverschämtheit, das stimmt überhaupt nicht!«
»Na gut, war nur eine Frage.«
Es stimmte aber doch. Nicht daß er wirklich schwul gewesen wäre, aber die Droge hatte seine Persönlichkeit bereits so verändert, daß er sich mit homosexuellen Gefangenen einließ, nur um von ihnen zum Rauchen eingeladen zu werden. Zugeben konnte er es allerdings nicht, wahrscheinlich verachtete er sich deswegen selbst.

Besagter Liebhaber war ein schmieriger Typ namens Oscar.

Einige Tage nach dem Turnschuh-Schreck wurde ich mitten in der Nacht durch ein Schwanken des Betts geweckt. Als ich hinunterblickte, sah ich Jürgen und Oscar. Ich sprang aus dem Bett und zerrte den Kerl heraus.

»*Oye, maricón, sacate de aqui!* (Hey, Schwuler, hau ab von hier!)«

Der Kerl war sehr ungehalten über die unerwartete Unterbrechung.

»*Ay! Qué te pasa a ti, porqué te metas?* (Oh! Was ist mit dir los, warum mischst du dich ein?)«

Ich wollte ihm eine runterhauen, aber er rannte flink wie ein Wiesel an mir vorbei und stürmte laut schreiend zur Tür hinaus. Dort verstummte er jäh, da er bemerkte, daß er keine Kleider anhatte. Schallendes Gelächter dröhnte von unten herauf.

Jürgen hatte die Knie angezogen und sagte kein Wort. Er tat mir jetzt leid.

»Sorry, Mann. Ich weiß, daß du nicht schwul bist, aber so kann es nicht weitergehen, zumindest nicht, solange ich hier in der Zelle bin.«

»Du hast ja recht. Aber ich werde langsam verrückt hier, verstehst du das? Solange ich rauche, sind meine Gedanken wenigstens damit beschäftigt. Aber ohne Rauchen drehe ich durch!«

»Ist es wirklich so schlimm?«

»Schlimmer, als du dir vorstellen kannst. Es ist nicht nur dieser Knast und der ganze Mist hier, ich frage mich, warum so vieles in meinem Leben nicht geklappt hat, wie ich überhaupt hier hereingeraten konnte. Hier landet doch nur der letzte Dreck, der Abschaum der Menschheit!«

»Kommt drauf an, wie man es sieht, wir sind ja auch hier. Aber die Probleme lösen sich nie dadurch, daß man sie einfach ignoriert.«

»Das mag sein, aber wenn du rauchst, dann bleibt von

deinen ganzen verdammten Problemen nur noch eins übrig: ›Wie besorge ich den nächsten Joint..?‹«

»Das ist doch Quatsch, Mensch! Die Probleme, die wir jetzt haben, sind nur eine Konsequenz gewisser Dummheiten in unserem Leben. Wenn du auf diese Probleme starrst, wirst du nach unten gezogen, das haben negative Dinge so an sich. Du ›siehst den Wald vor lauter Bäumen nicht‹. Aber wenn du versuchst, von oben herab auf die gesamte Situation zu blicken, dann wird vieles leichter.«

Er lächelte mich an.

»Ich weiß, worauf du hinauswillst, mir ist auch schon aufgefallen, daß du oft in deiner Bibel liest, aber das ist nichts für mich.«

»Warum denn nicht, Gott läßt sich von jedem von uns erreichen.«

»Ach was, es gibt keinen Gott, laß uns jetzt schlafen gehen, es wird bereits hell draußen!«

Wir redeten nicht weiter darüber. Oscar kam jedenfalls nie mehr zu Besuch.

*

Am nächsten Tag, während ich auf dem Hof lag, um mich zu sonnen, tauchte plötzlich Kike Valle auf und setzte sich auf meine Decke. Er hatte einige Romane in der Hand, die er mir verkaufen wollte. Die Warnung aus dem *Pabbellon Mantenimiento* kam mir in den Sinn; Kike war als Informant bekannt.

»Nein, danke, ich habe kein Interesse.«

Er strich sich über seinen Spitzbart und holte eine Orange aus seiner Tasche.

»Na gut, dann nimm' die, ich teile sie mit dir.«

Ich wollte den Typ loswerden, aber er war hartnäckig.

»Weswegen bist du eigentlich hier, Kike?«

»Oh, genau wie du, wegen Coca! Ihr kommt alle wegen

unserer Coca, weil sie die Beste ist. ›*La coca peruana está bien?*‹ (Die peruanische Koka ist doch gut?)«

»*Sí, está bien.*«

»*La Katana también!* (Die Folter auch!)«

Er lachte sich halb tot.

»Sehr witzig, du mußt es ja wissen.«

»Nein. Aber im Ernst, ich wollte dir sagen, daß du dir eine andere Zelle suchen solltest. Man redet über dich und deinen Zellengenossen, das ist nicht gut für einen Mann wie dich.«

»Nun, ich müßte erstmal eine finden.«

Er sprang auf.

»Das ist überhaupt kein Problem, überlaß' das ruhig mir, ich werde alles für dich arrangieren.«

Ich legte mich wieder hin. Eigentlich schien er gar kein so schlechter Typ zu sein, jedenfalls war er sehr hilfsbereit.

Am Nachmittag suchte er mich wieder auf und führte mich zu einer Zelle weiter vorne, Nummer sechs. Es war die Privatzelle von Buitron, dem Drogenhändler. Kike klopfte, und der Leibwächter Buitrons schaute durch die Klappe.

»Mach' schon auf, hier wartet hoher Besuch.«

Er öffnete die Tür und ich blickte auf einen Vorhang.

»*Pasen, por favor, adelante!* (Kommt rein, bitte!)« tönte eine rauhe Stimme von innen.

Javier Buitron lag auf einem großen Bett und sah fern. Normalerweise hatten die Zellen tagsüber keinen Strom, aber er hatte wohl eine Sonderleitung. Das Fenster war von einem Vorhang verdeckt, so daß man gar nicht mehr das Gefühl hatte, im Gefängnis zu sein. Er reichte mir freundlich die Hand und lächelte, wobei ich einige Goldzähne in seinem Mund blitzen sah.

»Ich habe schon einiges von dir gehört, Ronald, mir scheint, daß du anders bist als die übrigen Gringos hier.«

»Nun ja, den meisten gefällt es hier wohl.«

Er lachte und bedeutete seinem Leibwächter, uns etwas zu trinken einzuschenken, *Cuba Libre* -Rum mit Cola.

»Ah, diese Leute sind von einer anderen Kategorie. Das sind keine Geschäftsleute, so wie wir, sondern *Burros* oder *Pasteleros*. Ich versorge sie mit Pasta und sie sind hier drin glücklich, ein Paradies auf Erden für sie. Wären sie draußen, müßten sie dauernd befürchten, verhaftet zu werden, hier beschütze ich sie!«

Wir unterhielten uns eine Weile, und er fragte mich dann, ob ich eine Zelle suche. Ich bejahte.

»Ich habe eine für dich, diese hier!«

»Was, deine eigene?«

»Ach, mir gehören 40 Zellen in diesem Gefängnis! Im Ernst, ich möchte ins Erdgeschoß umziehen und suche nach einem würdigen Nachfolger für mein kleines Appartement hier. Für 100 Dollar ist sie dein, mit Fernseher 120.«

»Abgemacht, sobald ich das Geld habe, melde ich mich!«

Ich verließ die Zelle in ausgesprochen guter Stimmung, einen Mann wie ihn zum Freund zu haben, konnte nur von Vorteil sein.

*

Einige Tage später zog ich um. Nachdem abends der Beamte zur täglichen Zählung vorbeigekommen war, schloß ich hinter ihm ab und stellte den Fernseher an, es liefen gerade Nachrichten.

Ich holte die Flasche Rum und eisgekühlte Cola aus dem Wandschränkchen und mixte mir einen Drink. Buitron hatte mir noch einiges zum Feiern mitverkauft. Ich schenkte ein und prostete mir im Spiegel zu.

»Prost, Babb, mit dir trink ich am liebsten!« – ein Trinkspruch meines Vaters. Der Alkohol erzeugte ein wohliges Gefühl im Magen. Ich setzte mich aufs Bett und lehnte mich mit dem Rücken an die Wand. Zum ersten Mal seit sechs Monaten war ich allein, endlich ganz allein!

Wenn ich mich in meiner neuen Zelle umblickte, den Fernseher, die Vorhänge, den Stuhl, das Nachttischschränkchen und den Teppich betrachtete, kam es mir so vor, als wäre ich nicht in Lurigancho, sondern in einem billigen, kleinen Motelzimmer irgendwo in der Provinz. Schön wär's! Aber so genoß ich wenigstens die Illusion und die Ruhe; endlich brauchte ich mich nicht mehr nach den verrückten Gewohnheiten eines Zimmergenossen zu richten.

All das wegen des Kokains! Ich dachte über diese verflixte Droge nach, die die Menschheit schon so lange in Bann hielt ...

12

$C_{17}H_{21}NO_4 \cdot HCL \cdot aq$, das ist die chemische Formel für Kokain.

»*Methylbenzoylergoninhydrochlorid*«, ein Alkaloid, also aus der großen Gruppe der organischen Stickstoffverbindungen, wie Koffein, Nikotin, Codein, Meskalin, Strychnin oder auch Morphium.

Es ist ein bitterschmeckendes, weißes, stumpfglitzerndes Pulver, das im Aussehen kleinen Schneekristallen ähnelt. Einer der Szene-Namen ist daher auch *Snow* (Schnee). Kokain wird entweder in Form von kleinen bis golfballgroßen Brocken, *Rocks*, oder als Flocken, *Flakes* genannt, gehandelt.

Es ist eines von mehreren Alkaloiden, die in den Blättern des Coca-Strauchs zu finden sind, und wurde von einem seiner Entdecker, dem Chemiker Friedrich Gaedecke, 1855 ›*Erythroxylin*‹ genannt, nach dem botanischen Namen der Pflanze, ›*Erythroxylon Coca*‹. Albert Niemann, dem unabhängig von Gaedecke 1860 die Isolierung aus den Blättern gelang, nannte es dann ›*Cocain*‹.

Der Coca-Strauch, (von dem Quechuawort ›*Kúka*‹ für ›Baum‹), ist eine mehrere Meter hohe Pflanze, die am besten in feuchtwarmen Gebirgslagen, 600 bis 1800 Meter über dem Meeresspiegel, gedeiht; sie wächst im tropischen Südamerika in der Andenregion und vereinzelt auch auf den indonesischen Inseln. Viermal jährlich können die spatelförmigen, zarten Blätter geerntet werden.

Lokal angewandt wirkt Kokain schmerzstillend, gefäßverengend und schleimhautabschwellend; zentral steigert es die Gehirnaktivität und wirkt stimulierend. Geschätzt und benutzt wurde und wird es hauptsächlich wegen dieser scheinbar günstigen Wirkung auf die Psyche.

Das war schon zu frühester Zeit so. Coca-Sträucher sollen schon vor 5000 Jahren an den Anden-Abhängen von Ecuador gepflanzt worden sein, und man fand Cocablätter als Grabbeigaben in Peru, die auf 1500 v. Chr. zurückdatiert werden konnten.

Im Inka-Reich war das Kauen der Coca-Blätter dem Adel vorbehalten und wurde nur bei bestimmten religiösen und gesellschaftlichen Anlässen verwendet, wie dem ›*Inti Raymi*‹, dem Fest der Sonnenwende, oder dem ›*Rutuchi*‹, der Zeremonie des ersten Haarschnitts der zweijährigen Jungen, keinesfalls aber als Genußmittel der breiten Masse.

Die ›Mama Coca‹ galt als heilige Pflanze und wurde der Sage nach den Menschen vom ersten Inka ›Manco Capac‹ übergeben, als er und seine Schwester *Mama Ocllo*, vom Sonnengott auf die Erde gesandt, aus dem Wasser des Titicacasees stiegen.

Die göttliche Gabe sollte »den Betrübten erheitern, dem Müden und Erschöpften neue Kräfte bringen und den Hungrigen sättigen«.

Offensichtlich wurde es schon damals auch als Betäubungsmittel benutzt, ein Museum in Cuzco zeigt Hunderte von Schädeln, bei denen schwierige Gehirnoperationen, sogenannte Trepanationen, offensichtlich mit Erfolg ausgeführt worden sind. Große Teile der Schädel sind aufgemeißelt und anschließend mit Goldplatten bedeckt worden, wobei die jeweiligen Patienten unter örtlicher Narkose gestanden und danach noch jahrelang weitergelebt haben müssen.

Pizarro, seine Gefolgsleute und die katholischen Priester hatten den Coca-Strauch aber als
»unnützliches, verderbliches, zum Aberglauben verführendes Ding und Blendwerk des Teufels«
geächtet und den Anbau und das Kauen der Blätter unter Strafe gestellt.

Er, und fast alle seiner Begleiter, starben in den folgenden 16 Jahren nach der Hinrichtung des Inka in Peru einen gewaltsamen Tod. Einer, Hernando de Soto, starb 1539 während einer späteren Expedition zum heutigen US-Staat Florida, und nur ein Bruder Pizarros überlebte.

Ich konnte im peruanischen Fernsehen mitverfolgen, wie Pizarros Gebeine erst 1983 in einer alten Grabkammer in Lima wiederentdeckt wurden.

Die Bevölkerung Tahuantinsuyus wurde durch militärische Aktionen und katastrophale Epidemien von eingeschleppten Krankheiten, wie Typhus, Pocken, Masern, Keuchhusten oder einfacher Grippe, gegen die die Indianer von Natur aus keine Abwehrstoffe besaßen, fast vollständig ausgerottet. Von einstmals 15 Millionen, womit sie wesentlich größer als die Spaniens gewesen war, auf nicht mehr als eine Million am Ende des 16. Jahrhunderts. Selbst zum Zeitpunkt der Unabhängigkeit fast 200 Jahre später lebten nicht mehr als zwei Millionen Menschen in Peru.

In den Jahrhunderten wurden die Gold- und Silberminen systematisch ausgebeutet und die Schätze tonnenweise nach Europa gebracht. Man schätzt, daß der Gesamtwert der in Spanien angekommenen Ladung, nachdem bereits fast die Hälfte während des Transports in stürmischen karibischen Gewässern gesunken oder britischen Schiffen und Piraten in die Hände gefallen war, nach heutigem Wert immer noch rund *60 Milliarden* Dollar betragen hat. Mit dieser für die damalige Zeit noch ungeheuren Summe wurden fast alle Königs- und Fürstenhäuser Europas zwischen dem 16. und 17. Jahrhundert aufgebaut und Spaniens zahllose Kriege finanziert.

Die noch überlebenden Indianer wurden zur Arbeit in den Minen gezwungen, später unterstützt durch Negersklaven. Die sozialen Strukturen waren bis in ihre Wurzeln zerstört, alte Traditionen verblaßten. Tahuantinsuyu, bzw. Peru, das einstmals mit Abstand reichste Land Amerikas, wurde dadurch zum Armen- und Bettelhaus. Auch der Genuß der Coca war entartet, und man stellte bald fest, daß viele der Indios sich nur durch das Kauen der Cocablätter physisch soweit aufrechthielten, daß sie die schwere Arbeit in den hochgelegenen Minen bewältigen konnten. Ein Arbeiter, der Coca kaute, konnte bis zu 20 Stunden am Tag ununterbrochen arbeiten, und diese Erkenntnis brachte die Spanier bald zur Aufhebung des früheren Verbots.

Von nun ab wurden die Coca-Ernten besteuert, wobei ein Zehntel der Ernte an die katholische Kirche abgeführt wurde, was ihr ein beträchtliches Einkommen beschied.

Während am Hof des Vizekönigs in Lima Reichtum und glänzender Luxus herrschten, verrichteten die Indios unter dem Einfluß der Droge abgestumpft und fügsam ihre Sklavenarbeit in den Bergwerken. Die spanischen Herren konnten sogar die Essensrationen herabsetzen, da die Coca ein ausgesprochener Appetitzügler ist.

Durch diesen jahrhundertelangen Mißbrauch entstand ein Volk von Drogenabhängigen. Noch heute sind cirka 90 Prozent der Hochland-Indios *Coqueros*, also Blätterkauer.

Gegen Ende des 18. Jahrhunderts war Spaniens Weltmacht bereits erloschen, nicht zuletzt durch mehrere verlorene Kriege gegen England und durch seine selbstmörderische katholisch-absolutistische Politik, zu der auch die schreckliche Inquisition gehört hatte.

Zu dem Vizekönigtum Peru gehörten ursprünglich *Alto Peru*, das spätere Bolivien, Chile und Ecuador; anfangs sogar auch Paraguay und Argentinien. Nach verschiedenen Unabhängigkeitskriegen zerfiel es in die heutigen Staaten:

Peru (am 28. Juli 1821, durch den chilenischen General San Martín), Bolivien (1825) und Ecuador (1830). Kolumbien war bereits 1811 unabhängig geworden.

Nach Erklären der Unabhängigkeit herrschten in Peru anarchistische Zustände. Das Land stand unter der Herrschaft ständig wechselnder Militärs. Die wirtschaftliche Situation war damals wie heute ein Chaos, trotz eines ab 1850 beginnenden Booms für den Handel mit *Guano* Dünger aus Vogelmist und des durch die schillernde Abenteurerfigur Carlos Fitzcarraldo eingeleiteten Kautschukbooms von 1883 bis 1912 in der Amazonasregion. Die Landwirtschaft lag und liegt bis zum heutigen Tag brach, und es gelang auch nicht, sie wiederaufzubauen, obwohl die Welt den Inkas zwei ihrer wichtigsten Nahrungsmittel verdankt: den Mais und die Kartoffel.

Historische Beobachter führten dies auf den moralischen Verfall zurück. Die drei Gebote der Inkas: – *nicht lügen, nicht stehlen, nicht faul sein*, – waren ins Gegenteil verkehrt worden. So schrieb das ›*Meyer'sche Konversations-Lexikon*‹ 1890:

> »Was geistige Kultur anlangt, so steht Peru in intellektueller Bildung wohl über den meisten Staaten Südamerikas, an moralischer Bildung dagegen weit unter derselben. Die Industrie ist höchst unbedeutend. Peru erhielt den entschiedenen Charakter einer Bergwerkskolonie und damit alle Untugenden, welche eine solche von den Ackerbaukolonien unterscheiden. Ausschweifung und Verschwendung, Spielwut, Prozeßsucht, Unlust zu anhaltender, regelmäßiger Arbeit wurden die Nationallaster der Peruaner. Auch die neuesten Reisenden, wie Chr. Wiener (1877), schildern die Bewohner, namentlich im Innern des Landes, als vollständig verkommen: ohne Unterricht und Bildung, ohne Geschicklichkeit und Tätigkeit und daher (mit Ausnahme der Priester) in tiefe Armut versunken ... «

Dieser herablassenden und verachtenden Einstellung den Peruanern gegenüber muß es wohl zuzuschreiben sein, daß bis zum 19. Jahrhundert der Genuß der Coca in Europa verpönt war, obwohl andere aus den Kolonien eingeführte Drogen, wie Tabak, Tee, Kaffee oder Opium längst zum guten, bzw. schlechten Ton der Gesellschaft gehörten.

Lediglich einige Wissenschaftler, die zu Forschungszwekken nach Peru gekommen waren, hatten die Blätter probiert und den Effekt als angenehm empfunden, wie das Beispiel des Botanikers Clement Markham (1859) zeigt: »Ich habe öfters Cocablättter gekaut und fand, daß es ein angenehmes Gefühl von Leichtigkeit und Elastizität erzeugt, welches mir ermöglichte, auch große Berghöhen zu besteigen, ohne den Atem zu verlieren. Diese Eigenschaft sollte den Mitgliedern des ›Alpinen Clubs‹ sowie Wander-Touristen im allgemeinen empfohlen werden.«

Der Coca-Anbau ist in Peru und Bolivien legal, in Peru wird die Pflanze von einer staatlichen Gesellschaft, der ›ENACO Empresa Nacional de la Coca‹, vermarktet, unter anderem kann man auch einen anregenden ›Mate de Coca‹ in Teebeuteln und eine Coca-Zahnpasta frei im Laden kaufen.

Im Zentrum von Lima, in der Nähe des Regierungspalastes und der Kathedrale, gibt es sogar eine ›Calle de la Coca‹ (Cocastraße).

Von der Coca zum Kokain war es ein langer und komplizierter Weg, und auch heute noch hat jeder Kokainchemiker oder *Cocinero* seine ureigene Methode, die er als sein größtes Geheimnis hütet. Ich selbst habe immer nur Abschnitte der Herstellung bei verschiedenen »Köchen« miterleben können.

Zunächst werden die getrockneten Blätter in einem Bottich oder Bassin in verschiedenen Chemikalien eingeweicht, unter anderem in Schwefelsäure und Kerosin. Helfer stampfen mit nackten Füßen in der Brühe herum, damit die Alkaloide aus den Blättern freiwerden. Nach dem Filtern erhält man eine braune Paste, die nach verschiedenen Reinigungsvorgängen mit Äther zur weißlichen, rauchbaren *Pasta Lavada* wird. Das Rohkokain wird dann an Salzsäure gebunden und wiederum mit einigen anderen Chemikalien versetzt. Auch diese Lösung wird mehrmals gefiltert und getrocknet, wobei als Resultat fast reines *Rock*-Kokain entsteht. Nach einem weiteren Raffinierungsprozeß erhält man *Flake*-Kokain, das einen Reinheitsgrad bis zu 98 Prozent haben kann.

*

Unsere Ware war in der Regel zwischen 85 und 95 Prozent pur, eine Angabe, die man mit einem speziellen Testgerät ziemlich genau prüfen kann. Diese sogenannte *Hot Box* gibt es für ungefähr 300 Dollar in speziellen Läden, *Head Shops* genannt, zu kaufen. Solche Head Shops, die fast alles führen, was für den Drogenkonsum benötigt wird, gibt es aber nur in wenigen Staaten, zum Beispiel in New Jersey. Es gibt sogar eine öffentliche Zeitschrift für das Drogengeschäft, die ›*High Times*‹, in der man Tips über neue Schmuggelrouten, gute Marihuanasorten und alles sonst Wissenswerte über Drogen lesen kann. Dies sind nur zwei der vielen Kuriositäten im vermeintlichen Anti-Drogenland USA.

Omar, Joey und dessen Freund Tom, mit denen wir sehr oft zusammenwaren, hatten eine solche *Hot Box*. Sie sah wie ein Transformator in einer Holzkiste aus, mit einem Digitalmeßinstrument, einer Heizplatte und einem Temperaturregler.

»Das ist ein Gerät zur Bestimmung des Schmelzpunkts. Du nimmst eine Probe«, Tom nahm einige Partikel Kokain und setzte sie zwischen zwei mikroskopische Glasplättchen, »und legst sie dann auf diese Heizplatte hier. So, und jetzt wird erhitzt. Je langsamer, desto genauer kann der Schmelzpunkt bestimmt werden.«

Die Minuten vergingen. Langsam kletterten die Zahlen auf dem Digitalanzeiger bis auf einen bestimmten Wert, bei dem das Kokain schmelzen sollte. Tom zeigte uns eine Tabelle, auf der die verschiedenen Reinheitsgrade und deren Schmelz-Temperaturen angegeben waren.

»Jetzt! Schaut euch das an!«

Joey deutete aufgeregt auf die Kokainprobe. Sie hatte sich bis dahin nicht verändert, aber nun begannen die Kristalle glasig zu werden, zerschmolzen und verflüssigten sich.

»Nun müssen wir noch sehen, an welchem Punkt die Flüssigkeit verbrennt.«

Das geschah nur zwei Grade später, das Kokain wurde zu einer häßlichen schwarzen Masse, die verbrodelte.
»91 Prozent Reinheit, phantastisch!«
Es gibt auch noch andere Tests, zum Beispiel mit Chemikalien, aber die *Hot Box* ist die genaueste Methode. Mit ihr kann man auch sofort feststellen, ob das Kokain »geschnitten«, also mit anderen Substanzen, wie Vitaminen oder Abführmitteln, gestreckt ist.
Interessanterweise hat aber kaum jemand eine Ahnung von der Qualität des Kokains.
Mir war es schon passiert, daß Dealer wirklich puren Stoff, direkt aus Bolivien, probierten und mit vermeintlicher Kennermiene behaupteten: »Das Zeug ist geschnitten!«
Wir hatten daraufhin etwas Abführmittel hineingeschüttet, so daß es nur noch 65 Prozent pur war, und es denselben Leuten noch einmal angeboten, woraufhin sie von der Qualität begeistert waren.
Das üblicherweise gehandelte Kokain ist meist weniger als 30 Prozent pur. Eine Ausnahme bildet das *Crack*, welches fast immer 99 Prozen pur ist.

*

Nach seiner Entdeckung waren Mediziner die ersten, die Kokain bei Operationen als örtliches Betäubungsmittel ausprobierten. Nicht wenige verfielen dabei selbst dem Reiz der Droge.
Auch der »Vater der modernen Chirurgie«, der amerikanische Arzt William Stewart Halsted, verbrachte mehrere Monate in Hospitälern, um von seiner Sucht loszukommen.
Einer seiner Biographen schrieb später:
»Halstedt ... trieb den Dämon Kokain mit großer Willensstärke heraus und wurde wieder ein großer und erfolgreicher Chirurg.«
Besondere Verdienste um die Verbreitung des Kokains in

Europa erwarb zweifelsohne Sigmund Freud, der Begründer der Psychoanalyse. Seine Experimente sind ausführlich in seinen Artikeln ›*Über Coca*‹ beschrieben; sie waren für lange Zeit, bis 1977, die einzigen wissenschaftlichen Abhandlungen über die Auswirkungen dieser Droge.

Freud probierte Kokain, das er von dem Pharmakonzern *Merck* bezog, in kleinen Dosen, die er in Wasser auflöste und anschließend trank. Seine Begeisterung über die Wirkung ging so weit, daß er den Stoff sowohl seiner Verlobten als auch seinen Freunden, Kollegen und Patienten aufdrängte und jegliche Kritik hitzig zurückwies.

Kuriert wurde er von dieser Kokaineuphorie erst durch den tragischen Tod seines Freundes Ernst von Fleischl, der 1891 unter anderem an extremen Überdosen Kokain regelrecht zugrunde ging – Freud hatte sie ihm empfohlen, um von seiner Morphiumsucht loszukommen.

Dennoch hatten Freuds Veröffentlichungen wesentlichen Anteil am ›Kokain-Boom‹ am Ende des 19. Jahrhunderts; es war plötzlich »in«, Kokain zu nehmen.

Sir Robert Christison, der 78jährige Präsident der ›*British Medical Association*‹ beschrieb in einem enthusiastischen Bericht, wie er, von Kokain stimuliert, Wanderungen und Bergtouren mit jugendlicher Vitalität unternommen hatte.

Sir Arthur Conan Doyle machte seine berühmteste Romanfigur, den Detektiv ›*Sherlock Holmes*‹, zum Kokainsüchtigen.

Robert Louis Stevenson schrieb einen seiner bekanntesten Romane, ›*Dr. Jekyll und Mr. Hyde*‹, unter dem Einfluß von Kokain in nur sechs Tagen.

Kokain-Sirup wurde Bestandteil eines beliebten Weins, des ›*Vin Coca Mariani*‹, auf dessen Konsumentenliste Jules Verne, Emile Zola, Thomas Edison, der russische Zar, Königin Victoria von England und sogar Papst Leo XIII. gestanden haben.

Ein gewisser John Styth Pemberton mixte 1886 in Atlanta, Georgia, einen ganz speziellen Sirup aus Kokain, Koffein und Zucker als Basis eines Soft-Drinks zusammen und brachte ihn als ›*Coca-Cola*‹ auf den Markt.

Wie Opium und Morphium, konnte man Kokain frei im Laden kaufen. Es befand sich in den verschiedensten Getränken, Kaugummis, Medikamenten und Toniken. Der Verbrauch stieg enorm an, allein in den USA von 2.000 Kilo im Jahre 1904 auf über 10.000 Kilo im Jahr 1906.

Dann aber änderte sich die öffentliche Meinung abrupt. Grund dafür war der hohe Kokaingenuß unter der schwarzen Bevölkerung der USA, dem besonders die Weißen in den Südstaaten sehr skeptisch gegenüberstanden. Dabei waren es die Farmer selbst gewesen, die ihren Plantagenarbeitern zuvor das Kokain gegeben hatten, damit sie schneller und länger arbeiten konnten.

Nun aber wurde Kokain mit kriminellen Schwarzen identifiziert und verlor dadurch viel von seinem Status als Wundermittel. Diese einfache Formel, Schwarze + Kokain = Verbrechen, fand ihren Niederschlag sogar in offiziellen Protokollen:

»Die meisten Angriffe auf weiße Frauen unseres Südens sind das direkte Resultat Kokain-verrückter Neger-Gehirne ...«

Coca-Cola beschloß daher bereits ab dem Jahr 1903 nur noch entkokainisierte Cocablätter für das Getränk zu benutzen. Wenig später, 1914, wurde Kokain in den USA, dann auch in Europa verboten.

Der Alkohol, natürlich eine genauso gefährliche Droge, wurde 1917 mit auf diese Liste gesetzt, aber die überwiegende Mehrheit der Bevölkerung war nicht bereit, sich daran zu halten. Rasch entwickelte sich der Schmuggel, große Gangstersyndikate und Mafiaorganisationen entstanden. 1933 hob man die Prohibition als vollkommen gescheiterte Maßnahme wieder auf.

Illegal florierte das Geschäft mit Kokain nach wie vor. In Europa war es das Aufputschmittel der Jagdflieger im Ersten Weltkrieg und die Modedroge der prominenten Gesellschaft in den zwanziger Jahren. Auch die gerade erst geborene Filmindustrie von Hollywood hatte Kokain noch nicht vergessen.

Charlie Chaplin schnupft es in einer Szene seines 1936 entstandenen Films ›Modern Times‹.

Erst Anfang der dreißiger Jahre geriet die Droge Kokain, außer bei Nazigrößen wie Hermann Göring, allmählich in Vergessenheit und blieb bis in die späten sechziger Jahre vom Markt verschwunden.

Von da ab entwickelte sie sich erneut zum Statussymbol der Avantgarde, nicht zuletzt wegen des hohen Preises von 100 Dollar für nur ein Gramm, eventuell auch, weil Kokain keine psychedelische Wirkung zeigt wie LSD oder Marihuana.

1974 schrieb J.J. Cale den Song ›*Cocaine*‹, welcher besonders durch den Rockgitarristen Eric Clapton weltberühmt wurde:

>»If you want to hang out,
>you got to take her out
>Cocaine ...
>If you want to get down,
>down on the ground -
>Cocaine ...
>She don't lie, she don't lie, she don't lie -
>Cocaine ...«

Robert Sabbag schrieb 1976 in seinem Buch ›*Snowblind*‹:
»Kokain zu schnupfen ist, wie zum Frühstück nach Paris zu fliegen.«

Diesen Eindruck hatten Walter und ich auch vier Jahre später noch. Unter unseren Partnern und den Kunden im Kokaingeschäft befanden sich viele betuchte oder intellektuelle Persönlichkeiten, denen es entweder um einen Spaß bei Parties oder ein Geschäft mit etwas Risiko und Abenteuer ging.

Ich erinnere mich noch an den Abend, an dem ich Kokain zum ersten Mal selbst probierte.

*

Omars Gruppe konnte nicht mehr als zwei Kilo auf einmal abnehmen, und so flogen wir später zu einer anderen Connection von Hans nach San Francisco, zu jenem Typen, den ich damals im Hotelzimmer in Miami kennengelernt hatte.

Drake war ein Börsenmakler, der mit seiner Frau und zwei Kindern in einem großen Einfamilienhaus lebte. Ständig lief Musik von ›The Doors‹ und ›Jimi Hendrix‹, und beide rauchten Marihuana, als wäre es Tabak.

Am Abend nun, nachdem alles abgerechnet war, saßen wir nach dem Essen in ihrem Wohnzimmer und schauten uns den ›Woodstock‹ – Film auf Video an. Drake holte ein kleines silbernes Sieb und einen silbernen Stößel hervor und zerrieb ein Korn Kokain darin, so daß es fein auf den darunterliegenden Spiegel fiel.

»Wollt ihr nicht mal probieren, womit ihr soviel Geld verdient?«

»Nein, eigentlich nicht, es reicht, wenn du es nimmst.«

»Jetzt stellt euch mal nicht so an, einmal *high* sein schadet bestimmt nicht. Nach einem guten Essen, einem guten Wein und in guter Gesellschaft ist eine ›Linie‹ Koks sehr zu empfehlen!«

»Nein, lieber nicht.«

Schließlich ließ ich mich aber doch dazu überreden. Drake machte einige feine Linien aus dem Kokainhäufchen auf dem Spiegel und gab mir dann ein silbernes Röhrchen mit allerlei Verschnörkelungen.

»So, damit ziehst du jetzt eine Linie rauf in die Nase, als würdest du Schnupftabak nehmen.«

Ich bemühte mich, nicht auszuatmen, um das Kokain nicht zu verpusten. Recht umständlich gelang es mir schließlich, einiges davon in die Nase zu bekommen.

Die Wirkung der Droge war beeindruckend: Beinahe schlagartig verflog die Wirkung des Alkohols, den wir beim Essen getrunken hatten, und jeglicher Nebel klärte sich aus meinem Verstand. Ich fühlte mich, als wäre ich in geistiger und körperlicher Höchstform, so etwas hatte ich nicht erwartet!

»Mensch, das ist ja enorm, ich bin auf einmal topfit!«

Drake und seine Frau lachten schallend, Walter blickte mich etwas verdutzt und skeptisch zugleich an.

»Siehst du, so schlimm ist es doch gar nicht. Es hat schon seinen Grund, warum Leute 100 Dollar für ein Gramm davon ausgeben!«

Die Wirkung des Kokains hielt stundenlang an, zumindest schien es mir so. Ich war vollkommen euphorisch, und mir kamen am laufenden Band die tollsten Ideen: für unser Geschäft, die Fluglinie und vieles mehr. Walter schien etwas belustigt über meinen Zustand zu sein, jedenfalls blieb er fest bei seinem Entschluß, niemals irgendwelche Drogen, außer Alkohol, zu nehmen.

*

Kokain bewirkt zunächst eine unglaubliche Euphorie, die bei Gelegenheitskonsumenten etwa eine halbe Stunde anhält. Danach läßt sie langsam nach, je nach Qualität des Stoffs. Es vertreibt das Hungergefühl, bei längerem Gebrauch magern die Benutzer sehr stark ab. Viele der Gefangenen in Lurigancho waren als dicke Männer hereingekommen und durch den Kokainmißbrauch spindeldürr geworden.

Außerdem regt Kokain die Darmtätigkeit an und trocknet die Schleimhäute aus, weswegen manche Konsumenten stets ein Nasenspray oder eine Lippencreme bei sich tragen.

Bei höheren Dosen zeigen sich sehr unangenehme Wirkungen.

Zunächst stellt sich ein gewisses Unbehagen oder Unruhe ein, der Konsument redet über alles mögliche, meist völlig unzusammenhängend, das ist der sogenannte *Coke-Rap*. Der Puls ist stark beschleunigt. Große Mengen von Alkohol, Valium oder andere Tranquilizer müssen konsumiert werden, um diesen Effekt wieder zu kompensieren.

Ab diesem Stadium ist die Person so oder so auf der Verliererstraße: Hört sie auf, bekommt sie den *Cocaine-Blues*, eine tiefe Depression und ein Gefühl des Elendseins, das Stunden anhält, verbunden mit Schlaflosigkeit. Nimmt sie erneut Kokain, stellen sich schließlich abnormes Herzklopfen und Paranoia, Verfolgungswahn, ein.

Auch als sexuelles Stimulans wird Kokain häufig verwendet, ebenso als Stimmungsmacher bei ausgelassenen Festen. Man nimmt an, daß mehr als ein Drittel aller Amerikaner Kokain bereits einmal probiert haben und daß mindestens zehn Prozent, also an die 25 Millionen Menschen, es regelmäßig nehmen. Auf fast jeder Party, zu der wir gingen, gab es Kokain, als wäre es Salzstangen oder Kartoffelchips. Der Gastgeber hatte oft einen großen Spiegel auf dem Tisch, und jeder bediente sich, entsprechend amerikanischem Usus brachten auch einige der Gäste noch etwas mit.

Welch absurde Ausmaße die Gier nach der Droge auch bei Nichtsüchtigen annehmen kann, zeigt folgende Begebenheit: Bei einer Party lagen mehrere Gramm Koks auf einem niederen Marmor-Wohnzimmertisch, als der Schäferhund des Hausherrn hereinkam und das ganze Kokain freudig wedelnd mit dem Schwanz auf den Hirtenteppich fegte. Die Leute waren außer sich und versuchten auf den Knien, die Partikel wieder aus dem Teppich herauszupflücken, was natürlich erfolglos war. Walter und ich lachten noch Monate später darüber ...

Am schlimmsten ist das »Freebase«- oder »Crack«-Rauchen, das damals in New York gerade erst populär wurde.

In der Beliebtheitsskala hat *Crack* mittlerweile das Rock- oder *Flake*-Kokain abgelöst. Lediglich in Europa konnte sich diese Form der Droge noch nicht durchsetzen. Die Crack-Süchtigen verbringen ganze Tage mit Rauchen und verwandeln sich nach relativ kurzer Zeit in komplette *Zombies*, ähnlich den Pastarauchern in Südamerika.

Bei *Crack* handelt es sich um eine Umwandlung des Kokains in *Freebase*, eine chemische Rückführung in seinen basischen Zustand, der *Pasta Lavada* vergleichbar. Dazu gibt es verschiedene Wege, einige sind gefährlich. Der Filmkomiker Richard Pryor erlitt 1981 schwerste Verbrennungen, als beim Herstellen von *Crack* mit Äther sein Laboratorium explodierte. Am bekanntesten ist die Methode, das Kokain in einem Reagenzglas mit (alkalischem) Backpulver zu vermischen und im Wasserbad zu erhitzen. Die entstandenen Produkte sind nach der Abkühlung kleine weiße Brocken von purem Kokain in Kochsalzlösung.

Inhaliert werden kann *Crack* nicht, da es sich nicht mehr in Wasser auflöst, es muß daher geraucht werden. Dazu gibt es spezielle Freebase-Pfeifen, die man auch in den *Head Shops* kaufen kann.

Das *Crack* wird in kleine Stückchen zerteilt und in den Kopf der gläsernen Pfeife gelegt. Sie funktioniert nach dem Prinzip einer Wasserpfeife, denn Wasser ist notwendig, um den sehr heißen Rauch zu kühlen. Erhitzt wird das *Crack* entweder mit einem Feuerzeug oder indem der ganze Kopf über einen kleinen Gasbrenner gehalten wird, bis es sich auflöst, wobei der Raucher tief an der Pfeife zieht. Sobald der Rauch im unteren Teil sichtbar wird, hört der Raucher auf das Crack zu brennen und inhaliert mehrmals.

Ich hatte Omar das Freebase probieren sehen und seine unberechenbare Wirkung kennengelernt. Ein starkes High, das aber nur weniger als eine Minute anhielt, dann mußte der neue ›Hit‹ vorbereitet werden. Nach kurzer Zeit konnte er nichts anderes mehr tun, als sich mit der Pfeife und dem Crack zu beschäftigen, so aufgedreht und zitterig war er geworden. Nach nur fünf Minuten Pause fühlt man sich nämlich derart elend, daß man alles darangibt, wieder *Crack* herzustellen und zu rauchen.

Die armen Schlucker von der Bronx oder in Harlem müssen daher ständig zurück auf die Straße, um Nachschub zu besorgen.

»Das herkömmliche Kokain macht erst nach vielen Jahren Dauerkonsum süchtig, *Crack* dagegen schon nach dem zweiten *Hit*. Ich muß damit aufhören!« meinte Omar oft.

Unter seiner Sucht litt im Laufe der Zeit auch unser Geschäft. Manchmal war er tagelang nicht zu erreichen, obwohl er zu Hause war, aber in seinem Zustand konnte er nicht mehr telefonieren.

Eines Morgens warf er seine Pfeife in den Müll.

»So, Schluß damit, ein für alle Mal! Dieses Teufelszeug hat mich lange genug in Bann gehalten, nie mehr wieder!«

Er machte einen Waldlauf, duschte und rasierte sich, aß ein riesiges Frühstück und kaufte sich alle Arten von Vitaminen und *Health-Foods*. Am Abend aber überkam ihn eine seltsame Unruhe.

»Was ist los, Omar, warum bist du so nervös?«

Er schaute mich verwirrt an.

»Ich weiß nicht, ich denke daran, daß ich noch ein Gramm Crack von gestern abend übrighabe, was soll ich jetzt damit machen?«

»Wegwerfen, Mann, wo ist das Zeug, ich werfe es für dich ins Klo!«

»Nein, nein, das mache ich schon selber.«

Wir schauten zusammen fern. Nach einer Weile stand er auf und ging in seine Garage, wo die Müllsäcke standen, ich hörte ihn dort rumoren. Als er zurückkam, hatte er die Pfeife in der Hand.

»Zum Kuckuck, Omar, du wirst doch nicht wieder mit dem Mist anfangen wollen?!«

Er blickte mich kaum an, eine unsichtbare Macht schien ihn im Griff zu haben.

»Ach was, nur noch dieses eine Gramm aufrauchen, das kann doch nicht schaden.«

Es wurde sehr viel mehr als dieses eine Gramm, Omar rauchte bis neun Uhr morgens und hörte auch dann nur auf, weil er sich bereits im vollkommenen Verfolgungswahn befand und starke Herzschmerzen hatte.

Ich mixte ihm ein Getränk aus heißer Milch mit sehr viel Honig, weil Zucker solche Erscheinungen wieder ein wenig neutralisiert, aber aufgrund dieser Erlebnisse beschlossen Walter und ich, Omar von nun an nichts mehr zu liefern, da wir befürchteten, er würde sich mit dem Zeug umbringen.

*

Seit Mitte der achtziger Jahre wird Kokain nicht mehr mit Reichtum und Elite identifiziert, sondern gilt – vor allem in Form von *Crack* als die Wahnsinns-Droge der Schwarzen, der Kriminellen und der Armen, um die sich keiner kümmert und die in ihrem Leben auch keinen Sinn mehr finden.

Mit Joey und Tom war ich eines Nachts nach New York gefahren, um einen ihrer Dealer zu sprechen. Wir kamen erst morgens um drei Uhr im berüchtigten Stadtteil ›Harlem‹ an. Der Mann wohnte in einem völlig heruntergekommenen, ehemaligen Herrschaftshaus nördlich des ›Central Parks‹.

Der Hausflur war von zerbrochenen Flaschen übersät, und Ratten huschten davon, als wir die Beleuchtung einschalteten. Der Aufzug war kaputt, und die Wände im Treppenhaus waren überall rot verschmiert. Wir vermochten nicht zu sagen, ob es Blut war.

In einem winzigen Zimmer fanden wir ihn dann, es war ein farbiger, schon etwas älterer Mann. Außer seinem Bett befand sich im Zimmer nur ein alter Kühlschrank, der als Kleiderschrank diente, eine nackte Birne brannte an der Decke. Bretter waren vor das Fenster genagelt, wegen der ständigen Einbrüche über die Feuerleiter.

Toms Freund war an der Nadel, und bevor wir mit ihm reden konnten, mußte er sich zuerst einen »*Speedball*« spritzen, eine Mischung aus Heroin und Kokain, die er sich im Deckel einer Colaflasche herstellte.

Es war eines meiner unheimlichsten Erlebnisse während dieser Zeit, und selbst Joey und Tom, die ja schon einiges gewohnt waren, hatten so etwas noch nie gesehen und waren sichtlich schockiert.

Bei längerem Mißbrauch stellen sich auch Halluzinationen und Wahnvorstellungen ein.

In einer Sendung hatte man uns einmal ein Kilo Pasta mitgeschickt, das wir zwei »Chemikern« in Colorado zur Verarbeitung gaben. Omars Schwester wohnte in diesem Staat, und so verbrachten wir einige Zeit bei ihr und dann noch einige Wochen in einem Hotel der alten Westernstadt ›Old Colorado Springs‹.

Das Schmugglerdasein besteht zu einem großen Teil aus Warten und Herumsitzen in Hotelzimmern. Die Chemiker wurden und wurden nicht fertig. Zwischendurch kamen sie immer mal vorbei und brachten uns Proben. Sie sahen beide aus wie Cowboys, mit Stiefeln und Hüten, wie sie dort fast jeder trägt. Im Laufe der Zeit wurden sie immer merkwürdiger und rieben sich andauernd die Hände.

»Was ist eigentlich los mit euch, was ist mit euren Händen?«

Sie blickten uns irre an.

»*The ›coke bugs‹, man! Can't you see the coke bugs?*«

»*Coke bugs*? Davon habe ich noch nie gehört.«

»Doch, schau!«

Er deutete auf seinen Daumen. Ich konnte nichts erkennen.

»Siehst du sie nicht, es sind kleine Lebewesen, die in den Kristallen leben. Sie setzen sich unter die Haut und kommen ab und zu hervor, da, jetzt!«

Weder Omar noch ich konnten irgend etwas sehen. Die ganze Operation wurde sowieso ein Reinfall, die Typen verbrauchten das meiste für sich selbst und lieferten obendrein noch eine schlechte Qualität.

*

Eine Überdosis Kokain kann sehr wohl zu Atem- und Herzlähmung und zum Tod führen. Mit gewöhnlichem Kokain ist dies zwar nicht so leicht zu schaffen, obwohl es einige prominente Ausnahmen gibt. So starben 1982 der bekannte amerikanische Komiker und Schauspieler John Belushi an einer Überdosis und in Deutschland der bis dahin sehr erfolgreiche Filmregisseur Rainer Werner Fassbinder.

Mit *Crack* dagegen kann man schon das erste Mal tödlich enden.

Das Teuflische an Kokain ist, daß es keine physische Sucht hervorruft, es gibt keine Entzugserscheinungen im herkömmlichen Sinn. Die Sucht ist vielmehr psychischer Art, vergleichbar mit der Spielsucht. Der Konsument braucht die Droge nicht unbedingt wieder, aber er will nicht mehr damit aufhören.

Ähnlich wie bei den Leuten in Colorado, habe ich erlebt, daß manche Leute Fabelwesen um sich herum sehen, schreckliche Dämonen, die sie in den Wahnsinn stürzen wollen.

Die Idee, daß hinter dem Kokain dämonische Kräfte stehen, scheint daher gar nicht so abwegig zu sein. Viele Drogendealer glauben an eine derartige böse Macht aus der unsichtbaren Welt.

Besonders unter den karibischen und kolumbianischen Händlern ist der Glaube an Voodoo und böse Geister stark verbreitet.

Omar wollte uns einmal zu einer Schwarzen Messe mitnehmen, die einige Kolumbianer am Strand von Florida veranstalten wollten. Wir lehnten dankend ab, erfuhren aber später, daß dort Tieropfer gebracht und Dämonen angebetet worden waren, damit ein Schiff mit einer Ladung Drogen nicht von der Küstenwache aufgebracht werden würde.

Das Schiff kam unbehelligt an ...

Als der panamaische Diktator und Kokainschmuggler General Noriega im Dezember 1989 von der US-Armee gefangengenommen wurde, fand man in seinem Haus einen Weihnachtsbaum mit 50 Kilo Maismehl davor (das man anfangs fälschlich für Kokain hielt), als Voodoozauber in Blätter eingewickelt für eine Geistermesse.

Die Gesetze haben den Kokaingebrauch und -handel nicht einschränken können. Wie bei der Prohibition hat die Kriminalisierung zu weiteren Verbrechen wie Erpressung, Betrug, Diebstählen, Raubüberfällen, Mord und zu Prostitution geführt, allerdings mit dem Unterschied, daß die Kokain-Verbrechersyndikate noch wesentlich mächtiger und skrupelloser geworden sind. Vor allem in Kolumbien blühen die Geschäfte der bezahlten Killerbanden, die jeden Erfolgsschritt der Polizei sofort zunichte machen. Obwohl man beinahe wöchentlich von Verhaftungen und zerschlagenen Drogenringen hört, lassen die Umsätze nicht im geringsten nach.

»Das Antidrogengesetz ist das Beste, was den Rauschgifthändlern passieren konnte«, hatte mir Hans einmal gesagt, und in der Tat werden erst dadurch die unvorstellbaren Gewinne ermöglicht.

Der Preis für einen Ballen Cocablätter von 60 kg, ausreichend zur Herstellung von zwei Kilo Pasta, betrug 1982 in Bolivien ungefähr 120 Dollar.

Auch die Pharmaindustrie kauft die Blätter zu diesem Preis ein, und ein Gramm 100 Prozent pures, pharmazeutisch hergestelltes Kokain kostet in der Herstellung nur etwas weniger als zwei Dollar!

Auf dem illegalen Drogenmarkt wurde das Kilo Pasta aber bereits für 2.000 Dollar verkauft, und man braucht zwei für ein Kilo Kokain. Dieses kostete 7.000 Dollar im Großhandel. In den USA erzielte man 50.000 Dollar für das Kilo, welches dann in Unzen zu 28,34 Gramm für rund 2.000 Dollar verkauft wurde. Der Endverbraucher schließlich bezahlte 100 Dollar pro Gramm, so daß der reine Verkaufserlös 100.000 Dollar betrug, ohne daß gestreckt wurde. Rechnete man dies mit ein, erreichte man den doppelten Preis.

Solche ungeheuren Gewinnprozentsätze, die man an keiner Börse erzielen kann und die ansonsten höchstens im internationalen Waffengeschäft erreicht werden können, sind die Hauptursache für das Ausufern des internationalen Drogenhandels. Die Wirtschaft von Peru, Bolivien und Kolumbien leben bereits zur Hälfte von diesem devisenbringenden Geschäft, die arme Bevölkerung sichert sich durch Coca-Anbau und -Handel ein Existenzminimum. Solange die Nachfrage und der Schwarzmarkt bestehen, wird es daher völlig unmöglich sein, diesem Problem mit polizeilichen und rechtlichen Mitteln Einhalt zu gebieten.

*

In Lurigancho befanden sich die Großen im Drogengeschäft jedenfalls nicht, meine Bande und ich gehörten mit unseren fünf Kilo bereits zur obersten Spitzenklasse. Die überwiegende Mehrheit war mit Mengen von 10 500 Gramm verhaftet worden. Wir führten einmal eine Umfrage durch, um auszurechnen, wieviel Kilo Kokain insgesamt von allen Bewohnern des Pabellon sieben beschlagnahmt worden waren. Das Ergebnis betrug knapp 70 Kilo bei 120 Ausländern, und bei den 180 Peruanern, die zumeist mit Pasta verhaftet worden waren, umgerechnet etwa 450 Kilo reines Kokain.

Glaubt man der offiziellen Statistik, wurden aber im Jahr 1983 illegal mehr als 200 *Tonnen* Kokain allein aus Peru und Bolivien exportiert, das entspricht mehr als 3.500 Kilogramm pro Woche! Eine in der Tat sehr merkwürdige Situation.

Wer waren diese Leute, die in einer Woche fast zehnmal soviel schmuggelten wie wir, die wir für mehrere Jahre verhaftet worden waren? Warum waren *sie* nicht in Gefängnissen wie Lurigancho?

Wir sollten im Laufe der Zeit eine kleine Ahnung davon bekommen ...

13

»Mein Sohn, wie bist du bloß hier hineingeraten?«

Der kräftig gebaute Mann mit den nach hinten gekämmten, gewellten Haaren und dem Oberlippenbärtchen war Dad, mein Vater. Wir standen im Besucherraum von Lurigancho und umarmten uns.

Während wir uns gegenseitig musterten, bemerkte ich, daß er in einem Jahr sichtbar gealtert war. Seine Haare waren stärker ergraut, und Sorgenfalten standen ihm im Gesicht. Mir wurde auf einmal bewußt, daß mein Problem wirklich ernst war. Erst jetzt dachte ich an meine Familie.

»Ich habe einen Fehler gemacht, dieses Geschäft schien eine gute Investition zu sein, und ich dachte, daß man eine Menge Geld damit verdienen könnte.«

»Ich sollte dir eine runterhauen! Du hattest doch immer Geld, und wenn du mehr gebraucht hättest, warum hast du mich nicht darum gefragt, ich hätte dir sofort welches gegeben.«

Daddys Stimme war nicht anklagend, eher enttäuscht und besorgt. Er hatte Recht, mir hatte es nie an etwas gemangelt.

Im vergangenen Jahr hatte ich oft an meine Jugend gedacht und mich an viele Erlebnisse von früher erinnert. Mir war bewußt geworden, daß ich eine recht glückliche Kindheit verlebt hatte.

Meine Familie war relativ wohlhabend, mein Vater hatte einen guten Job als Manager bei einer amerikanischen Versicherungsgesellschaft. Er war im Zweiten Weltkrieg von England nach Indien und Ägypten geraten und hatte schließlich an der alliierten Invasion durch die Normandie teilgenommen. Nach dem Krieg war er nach Deutschland gegangen und hatte dort schließlich meine Mutter kennengelernt, die in derselben Firma arbeitete.

Sie hatten bis 1945 in Berlin gelebt, und die ganze Familie war dann nach Hessen geflüchtet. Meine Mutter war eine gutaussehende, dynamische Frau, lebenslustig und humorvoll im Wesen. 1958 war ich auf die Welt gekommen. Meine Eltern hatten es mir an nichts fehlen lassen, und ich hätte mir kein besseres Zuhause vorstellen können. Meine frühe Kindheit verbrachte ich hauptsächlich in Frankfurt, wo ich auch in die Schule kam. Das Lernen bereitete mir nie größere Probleme, und ich ging bald aufs Gymnasium.

Der erste tiefe Einschnitt war die Scheidung meiner Eltern, als ich zwölf Jahre alt war. Ich kam in ein christliches Schülerheim im Taunus. Ein ehemaliges Fürstenschloß in einem kleinen Ort war meine Schule, und ich gewöhnte mich recht schnell an das veränderte Leben.

Die herrliche Umgebung mit vielen Wäldern und Wiesen vermittelte mir eine tiefe, bis heute bestehende Beziehung zur Natur, die ich in der Stadt wohl nie bekommen hätte.

Es liegt wohl am Charakter eines Internats, daß dort allerlei Blödsinn und Streiche ausgeheckt werden, und meine schulischen Leistungen ließen oft zu wünschen übrig. Trotzdem gefiel mir die Schulzeit, besonders da ich ab der zehnten Klasse zusammen mit einem anderen »Schülerheimer« in einer reinen Mädchenklasse war, wegen des sprachlichen Zweiges. Ich blieb an diesem Ort bis zum Abitur, und aus dieser Zeit stammen viele noch heute bestehende Freundschaften.

Ein Freund aus dieser Zeit ist Walter. Er war der Sohn eines Missionsarztes, wir lebten lange Zeit zusammen im selben Zimmer.

Ein anderer ist Philip, ein Amerikaner, der mit seiner Schwester Jenny, meiner ersten Freundin, bei seinen Großeltern in Deutschland wohnte.

Philip war mittlerweile Kameramann von Beruf und jetzt, zusammen mit meinem Vater in Lima.

»Mensch, Ronnie, altes Haus, das ist ja eine Abenteuerstory, in die du da geraten bist!«

»Wie man's nimmt, langsam reicht's mir mit dem Abenteuer.«

»Das glaube ich. Wir sind jetzt hier, um dich rauszuholen.«

Zu meinem Vater hatte ich vollstes Vertrauen, er hatte mich immer aus allen Problemen herausgeholt, schon in meiner Kindheit. Zunächst aber gab es eine Hiobsbotschaft.

»War dieser Robert Cohen einmal hier zu Besuch?«

»Ja, er kam zweimal, redete viel von großen Geschäften mit der Regierung und Beziehungen, hat aber dann nichts mehr von sich hören lassen.«

Dads Miene verfinsterte sich.

»Der Kerl hat 75.000 Dollar von mir bekommen, um dich freizubekommen.«

Ich schlug mit der Faust auf den Tisch.

»Was, das darf doch nicht wahr sein! Und wo ist er jetzt?!«

»Über alle Berge. Das heißt, wir wissen, wo er in Frankreich sein Büro hat. Ich habe ihn bereits wegen Betrugs angezeigt. Aber zunächst mal müssen wir dein Problem hier lösen. Deine Mutter macht sich große Sorgen.«

»Wie geht es ihr?«

»Nicht sehr gut, wie du dir vorstellen kannst. Mir übrigens auch nicht, ich habe neuerdings Herzprobleme; keinerlei Aufregung, sagt der Arzt.«

Er holte eine Dose mit Pillen aus der Tasche, ich betrachtete ihn besorgt.

»Du mußt dir keine Sorgen machen, ich komme schon zurecht hier.«

»Ich habe 18.000 Dollar draußen im Auto, können wir damit was anfangen?«

Mein Herz machte einen Sprung, ich griff ihn bei den Schultern.

»Dad, mit diesem Geld bin ich schon so gut wie draußen, wunderbar!«

»Na, dann wollen wir doch mal sehen. Deine Haare sind übrigens zu lang!«

*

Am Sonntag darauf kamen er und Philip wieder zu Besuch, und in meiner Zelle unterhielten wir uns lange über die vorangegangenen Ereignisse. Ich konnte meinem Vater unmöglich die ganze Wahrheit sagen; das hätte ihn zutiefst getroffen, daß aus seinem Sohn ein echter Verbrecher geworden war. Philip sah das Ganze viel undramatischer.

»Dieses Land und seine Wirtschaft leben doch vom Drogenhandel, in meinen Augen ist es doch eine ziemliche Heuchelei, wenn sie die ganzen Leute hier wegen so geringer Mengen einsperren.«

»Ja, aber die westlichen Nationen benutzen das Drogenproblem, um Einfluß auf diese Länder zu nehmen. Wenn die nichts gegen die Schmuggler tun, wird der Kredithahn abgedreht.«

Dad winkte ärgerlich ab.

»Genug jetzt mit dem Philosophieren, darüber können wir uns später den Kopf zerbrechen. Jetzt haben wir erstmal dein eigenes Problem hier zu lösen!«

»O.k. Gibt es eigentlich Schwierigkeiten in Deutschland?«

»Ich denke schon, ja. Dein Name taucht sicher in den Akten auf. Fiebelkorn steht noch vor Gericht, man ist jetzt mit einer Kommission nach Bolivien geflogen, um dort Zeugen zu verhören. Bei uns war die Polizei nicht. Mit Walter haben wir bis vor kurzem telefonisch in Verbindung gestanden, er ist jetzt aber wieder untergetaucht, keiner weiß, wo.«

»Na schön, ich werde sowieso nicht mehr dorthin zurückkehren; wenn ich hier draußen bin, gehe ich nach Jamaika.«

»Nach Jamaika?«

»Ja, ich habe hier einen Freund, Horace, der von dort ist. Seine Familie besitzt große Ländereien. Ich werde ihn euch nachher vorstellen, er hat die Verbindungen für die Flucht von hier.«

Jeden Gedanken an eine legale Möglichkeit zur Entlassung hatte ich mittlerweile ad acta gelegt. Die Frage war nur, wie, und vor allen Dingen über wen, wir eine Flucht organisieren sollten.

*

François hatte in den vergangenen Monaten seine Flucht gemeinsam mit William geplant. Ich war Zeuge gewesen, wie William ihm die Bankverbindung seiner Frau gab, und François 10.000 Dollar aus Frankreich überweisen ließ. Eines Tages erreichte uns die überraschende Nachricht, daß William gerade entlassen worden sei. François war wie vor den Kopf geschlagen und konnte sich das gar nicht erklären. Nach ein paar Wochen wußten wir es: William hatte mit dem Geld seinen Richter bestochen und sich aus dem Staub gemacht. Wir sollten ihn niemals mehr wiedersehen.

So konnte man sich täuschen, auch ich hatte ihm vertraut. Durch diesen und andere Vorfälle wurde mir aber klar, daß wohl die meisten Knastbekanntschaften nichts wert waren, sie bestanden nur, solange man im selben Boot saß. Einmal in Freiheit, dachte keiner mehr an das, was er im Gefängnis mitgemacht oder versprochen hatte ...

*

Zwischen Horace und mir hatte sich in den letzten Monaten eine gute Freundschaft entwickelt. Nach den Bibelstunden tranken wir regelmäßig ein Glas Fruchtsaft zusammen, den ein peruanischer Gefangener an einem kleinen Stand im Erdgeschoß verkaufte. Er zerkleinerte mehrere Früchte, Papaya, Mango, Banane, Orange und Maracuya, in einem elektrischen Mixer und das Getränk schmeckte einfach köstlich.

Wir unterhielten uns zumeist über Miami und die Karibik, wonach wir beide Heimweh hatten, und über den Glauben. Horace war seinen eigenen Angaben nach im Gefängnis »von neuem geboren worden«, und wir führten viele interessante Gespräche miteinander.

Da ich nicht mehr mit Harry und François zusammen wohnte, und Géry mittlerweile mit seinem kanadischen Zellengenossen kochte, hatten Horace und ich eine gemeinsame Küche gegründet. Er hatte einen Platz im großen Gemeinschaftsraum im zweiten Stock, direkt über dem Raum, in dem die Bibelstunde und die Schreinerei war.

In diesem Raum kochten und aßen ungefähr 40 Gefangene, zumeist Ausländer, die Geld hatten. *Pasteleros* gaben zwar häufig nicht weniger aus, aber sie schafften es nicht, irgendwelche Besitztümer länger als ein paar Tage zu behalten und mußten daher die *Paila* essen.

Unsere Küche bestand aus einem großen Eßtisch, zwei Holzbänken und schließlich einem Kühlschrank, den Horace ergattert hatte. Wir ließen ihn durch den Anstaltselektriker überholen und brachten mehrere Vorhängeschlösser an. Von nun ab konnten wir Fleisch, Eier, Gemüse und sogar Eiswürfel aufbewahren und aßen somit beinahe wie in der zivilisierten Welt.

Unsere einzigartige Küche und der Umstand, daß er Schwarzer und ich Weißer war, gaben oft Anlaß zu Neid, Spott und auch Bewunderung, die wir aber gelassen zur Kenntnis nahmen.

Horace kannte nun einen Wachbeamten, der bereits mehrere Fluchten organisiert hatte. Wir besprachen alles zusammen mit Philip und Dad.

»Die Sache funktioniert so: Es gibt drei Schichten bei den *Empleados* und drei bei den *Republicanos*. Je eine von den Schichten hat die richtigen Leute und kann die Flucht ermöglichen. Wir müssen also den Tag abwarten, an dem diese beiden Gruppen gleichzeitig Dienst haben. Die speziellen *Empleados* bringen dich dann zu einem anderen Teil des Gefängnisses, und von dort steigst du entweder über den Zaun oder in ein Wachauto der Polizei, das dich dann nach draußen fährt. Das müssen wir noch sehen, eventuell mußt du dazu eine Polizeiuniform anziehen.«

Philip lachte laut auf und schlug mir auf die Schulter.

»Ha, ich werde dann draußen auf dich warten, mit schußbereiter Kamera!«

»Das sollst du auch, denn wir müssen einen Treffpunkt vereinbaren, wo die Übergabe des Geldes erfolgt.«

»Warum nicht in der britischen Botschaft?« warf Dad ein. Horace schüttelte den Kopf.

»Nein, das gäbe einen Skandal! Das Wichtigste bei dieser Angelegenheit ist, daß wirklich niemand davon erfährt, sonst klappt es nicht. Diese Gefahr besteht vor allem hier drin. Ich bin sicher, daß einige Spitzel bereits neugierig euren Besuch überwachen und Informationen an die Anstaltsleitung weitergeben werden.«

»Na und, die wissen doch bestimmt auch von dem Fluchtprogramm, vielleicht gehört der Direktor ja mit dazu!«

»Möglicherweise, aber dann will *er* das Geschäft machen und wird den Plan der anderen vereiteln! Was ist übrigens mit deinen peruanischen Freunden Miguel und Alfonso? Die dürfen auch nichts davon erfahren!«

»Hm, mit Miguel habe ich schon oft über Flucht gesprochen, er weiß bestimmt, was ich vorhabe, aber von ihm kommen, glaube ich, keine Probleme.«

Horace machte eine warnende Geste.

»Hast du 'ne Ahnung! Wenn die merken, daß du sie allein zurückläßt, werden sie ein Riesentheater machen. Du mußt sie also auf eine falsche Fährte locken. Sag' ihnen meinetwegen, daß du jetzt einen Staranwalt nehmen würdest oder so was.«
»Das ist aber wirklich kompliziert! Wieso sagen wir den Leuten nicht einfach: »Hier ist das Geld, organisiert für morgen die Flucht«, und damit fertig!?«
Horace lehnte sich an die Wand und deutete aus dem Fenster.
»Weil wir hier in Peru sind, und dieses Intrigenspiel gibt es hier schon, seitdem der Inka einen Raum voller Gold für seine Freilassung zahlte und dann doch hingerichtet wurde.«
Ich mußte schlucken.

*

Am übernächsten Tag brachte mich Horace mit dem Wachmann Lupo zusammen. Die Flucht könnte in genau einer Woche möglich sein. Er würde mich aus dem Pabellon sieben zum Arbeitspabellon *Industrial* bringen, und bei Einbruch der Dunkelheit würde ich dann mit dem Polizeiauto der Republicanos aus dem Gefängnis gefahren werden. Es klang alles sehr gut, und ich gab ihm die ersten 200 Dollar für die Beschaffung einer Uniform.
Daddy und Philip kamen noch mehrmals in dieser Woche, und wir unterhielten uns ausgiebig über alle Details. Sobald ich aus Lurigancho draußen war, würden wir uns außerhalb der Stadt treffen und den geforderten Preis von 10.000 Dollar zahlen. Die Republicanos würden mir sogar einen gefälschten Paß besorgen.
Die Tage wurden immer länger, ich blieb fast nur noch in meiner Zelle, da ich kein Interesse mehr daran hatte, noch irgend jemand zu sprechen. Ausgerechnet Kike Valle kam aber

andauernd vorbei, um mich über meinen Besuch auszuhorchen, und ich erzählte ihm alle möglichen Stories.

Aus der Flucht wurde diesmal aber nichts. Als ich schon aus dem Pabellon herausgeführt und beinahe am *Industrial* angelangt war, begegnete uns überraschenderweise der Oberaufseher und der Plan mußte abgebrochen werden ...

*

Daddy und Philip mußten wieder abreisen. Am Tag seines Abflugs kam mein Vater noch einmal allein zu Besuch. Unsere Stimmung im Besucherraum war äußerst gedrückt, trotzdem versuchten wir, uns gegenseitig Mut zu machen.

»Es ist nicht so schlimm. In ein paar Wochen ist Gras darüber gewachsen und dann versuchst du es noch einmal, dann wird es bestimmt klappen!«

Ich nickte zustimmend.

»Ja, mach' dir keine Sorgen, Horace und ich schaffen das schon. Paß' du nur auf dein Herz auf!«

»Ach, die Pumpe wird's schon noch eine Weile tun. Viel wichtiger ist mir, daß du aus diesem Drecklochwieder herauskommst und dann ein neues Leben beginnst.«

»Das verspreche ich dir, ich werde nie mehr so einen Mist machen!«

Dad rieb sich die Stirn. Ich sah, daß ihm das Ganze sehr zu schaffen machte.

»Das will ich auch hoffen! Und daß du auch nicht mehr in solche Länder zurückkehrst!«

Die Zeit war um, er mußte gehen. Ich begleitete ihn noch bis auf den Platz, wo sich unsere Wege trennten.

Wir umarmten uns, und er drückte mich fest an sich.

»Paß' auf dich auf, Sohn, ich will dich heil wiedersehen!«

Ich sah ihm fest in die Augen.

»Ich dich auch, Dad, keine Sorge. Vielen Dank für alles, ich liebe dich! Viele Grüße an Mutter!«
Wir schüttelten uns die Hände, und er ging zum Tor, der Wachbeamte schloß ihm auf. Er drehte sich noch einmal um und winkte mir zu, ich winkte zurück.
Mir standen Tränen in den Augen. Ich hatte auf einmal eine unheilvolle Ahnung, daß dies unser letztes Treffen gewesen sein könnte.

*

»Freunde, dies ist mein vorläufig letzter Besuch bei euch, ich gehe nächsten Monat zurück in die USA!«
Wir blickten Steve alle traurig an. Er war zusammen mit Pablo García, dem peruanischen Mitarbeiter von ›Prison Fellowship International‹ gekommen, der ihm damals von den Ausländern in Lurigancho erzählt hatte. Steve hatte uns das Ende seiner Zeit als Missionar in Peru bereits mehrmals angekündigt, aber niemand hatte es so recht glauben wollen. Ich bedauerte sehr, daß er ging, denn er war für mich ein großartiger Lehrer und eine Art Botschafter Gottes gewesen. Die Bibelstunden hatten mir entscheidend geholfen, einen Sinn in dieser ganzen Situation zu finden.
Es war sicher nicht immer einfach für ihn gewesen. Die meisten Gefangenen machten sich über seine Besuche lustig, wie ich herausbekommen hatte, und lediglich weil man Respekt vor uns hatte, war es nie zu größeren Störungen gekommen. Einmal war »Crazy Joseph« gekommen und hatte sich zu uns gesetzt. Er war ein 45jähriger ehemaliger Arzt, der in den USA praktiziert hatte, aber später verrückt geworden war. Keiner wußte genau, weswegen er saß, er selbst auch nicht. Man vermutete, daß er seine Frau ermordet hatte. Crazy Joseph lief den ganzen Tag im Gefängnis umher und trug dabei alle seine Habseligkeiten in einem Nylonsack mit sich. Dabei brabbelte

er ständig vor sich hin. Manchmal bemalte er den ganzen Hof mit merkwürdigen Zeichnungen oder Kritzeleien in englisch und spanisch. Wenn man ihn ansprach, erzählte er oft, daß er von einem anderen Planeten komme und auf sein Raumschiff warte.

In dieser einen Bibelstunde hatte er aufmerksam zugehört und sogar in einer Bibel mitgelesen. Als dann am Ende Gebete gesprochen wurden, begann Joseph auf einmal vollkommen klar und vernünftig zu beten. Er bat Gott, ihn von seiner Krankheit zu heilen und uns allen Kraft zu geben, dieses Gefängnis auszuhalten. Wir waren alle sehr erstaunt, und für fast eine Stunde war Joseph völlig normal. Dann aber fiel er in seine Umnachtung zurück und lief wieder davon.

Gérys kanadischer Zimmergenosse Thomas, mit dem ich mich auch recht gut angefreundet hatte, da wir abends immer zusammen Karten spielten, hatte mich oft verspottet, wenn ich zur Bibelstunde ging.

»Du willst doch nicht sagen, daß du an den Quatsch von diesem Himmelskomiker glaubst, oder?«

»Doch, Thomas, was er sagt, stimmt alles mit der Bibel überein.«

»Die Bibel! Das ist doch ein Buch, aus lauter einzelnen Schriften, die man gar nicht richtig übersetzt hat. In ihren ursprünglichen Sprachen war das bestimmt anders gemeint. Das Ganze ist jetzt voller Widersprüche!«

»Also davon habe ich bisher nicht soviel gemerkt, was genau meinst du denn?«

Thomas winkte ab und mischte wieder die Karten.

»Ach, was weiß ich, so genau kenne ich die Bibel auch nicht, jedenfalls glaube ich nicht, daß da was Wahres drinsteht.«

Géry dagegen hatte die Bibel bereits mehrmals durchgelesen, aber er redete nicht gern über seinen Glauben.

»Das ist eine ganz private Angelegenheit, nur zwischen mir und Gott. Ich möchte das nicht vor anderen ausbreiten.«

»Aber dann könntest du doch auch Fragen beantwortet

bekommen oder vergleichen, wie andere dieses oder jenes sehen!«
»Nein, ich lese lieber meine Bibel für mich selbst ... «

Steves letzte Lektion ging über das Geld.

»Und Jesus redete vieles zum Volk in Gleichnissen und sprach: Siehe, es ging ein Säemann aus, zu säen. Und indem er säte, fiel einiges auf den Weg; da kamen die Vögel und fraßen es auf.
Einiges fiel auf felsigen Boden, und es ging bald auf, weil es keine tiefe Erde hatte. Als aber die Sonne aufging, verwelkte es, und weil es keine Wurzel hatte, verdorrte es.
Einiges fiel unter die Dornen; und die Dornen wuchsen empor und erstickten es.
Einiges fiel auf gutes Land und trug Frucht, einiges hundertfach, einiges sechzigfach, einiges dreißigfach ...
So hört nun ihr dies Gleichnis von dem Sämann: Wenn jemand das Wort von dem Reich hört und nicht versteht, so kommt der Böse und reißt hinweg, was in sein Herz gesät ist; das ist der, bei dem auf den Weg gesät ist.
Bei dem aber auf felsigen Boden gesät ist, das ist, der das Wort hört und es gleich mit Freuden aufnimmt; aber er hat keine Wurzel in sich, sondern er ist wetterwendisch; wenn sich Bedrängnis oder Verfolgung erhebt um des Wortes willen, so fällt er gleich ab.
Bei dem aber unter die Dornen gesät ist, das ist, der das Wort hört, und die Sorge der Welt und der betrügerische Reichtum ersticken das Wort, und er bringt keine Frucht.
Bei dem aber auf gutes Land gesät ist, das ist, der das Wort hört und versteht und dann auch Frucht bringt; und der eine trägt hundertfach, der andere sechzigfach, der dritte dreißigfach.«
(Matthäus 13,3-8; 18-23)

»Unter welcher der vier Kategorien würde sich jeder von euch einordnen?«
Mir war die Antwort sofort klar.
»Kategorie drei. Der, bei dem das Wort von der Sorge der Welt und dem trügerischen Reichtum erstickt wird.«

»Aha, interessant! Warum ist dir das Geld so wichtig?«
»Weil Geld gewissermaßen das darstellt, was man ist. Wenn ich viel Geld habe, bin ich auch wer, dagegen wenn ich arm bin, gelte ich auch nichts in der Welt.«
»Außerdem kann man mit Geld eine ganze Menge Spaß haben und Dinge tun, die man ohne es zu haben nicht tun könnte«, bemerkte Horace.
»Was, zum Beispiel, kann man denn mit Geld tun?«
»In fremde Länder reisen, schöne Frauen kennenlernen, gut essen ...«
» ... oder exklusive Autos fahren, in einem großen Haus wohnen und teure Kleidung tragen ... «
»Du siehst es am besten hier im Knast, der ja wie ein Abbild der Gesellschaft ist: Wer Geld hat, schläft in seiner eigenen Zelle, auf einem richtigen Bett und ißt anständiges Essen. Die Beamten respektieren einen, und vor Gericht kommt man besser weg oder wird freigesprochen, weil man sich einen teuren Anwalt leisten kann oder den Richter besticht. Wer dagegen arm ist, schläft auf dem Boden, ißt Paila und wird zur Höchststrafe verdonnert.«
Wir merkten, daß Steve ganz andere Maßstäbe hatte und von unseren Wertvorstellungen doch etwas überrascht war.
»Alles gut und schön, aber wenn man ein Dach über dem Kopf hat, Kleidung für sich und seine Familie, Essen auf dem Tisch und vielleicht sogar ein Auto, dann hat man doch bereits alles, was man zum Leben braucht! Ich habe nicht viel Geld, aber es reicht für uns völlig aus. Wenn ich mehr hätte, würde ich vielleicht im Luxus leben können, aber ob ich dann wirklich glücklicher wäre? Kennt ihr die Geschichte von Howard Hughes?«
»Ja, der Multimilliardär. Er lebte bis zu seinem Tod nur noch in der obersten Etage seines Luxushotels, ohne sie jemals zu verlassen, und war krank vor lauter Reichtum.«
»Nicht nur krank, sondern auch vollkommen verrückt«, ergänzte der Colonel.
»Das ist ein Einzelfall. So was kommt überall vor. Aber

normalerweise sind die Reichen doch die, denen es gutgeht, sie leben in Saus und Braus und sorgen sich höchstens darum, wie sie ihr Geld investieren sollen.«

»Steve, würdest du sagen, daß es schlecht ist, reich zu sein?«

»In der Bibel gibt es eigentlich nichts gegen Geld an sich, aber sie sagt viel über die Einstellung zum Geld und vor allen Dingen über die Art und Weise, wie man es sich beschafft. Hört euch mal diese Stelle an:«

> »Denn die reich werden wollen, die fallen in Versuchung und Verstrickung und in viele törichte und schädliche Begierden, welche die Menschen versinken lassen in Verderben und Verdammnis. Denn Geldgier ist eine Wurzel alles Übels; danach hat einige gelüstet, und sie sind vom Glauben abgeirrt und haben sich selbst durchbohrt mit vielen Schmerzen.«
> (1. Timotheus 6, 9-10)

Wir waren alle eine Weile still und lasen den Text mehrmals durch. Die Geldgier! In der englischen Übersetzung hieß es *the love of money*, genau *das* war meine Einstellung zum Geld, ich liebte es, und es war mir wichtiger als alles andere im Leben. Ich hatte keine Mittel und Wege gescheut, mir mehr davon zu beschaffen und mich selbst dabei in der Tat, »mit vielen Schmerzen durchbohrt« ...!

Ich war vom Geld gefangen, und ich wäre es auch noch, wenn ich jetzt aus diesem Gefängnis herauskäme; zum ersten Mal erkannte ich, was mich von Gott trennte. Ich sagte den anderen nichts darüber, aber für mich war es die Stunde der Erkenntnis. Die Wurzel meines Problems war die Liebe zum Geld. Sie war das Motiv für meine Beteiligung am Drogengeschäft gewesen. In diese bedruckten Stückchen Papier hatte ich meinen Glauben gesetzt.

Eigentlich absurd, aber je mehr Geld man hatte, um so weniger war man damit zufrieden. Früher war ich mit 1000 Dollar im Monat ausgekommen, zuletzt hatte ich schon 10.000

Dollar feste Unkosten pro Monat gehabt: Hypotheken, Mieten, Büros, Unterhalt, Autos und so weiter. Ich konnte nie genug haben; sobald ich etwas erreicht oder gekauft hatte, strebte ich schon wieder nach etwas Besserem und Teurerem. Eigentlich eine Art Selbstbefriedigung durch das Geld, eine Sucht, die einen nicht mehr losließ.

»Geld, das man durch harte und rechte Arbeit verdient hat, ist durchaus ein Segen und bringt auch Segen, aber unrecht Verdientes trägt früher oder später Unglück als Früchte.«

»Hat man nicht auch gesagt, daß über der Kennedy-Familie ein Fluch lastet? Der alte Kennedy soll seinen Reichtum mit Alkoholschmuggel während der Zeit der Prohibition verdient haben, und seine Familie ist seither von Tragödien verfolgt.«

»Das mag vielleicht zutreffen, sie selbst werden es aber bestimmt nicht so sehen. Wir könnten zum Schluß vielleicht noch ein paar ›Weisheitssprüche‹ lesen.«

Wir nahmen uns jeder ein Kapitel vor und lasen daraus den einen oder anderen Vers, der uns besonders ins Auge fiel. Ich hatte das Buch der *Sprüche* im Alten Testament bisher kaum beachtet, aber es fanden sich interessante Weisheiten darin:

»Denn es ist besser, die Weisheit zu erwerben, als Silber, und ihr Ertrag ist besser als Gold ... Langes Leben ist in ihrer rechten Hand, in ihrer Linken ist Reichtum und Ehre.« (Kap. 3,14.16)

»Den Gottlosen werden seine Missetaten fangen, und er wird mit den Stricken seiner Sünde gebunden.« (Kap. 5,22)

»Der Weisheit Anfang ist die Furcht des Herrn, und den Heiligen erkennen, das ist Verstand.« (Kap. 9,10)

»Schätze, durch Unrecht erworben, nützen nichts, aber Gerechtigkeit errettet vom Tode.« (Kap. 10,2)

»Besser wenig mit der Furcht des Herrn als ein großer Schatz, bei dem Unruhe ist.« (Kap. 15,16)

»Ein treuer Mann wird von vielen gesegnet; wer aber schnell reich werden will, wird nicht ohne Schuld bleiben.« (Kap. 28,20)

»Wer Geld liebt, wird vom Geld niemals satt, und wer Reichtum liebt, wird auch keinen Nutzen davon haben. Das ist auch eitel. Denn wo viele Güter sind, da sind viele, die sie aufessen; und was hat der Besitzer mehr davon als das Nachsehen?« (Prediger 5,9-10)

Als wir diesmal beteten, wagte ich zum ersten Mal ein Gebet:
»Lieber Gott, ich habe das Geld zu sehr geliebt. Bitte hilf mir, davon freizukommen und auch meine Freiheit wieder zuerhalten.«
Das letzte Lied, das wir lernten, war ein alter Gospelsong, den schon Mahalia Jackson gesungen hatte. Er erinnerte mich an Konzertaufnahmen von Mahalia, die ich mir früher eine Zeit – lang jede Woche im Fernsehen angesehen und -gehört hatte.

»I am weak but Thou art strong
Jesus keep me from all wrong
I'll be satisfied as long
As I walk, let me walk, close with Thee

Just a closer walk with Thee
Grant it Jesus, this my plea
Daily walking close with Thee
Let it be, dear Lord, oh let it be!

Through this world of toils and snares,
if I falter, Lord, who cares?
Who with me my burden shares?
None but Thee, dear Lord, oh none but Thee ... «

Beim Hinausgehen deutete Steve auf mein Holzkreuz.
»Du trägst Jesus auf dem Herzen, aber trägst du ihn auch in deinem Herzen?«

Ich war über diese Frage sehr überrascht und wußte ihm gar nichts darauf zu antworten. Was meinte er damit?

Ein Jahr später sollte ich es wissen.

*

Von meinem Luxusleben war ich mittlerweile so gut wie kuriert. War ich früher noch Sklave meiner Wünsche und Leidenschaften durch den ganzen Komfort und Luxus gewesen, so hatte mich das extreme Gegenteil von Lurigancho wieder auf den Boden, der Realität zurückgebracht.

Wir lebten wahrhaftig auf einer Müllhalde; jeder spuckte auf den Boden, und die Peruaner profilierten sich vor allen Dingen dadurch, daß sie das Klopapier neben die Toiletten warfen, und an jede Ecke pinkelten, auch in die Duschen, während man darin stand, um sich aus einem Eimer Wasser zu waschen ...

Folge davon waren natürlich die Fliegenschwärme, aber auch ein Heer von Ratten und Kakerlaken, den *Cucarachas*.

Diese riesigen, schwarzen Käfer krabbelten überall herum, und ich gab ein Vermögen für Desinfektionsmittel und Insektensprays aus.

Eines Nachts erwachte ich aus tiefem Schlaf, weil ich etwas auf meiner Nase spürte. Ich griff an mein Gesicht und faßte eine *Cucaracha*! Angewidert sprang ich mit einem Schrei aus dem Bett und trampelte das Biest tot.

Die Ratten lebten in den Fugen der Gebäude, die zum Schutz gegen Erdbeben eingelassen waren. Sie kamen öfters hervor und wühlten in den Abfällen und Essensresten herum. Manchmal gelang es einem Gefangenen, sie mit einer Flasche oder einem Stein zu erschlagen, oder auf dem Hof zu Tode zu hetzen.

Mit ›*Rata*‹ wurden aber auch niederträchtige Gefangene bezeichnet, besonders die von der *Pampa*-Seite Luriganchos.

In der Zeitung las ich, daß dieser Stadtteil schon von den Inkas gegründet wurde und daß auch der Name aus dem Quechua abgeleitet sei: von ›*Hurín Huancho*‹, was soviel wie ›gute Ernte‹ bedeutet ...

*

In Lurigancho war mein ›*Life in the fast lane*‹ zum Stillstand gekommen. In der relativen Stille hatte ich sehr viel Zeit zum Nachdenken. Ich erinnerte mich an meine Reise nach Colorado. Omar hatte mir im Flugzeug erzählt, daß seine Schwester früher ein wildes Leben geführt und Drogen genommen hatte, aber seit einigen Monaten vollkommen verändert war. ›*She really cleaned up her act*‹, sagte er und wunderte sich darüber.

Sie wohnte im noblen Skiort ›Aspen‹ in den Rocky Mountains, ihr Haus war erstaunlich sauber und aufgeräumt, und sie machte einen sehr liebenswürdigen Eindruck auf mich. Sonntags schlug sie uns vor, doch mit in ihre Kirche zum Gottesdienst zu kommen. Omar und ich waren etwas belustigt über diesen Vorschlag, willigten dann aber doch ein und fuhren in ihrem Jeep mit zur Kirche.

Ich konnte mich nicht mehr an den Inhalt des Gottesdienstes erinnern, aber die Atmosphäre und die Gemeindemitglieder hatten mich irgendwie beeindruckt. Sie besaßen etwas, was ich nicht hatte: Frieden mit Gott und mit sich selbst. Jetzt erst, in Lurigancho, wurde mir bewußt, daß Omars Schwester Christin gewesen sein mußte.

Die Beschäftigung mit Gott und der Bibel hatte einen heilsamen Einfluß auf mich. Trotz der bescheidenen Annehmlichkeiten war die Haft doch etwas Schreckliches. Nimmt man einem Menschen die Freiheit, so wird ihm praktisch alles genommen, und er vegetiert mehr oder weniger sinnlos vor sich hin. Während die meisten Gefangenen jedoch mit fortschreitender Haftdauer immer mehr in Verzweiflung und Drogenkonsum abglitten, passierte bei mir genau das Gegenteil. Ich rauchte sehr viel weniger und beteiligte mich auch kaum noch an den Parties, die mehrmals im Monat von den »Bossen« wie Helmut, Gustavo und anderen reichen Peruanern und Ausländern organisiert wurden. Das Verlangen danach war einfach zurückgegangen. Das Bibellesen hielt mich auch emotionell und verstandesmäßig im Gleichgewicht. Ich wußte, daß Gott durch dieses Buch und durch diese besondere Situation zu mir sprach, und es war überaus interessant, täglich mehr von ihm zu erfahren.

Mir war es mittlerweile allein in der Zelle zu langweilig geworden, und so hatte ich Miguel eingeladen, bei mir zu wohnen. Seine Frau Laura kam jeden Samstag und brachte uns oft neueste Nachrichten von unseren Freunden in den USA, die ab und zu mit ihr in Kontakt standen. Sie brachte auch immer köstliche peruanische Gerichte und Kuchen mit. Miguel war allerdings Choleriker und stritt sich sehr oft mit seiner Frau. Mehrere Male schüttete er vor Zorn das ganze Essen auf den Boden, und sie rannte entnervt davon.

*

Mike war für den Besitz von zwei Gramm Kokain zu fünf Jahren verurteilt worden. In einem Schreiben des amerikanischen Justizministeriums an Mikes Kongreßabgeordneten wurde zugegeben, daß die *DEA* im Ausland tätig war, um amerikanische oder europäische Staatsbürger an die örtlichen Polizeibehörden auszuliefern, sofern Verdacht auf Rauschgiftbesitz oder -schmuggel bestand.

Auf der anderen Seite wurde ihm angeboten, durch ein Gefangenenaustauschabkommen in die USA zurückgebracht zu werden, um dort seine Strafe abzusitzen.

»So eine Heuchelei! Sie wollen mich also zu Hause im Knast und damit vorbestraft sehen. Der Unterschied ist aber, daß ich in den USA entweder gar nicht verurteilt worden wäre, weil es ja *DEA*-Agenten waren, die mir die Droge angeboten haben, und daß ich im Höchstfall ein Jahr auf Bewährung bekommen hätte. Wo ist da die Moral?«

»Ich weiß es auch nicht, zwei Gramm sind ja sowieso ein Witz.«

»›*Jíbaro*‹ hat für fünfhundert Kilo Pasta nur zehn Jahre bekommen!«

Der ›*Jíbaro*‹ war ein 50jähriger Stammeshäuptling aus dem Dschungel. Er war zwar hochgebildet und sprach auch Spanisch, lief aber nur in Indianerkleidung samt Kriegsbemalung herum. Er hatte lange schwarze Haare, die er sich jeden Sonntag von seinen vier Frauen kämmen ließ, die mitsamt einem Dutzend Kinder zu Besuch kamen.

Jíbaro kümmerte sich nicht um irgendwelche Beamte oder Bestimmungen, und er machte sich einen Spaß daraus, Flüssigkeiten aus bestimmten Pflanzen zu mischen, die die Haut rot, grün oder blau verfärbten. Er stellte sich dazu vor seine Zelle und schüttete ein Glas davon über einen Beamten oder einen Häftling und lachte schallend über deren erstaunte Gesichter. Schon nach ein paar Minuten waren sie völlig verfärbt und sahen grotesk aus. Abwaschen ließ sich die Farbe erst nach mehreren Tagen.

Nach der Verurteilung von Mike heckten wir beide einen weiteren Fluchtplan aus.

»Wir versuchen es mit Gewalt!«

»Wie soll das denn gehen, wir haben doch kein Dynamit?«

»Ich war Sprengstoffexperte bei den *Marines*, das ist kein Problem. Alles, was wir brauchen, ist etwas Holzkohle, Phosphor und Dünger.«

»Die ersten beiden Sachen können wir hier bekommen, aber Dünger?«

Am Besuchstag fragte ich einige der Marktfrauen danach.

»*Ah, sí, sí, guano! Lo puedo conseguir!* (Ja, ja, Vogeldünger! Den kann ich besorgen!)«

Bei unserem Abendspaziergang erzählte ich Mike davon.

»Sehr gut, dann stelle ich den Sprengstoff her, und in vier Wochen hauen wir ab.«

»Wo und was willst du denn sprengen?«

»Wir steigen über die Hofmauer auf den *Jíron*, dort plazieren wir eine Sprengladung mit einem verzögerten Zünder. Über das Dach des Jirons laufen wir bis zum *Pabellon Industrial* und klettern dort hinunter. Die nächste Ladung kommt an den Fuß des einen Wachturms, der Zünder geht zwei Minuten nach dem ersten los. Dann warten wir auf das Feuerwerk. Im entstehenden Chaos schleichen wir uns zum hinteren Tor, und wenn die Ladung am Turm losgeht, werden die Polizisten herausstürmen. In diesem Moment steigen wir über den Zaun und – *Adíos*, Lurigancho!«

Mikes Plan klang gar nicht so schlecht. Ich vertraute ihm auch, daß er fähig genug war, ihn durchzuführen. Wir verbrachten die nächsten Wochen mit Bodybuilding und Konditionstraining und warteten auf den *Guano*. Aus unerfindlichen Gründen kam die Marktfrau, mit der ich gesprochen hatte, aber nicht wieder. Ich beauftragte eine zweite, aber auch sie vergaß es jedes Mal.

Trotzdem hätten wir den Plan sicher noch ausgeführt, wenn wir nicht auf etwas Neues gestoßen wären.

Alo war ein begabter junger Gitarrist, der auch wegen Drogendealens einsaß. Er wohnte zusammen mit Mike auf einer Zelle, und da ich Mundharmonika blasen konnte, spielten wir oft Blues miteinander. Alo hatte draußen in einer Band gespielt, und ein weiteres Mitglied, der Keyboardspieler Pancho, saß auch in Lurigancho. Germán aus Kolumbien spielte Bass, und in einem anderen Pabellon befand sich ein professioneller Jazzschlagzeuger. Mike mit seinem Talent als Konzertproduzent hatte nach kurzer Zeit eine Band zusammengestellt!

Er hatte auch noch einen peruanischen Freund, Jorge

»Koko« Romero, ein ehemaliger Leutnant der Luftwaffe, ebenfalls wegen Drogen im Gefängnis.

Koko war ein intelligenter und fähiger Mann, der Vorsitzender der ›*Comisión de la Defensa de los Derechos Humanos*‹ (Menschenrechtskommission) in Lurigancho war. Dadurch hatte er Beziehungen zu fast allen Gefangenen im gesamten Gefängnis, und auch zur Direktion.

Wir spielten fast jeden Tag zusammen, und Koko brachte nach und nach auch Musiker aus anderen Pabellons mit, die meisten davon aus der berüchtigten *Pampa*. Es stellte sich aber heraus, daß diese Leute doch ganz o.k. waren, und wir hatten großen Spaß miteinander. Schließlich konnten wir sogar selbst in die *Pampa* gehen.

Dort herrschte fast gähnende Leere, es gab keine Verkaufsstände oder Restaurants wie bei uns, auch waren die Einrichtungen teilweise sehr stark zerstört, manche Zellen hatten gar keine Türen mehr. Die Gefangenen waren zu einem Drittel Schwarze, der Rest waren Mischlinge. Weiße gab es praktisch überhaupt keine. Viele waren nur in Lumpen gekleidet, ohne Hemd und Schuhe. Ihre Körper waren tätowiert oder mit Narben übersät. Hier herrschte die Gewalt, für einen Teller Paila wurde gemordet, ein Leben zählte nichts. Fast jeder trug irgendeine Waffe, entweder ein Messer oder eine *Chaveta*, eine Art selbstgebastelter Dolch aus Gitterstäben.

Einige unserer Musiker-Freunde waren sogenannte *Caciques* (Anführer) – eine Bezeichnung, die noch aus der Inka-Zeit stammt – und deswegen wagte keiner, uns *Gringos* anzugreifen. Wir fühlten uns relativ sicher in ihrer Gegenwart und vergaßen bald die möglichen Gefahren.

Irgendwann hatte jemand die Idee, ein Konzert zu veranstalten.

»Das wäre etwas; das hat es im *Koka Inn* noch nie gegeben: ein Konzert von, mit und für Gefangene!«

»Genau, wir organisieren alles selber!«

»Wie wäre es, wenn wir es an einem Besuchstag veranstalten, dann könnten die Angehörigen daran teilnehmen.«

»Prima Idee, wir könnten eins im *Jardín* und eins in der *Pampa* geben und damit gleichzeitig etwas gegen die Gewalt und den Haß im Knast tun!«

»Wir könnten mehrere Gruppen nacheinander auftreten lassen, so wie eine Art Festival, mit verschiedenen Musikrichtungen: Rock, Folklore, Jazz ...«

»... oder obendrein noch Musiker von draußen dazu einladen, zu einer ›Session‹!«

Die Ideen überschlugen sich, wir verbrachten einige Stunden mit *brainstorming*. Danach war der Plan gefaßt: Es würde ein Musikfestival geben. Wie und wann, mußten wir noch ausloten.

Genau zu diesem Zeitpunkt passierte etwas Entscheidendes im Gefängnis, so daß diese eigentlich utopische und phantastische Idee schließlich verwirklicht werden konnte.

Es hatte eine Serie von Gefangenenstreiks gegeben, einerseits wegen der schlechten Verpflegung, und andererseits wegen eines neuen Gesetzes, das in diesem Jahr noch verabschiedet werden sollte, um Drogenstraftätern alle Vergünstigungen und das Recht auf Bewährung zu entziehen. Da fast 40 Prozent aller Häftlinge wegen Drogen einsaßen, war dies eine wahnwitzige Idee; kein Mensch konnte zehn Jahre Lurigancho überleben. Es kam zu einzelnen gewalttätigen Auseinandersetzungen, und der alte Direktor wurde schließlich wegen Korruption gefeuert. Das Justizministerium entschied, zum ersten Mal eine Frau als Direktorin einzusetzen, die Rechtsanwältin Dr. Delia Atúncar.

*

Koko freundete sich bald mit ihr an und erzählte von unserem Plan eines gemeinschaftlichen Konzertes aller Gefangenen. Sie fand die Idee großartig! Wir bekamen alle offizielle Passierscheine, um uns in der ganzen Anstalt frei bewegen zu können und so ein Konzert vorzubereiten.

Ich hatte natürlich auch dabei meine Flucht im Auge und nutzte die Gelegenheit, mich mit allen Teilen Luriganchos vertraut zu machen.

Die sechs Pampa-Pabellons waren nicht sehr interessant, am Ende des Jirons jedoch lag der außergewöhnliche Zellblock *El Trece* (Die Dreizehn), der über 100 Transvestiten beherbergte. Man sah sie des öfteren in verschiedenen Pabellons herumlaufen, wo sie ihre »Dienste« anboten, die auch in großer Zahl in Anspruch genommen wurden. Sogar Familienväter hatten solche Liebhaber. Im *»Trece«* ging es jedenfalls zu wie in Sodom und Gomorrha, es war der einzige Pabellon, den ich nie zu betreten gewagt habe ...

Mit meinem Passierschein besuchte ich aber auch Choquehuanca und Durán im Pabellon drei, worüber sie sich immer sehr freuten. Dort lebten sie mit 18 weiteren in einem großen Gemeinschaftszimmer. Trotzdem war die Atmosphäre wesentlich peruanischer als sonstwo, zum ersten Mal hörte ich wieder Andenmusik mit Gitarre und Flöte und sah Männer, die sich mit Volkstrachten kleideten.

Meinen Freund Campos Diaz aus der PIP-Station fand ich im *Pab. Británico*, der neu gebaut war und außerhalb der regulären 13 Pabellons lag. Er war dort mit vielen aus politischen Gründen angeklagten Gefangenen untergebracht, die man alle verdächtigte, Mitglieder der Terroristengruppe *»Sendero Luminoso«* zu sein. Seinen Angaben nach handelte es sich aber zu 90 Prozent um harmlose Bauern, die einfach verhaftet und durch Folterungen zu falschen Geständnissen gezwungen worden waren.

Nach dem *Británico* begann ein Niemandsland aus grauer Wüste, das fast 100 Meter bis zum doppelten Zaun reichte. Eine Flucht war hier schlecht möglich, nachts wurde alles von starken Scheinwerfern angestrahlt. Ich machte eine Runde um das Gefängnis und gelangte zu dem riesigen *Industrial-* Zellblock, der ursprünglich für Arbeitswerkstätten bestimmt war, wo aber die meisten Einrichtungen und Werkzeuge längst gestohlen waren. Daneben befand sich die Küche, die einmal mustergültig mit amerikanischen Geräten ausgestattet gewesen war, bei der aber jetzt auch vieles fehlte. Ich erfuhr, daß das ganze Gefängnis erst 1974 nach amerikanischen Plänen gebaut und auch zum größten Teil mit Geldern aus den USA finanziert worden war.

Angrenzend an den *Pabellon Mantenimiento*, wo ich zuerst gewohnt hatte, war das letzte große Gebäude, das »Gymnasio«, die Turnhalle.

Dort sollte unser Konzert stattfinden.

14

Jedes Jahr zu Beginn des Herbstes ereignen sich in Peru mit erschreckender Regelmäßigkeit große Naturkatastrophen, die sogenannten ›Huaicos‹. Ein *Huaico* ist eine Geröll- und Schlammlawine, die zur Regenzeit mit den Hochwasser führenden Flüssen von den Bergen herunterkommt. Dabei werden regelmäßig ganze Dörfer, Städte und Straßen zugeschüttet, viele Menschen sterben und Tausende werden obdachlos. Dieses Naturphänomen hängt überwiegend mit der Beschaffenheit der Berghänge zusammen, die zum großen Teil aus Geröll und Sand bestehen.

Obwohl man von der Gefährlichkeit der *Huaicos* weiß – es gab sie schon zu den Zeiten der Inkas, die dagegen aber große Dämme gebaut hatten – beschränkt sich die peruanische Regierung darauf, die Toten zu bergen, die Wege wieder frei zu machen und in Ansprachen immer wieder zu betonen, daß jetzt endlich etwas dagegen getan werden müsse. Es passiert allerdings nie etwas, obwohl die volkswirtschaftlichen Schäden jedes Jahr mehrere Millionen Dollar betragen, von dem Leid der Bewohner ganz abgesehen. Abend für Abend konnten Miguel und ich in den Nachrichten verfolgen, wie Indios weinend und völlig verzweifelt ihr Leid vor den Fernsehkameras klagten. In diesem Jahr waren die Bewohner des Nordens ganz besonders hart betroffen, da der Pazifikstrom »*El Niño*« riesige Überschwemmungen verursacht hatte. Zehntausende von Menschen, die Hälfte davon Kinder, hatten kein Dach mehr über dem Kopf, und Krankheiten breiteten sich epidemieartig aus.

Koko erhielt zur selben Zeit einen Nachrichtenbrief eines Komitees der peruanischen katholischen Kirche, der *COMSIG*. Diese Christen sind mit die einzigen, die etwas gegen das Leid der armen Bevölkerung zu tun versuchen, eine erfreuliche Entwicklung seit den Ereignissen des Mittelalters. In diesem Nachrichtenbrief wurde die Situation der Überschwemmungsopfer beschrieben und ein Spendenaufruf für die notleidenden Kinder gegeben.

»Das ist es, Freunde! Jetzt habe ich die Idee: Wir machen ein Wohltätigkeitskonzert und laden dazu Familienangehörige und Besucher von draußen ein. Der Erlös geht an die Mission der Kirche, was haltet ihr davon?«

Mike und ich waren begeistert.

»Hervorragend, laßt uns sofort an die Arbeit gehen!«

Es war natürlich nicht ganz so einfach, wie wir uns das vorgestellt hatten. Zunächst einmal brauchten wir einiges an Geld für die Vorbereitungen, und dann mußte eine Musikanlage gemietet werden. Aber nach ein paar Wochen war alles organisiert, und nach einem Probekonzert war das eigentliche Benefizkonzert dann für den 6. Oktober 1983 geplant.

Die Proben liefen jeden Tag bis spät in die Nacht hinein. Alo, Pancho und Germán bildeten das musikalische Rückgrat, während verschiedene andere jeweils ihren Part dazu beitrugen. Die drei brachten sogar eigene Jazz-Rock Kompositionen, von Funk bis Folklore. Alo war ein Genie auf der Gitarre, und Pancho arrangierte die Songs meisterhaft. Germán hatte außer seinem Talent als Bassist eine ausdrucksvolle Stimme.

Bob und Horace vom Bibelclub hatten einige »Rockclassics« einstudiert: ›*Midnight Hour*‹, ›*We gotta get out of this place*‹, ›*You don't know*‹ und ›*Gangster of Love*‹. Die beiden machten eine Bühnenshow, die uns schon bei den Proben von den Stühlen riß.

Auch die Deutschen hatten ein Bluesstück zusammen mit Germán komponiert: »The Class of '83«; Leadsinger war Fritz, der Mann mit dem langen Vorstrafenregister. Er erzählte mir oft aus seiner Vergangenheit:

»Wenn ich in Deutschland vor Gericht stand und der Richter meine Vorstrafenakten kommen ließ, brauchte man immer einen Gerichtsdiener, der den ganzen Aktenberg auf einem Wägelchen hereinschieben mußte. Ich bin schon mit 14 das erste Mal in den Jugendknast gekommen, wegen eines Autos, das wir geklaut hatten, um eine Spritztour zu machen. Na ja, und im Knast wirst du ja nicht besser, du lernst da die Profis kennen und alle ihre Tricks. So ging es halt weiter, bis ich im Frankfurter Bahnhofsviertel ins Geschäft einstieg. Ich hatte ein paar Mädchen aus der Karibik geholt und ihnen Wohnungen gemietet, wo sie arbeiten konnten.«

»Das ist ja ein Ding, daß ich so einen wie dich hier treffen muß.«

»Ich sitze hier bereits seit 1979, wegen 150 Gramm. Die deutsche Polizei hatte uns schon vorher beobachtet und nahm die Frau, die den Kurier für uns machte, in Frankfurt fest, während acht weitere Mädchen und ich hier verhaftet wurden.«

»Acht Mädchen, was ist denn aus denen geworden?!«

Fritz lachte und fuhr sich mit den Fingern durch das Haar.

»Die sind längst wieder frei, obwohl sie sechs Monate haben sitzen müssen. Sie waren ja auch völlig unschuldig. Aber die Szenen im Gerichtssaal hättest du sehen sollen. In den Zeitungen kam ich als ›Haremsbesitzer‹ ganz groß raus!« –

Jürgen und Schorsch hatten den technischen Teil übernommen, den Aufbau und die Bedienung der Anlage, darin waren sie ja Profis und überaus fähig. Man sah, daß sie sichtlich aufblühten. Endlich gab es wieder etwas Nützliches zu tun, nach all den Monaten des sinnlosen Drogenkonsums.

Sie hatten einen peruanischen Zellennachbarn mit Namen Rojas, der eine Art Pfandhaus betrieb. Er profitierte von der Drogensucht, indem er alle möglichen Artikel zu Tiefstpreisen gegen 50 Prozent Zinsen pro Woche belieh. Seine Zelle war daher bis zur Decke mit allerlei Geräten, Radios, Fernsehern, Kleidung und Lebensmitteln gefüllt. Er war ein gemütlicher Mensch, dick und mit Schnurrbart, was sicher nicht unwesentlich zu seinem Spitznamen ›Hamster‹ beigetragen hatte.

Der Hamster kam aus der Region von *Tingo María*, dem Cocazentrum an den tropischen Berghängen, und konnte ausgezeichnet Andenmusik auf der Gitarre spielen. Zusammen mit noch zwei Freunden würde er den folkloristischen Teil »Alma Andina« (Die Seele der Anden) präsentieren.

Unsere Freunde von der Pampa hatten verschiedene Eigenkompositionen mit »Criollo«, »Chicha« und Música Negra«, typischen Volksmusiken Limas und der Küstenregion Perus.

*

Wir hatten dem vorsitzenden Bischof der katholischen Mission, Monseñor Augusto Vargas Alzamora, geschrieben, daß wir ein Konzert durchführen und den Erlös für die Überschwemmungsopfer zur Verfügung stellen wollten.

Am Vorabend setzten sich Mike, Koko und ich noch einmal zusammen.

»Morgen wird sehr viel Prominenz und die ganze Presse anwesend sein. In der öffentlichen Meinung gelten die *Narcotraficantes*, als gott- und hoffnungslose Verbrecher. Entweder wir können ihnen zeigen, daß wir doch Menschen sind, auch solche, die sich zum Wohl der Gesellschaft ändern können, oder es wird eine Katastrophe – falls etwas passiert!«

»Was sagen denn die Leute aus der Pampa?«

»Dort gibt es natürlich gefährliche und verrückte Spinner, die eine Geiselnahme oder eine Revolte planen könnten. Letzten Endes waren noch nie so viele Gefangene zusammen an einem Ort. Die Mischung an sich ist schon hochexplosiv!«

Ich dachte an meine eigenen Fluchtpläne. Horaces Mann wollte mir morgen während des Konzerts Bescheid geben, ob ich im allgemeinen Durcheinander durch das hintere Anstaltstor hinausgebracht werden könnte. Falls es mir gelänge, so zu fliehen, würde das Konzert zwar ein negatives Image erhalten, es gäbe aber vermutlich keine weiterreichenden Konsequenzen.

»Wird der Bischof eigentlich auch da sein?«

Koko kramte eine Karte aus seinem Ordner.

»Nein, er ist leider verhindert, aber er schickt eine Repräsentantin der Mission und gleichzeitig seinen Segen für die Veranstaltung.«

»Wie wär's, wenn wir ein Gebet sprechen?«

Koko und ich blickten uns an.

»O.k., das Vaterunser. Ihr auf englisch und ich auf spanisch.«

Nach dem Gebet gingen wir auf unsere Zellen und versuchten etwas Schlaf und Ruhe für den morgigen Tag zu finden. Meine Gedanken kreisten wild umher.

*

»RONALD LESLIE, ESE GRINGO RONALD LESLIE!!!«

Früh am Morgen wurde ich durch lautes Geschrei geweckt. Es gab immer einige Gefangene, *Llamadores* (Rufer) genannt, die sich an Besuchstagen etwas Geld damit verdienten, die jeweiligen Besucher zu den Gefangenen zu führen oder umgekehrt, falls es sich um Anwaltsbesuche handelte. Dafür hatten sie die Erlaubnis, sich auf dem Gefängnisgelände relativ frei zu bewegen. Alle hatten die Fähigkeit, unerhört laut rufen zu können, so daß die Schreierei manchmal kaum auszuhalten war.

Ich blickte auf das Erdgeschoß hinunter und sah sie aufgeregt winken.

»*Oye Ronald, Koko! Donde están las entradas? Afuera hay un montón de gente!* (Wo sind die Eintrittskarten? Da draußen sind ein Haufen Leute!)«

Ich lief mit Koko und Mike zum Küchenraum, von dessen Fenster man auf das Haupttor und die Straße sehen konnte. Es herrschte ein Betrieb wie zum Besuchstag, wir wollten unseren Augen kaum trauen!

»Das Konzert ist doch erst um 15 Uhr, was wollen die denn alle schon hier?«

Gegen Mittag wurden die überwiegend weiblichen Besucher hereingelassen und zur Turnhalle geleitet. Die Musiker und Techniker hatten dort übernachtet, um die Anlage und die Instrumente vor Diebstählen zu schützen, und waren an letzten Proben und Soundchecks.

Um 13 Uhr wurden die Pabellons geöffnet und die Insassen durch den Jirón zum Hintereingang der Turnhalle geleitet, ganz Lurigancho war in Bewegung!

Mittendrin wurde ich von einigen Beamten gerufen. Es wurden noch einige Hundert Eintrittskarten in den Pabellons gebraucht. Der einzige Weg dahin führte über den Jirón, und der war von Menschenmassen verstopft. Wenn die anderen Gefangenen aber nicht mitdurften, weil sie keine Karten bekamen, würden sie gewalttätig werden! Was sollten wir also tun?

»Ich werde die Karten selbst dorthin bringen, überlassen Sie das mir!«

Ich wußte nicht, auf was ich mich da eingelassen hatte.

Aus der Turnhalle kam ich noch relativ leicht heraus, aber der Jirón war vollkommen überfüllt, Massen von Gefangenen strömten mir entgegen. Ich wühlte mich gegen den Strom in der Menge vorwärts. Als ich bei Pabellon elf angelangt war, blickte ich mich um und mir wurde plötzlich bewußt, in welch einer verrückten Situation ich mich befand!

Hier stand ich mit den ganzen Einnahmen in der Tasche inmitten von Hunderten der gefährlichsten Verbrecher Perus, die mir draußen sicher schon längst die Kehle durchgeschnitten und mich ausgeraubt hätten – und es passierte mir nichts! Im

Gegenteil, die Männer versuchten sogar, eine Gasse für mich zu bilden, damit ich besser durchkonnte. So etwas würde ich sicher nur einmal erleben!

Ich erreichte unsere Kartenverkäufer schließlich wohlbehalten. Man riß ihnen die Tickets buchstäblich aus der Hand; aber die Spannung war beseitigt, nun konnte es losgehen!

Zurück in der Turnhalle sah ich, daß die Ehrengäste mittlerweile erschienen und auf der Bühne untergebracht worden waren. In ihrer Mitte zwei berühmte peruanische Volksmusiker, César Vásquez und Lucía de la Cruz, die einem Gastauftritt zugestimmt hatten. Presse und Fernsehleute liefen umher mit ihren Kameras und Mikrofonen. Die Halle war bis auf den letzten Platz gefüllt, es mußten über 4000 Menschen hier versammelt sein!

»SIENTELO! CONCIERTO PRO NIÑOS DAMNIFICADOS DEL NORTE«
(Achtung! Konzert für die Kinder-Überschwemmungsopfer des Nordens)

Koko sprach die Begrüßungsworte und wurde mit tosendem Beifall empfangen. Er sang auch den ersten Song: »El Rock de la Cárcel«, den Elvis Presley Hit Jailhouse Rock auf spanisch!

Dann waren der Hamster und seine Andenmusiker dran. Es stellte sich spontan noch ein Flötenspieler aus der Pampa hinzu, und sie mußten zwei Zugaben spielen.

Ihnen folgten die Chicha und dann die Criollo Musiker, die mit César und Lucia zusammenspielten. César war ein großer, schwarzer Sänger, der von einem unerhört dicken Gitarrenspieler und einem Mann am *Cajón* begleitet wurde. Der *Cajón* ist ein Perkussionsinstrument, das in der peruanischen Negermusik entstanden ist. Der Name bedeutet Kiste, und es ist im Prinzip auch eine Holzkiste mit einem Schalloch, auf die sich der Musiker setzt und dann mit seinen Händen den Rhytmus schlägt.

Bei Lucía de la Cruz standen sogar die Justiz- und Botschaftsvertreter von den Stühlen auf und klatschten Beifall. Nach dem Konzert erzählte sie uns erschöpft, aber voller Begeisterung, dies sei die größte Zuschauermenge gewesen, vor der sie jemals aufgetreten sei.

Der Höhepunkt des Nachmittags war unsere peruanisch-ausländische Rockgruppe mit ihren verschiedenen Interpreten. Horace und Bob stahlen allen die Show. Sie sangen im Duett, abwechselnd oder allein, und inszenierten dabei eine atemberaubende Show.

»Das ist besser als damals im *Madison Square Garden* in New York!« schrie mir Mike begeistert ins Ohr.

Die beiden mußten zwei Zugaben geben. »Blanco y Negro! Blanco y Negro! (Weiß und Schwarz!)«, brüllten die Menschen im Saal.

Dann kam eine Pause, in der eine Verlosung mit den Nummern der Eintrittskarten durchgeführt wurde. Die Preise, Radios, Küchengeräte oder Wäsche, waren von einigen großen Firmen und Handelshäusern in Lima gespendet worden.

Alles Geld kam in einen weißen Wäschesack, den ich den ganzen Tag nicht aus der Hand gelassen hatte. In einem Zimmer hinter der Bühne schütteten wir ihn auf einem Tisch aus und versuchten zu zählen.

»Berge von Geldscheinen, und das hier in Lurigancho!« meinte Herr Huaicochea, der uns dabei zusah und etwas besorgt zur Tür deutete.

»Es ist zuviel zum Zählen, aber es müssen über eine Million Soles (ungefähr 500 Dollar) sein.«

»Das ist ein halbes Jahresgehalt von mir!«

»Worauf warten wir noch, geben wir es den Kindern, los, Freunde!«

Wir kamen auf die Bühne zurück und gaben Frau Atúncar und der Repräsentantin des Bischofs ein Zeichen. Koko bat die Leute im Saal um Ruhe. Wir stellten uns alle fünf vor den Mikrofonen auf. Die Fernsehreporter kamen dazu, und ihre

Leuchten hüllten uns ins gleißendes Licht. So etwas hatte ich noch nie erlebt, wir waren live im Fernsehen!

Anschließend übergaben wir den Beutel mit dem Geld. Kameras klickten, und Blitzlicher leuchteten von allen Seiten auf.

»*Un millión de Soles para los niños del Perú! Gracias a Dios!*«

Die Vertreterin des Bischofs sah uns mit sprachlosem Erstaunen an. Dann sagte sie, daß man draußen denke, in den peruanischen Gefängnissen säßen nur brutale, nicht reformierbare Verbrecher. Daß Strafgefangene und ihre Familienangehörigen hier zusammenkämen und trotz ihrer eigenen Armut dazu beitrügen, daß den notleidenden Kindern der Überschwemmungsopfer im Norden geholfen würde, sei ein unübersehbares Zeichen der Hoffnung für Peru.

Es gab minutenlangen tosenden Beifall, und wir wußten gar nicht, wie wir nun zum Ende kommen sollten, das Konzert dauerte bereits über vier Stunden.

Schließlich brachten wir die Band auf die Bühne zurück. Der Colonel ergriff spontan eine elektrische Gitarre und schlug einen Rock n' Roll an. Die Leuten tobten, daß man es bis nach Lima hören mußte. Schließlich mußten wir wirklich Schluß machen.

Alle schienen wie aus einem Traum zu erwachen. Die Häftlinge verabschiedeten sich von ihren Frauen und Familien und zogen friedlich in ihre Zellblocks zurück. Der Generalinspektor des Justizministeriums schüttelte nur den Kopf und wischte sich den Schweiß von der Stirn.

»So etwas habe ich noch nie erlebt, die gefährlichsten Leute Perus, vor denen wir die Gesellschaft schützen wollten, brav wie Schafe! Daß es keinen Zwischenfall gab, muß ein Wunder gewesen sein ... «

*

An diesem Abend gehörte Lurigancho uns. Nach dem Abbau der Anlage hatte uns Frau Atúncar noch zu einem Glas Sekt in die Direktion eingeladen, wo auch die geladenen Obrigkeiten und Gäste jedem die Hände schüttelten und uns zu dem Erfolg gratulierten.

Dann kehrten wir in den Pabellon sieben zurück und wurden auf dem Weg bereits wie Helden empfangen. Mike, Koko, die Musiker und ich zogen uns in eine Zelle zurück, um unter uns zu feiern. Buitrón hatte einige Flaschen Rum und Cola spendiert. Horace und Bob standen natürlich im Mittelpunkt.

»Mit euch beiden müssen wir auf Tournee gehen, das war ja einsame Spitze!«

»Naturtalent vielleicht, es hat mir jedenfalls großen Spaß gemacht«, sagte Horace und stieß mit mir an.

»Was haltet ihr von »Salt & Pepper«, wäre doch ein guter Name für euch!«

Bob packte uns alle mit seinen riesigen Armen und umarmte uns herzlich.

»Danke, Brüder, dafür daß ihr das möglich gemacht habt. Ich hätte nie gedacht, daß ich an so etwas teilnehmen könnte. Endlich fühle ich mich wieder als Mensch!«

An diesem Abend lernte ich noch zwei Gefangene kennen, die erst vor kurzem verhaftet worden waren. Einer war Keith, ein 50jähriger Journalist aus Los Angeles, der behauptete, daß die *CIA* (US-Geheimdienst) ihn in eine Falle gelockt und ihm Drogen ins Gepäck gesteckt hätte. Er war bis vor kurzem noch als Reporter in Afghanistan gewesen. Keith rauchte nur dicke Zigarren, und wir verstanden uns recht gut.

Der andere hieß George und stammte aus Südafrika. Er hatte nur einen Arm, den anderen hatte er vor Jahren bei einem Motorradunfall verloren. Als Journalist einer niederländischen Zeitung hatte er etwas Kokain in seiner Armprothese mitnehmen wollen und war von dem Verkäufer der Drogen an die Polizei verraten worden. Man hatte ihm im Flughafen bei der Paßkontrolle kurzerhand den Arm abgerissen und ihn dann verhaftet.

George und ich sollten noch gute Freunde werden.

Um neun Uhr abends sahen wir uns die Nachrichten im Fernsehen an. Auf allen Kanälen lief die Reportage über das Konzert in Lurigancho. Man schien es draußen gar nicht glauben zu wollen. Wir waren begeistert wie kleine Kinder, als wir uns gegenseitig im Fernsehen entdeckten.

»Glaubst du, daß sie uns jetzt größere Freiheiten im Gefängnis zugestehen werden, Mike?«

Er schlug mir auf die Schulter.

»Ha, wer weiß! Vielleicht begnadigen sie uns sogar, damit wir draußen solche Konzerte organisieren.«

»Wenn wir in Lurigancho solch ein Konzert veranstalten können, dann können wir es an jedem Ort dieser Erde!« warf Koko ein.

»Wir könnten ja eine Mission oder so etwas gründen und ehemalige Strafgefangene zu sozialen Arbeiten führen.«

»*Si Dios quiere, porqué no?* (Wenn Gott will, warum nicht?)«

Wir feierten bis in den frühen Morgen. Noch am nächsten Tag schien das Gefängnis wie verwandelt zu sein, besonders als die Zeitungsträger kamen und wir die Nachrichten und Bilder über unser Konzert auf den Titelseiten aller Zeitungen, einschließlich des konservativen ›El Comercio‹ fanden. Überall wurde festgestellt, daß das Konzert die erste positive Nachricht über Lurigancho seit dessen Einweihung gewesen sei. Nur das linksgerichtete, zynische Blatt ›La República‹, eine schlechte peruanische Kopie der Bild-Zeitung, versuchte die Lüge zu verbreiten, es hätte sich um eine Sex-Orgie gehandelt.

Ein paar Tage später erhielten wir ein Dankschreiben der katholischen Kirche, unterzeichnet von Bischof Vargas Alzamora.

Er schrieb:

> »Ich beglückwünsche euch wirklich, und ich bin sicher, daß der Herr Jesus, der sich nicht durch Großzügigkeit täuschen läßt, euch eure so wertvolle Haltung vergelten wird; daß ihr die eigenen Leiden vergessen habt, um an andere, die in unserem Heimatland leiden, zu denken und zu ihrem Nutzen zu handeln ... «

*

Über all den Ereignissen hatte ich meine Fluchtpläne fast vergessen. Meine Eltern warnten mich aber in Briefen davor, zu enthusiastisch zu sein und jetzt eine Begnadigung zu erwarten. Sie sollten recht behalten.

Direkt nach dem Konzert wurden zunächst einige Hafterleichterungen eingeführt, darunter zwei Kinovorstellungen pro Woche in der Turnhalle.

So pilgerten wir abends mit unseren Holzbänken dorthin und schauten uns »Rocky«, »The Deerhunter«, und dergleichen an. Es tat den Augen richtig gut, mal wieder Farben, normale Menschen, Natur und das richtige Leben zu sehen, wenn auch nur für ein paar Stunden.

Die Amerikaner und Kanadier schossen den Vogel ab, indem sie vorher Popcorn rösteten und es dann in großen Zeitungstüten zum Knabbern mitnahmen. Ich ließ mich schließlich auch von Géry und Thomas dazu hinreißen.

Eines Nachts saßen wir im Kino, als plötzlich der Film stoppte und überall das Licht ausging.

»*Apagón, hay un apagón*!« schrie alles aufgeregt in der Dunkelheit.

Ein *Apagón* war ein totaler Stromausfall, der in Lima durch die Terroristen jetzt häufiger vorkam. Ich hatte im letzten Jahr zum ersten Mal noch in Freiheit erlebt, als ich mit meinem Leihwagen durch die Stadt fuhr und mir auf einmal auffiel, daß nirgendwo mehr Licht brannte. »So was kann es doch nicht in der ganzen Stadt geben!« dachte ich, aber selbst das *Sheraton*-Hotel lag bis auf die Notbeleuchtung völlig im Dunkeln. Was auch heute noch regelmäßig passiert, ist, daß der *Sendero Luminoso* einige strategische Hochspannungsmasten um Lima sprengt, so daß das gesamte Stromnetz der Sieben-Millionen-Stadt für Stunden zusammenbricht. Während dieser Zeit verüben sie dann weitere Bombenanschläge in der Stadt und lösen allgemeines Chaos und Panik aus.

So saßen wir in dieser Nacht schließlich sechs Stunden lang in der stockdunklen Turnhalle von Lurigancho: Drogenhändler neben Räubern, Terroristen und Mördern, wiederum ohne daß irgend etwas passierte. Es war so dunkel, daß ich noch nicht einmal meine Hand vor den Augen sehen konnte, und nur ab und zu wurde die ungewöhnliche Szene durch Streichhölzer oder Feuerzeuge einen Moment lang aufgehellt. Auch dies war ein Erlebnis, das ich nie vergessen werde.

Eines Abends wurde sogar ein Pornofilm gezeigt, und viele der Beamten kamen, um ihn mit anzuschauen. Erst später stellte sich heraus, daß dies Teil eines raffinierten Planes war. Zwei Männer schlüpften unbemerkt aus der Turnhalle heraus und stiegen über den Zaun, die Wachturmbesatzungen waren bestochen. Als wenig später Alarm gegeben wurde, waren sie bereits über alle Berge. Ich ärgerte mich. Wenn ich das gewußt hätte, wäre ich mit den beiden geflohen. Ich kannte sie, hatte aber von ihren Fluchtplänen nichts bemerkt.

*

Diese Flucht bedeutete das Ende der Kinovorstellungen und den Beginn systematischer Intrigen gegen Frau Atúncar. Weitere Fluchtversuche aus unserem Teil des Gefängnisses waren nun fast unmöglich, da die korrupten Beamten ausgewechselt und in die Provinz versetzt wurden.

Eines Abends gab es ein Fernsehstück mit dem vielsagenden Titel: »Das Ende von Sheena«. Meine Sheena hatte mir schon zwei Monate nicht mehr geschrieben und auch meine Briefe nicht beantwortet. Schließlich bat ich Laura, für mich in New Jersey anzurufen. Sie kam mit schlechten Nachrichten zurück.

»Sheena hat mir gesagt, daß sie zu dem Schluß gekommen sei, daß diese Beziehung keine Zukunft mehr habe. Sie findet es daher besser, sie zu beenden. Außerdem hat sie in der Zwischenzeit jemand anderes kennengelernt ... Mach' dir nichts draus, du wirst wieder ein anderes Mädchen finden.«, versuchte Laura mich zu trösten.

Obwohl ich so etwas schon befürchtet hatte, trafen mich diese Worte doch wie Tiefschläge. Ich versuchte, etwas Positives daran zu finden, aber mir fiel nichts ein. Ich war zutiefst enttäuscht und verletzt. Tagelang lief ich umher, ohne etwas zu essen.

»Fast alle Ehen und Beziehungen gehen durch das Gefängnis kaputt«, sagte mir Mike schließlich, »es sind einfach zuviel Streß, Einsamkeit und Hoffnungslosigkeit damit verbunden. Das können nur wenige Menschen aushalten. Meine Frau will sich auch von mir scheiden lassen, obwohl wir eine kleine Tochter miteinander haben. Was soll ich dagegen tun? Mir sind ja buchstäblich die Hände gebunden.«

Der einzige, der das anders sah, war Helmut. Er hatte eine peruanische Freundin, und sie wollten draußen heiraten. Im Laufe seiner noch verbleibenden Haft sollte er mit ihr sogar drei Töchter bekommen ...

*

Das ereignisreiche Jahr endete mit einer Katastrophe.

Im Jirón gab es eine Kapelle, die von Padre Lanssier und einigen ausländischen katholischen Nonnen geleitet wurde. Ich war zu den Proben mit den Pampa-Leuten einige Male dort gewesen. Die Nonnen waren den ganzen Tag über anwesend und bei den Gefangenen sehr beliebt. Ich mochte sie auch ganz gerne, sie waren nett und hilfsbereit, und zwei von ihnen stammten aus Irland.

Am Mittag des 14. Dezember schrillten plötzlich die Alarmglocken, und die Tore wurden versperrt. Vom Fenster aus beobachteten wir, daß Hunderte von Polizisten vor Lurigancho aus Transportwagen ausstiegen. Sie schienen alle bis an die Zähne bewaffnet zu sein.

»Was ist denn nur los, greifen die Terroristen an?«
»Nein, es soll eine Geiselnahme gegeben haben.«
»Wo denn?«
»Das wissen wir noch nicht.«
Eine Gruppe von neun Schwerverbrechern aus der Pampa war in die Kapelle eingedrungen und hatte die drei Nonnen und eine amerikanische Frau als Geiseln genommen. Die Frau, *La Gringa Inga,* war schon seit vielen Jahren in Peru verheiratet und eine bekannte Fernsehpersönlichkeit. Die Geiselnehmer hatten von ihrem Besuch erfahren und diese Gelegenheit in der Hoffnung benutzt, so frei zu kommen.

Nach mehrstündigen Verhandlungen stellte man ihnen schließlich einen Krankenwagen als Fluchtauto zur Verfügung und sicherte ihnen freie Fahrt zu. In Wirklichkeit aber hatte der Wagen nur Benzin für wenige Kilometer, und auf der Straße nach Lima warteten mehrere Hundertschaften aller Polizeieinheiten Limas. Nichts war organisiert oder durchdacht, der ehemalige Direktor Castrillon und der Generaldirektor der Justiz, ein spanischer Adliger namens Gonzalez del Rio, hatten lediglich beschlossen, den Wagen auf jeden Fall zu stoppen, ohne Rücksicht auf das Leben der Geiseln.

Es kam wie es kommen mußte. Das Fernsehen war natürlich bereits zur Stelle, und so konnte man den entsetzlichen Ausgang des Geiseldramas live und in allen Einzelheiten am Bildschirm verfolgen.

Kaum war das Auto mit den 13 Personen an Bord aus dem Gefängnis gerast, wurde es schon von allen Seiten unter Beschuß genommen. Mit dem Mut der Verzweiflung fuhren sie weiter, bis die Fahrt nach kurzer Strecke endgültig zu Ende war.

Die Polizisten und Justizbeamten feuerten, was ihre Maschinengewehre und Pistolen hergaben, der Krankenwagen wurde von Hunderten von Kugeln regelrecht durchsiebt. Man riß die Tür auf und feuerte weitere Salven hinein. Dann zerrte man die Geiselnehmer an den Haaren aus dem Fahrzeug und warf sie wie Vieh auf einen Haufen. Wer noch nicht tot war, verblutete vor den Augen der Kameras. Wie durch ein Wunder überlebten zwei der Nonnen, la Gringa und zwei der Geiselnehmer schwerverletzt.

Zwar war man in Peru ziemlich abgebrüht, was blutige Szenen im Fernsehen angeht, aber das menschenverachtende Vorgehen der Polizei in diesem Fall löste allgemeine Empörung und einen öffentlichen Skandal aus, nicht zuletzt, da die Häftlinge nur Messer als Waffen gehabt hatten.

Plötzlich zeichnete sich aber niemand mehr verantwortlich, die Polizeichefs der einzelnen Einheiten schoben die Schuld jeweils auf die der anderen Institutionen. Man behauptete sogar, die Nonnen seien selbst schuld, da sie den Ausbruch mitgeplant hätten! Neben einigen Gefängnisbeamten wurde schließlich Castrillon verhaftet, weil er sowieso eine Skandalfigur war und schon einmal selbst wegen Drogenhandels in Lurigancho gesessen hatte.

Frau Dr. Atúncar kostete es ihren Posten, und somit war der Weg frei für Miguel Castro Castro, der schon immer diesen Posten angestrebt hatte. Schlimmer hätte es gar nicht kommen können ...

*

Mike, Bob, Marty und einige andere Amerikaner hatten sich bereit erklärt, nun doch auf das Abkommen einzugehen und sich in ein Gefängnis in die USA versetzen zu lassen. Zuvor hatten ihre Familien allerdings noch astronomische Geldstrafen an den peruanischen Staat überweisen müssen.

Schon kurz vor Weihnachten kam der Abschied für uns. Vier hünenhafte und schwerbewaffnete U.S. Marshals erschienen in Lurigancho, um die Gefangenen unter strengsten Sicherheitsvorkehrungen abzuholen.

»Macht's gut, Freunde, wir werden uns eines Tages wiedersehen und dann unser nächstes Konzert veranstalten!«

Wir umarmten uns alle, und Mike schloß seinen Koffer.

»Darauf kannst du dich verlassen! Sobald ich in Amerika aus dem Knast bin, werde ich dir schreiben. Paß auf dich auf, Bruder, und vergiß nicht, deine Bibel zu lesen!«

Es war Tradition in Lurigancho, daß die Entlassenen, bevor sie den Pabellon verließen, mit Wasser begossen wurden. Mike und die anderen versuchten das zwar zu vermeiden und rannten in Richtung Ausgang, aber dort hatte man schon auf sie gewartet und kippte Wasser aus Dutzenden von Eimern auf sie hinunter. Klitschnaß verließen sie schließlich das Gefängnis in Richtung Flughafen ...

*

Castro Castro als neuer Direktor benutzte nun ein Heer von Spitzeln, um herauszufinden, ob weitere Ausbrüche geplant waren. So erschien auch Kike Valle fast täglich, um mich auszuhorchen, bis es mir zu bunt wurde und ich ihn hochkantig hinauswarf. Seine Rache folgte auf den Fuß. Am 31. Dezember rief man einige Leute unter einem Vorwand zur Direktion, darunter auch mich, und als wir hineingehen wollten, stieß man uns die Treppe hinunter in den *Sotano*, eines der Strafverliese im Keller des Gebäudes.

Ich wollte zunächst nicht glauben, daß dieser Mann zu solch einer Unverschämtheit fähig war, aber er hatte tatsächlich die Anweisung gegeben, uns unter Sicherheitsarrest zu halten.

So fand ich mich am letzten Tag des Jahres 1983 mit 25 Personen in zwei schmutzigen, stinkenden Räumen wieder, deren Fenster ausgerechnet auf den Hof vor der Turnhalle hinausgingen. Wie hatte sich unser Triumph von vor zwei Monaten nur so schnell ins Gegenteil verkehren können?

*

Das neue Jahr wird in Peru traditionell mit dem Abbrennen einer bekleideten Strohpuppe gefeiert, die das alte Jahr symbolisieren soll. Im Hof vor dem Fenster hatte man solch eine Puppe aufgebaut und kurz vor 24 Uhr angesteckt. Einige Sekunden später hörte man das Donnern mehrerer gewaltiger Explosionen, gefolgt von einem weiteren totalen Stromausfall. Nur die Strohpuppe brannte lichterloh in der Finsternis, und man hörte die Polizisten auf den Wachtürmen Warnsalven abgeben. Wieder waren einige Lichtmasten gesprengt worden, und es dauerte diesmal einen ganzen Tag, bis die Stromversorgung wiederhergestellt war.

Im Sotano lernte ich die beiden Überlebenden des Geiseldramas kennen, es waren ganz junge Burschen von nicht mehr als 20 Jahren. Man hatte sie notdürftig zusammengeflickt, und sie stöhnten den ganzen Tag unter Schmerzen. Ein Arzt erschien jedoch nie.

Keith war auch mit von der Partie, außerdem ein Neuseeländer namens Steve Morrison und alle drei Franzosen: François, Patrick und Alain.

Es gab weder Wasser noch eine Toilette, nur einen offenen Kanaldeckel in einem Gang vor der Tür, welcher bis oben mit Urin und Fäkalien gefüllt war und bestialisch stank. Da es kein Licht gab, mußte man sich mit Streichhölzern zu dem Loch vortasten.

Wasser mußte man sich gegen Geld in Zwei-Liter-Plastikflaschen bringen lassen, für eine »Dusche« brauchte man 10 Liter ...

Am Nachmittag mußte Keith auf die Toilette. Kurz darauf hörte man einen Schrei und lautstarke Flüche.

»Verflixt und zugenäht ... !«

Patrick und ich waren aufgesprungen, um nachzusehen, was geschehen war. Keith war aus Versehen mit einem Bein in das Kanalloch geraten und stand bis zum Knie darin. Wir

konnten das Lachen nicht halten, was ihn natürlich nur noch wütender machte.
»*Ha, ha, ha, il est tombé dans le trou! Il est tombé dans la merde!* (Er ist in das Loch, in die Scheiße gefallen!)«
Patrick brüllte vor Lachen und schlug sich auf die Schenkel. Wir lachten alle so lange, bis uns die Bäuche wehtaten, der arme Keith! Er brauchte über eine Stunde, um seine Hose, Schuhe und sein Bein wieder sauberzubekommen ...
Nach dem Neujahrstag gingen wir sofort zum Angriff gegen Castro über. Zunächst stellten wir bei der Staatsanwaltschaft Strafanzeige wegen Amtsmißbrauch und benachrichtigten dann unsere Botschaften. Der französische Botschafter kam daraufhin persönlich, um sich über diesen Vorfall zu beschweren; aber der Direktor war bereits vorher über den Hinterausgang nach Hause gefahren.
Den Franzosen brachte der Besuch des Botschafters wenigstens einige verspätete Weihnachtsgeschenke, darunter 30 *Prestobarba* Einmalrasierer. Zwei Tage später, als sich François rasieren wollte, war aber kein Rasierer mehr zu finden. Er stellte Patrick und Alain daraufhin zur Rede.
»Hey, wo sind die ganzen Rasierer, die wir von der Botschaft bekommen haben?«
Die beiden Schuldigen blickten verlegen umher und versuchten den aufgebrachten Francois zu besänftigen.
»Reg' dich nicht auf, wir haben sie benutzt.«
»Was, benutzt? 30 *Prestobarbas* in nur zwei Tagen?? Schaut euch doch mal im Spiegel an, mit euren langen Bärten; ihr wollt mich wohl auf den Arm nehmen, was?«
Patrick und Alain hatten natürlich keine Zeit verschwendet, die Prestobarbas gegen Marihuana eingetauscht und schon lange verraucht ...

Einer der peruanischen Gefangenen las den ganzen Tag über in der Bibel. Ich unterhielt mich daraufhin mit ihm.
»Jetzt habe ich soviel Gutes hier getan, und als Dank da-

für wirft man mich ins Verlies! Was ist das für ein Gott, verstehst du das?«
Seine Antwort verblüffte mich.
»Warst du etwa so vermessen, zu glauben, daß du durch deine guten Taten gerechtgesprochen wirst? Wozu mußte Jesus dann für dich sterben, wenn du dich selbst erlösen könntest?«
Er zeigte mir daraufhin ein paar Bibelstellen:

»Wo bleibt nun der Ruhm? Er ist ausgeschlossen ...
Dem Werke Tuenden aber wird der Lohn nicht als Gnade, sondern als Schuldigkeit angerechnet. Dem dagegen, der keine Werke verrichtet, aber an den glaubt, der den Gottlosen gerechtspricht, dem wird sein Glaube zur Gerechtigkeit angerechnet.«

(Römer 3, 27; 4, 4-5)

«Auf deinen Glauben kommt es an, auf sonst nichts! Werke sind völlig unbedeutend.«
»Da magst du recht haben, meine Werke haben mir wirklich nichts eingebracht. ›Undank ist der Welt Lohn.‹ Aber es kann doch nicht sein, daß man außer zu glauben nichts weiter zu tun braucht, um von Gott gerechtgesprochen zu werden!«
Der Mann, ein ehemaliger gefürchteter Bandenchef und Bankräuber, lächelte mich an.
»Doch, aber du mußt umkehren und an Jesus glauben, der für die Gottlosen, und das sind wir alle, gestorben ist. Das war ein Preis, den wir niemals hätten bezahlen können.«
»Darüber muß ich erst noch nachdenken. Was soll aber jetzt ganz konkret werden?«
Er suchte mir wieder eine Schriftstelle:

»Fürchte dich nicht vor dem, was du leiden wirst! Siehe, der Teufel wird einige von euch ins Gefängnis werfen, damit ihr versucht werdet, und ihr werdet in Bedrängnis sein zehn Tage lang.«

(Offenbarung 2, 10)

Am 10. Januar wurden wir aus dem Sotano entlassen.

Castro rief uns in sein Büro und faselte etwas von einer Sicherheitsmaßnahme und daß wir nicht versuchen sollten zu fliehen. Daraufhin kehrten wir in unseren Pabellon zurück.

Gottes Wort hatte diesmal wörtlich genau zugetroffen ...

15

Sechs Monate des »Orwell-Jahres« 1984 waren wie im Flug vergangen.

Seit der Abreise der Amerikaner war es ruhiger geworden um die Musikgruppe, nicht zuletzt deshalb, weil unsere Passierscheine eingezogen worden waren.

In dieser Zeit hatte ich mich für andere Religionen interessiert und ein Buch über Buddha, sowie das ›*Tao Te Ching*‹ von Lao-Tsu studiert.

Siddharta Gautama lebte etwa im 6. Jahrhundert v. Chr. und war ein indischer Prinz aus der Kaste der Adligen und Könige. Nach der Überlieferung trieb ihn der Anblick eines Leprakranken, eines Greises und einer Leiche dazu, nach dem Sinn des Lebens zu suchen. Nach vielen Jahren der Askese erlangte er die gesuchte Erleuchtung. Er nannte sich daraufhin ›*Buddha*‹, »Der Erleuchtete«.

Seine überlieferte Lehre ist einfach und nüchtern: Die Wurzel allen Elends ist die Begierde, die Lust auf Macht, Erfolg, Geld, Sex, Bequemlichkeit und andere leibliche Freuden.

Die Erlösung, *das* ›*Nirwana*‹, (Das Verlöschen) ist daher das Verlieren aller Begierden.

»Gesundheit ist die größte aller Gaben, Zufriedenheit der beste Reichtum, Vertrauen die beste Beziehung, Nirwana das höchste Glück. Derjenige, in dem ein Verlangen für das Unfehlbare (Nirwana) geweckt ist, der in seinem Gemüt befriedigt ist und dessen Gedanken nicht von Liebe verwirrt sind, der wird ›Urdhvamsrotas‹ (Vom Strom aufwärts getragen) genannt.«

Die buddhistische Philosophie hat auch die Idee des *Karma* aus dem Hinduismus übernommen. Mit diesem indischen Wort für Tat oder Handlung ist das persönliche, unabwendbare Schicksal eines Menschen durch in einem früheren Leben begangene Taten gemeint. So haben auch die Taten dieses Lebens direkten Einfluß auf die nächste Wiedergeburt. *Karma* ist daher im Buddhismus das moralische Gesetz von Ursache und Wirkung.

Ich verglich diese Aussagen natürlich mit den biblischen Lehren. Die Sache mit der Geldgier und dem Erfolgsstreben fanden sich hier wie da, auch das Gerechtigkeitsprinzip:

»Denn was der Mensch sät, das wird er ernten«
(Galaterbrief 6, 7).

Trotz allem Anreiz und Respekt empfand ich den Buddhismus aber als recht welt- und realitätsfremd, was seine praktische Verwirklichung betrifft. Das Ziel, den Zustand des Nirwana zu erreichen und im Nichts aufzugehen, erschien mir als wenig erstrebenswert und recht pessimistisch.

Auch kam mir die Gerechtigkeitslehre sehr streng vor; in diesem Fall würde ich jetzt die menschliche Strafe für meine Taten erleiden, die mir nie vergeben werden würden und die ich in einem vermeintlichen späteren Leben zu sühnen hätte ...

Lao-Tsu lebte fast zur gleichen Zeit wie Buddha in China. Er soll seine Erkenntnisse aufgeschrieben haben und dann für immer in der Einöde verschwunden sein. Das Wort ›*Tao*‹ bedeutet Weg, und ich las die 78 verschiedenen, ›*Taos*‹ genannten, Sprüchesammlungen mehrmals durch, da sie sehr weise und beruhigend auf mich wirkten.

Das *Tao* ist das Bestreben, eins mit dem Gang der Natur zu werden und so in Einklang mit sich selbst zu kommen. Regeln und Gebote enthält es nicht, aber ruhige Begierdelosigkeit und stilles Insichversenken sind die zentralen Tugenden.

»In der Beschäftigung mit dem Lernen wird jeden Tag etwas hinzugenommen.
In der Beschäftigung mit dem Tao wird jeden Tag etwas fallengelassen.
Weniger und weniger wird getan,
bis Nicht-Handlung erreicht ist.
Wenn nichts getan wird, bleibt nichts ungetan.
Die Welt wird dadurch regiert, daß man den Dingen ihren Lauf läßt. Sie kann nicht durch Einmischung regiert werden.

Das ist die oberste Einheit.
Wer diesen Zustand erreicht hat,
ist unbesorgt über Freunde und Feinde,
mit Gut oder Leid, mit Ehre oder Schande.
Dies ist daher der höchste Zustand des Menschen.«

Das *Tao* ist aber auch die Summe aller Dinge, die sind und sich verändern, das allumfassende Ganze:

»Die Wege des Menschen sind bedingt durch die des Himmels, die Wege des Himmels durch die des Tao, und das Tao kam ins Sein aus sich selbst.«

Mir gefielen die in sich verschlungenen Verse, von denen einer in den anderen überleitete, typisch für chinesische Weisheiten. Schwierigkeiten hatte ich aber wiederum mit der praktischen Anwendung dieser Lehre. Alles gehenzulassen und nur noch passiv dem Leben zuzuschauen, ging mir gegen den Strich, und so sehr ich mich auch anstrengte, ich konnte mich nicht ändern.

Konnte man als westlicher Mensch überhaupt die östlichen Religionen verstehen? Waren die Welten nicht grundverschieden? Rudyard Kipling hatte einmal geschrieben, daß der

Osten Osten, und der Westen Westen sei, sie würden sich niemals treffen.

Bei beiden östlichen Religionen handelte es sich meiner Meinung nach eher um religiöse Philosophien. Ich vermißte die Möglichkeit einer Beziehung zu Gott. Er schien entweder unendlich weit entfernt und nur durch übermenschliche Mühen erreichbar zu sein; oder er war nur ein abstrakter Begriff. Buddha, so stellte ich fest, verstand seine Lehre nie als Religion, seiner Ansicht nach gab es weder einen Gott noch eine menschliche Seele. Trotzdem wird sein Bildnis, die Statue eines sitzenden, ziemlich dicken und freundlich lächelnden Mannes, von Millionen Buddhisten täglich mit Hingabe angebetet.

Wem konnte man nun glauben, welcher Weg war der richtige? Was war die Wahrheit? Gab es überhaupt eine Wahrheit?

*

Horace hatte bereits an die fünf Jahre abgesessen und konnte nun endlich seine Freilassung auf Bewährung beantragen.

Da er vollkommen pleite war und seine Familie ihm den Geldhahn schon seit geraumer Zeit zugedreht hatte, borgte ich ihm insgesamt 2.000 Dollar, damit er freikommen konnte. Er wollte es mir dann draußen sogleich zurückzahlen. Den ersten Teilbetrag erhielt Castro für die Annahme der Akte, ein zweites Bestechungsgeld sollte bewirken, daß die Akte an das Gericht weitergeleitet wurde.

Schließlich kam der Richter mit der Entlassungsorder zu Besuch und verlangte noch einmal 150 Dollar für seine Unterschrift.

Nun war Horace draußen und lebte bei einigen britischen Lehrern, die mich, Shuggy und die anderen drei Briten ab und zu besuchen kamen und uns Zeitungen und Zigaretten brachten.

Ich bekam nun auch Post von einer Londoner Gefangenenhilfsorganisation namens ›Prisoners Abroad‹. Es entstand ein netter Briefkontakt zu deren Mitarbeiterinnen, die sich um britische Gefangene in aller Welt kümmern.

An Steves Stelle kam nun einmal im Monat Pastor Mike Hughes von der englischsprachigen, anglikanischen ›Good Shepherd‹ Kirche in Lima. Mike war Arzt von Beruf und ein guter Bibellehrer.

In seiner Art war er eher ruhig und zurückhaltend, aber er hatte die gleiche geistliche Ausstrahlung wie Steve; ein weiterer ›Botschafter Gottes‹. Mike brachte uns verbliebenen und neuen Mitgliedern, darunter George und Keith, sogar Brot und Wein in silbernen Gefäßen und zelebrierte das Heilige Abendmahl mit uns. Es hatte für uns in Lurigancho eine besondere Bedeutung, und Mikes Lieblingsthema war die Gnade Gottes.

»Brot und Wein symbolisieren den Neuen Bund der Gnade durch das Opfer und Blut Jesu Christi. Der Mann, der das Lied ›Amazing Grace‹ geschrieben hat, hieß John Newton und war ein ehemaliger britischer Seemann und Sklavenhändler im 18. Jahrhundert. Obendrein ein Raufbold und Säufer, haßte er die Christen und hatte Vergnügen daran, die angeketteten Negersklavinnen in seinem Schiff zu vergewaltigen. Dieser Mann bekehrte sich aber während eines schweren Seesturms und wurde danach einer der bedeutendsten christlichen Prediger seiner Zeit. Er hat immer gesagt, daß er es überhaupt nicht verdient hatte, gerettet zu werden, und daß er nur durch die Gnade Gottes zu dem wurde, wozu er berufen worden war.«

»Soll das heißen, daß er dadurch zu einem besseren Menschen wurde, der nun ›gute‹ Werke statt schlechter tat? Das behaupten doch alle Religionen.«

»Eben nicht. Er stellte fest, daß Christus ihn zu einem völlig neuen Menschen gemacht hatte, ohne sein Zutun. Andere Religionen versuchen dagegen, einen Weg aufzuzeigen, der dich zu einem besseren, Gott wohlgefälligeren Menschen machen soll, aber sie verlangen in der Regel große Opfer, und man ist nie sicher, ob man von Gott wirklich angenommen ist. Das Element der Vergebung ist in keiner anderen Religion vorhanden.«

»Aber wenn das so ist, warum tun Christen dann trotzdem ständig gute Werke?«

»Sie tun es als Botschafter Gottes, nicht um bei ihm einen Stein im Brett zu haben. Ihre guten Werke sind Werke des Glaubens, die man eigentlich nur als Werkzeug Gottes ausführt, so wie mein Besuch hier nicht mein eigenes, sondern Gottes Werk ist. Ich möchte euch dazu mal einen Vers vorlesen:

Denn aus Gnade seid ihr gerettet durch Glauben, und das nicht aus euch: Gottes Gabe ist es, nicht aus Werken, damit sich nicht jemand rühme. Denn wir sind sein Werk, geschaffen in Christus Jesus zu guten Werken, die Gott zuvor bereitet hat, damit wir darin wandeln sollen. (Epheserbrief 2, 8-10)«

»Und wie ist es mit den anderen Religionen?«

»Ich kann dazu nur einen Satz wiederholen, den Jesus selbst gesagt hat: *Ich bin der Weg und die Wahrheit und das Leben; niemand kommt zum Vater denn durch mich. (Joh. 14,6).* Wenn er wirklich Gottes Sohn war, dann wußte er hundertprozentig genau, wie man zu seinem Vater kommen kann! Diese Gewißheit des Heils hat sonst keine Religion. Das Christentum ist daher weniger eine Religion als eine *Beziehung* zum lebendigen Gott, sie ist der Glaube an eine *Person*, nämlich an *Jesus*!«

Mike brachte uns auch Kuchen und Plätzchen von draußen mit und erzählte uns, daß seine Gemeinde für uns beten würde. Ich nahm diese Information ziemlich unbeteiligt zur Kenntnis, denn ich rechnete nicht damit, weder ihn noch seine Gemeinde jemals kennenzulernen, auch nicht, daß einige von diesen Leuten später einmal meine besten Freunde werden sollten ...

*

Im Frühjahr gab es einen weiteren gewaltsamen Ausbruchsversuch von Leuten aus der Pampa, und wieder versuchten sie, die Nonnen als Geiseln zu nehmen. Diesmal aber wurde der Plan bereits im Ansatz niedergeschlagen.

Am 26. März ereignete sich eine Gefangenenrevolte mit Geiselnahmen in El Sexto. Einige Schwerverbrecher hatten die Direktion besetzt und hielten mehrere Angestellte fast zwei Tage in ihrer Gewalt. Kurioserweise befand sich das Gefängnis innerhalb eines Komplexes, der das sechste Polizeirevier beherbergte, woher auch sein Name stammte. Ursprünglich war das Ganze als katholisches Waisenhaus angelegt worden. Nun war das Gefängnis von Hunderten von Polizisten umstellt. Man konnte wiederum live im Fernsehen verfolgen, wie nach dem Scheitern der Verhandlungen zunächst stundenlang aus allen Rohren in die Anstalt gefeuert und Tränengasbomben geworfen wurden. Dann wurde sie gestürmt. Alle Geiselnehmer wurden getötet, es gab 20 Tote und an die 100 Verletzte. Dabei starb auch *Mosca Loca*. Die Polizei ging, wie schon in Lurigancho, mit äußerster Brutalität vor. Die Weltöffentlichkeit war erneut empört und schockiert über die Vorfälle in den peruanischen Gefängnissen, und in Peru verlangte man nun drastische Maßnahmen, um dem Chaos Herr zu werden. Dies hatte zur Folge, daß alle christlichen Besuche bis auf weiteres wegen Sicherheitsbedenken eingestellt wurden.

Nur noch einmal wurde der Besuch einer amerikanischen Delegation angekündigt. Niemand wußte genau, um wen es sich handelte, und irgend jemand verbreitete das Gerücht, es wären Leute von der US-Botschaft oder gar der DEA. Ich hatte daraufhin kein Interesse, mit ihnen zusammenzukommen, und beobachtete nur, wie ein Mann im dunklen Anzug mit einer Hornbrille kurz durch den Pabellon geführt wurde.

Er sah zwar recht sympathisch aus, aber ich hatte keine Ahnung, daß es sich dabei um Charles Colson, dem Begründer

der Gefangenenmission ›*Prison Fellowship*‹, mit der ich später noch eine Menge zu tun haben sollte, gehandelt hatte ...

*

Im Juni begann endlich unser Prozeß. Allein die aufwendige Prozedur, die uns zum Gerichtspalast brachte, war schon ein Absurdum, aber das Gerichtssystem selbst sollte sogar noch Franz Kafka in den Schatten stellen. Meiner Freundin Jenny beschrieb ich im Brief einen typischen Verhandlungstag:

»Um sechs Uhr morgens wird eine Liste mit den Namen der jeweiligen Gefangenen, die an diesem Tag zu Gericht müssen, vorgelesen. Von dieser Liste gibt es mehrere Kopien, die aber meistens voneinander abweichen, das Original ist stets unauffindbar. Nach mehreren Stunden Suchens und Diskutierens – mittlerweile ist es zehn Uhr – wird man aus dem Pabellon zum verfallenen Hauptgebäude geführt, wo man in einem ca. 25 Quadratmeter großen Raum mit im Durchschnitt 160 Personen einige Stunden warten muß. Während dieser Zeit werden weitere Listen angefertigt und getippt, Fingerabdrücke genommen und verglichen, verschiedene Stempel auf die Arme gedrückt, bis endlich alle zum Abtransport bereit sind. Unsere Bande reist immer komplett, und so sehe ich auch Choquehuanca wieder.

Der Gefangenentransport wird von der *Guardia Republicana* durchgeführt, die nun ihrerseits wieder Listen anfertigen und vergleichen muß, die Leute nach Waffen oder Drogen durchsucht, mit Handschellen versieht und dann alle in die *Furgonetta* pfercht.

Um zwölf Uhr mittags beginnt die Fahrt zum Justizpalast in der Stadtmitte. Der Bus stoppt nach 20 Minuten, und während an die 50 Polizisten ihre Maschinengewehre auf uns richten, müssen wir aussteigen und in das Gerichtsgebäude rennen; wer zu langsam ist, wird erbarmungslos zusammengeknüppelt.

Danach gibt es wieder Listen mit Namen, Handschellen ab, man wird in einen finsteren Raum im oberen Stockwerk gebracht, in dem es unerträglich nach Urin stinkt; das Pissoir liegt am anderen Ende der Wand, und es fließt kein Wasser.

Es gibt den ganzen Tag über nichts zu essen und zu trinken, so daß wir die Wächter bestechen müssen, damit sie etwas für uns einkaufen: Hähnchensandwichs, Apfeltorte und einen Becher Kaffee ...

Um 17 Uhr ruft man unsere Namen auf; wir werden in Handschellen durch das Menschengedränge im Gericht über verschiedene Flure zu unserem Verhandlungsraum geführt. Der Saal ist mit dunklem Holz getäfelt, ein peruanisches Wappen ziert die Wand hinter den Richtern, alles wirkt etwas schäbig und heruntergekommen. Es gibt einen vorsitzenden Richter und zwei Nebenrichter, sowie einen Staatsanwalt. Sie schauen uns gelangweilt an, die vorherige Verhandlung läuft noch, Aktenberge bis fast zur Decke türmen sich vor ihnen.

Endlich sind wir dran, ein Sekretär liest für die darauffolgende Stunde aus unserer Akte vor, Richter und Staatsanwalt schlafen dabei ein.

Dann fragt man mich, wann und warum ich das erste Mal nach Peru gekommen bin.

›1979, um Pullover zu kaufen‹, sage ich. Das interessiert das Gericht ganz außerordentlich, und für die nächste dreiviertel Stunde erkläre ich ihnen das Pullovergeschäft.

›Gut, und die weiteren Einreisen?‹ – ›Auch geschäftlich!‹

Darauf zehn Minuten Schweigen. Alfonso wird gefragt, unter welchen Umständen er mich kennengelernt hat. Er berichtet von Joachim, der öfter in Miguels Diskothek auftauchte, und von seinen Hakenkreuz-Aufklebern und einer Nasenschablone aus Pappmaché, die er allen Leuten über das Gesicht stülpte, um festzustellen, ob sie Juden waren oder nicht.

›Eine *Nasenschablone*!!? Sekretär, halten Sie das in den Akten fest!‹ Ich muß mich mühsam beherrschen, um nicht laut loszulachen.

Es wird überlegt, was man uns noch fragen könnte.

Schließlich kommt dem Vorsitzenden eine zündende Idee: Die Verhandlung wird auf Montag in zwei Wochen vertagt!

Zurück in das Verlies, es ist mittlerweile erbärmlich kalt darin, in Peru ist zur Zeit gerade Winter. Warten bis 22 Uhr. Wieder Listen, Handschellen, Rennen, Lastwagen, Fahrt mit Sirene und Blaulicht, Lurigancho. Nochmals Listen, Handschellen ab, Fingerabdrücke, Unterschriften, Durchsuchung, und um 1 Uhr 30 bin ich endlich wieder ›zu Hause‹. So absurd es klingt, ich sehne mich nach meiner Zelle und meinem Bett ..!«

Diese Prozedur wiederholte sich jedesmal, wenn wir zu Gericht mußten; in unserem Fall waren es 37 mal während des fünf Monate dauernden Prozesses. Manche arme Schlucker haben diese Reise aber über 100 mal mitmachen müssen, bis sie endlich verurteilt waren. Manchmal scheiterte der Prozeß an sich selbst aufgrund eines Verfahrensfehlers, und alles mußte für ungültig erklärt und wieder ganz von vorne begonnen werden.

Es wunderte mich nun endgültig nicht mehr, daß fast jeder in Lurigancho drogensüchtig oder verrückt war ...

*

Da ich mich mittlerweile als Christ und meine Sünde als vergeben betrachtete, nahm ich an, daß ich nun freigesprochen werden würde. Ich hatte meine Lektion gelernt, die Fehler erkannt und meine Beziehung zu Gott in Ordnung gebracht. Nun würde er irgendwie veranlassen, daß ich alsbald entlassen werden würde.

Nichts dergleichen geschah. Der Staatsanwalt verlangte 15 Jahre Gefängnis ohne Bewährung. Rechtsanwalt Ormeño war relativ hilflos, er kam während des ganzen Prozesses nur zweimal zu Wort. Miguel und Alfonso hatten aber über ihre Familie einen Kontakt zum Gerichtsvorsitzenden hergestellt, und dieser ließ mit sich reden. Er verlangte 10.000 Dollar für Miguels Freispruch und 5.000 Dollar für ein 10-Jahresurteil für mich und Alfonso, wenn wir, und vor allen Dingen ich, alle Schuld auf uns nähmen. Mehr war in der öffentlichen Verhandlung nicht zu machen, aus Furcht vor der DEA; aber in der nächsten Instanz würden auch wir freigesprochen werden können.

Ich überlegte lange, ob ich mich darauf einlassen sollte. Eine Menge Geld stand auf dem Spiel, und wenn ich alle Schuld auf mich nahm, würde Miguel auch wirklich freigesprochen werden? Er selbst war natürlich begeistert über diese Möglichkeit und versprach mir, sofort nach seiner Entlassung alles Nötige zu meiner und Alfonsos Berufung zu unternehmen, damit wir nach spätestens sechs Monaten frei wären. Er zahlte daher bereits die Hälfte des Geldes an.

Alfonso war in letzter Zeit ständig krank gewesen und hatte sehr viel an Gewicht verloren, wir rätselten alle, was ihm denn fehlte. Seine Kinder kamen des öfteren zu Besuch und blickten immer besorgter, ebenso seine Geliebte, die ein Kind von ihm erwartete. Er stimmte dem Plan aber zu, und so willigte ich schließlich auch ein und bat Laura, bei der ich einen Teil meines Geldes deponiert hatte, dem Richter die 5.000 Dollar nach und nach zu geben.

*

Gleichzeitig verfolgte ich weitere Fluchtpläne. Glenn, einer unserer Piloten, hatte mir überraschend geschrieben und war dann nach Lima gekommen, um mir zu helfen; er hatte auch genügend Geld mitgebracht. Damit wollte er draußen warten, bis ich flüchten konnte.

Über Javier Buitron hatte ich Charola, einen peruanischen Gefangenen, kennengelernt, der als Ausbrecherkönig bekannt war. Er war ein kleiner, stämmiger Mann, Bankräuber und letztlich Drogenhändler, der in der Unterwelt von Lima allgemein bekannt war. Seiner Meinung nach war das Ganze überhaupt kein Problem.

»Ich bin schon sechsmal von hier abgehauen, dadurch kenne ich die ganzen korrupten Beamten und Polizisten. Laß' mich das nur organisieren, dann sind wir beide in einem Monat draußen!«

Sein Plan betraf zunächst den Gefangenentransport, bei dem wir beide an einem Tag zum Gericht gefahren werden und dann im Palast freigelassen werden würden. Dies hätte beinahe geklappt, wenn nicht einen Tag vor der geplanten Flucht ein neuer Dienstplan erstellt worden wäre, der die korrupten Polizisten plötzlich an eine andere Stelle versetzte.

Alfonsos Gesundheitszustand verschlechterte sich rapide. Seine Familie bewirkte schließlich, nach Zahlung von horrenden Summen, daß er in ein Krankenhaus nach Lima überführt wurde. Dort lautete die vernichtende Diagnose »Darmkrebs im Endstadium«, eine Operation war bereits nicht mehr möglich...

Wir waren alle sehr betroffen darüber, und zwischen mir und Miguel kam es zu Spannungen. Er wollte nicht, daß ich vor der Urteilsverkündung flüchtete, da er dann wahrscheinlich nicht mehr freigesprochen werden konnte. Ich fand, daß jeder seine eigene Haut zu retten hatte, und ignorierte seine und Lauras ständige Fragen und Anspielungen.

Die folgenden Wochen wurden außerordentlich schwierig. Gerüchte gingen umher, daß einige Ausländer flüchten wollten. Neue Gesichter tauchten im Pabellon auf, von denen man annehmen mußte, daß sie als Spitzel eingesetzt waren. Wann immer ich mich mit Charola traf, mußten wir einige Ablenkungsmanöver vorangehen lassen, damit niemand uns zusammen sehen konnte. Wir trafen uns daher meist im Hasenstall, einem Raum, in dem Koko einige weiße Hasen züchtete und Schulungen abhielt. Charola erzählte mir, daß Kike Valle in einem früheren Fall sein Partner gewesen war und für uns außerordentlich gefährlich werden konnte. Er schlug daher vor, ihn umzubringen. Ich hielt allerdings nichts von diesem Plan, so daß er wieder verworfen wurde. In gewisser Weise war es sogar ein Vorteil zu wissen, daß er der Hauptspitzel war, denn dadurch konnte man ihn wiederum im Auge behalten. Schwieriger war es, wenn man nicht wußte, wer die Spitzel waren.

Der nächste, »endgültige« Fluchtplan sah vor, zunächst in den Pabellon drei zu gehen, von dort bei Anbruch der Dunkelheit übers Dach an den Zaun zu gelangen und an einer bestimmten Stelle hinüberzusteigen. Wir brauchten nur noch den Tag abzuwarten, an dem die richtige Schicht Dienst hatte.

*

Einige Tage darauf sprach mich Kike an.

»Ich weiß, daß du denkst, ich wäre ein *Soplón*, aber du liegst damit falsch. Ich weiß auch, daß du mit meinem Freund Charola etwas planst, trotz eurer Vorsichtsmaßnahmen ist mir das aufgefallen. Aber keine Sorge, ich bin auf eurer Seite.«

Ich war für einen Moment sprachlos, ließ mir aber nichts anmerken, er konnte bluffen!

»Da irrst du dich aber, mit Charola habe ich überhaupt nichts zu tun. Außerdem ist mein Prozeß bald zu Ende und dann werde ich freigesprochen.«

Kike blickte mich unverwandt an und strich sich durch sein Spitzbärtchen.

»Ist schon in Ordnung, ich werde dir trotzdem einen guten Rat geben ... «

» ... und der wäre?«

Kike deutete zu meiner Zelle.

»Dein größter Feind lebt mit dir zusammen.«

Ich war entrüstet.

»Was? Du spinnst ja, so einen Quatsch habe ich noch nie gehört!«

»Laß' dir das gesagt sein, du wirst noch eine Überraschung mit deinem Partner erleben!«

Ich glaubte ihm kein Wort und behielt vielmehr ihn im Verdacht, mein Widersacher zu sein, aber was er mir diesmal gesagt hatte, sollte sich später doch als wahr herausstellen ...

*

Der Tag der Flucht war wieder gekommen. Charola und ich begaben uns nacheinander in den Pabellon drei und warteten auf den Einbruch des Abends. Ich vertrieb mir die Zeit bei Choquehuanca und Durán. Dann trafen wir uns auf dem Hof, wo um diese Zeit – die Paila wurde ausgeteilt – ein belebtes Treiben herrschte.

»Wenn der Beamte am Tor uns ein Zeichen gibt, gehen wir an ihm vorbei ins vordere Treppenhaus und dann aufs Dach. Du folgst mir einfach und tust genau das, was ich tue, o.k.?«

»Alles in Ordnung!« raunte ich ihm zu.

Der Beamte winkte fast unmerklich mit einer Hand.

Wir gingen selbstbewußt an den übrigen Gefangenen vorbei durchs Tor hinaus und gleich dahinter wieder in das Treppenhaus hinein.

Im Nu waren wir oben angelangt, eine Gittertür ging hinaus auf das Dach. Sie war aufgeschlossen. Charola bedeutete mir, mich zu bücken.

»Wir dürfen nicht auffallen, falls jemand zufällig aufs Dach schauen sollte!«

Wir schlichen über das endlos lang scheinende Dach bis zum Ende, wo der Jirón fast 15 Meter tiefer lag. Wie sollten wir da hinunterkommen, ohne uns die Knochen zu brechen? Für einen Moment war ich wie erstarrt. Dann bemerkte ich, daß ein Seil angebracht war, das an der Wand herunterhing. Charola stieg zuerst hinunter, ich folgte ihm. Geschafft, wir standen auf dem Dach des Jiróns! Er ging fast einen Kilometer nach hinten und ungefähr hundert Meter weit nach vorne. An beiden Enden konnte ich die Scheinwerfer von Wachtürmen ausmachen.

»Keine Sorge, die Jungs da drin sind geschmiert!« meinte Charola und begann, nach vorne zu laufen.

Das Dach des Jirón war mit Müll übersät, und Ratten huschten vor uns her, links und rechts von uns waren die hohen Mauern der Pabellonwände. Wir gelangten bis zum Pabellon 13 und stiegen dahinter auf den Boden hinunter. Der erste Zaun und der Wachturm am Fuß des Berges lagen unmittelbar vor uns. Ich blickte nach oben. Der Zaun mußte an die fünf Meter hoch sein, Maschendraht mit einigen Reihen Stacheldraht an der Spitze. Dahinter zwei Meter Grünstreifen und noch einmal der gleiche Zaun. Der Polizist im Turm hatte seinen Scheinwerfer weggedreht.

»Jetzt wird's ernst, *Compañero*! Wir klettern beide gleichzeitig hoch, oben lege ich eine Jacke über den Stacheldraht. Wenn wir drüber sind, gleich zum nächsten Zaun und dann den Berg hoch. Oben erwarten uns ein Republicano und mein Neffe. Auf in die Freiheit!«

Wir gingen an den Zaun und begannen hinaufzusteigen. In diesem Moment fing die Alarmsirene an zu heulen. Mir gefror das Blut in den Adern. Was war denn jetzt passiert, hatten die Republicanos uns reingelegt? Wir konnten jeden Moment erschossen werden!

Charola war nicht minder erregt, er sprang mit einem Satz vom Zaun hinunter.

»Runter Mann, runter, sofort!! Man gibt Alarm, sie suchen uns!«

Ich zögerte. Die Freiheit lag zum Greifen nahe, was spielte es jetzt noch für eine Rolle, wir könnten doch genausogut über den Zaun steigen!

»Warum hauen wir nicht ab, jetzt ist es doch eh egal!«

Charola gestikulierte aufgeregt.

»Nein, nein, bist du verrückt?! Der Republicano kann

uns jetzt doch nicht mehr rüberlassen, er muß uns erschießen, mach' daß du da runterkommst!«

Ich sprang hinunter, und wir rannten am Zaun entlang zurück in Richtung Pabellon sieben. Davor stand der aufsehende Beamte, der mit zu unserem Plan gehörte. Er schloß die Tür auf und schob uns hinein.

»Was zum Kuckuck ist denn passiert?« fragte ihn Charola.

»Irgend jemand hat das Gerücht verbreitet, daß ihr geflüchtet seid, die Nachricht hat sich wie ein Lauffeuer verbreitet. Castro ist außer sich!«

»Mann, o Mann, wer war das?!«

Wir kamen in den Pabellon zurück. Charola verschwand in Buitrons Zelle direkt am Eingang. Ich ging weiter, als wäre nichts geschehen. Rufe ertönten von einigen Seiten.

»Hey, Ronald, wo warst du denn? Wir haben alle geglaubt, du seist bereits getürmt!«

»Wieso bist du wieder zurück, Mann?!«

Ich gab keine Antwort und ging direkt in meine Zelle. Miguel lag im Bett und schaute fern.

»Was ist denn hier los?« fragte ich ihn unschuldig.

»Ah, die Leute haben alle geglaubt, du wärst mit diesem Charola geflohen, hier war der Teufel los!«

»So ein Quatsch, ich war lediglich im Pabellon drei bei Choquehuanca und Durán.«

Ich hatte das unbestimmte Gefühl, daß er mit den Gerüchten etwas zu tun haben könnte, denn er schien darüber befriedigt zu sein, mich wieder in der Zelle zu sehen.

Sonst passierte nichts, unsere Flucht war zwar wieder aus mysteriösen Gründen gescheitert, aber man konnte uns auch nichts nachweisen. Ein paar Tage später traf ich mich wieder mit Charola, und er raunte mir das neue Fluchtdatum zu: Freitag, der 13. Juli.

*

Es wurde wieder ein neuer deutscher Gefangener eingeliefert: Rudolf! Bei einer Razzia waren in seinem Haus ein paar Gramm Drogen gefunden worden. Er war sichtlich geknickt und erzählte mir, daß sie seit kurzem einen Sohn hätten, Gerhard. Dieser sollte später mein Patenkind werden ...

Am Nachmittag des 12. Juli flog ohne Vorwarnung die Tür auf und drei vierschrötige Beamte kamen herein. Sie fingen sogleich an, die Zelle auf den Kopf zu stellen und alles zu durchwühlen. Kurz darauf packten mich zwei von ihnen und führten mich ab. Ich verlangte nach einer Erklärung, aber als wir aus der Zelle herauskamen, sah ich, daß der ganze Pabellon von Beamten wimmelte und andere Leute, genau wie ich, abgeführt wurden. Was war denn jetzt schon wieder passiert?

Zusammen mit neun weiteren ausländischen Gefangenen, zwei Kolumbianern, zwei Spaniern und fünf Italienern, wurde ich aus dem Zellblock herausgeführt und in den *Pabellon elf Máxima Seguridad* gebracht. Dies war der letzte Block vor der Klinik, der Hochsicherheitstrakt. Hier gab es nur Einzelzellen mit Gittertüren, ohne Fenster, ausgestattet mit einer Toilette und einem Betonbett. In diesem berüchtigten und gefürchteten Pabellon wurden nur Schwerstverbrecher und die Terroristen des *Sendero Luminoso* untergebracht.

Man warf mich in eine der Zellen im Erdgeschoß und riegelte die Tür hinter mir zu. Gleichzeitig wurden zwei Vorhängeschlösser angebracht. Den anderen ging es ähnlich. Danach verließen uns die Beamten kommentarlos wieder. Ich konnte nur vermuten, daß diese Maßnahme mit meiner geplanten Flucht zusammenhing. Dahinter mußte Kike stecken, der elende Schuft, hätten wir ihn doch umgebracht; oder war er es vielleicht doch nicht gewesen ... ?

*

Ich rätselte noch lange darüber, und erst Jahre später sollte sich das Geheimnis lüften: Laura hatte mich bei der Verwaltung angezeigt und bewirkt, daß ich in den Kerker eingesperrt wurde! Sie wollte verhindern, daß ich flüchtete, da ihr Mann sonst nicht freikommen würde. Obendrein unterschlug sie einen Teil meines Geldes und verwendete es für Miguels Auslösung.

Sie erzählte mir dies erst im Sommer 1989. Ich konnte ihr auch das vergeben, und wir sind trotzdem Freunde geblieben.

Mir wurde im Nachhinein noch einmal bewußt, daß Kike mit seinen Worten recht behalten hatte. Man konnte wirklich absolut keinem Menschen vertrauen, solange man im Gefängnis saß ...

16

Am dritten Tag darauf besuchte mich Charola im Verlies. Er hatte einige Wächter bestechen müssen, um bis zu mir vorzudringen. Es gab eine weitere Hiobsbotschaft: Glenn war in seinem Hotel von der PIP verhaftet worden. Man hatte ihn nach dem Grund seines Aufenthalts und seiner Besuche im Gefängnis gefragt. Nur gegen Zahlung von mehreren Tausend Dollar war er wieder freigekommen. Er hatte das restliche Geld Charolas Bruder gegeben und die nächste Maschine zurück in die USA genommen.

Meine Flucht war auf nicht absehbare Zeit blockiert, und Charola würde nun alleine fliehen. Allerdings wollte er mir danach von außen eine neue Fluchtmöglichkeit schaffen, falls notwendig, auch vom Pabellon elf aus. Wir verabschiedeten uns, und ich blieb mit recht gemischten Gefühlen zurück.

Die willkürlichen Verhaftungen von Ausländern hatten sich in letzter Zeit in Lima drastisch gehäuft. Fast jeden Tag las man von Touristen, die unter einem Vorwand, meist der Bezichtigung des Drogenhandels, verhaftet und zur Zahlung von horrenden Bestechungsgeldern gezwungen wurden. In Lurigancho saß seit ein paar Wochen ein Schweizer, der nur 45 Minuten nach seiner Einreise verhaftet worden war und sich geweigert hatte zu zahlen. Man hatte ihm einen Drogenfall angehängt und ihn ins Gefängnis geschickt. Er sollte noch fast zwölf Monate dort zubringen, bis er vor Gericht freigesprochen wurde...

Ich begann sofort wieder mit Maßnahmen gegen Castro und schickte Anzeigen wegen Amtsmißbrauchs an die Staatsanwaltschaft und an die britische Botschaft. Da ich meine Zelle nicht verlassen konnte, mußte ich alle Nachrichten an Koko über verschiedene Boten schicken. Einer davon war der alte Indianer *Choque*, der bereits seit 25 Jahren im Gefängnis saß und mir immer erzählte, daß an der Stelle, wo heutzutage das *Sheraton*-Hotel stand, sich früher das schrecklichste Gefängnis Limas befunden habe ...

Charola und zwei Italiener flüchteten am folgenden Wochenende. Es gab einen Riesenskandal, und in der Nacht darauf wurde ich von vier vermummten Beamten unsanft geweckt und aus der Zelle gezerrt. Man schleifte mich bis an den Zaun und zwang mich in die Knie, gleißendes Licht aus starken Handlampen und Maschinenpistolen wurden auf mein Gesicht gerichtet.

»Wer steckt hinter der Flucht von Charola und den Italienern? Wir wollen die Namen der korrupten Beamten!«

Ich war wie gelähmt vor Angst und brachte kaum ein Wort heraus. Diese Typen meinten es ernst!

»Ich weiß es nicht, ich habe nichts mit der Flucht zu tun ... «

»Du lügst, verdammter Gringo! Wenn du nicht redest, knallen wir dich hier am Zaun nieder wie einen Hund! Wir werden dann sagen, daß du auf der Flucht erschossen wurdest.«

Mein Leben schien verwirkt, aber wenn ich irgend etwas zugeben würde, hätte ich erst recht keine Chance mehr.

»Ich war doch zum Zeitpunkt der Flucht im Pabellon elf eingesperrt, wie soll ich davon wissen?«

Die vier Vermummten wechselten einige Worte miteinander, und ich erwartete das Schlimmste. Zu meiner Überraschung aber zogen sie mich hoch und schleppten mich wieder in den Pabellon zurück.

Dort schauten einige der Peruaner neugierig nach mir. Jemand gab mir einen Schluck Rum zu trinken und eine Zigarette.

»Beruhige dich, Mann; das war nur ein Bluff. Diese Beamten waren von der *Inspectoría*, der internen Geheimpolizei. Sie wollten dich nur schocken, damit du auspackst!«

»Langsam habe ich genug von diesem elenden Knast und seinen Leuten! Ich will jetzt hier raus, und wenn es das Letzte ist, was ich in meinem Leben tue!«

Am nächsten Tag kam Castro zu uns hereingestürmt und baute sich vor meiner Zelle auf. Er war außer sich vor Zorn.

»Ich habe von deinen Anzeigen gegen mich erfahren. Das wird dir aber absolut nichts nützen, denn ich weiß, daß du flüchten willst! Solange *ich* hier Direktor bin, und das werde ich noch sehr lange sein, kommst *du* nie mehr wieder hier heraus, darauf kannst du dich verlassen!«

Mit diesen Worten verließ er den Zellblock.

*

Außer uns zehn Ausländern befanden sich noch 15 peruanische Schwerverbrecher im Erdgeschoß des Pabellons. Mein Nachbar hatte den Spitznamen *Pilón* und war einer der gefürchtetsten Bankräuber Perus. Auch er galt als Ausbrecherkönig und stammte wie Charola aus dem Hafenviertel *Callao*. Durch Charolas Empfehlung betrachtete mich Pilón als einen Freund und nahm mich unter seinen Schutz. Obendrein stellte sich heraus, daß Kike sein Cousin war, von dem er aber ebensowenig hielt wie ich.

»Was wirst du tun, wenn du einmal entlassen wirst, Pilón?«

»Was soll ich schon tun? Ich werde versuchen zu arbeiten, mich um meine Frau, Kinder und Enkelkinder kümmern und irgendwann doch wieder ein Ding drehen ... «

»Aber ist das nicht immer wieder derselbe elende Kreislauf?«

Statt zu antworten, starrte er auf seinen Fernseher. Während wir uns unterhielten, lief der berühmte Humphrey-Bogart-Film ›Key Largo‹:

Was will Johnny Rocco? Ich will mehr vom Leben. Und wann haben Sie genug? Vorläufig nicht, und auch in Zukunft kaum!

Pilón hatte seine eigene Philosophie über die gesellschaftliche Situation in Südamerika.

»Die Gesetze in Peru gelten nur für die Armen, sie werden von den Reichen gemacht, damit die ihr Eigentum schützen können. Wenn ein armer Cholo aus einem ›Pueblo Jóven‹ (Slum) einen Einbruch begeht, weil er nichts für sich oder seine Familie zu Essen hat, dann kommt er in den Knast und kriegt fünf Jahre. Die reichen Weißen dagegen rauben dem Volk Millionen und bauen sich davon Villen am Strand und Häuser in Miami.«

»Das mag vielleicht sein, aber in den Gefängnissen anderer Länder sieht es genauso aus. In Deutschland ist es ein Skandal und ein Fressen für die Presse, wenn ein Reicher ins Gefängnis kommt; die überwiegende Mehrzahl der Kriminellen aber ist gesellschaftlich so unbedeutend, daß niemand nach ihnen fragt.«

»In Peru ist das aber bis ins Extreme verzerrt, hier arbeitet doch niemand, und keiner zahlt Steuern, am wenigsten die Reichen. Wir haben da ein Sprichwort: ›*El vivo vive del zonzo, y el zonzo vive del trabajo*‹ (Der Gerissene lebt vom Dummen, und der Dumme lebt von der Arbeit). Das ist der Grund für die ganzen sozialen Probleme in Lateinamerika!«

So schlimm der Aufenthalt im Pabellon elf auch war, hier erlebte ich das wirkliche Peru spürbar deutlicher als in der Welt des Gringo-Pabellons sieben. Eines Abends wurde ein von Bandagen umhüllter Gefangener auf einer Trage eingeliefert. Bis zum nächsten Morgen blieb er bei uns und man wies ihn in die Klinik ein. Er kam aus einem besonders schlimmen

Gefängnis in der Bergwerksstadt ›*Huancavelica*‹, wo jeder dritte Gefangene das erste Jahr nicht überlebt. Er hatte schwere Verbrennungen am ganzen Körper, weil er sich mit Kerosin übergossen und selbst in Brand gesteckt hatte, um aus dieser Hölle heraus nach Lima zu kommen.

Der Pabellon grenzte an den Garten, in dem die Desorientierten und psychisch Kranken untergebracht waren, und ich beobachtete ihr Treiben den Tag über. Die Wärter setzten sie jeden Morgen unter Drogen, und so vegetierten sie vor sich hin. Ein alter Mann, der Puchito (Stummel) gerufen wurde, tanzte von morgens bis abends und erbat sich als Belohnung dafür jedes Mal eine Zigarettenkippe.

Mit meinen Eltern stand ich jetzt in einem regelmäßigen Briefkontakt. Von meiner Einweisung ins Verlies aber hatte ich ihnen nichts gesagt. Am Anfang des Jahres hatte mein Vater einen Herzinfarkt erlitten und war gerade erst dabei, sich langsam wieder zu erholen. Ich machte mir sehr große Sorgen um ihn. Alpträume verfolgten mich, daß er gestorben sei und mir im Traum erscheine. Ich wachte jedesmal schweißgebadet auf und war völlig durcheinander. Schlafen konnte ich dann nicht mehr und verbrachte den Rest der Nächte mit Zigarettenrauchen. Mein Konsum hatte sich wieder drastisch gesteigert.

*

Seit kurzer Zeit schrieben mir auch drei Tanten aus England. Alle drei waren Christen und schickten mir eine Flut von Bibelversen und Andachtsbüchlein mit täglichen Lektionen zum Lesen. Ich hatte bisher nur wenig Kontakt mit meinen britischen Verwandten gehabt, weil ich auch nie dort gelebt hatte, aber nun halfen mir die mutmachenden Briefe doch sehr, einen Sinn in meiner Lage zu finden und nicht zu verzweifeln.

Jahre später sollte ich sie alle in England besuchen und auch ihre Gemeinde kennenlernen. Zu meiner Überraschung kannten mich viele Mitglieder, und ich erfuhr, daß sie alle jahrelang jede Woche für meine Bekehrung gebetet hatten. Es war ein überwältigendes Erlebnis, im Nachhinein zu erkennen, wie Gott auf diese Gebete in 10.000 Kilometer Entfernung geantwortet hatte!

*

In den folgenden Wochen überschlugen sich die Ereignisse: Ich erhielt einen Brief von Julia – aus dem Frauengefängnis *Chorillos*. Sie hatte einen neuen Freund, einen Amerikaner, der allerdings auch Drogenschmuggler war. Er war in die USA zurückgeflogen und hatte versucht, 100 Gramm Kokain per Post zu schicken. Der Umschlag war aber vom Zoll entdeckt worden, und dummerweise war Julias Adresse als Absender darauf vermerkt. Sie wurde sogleich verhaftet und saß nun in Untersuchungshaft.

Ich versuchte sie so gut es ging zu beruhigen und sprach ihr Mut zu. Anschließend schrieb sie mir fast jeden zweiten Tag einen Brief.

Ihre Zellengenossin war eine Argentinierin namens Susana, dieselbe, die ich vor meiner Verhaftung flüchtig im Hotel kennengelernt hatte. Susana wurde auch Christin, und ich sollte noch über Jahre hinweg mit ihr in Kontakt stehen. Im Frühjahr 1990 war sie nach wie vor in Haft.

Das Stadtgefängnis *El Sexto* wurde geräumt. Die Insassen wurden in andere Gefängnisse verteilt, alle Ausländer kamen nach Lurigancho. So erfuhr ich, daß Luigi, Steve, Gary, David und einige andere alte Bekannte jetzt im Pabellon sieben waren.

*

*

Noch immer las ich regelmäßig in der Bibel, abwechselnd im Alten und Neuen Testament. Im Neuen war ich beim Lukas-Evangelium angelangt:

Jesus war verhaftet und wegen Gotteslästerung zum Tode verurteilt worden. Seine letzte Nacht hatte er im Gefängnis verbracht, und nach einem qualvollen Marsch durch Jerusalem, mit dem Kreuz auf dem Rücken, war er auf Golgatha hingerichtet worden. Gekreuzigt zu werden mußte eine bestialische Todesart sein, ich hätte nicht in seiner Haut stecken wollen. Die letzte Unterhaltung vor seinem Tod führte er mit zwei Mitgefangenen, die neben ihm gekreuzigt wurden:

> »Einer der Übeltäter, die am Kreuz hingen, lästerte ihn und sprach: Bist du nicht der Christus? Hilf dir selbst und uns! Da wies ihn der andere zurecht und sprach: Und du fürchtest dich auch nicht vor Gott, der du doch in gleicher Verdammnis bist? Wir sind es zwar mit Recht, denn wir empfangen, was unsre Taten verdienen; dieser aber hat nichts Unrechtes getan. Und er sprach: Jesus, gedenke an mich, wenn du in dein Reich kommst! Und Jesus sprach zu ihm: Wahrlich, ich sage dir: Heute wirst du mit mir im Paradies sein.«
>
> (Lukas 23, 39-43)

Wieso hatte Jesus sich so viel bieten lassen, wenn er von Gott gesandt war? Kein Mensch würde doch solche Qualen freiwillig auf sich nehmen! Aus welchem Grund hatte Gott ihn dazu berufen?

Jesus war nach drei Tagen wieder auferstanden und seinen Jüngern erschienen. Sie sollten von nun an Gottes Reich verbreiten und das Evangelium predigen, bis er zurückkehren würde. Danach fuhr er zum Himmel auf, und Lukas endete hier.

Ich las weiter bei Johannes. Bei den ersten Versen fiel es mir wie Schuppen von den Augen:

»Im Anfang war das Wort, und das Wort war bei Gott, und Gott war das Wort.«

(Johannes 1,1)

Das war es, jetzt erkannte ich, wer Jesus war! Ich blätterte zurück zum Anfang der Bibel:

»Im Anfang schuf Gott ... und Gott sprach: ... «

Gott erschuf die Welt dadurch, indem er sprach. Was sprach er? Worte natürlich! Wie hatte er zu Abraham, Moses, David und allen anderen gesprochen? Durch sein Wort! Wie hatte er zu mir in den vergangenen Monaten so deutlich sprechen können? Durch sein Wort, die Worte in der Bibel. Und dann war dieses Wort direkt zu uns gekommen:

»Und das Wort ward Fleisch und wohnte unter uns, und wir sahen seine Herrlichkeit, eine Herrlichkeit als des eingeborenen Sohnes vom Vater ... «

(Johannes 1,14)

Gott hatte nicht mehr durch Bücher zu den Menschen sprechen wollen, sondern hatte sich direkt durch einen Menschen offenbart, seinen Sohn. Er war selbst zu ihnen gekommen. Wie kam man auf die Welt? Natürlich indem man geboren wurde! Die Schlußfolgerung daraus war ungeheuerlich:

Jesus Christus war Gott selbst!

Diese überraschende Offenbarung ließ mich für eine lange Weile fassungslos.

Gott in Menschengestalt; sowohl Gott, als auch Mensch, das war Gottes Sohn. Unglaublich. Kein Wunder, daß die Juden ihm nicht geglaubt und ihn gekreuzigt hatten. Wer würde ihm das heutzutage abnehmen, wenn er hier erscheinen würde?

Ich verschlang die nächsten zwei Kapitel, und dann stieß ich auf den Schlüssel für diese unbegreifliche Botschaft:

»Denn also hat Gott die Welt geliebt, daß er seinen einzigen Sohn gab, damit alle, die an ihn glauben, nicht verloren werden, sondern das ewige Leben haben. Denn Gott hat seinen Sohn nicht in die Welt gesandt, daß er die Welt richte, sondern daß die Welt durch ihn gerettet werde.«

(Johannes 3,16-17)

Der Schlüssel hieß *Liebe*. Gott hatte seinen Sohn gesandt, weil er uns liebte, wir waren schließlich seine Geschöpfe. Jesus hatte sich kreuzigen lassen, weil er die Menschen liebte und uns nur dadurch vom Urteil über Adam und Eva erlösen konnte. Das Geschenk hieß ewiges Leben; der Zugang zum Baum des Lebens war wieder geöffnet!

Ich spürte plötzlich, daß mit der »Welt« auch ich gemeint war. Gott liebte mich! Damals und jetzt, in diesem Moment. Es kam mir auf einmal so vor, als stünde er mit mir in dieser Zelle; ein überwältigendes Gefühl, mir kamen Tränen in die Augen. Warum hatte ich das vorher nie geglaubt?

Jesus war bei mir in der Zelle, aber er hatte mir noch eine entscheidende Botschaft zu geben ...

*

Im ersten und zweiten Stock lebten die *Presos Políticos* (Politische Gefangene), wie sich die Anhänger der Terroristengruppe *Sendero Luminoso* nannten; und sie wurden von den Beamten mit angstvollem Respekt behandelt. Daher hatten sie auch einige Privilegien, ihre Zellen waren offen, und sie genossen Versammlungsfreiheit in den Gemeinschaftsräumen.

Ich hatte mein Radio mitgenommen und abends den Sender mit Inka-Musik eingestellt. Die *Senderos* kamen nur zur Paila ins Erdgeschoß und mieden sonst jeden Kontakt mit den »gewöhnlichen« Gefangenen. Sie unterschieden sich auch stark von den kriminellen Insassen, da sie nicht logen, stahlen, oder

Drogen nahmen. Vielleicht lebten sie nach den drei Geboten der Inkas. Die *Huaynos* im Radio machten sie auf mich aufmerksam, weil es ihre Musik war, die in Lima sonst kaum gehört wurde.

Sie trugen die traditionelle Kleidung der Indios, Ponchos und Wollmützen, und erschienen mir mehr wie Bauern denn wie gefährliche Terroristen.

Als sie erfuhren, daß ich aus *Alemania* käme, waren sie an Gesprächen durch die Gittertür interessiert.

Ich erfuhr, daß die überwiegende Mehrheit auch tatsächlich Bauern waren, die vorwiegend aus der ›*Ayacucho*‹-Region stammten. Sie waren Sympathisanten oder gehörten dem weitesten Umfeld der *Senderos* an, aber von der Polizei und den Militärs waren sie als Terroristen bezichtigt und verhaftet worden.

Daneben gab es aber auch einige wenige richtige Guerilleros. Sie machten auf sich aufmerksam, indem sie mehrmals am Tag Appelle im Aufenthaltsraum durchführten. Die Leute mußten sich in Reihen aufstellen und verschiedene Parolen brüllen.

»*LA REBELION SE JUSTIFICA! CONQUISTAR BASES! DEFENDER, DESARROLLAR Y COOPERAR! VIVA NUESTRO PRESIDENTE GONZALO!*«

(Der Aufstand rechtfertigt sich! – Die Basis erobern! – Verteidigen, entwickeln und zusammenarbeiten! – Es lebe unser Präsident Gonzalo!)

Unter den Terroristen war ein junger Lehrer aus dem Ort ›Huanta‹. Er konnte einige Brocken Englisch und bat mich jeden Tag, mit ihm zu üben. Einige Wochen später wurde ein intelligent aussehender, schätzungsweise 50jähriger Mann mit Brille in den Pabellon gebracht, und sogleich von den Senderos überschwenglich begrüßt. Am nächsten Tag stellte ihn mir der Lehrer aus Huanta in seiner Zelle vor;

»Das ist Professor Antonio Díaz Martínez von der Universität San Cristóbal in Huamanga.«

Der Mann streckte mir seine Hand zur Begrüßung hin.

»Guten Tag, ich freue mich, jemand aus Deutschland hier zu sehen, meine Freundin kommt auch aus Ihrem Land.«
Wir setzten uns auf die Pritsche.
»Das ist ja interessant, aus welcher Stadt denn, haben Sie noch Kontakt zu ihr?«
Sein Gesichtsausdruck wurde augenblicklich melancholisch.
»Im Moment nicht, sie ist auch verhaftet worden und sitzt in *Chorillos*. Wir haben auch ein Kind, das im Gefängnis geboren wurde.«
»Waren Sie nicht in der Zeitung, wegen des Massakers in *El Sexto*?«
Er putzte sich seine Brille.
»Natürlich, ich war daraufhin die ganze Zeit im Keller des Justizpalastes untergebracht, die Regierung wollte mir die Revolte nämlich auch noch anhängen. Ich bin nur für ein paar Tage hier in Lurigancho. Man glaubt, daß ich einer der Anführer von Sendero Luminoso sei.«
»Und sind Sie es?«
Der Lehrer und er wechselten einige Blicke und lächelten.
»Vielleicht.«
Es gab eine Pause.
»Ich verstehe. Über den *Sendero Luminoso*, den ›Leuchtenden Pfad‹, wird so viel behauptet und vermutet, worum geht es dieser Gruppe eigentlich?«
Der Professor überlegte sich seine Antwort.
»Es geht darum, die soziale Gerechtigkeit wieder herzustellen. Sehen Sie, Peru liegt, mit Brasilien und Honduras, in der Welt an der Spitze der Länder mit der ungerechtesten Verteilung des Reichtums. Manche Peruaner haben noch nie in ihrem Leben Fleisch gegessen oder Milch getrunken. Offiziell trinken die Peruaner im Durchschnitt zwölf Liter Milch pro Jahr, nach einer Empfehlung der UNO sollte für jeden Menschen mindestens ein halber Liter pro Tag zur Verfügung stehen.«
Ich hörte erstaunt zu.

»Unsere Kindersterblichkeit ist mit die höchste auf der Erde, und acht Millionen Peruaner leiden an Unterernährung. 50 Prozent der Bevölkerung sind unterbeschäftigt oder arbeitslos, die Lebenserwartung in den Andenregionen liegt bei unter 50 Jahren!«

»Was ist denn mit der Landwirtschaft und den Kupferminen?«

Er winkte erregt ab.

»*Nada*, eine historische Konsequenz! Die Spanier hatten nie Interesse an der Landwirtschaft, sie ernährten sich von dem, was sie den Indios abpreßten. Ihr Hauptinteresse galt den Minen, für die sie billige Arbeitskräfte brauchten. Bis heute werden die Minenarbeiter ausgebeutet. Sie sind unselbständig und haben nie gelernt, für sich selbst zu denken. Der *Guano*-Dünger zum Beispiel war für die Landwirtschaft lebenswichtig. Um die Jahrhundertwende aber verschleuderte die in die Fänge englischen Kapitals geratene Regierung Perus diesen Reichtum fast vollständig. Alles ist in Lima zentralisiert, und niemand interessiert sich dort wirklich für die Belange im Landesinneren.«

Der Lehrer nickte zustimmend.

»Du mußt dir vorstellen, daß die Menschen in den Anden in der Regel ohne fließendes Wasser, Strom oder Kanalisation leben müssen. Gerade in Ayacucho wurden immer viele Versprechungen gemacht, aber nie gehalten.«

»Was ist mit den Coca-Bauern und dem Drogenhandel?«

Beide schüttelten energisch die Köpfe.

»Ein widerliches Geschäft mit der Dekadenz des Imperialismus! Es ist eine Schande, daß die Bauern ihre gewöhnlichen Kulturen aufgeben und sich der Coca widmen. Wenn sie nicht verhungern wollen, bleibt ihnen aber gar nichts anderes übrig. Unter Präsident Gonzalo wird das anders werden!«

(Diese Einstellung sollte sich in den darauffolgenden Jahren grundsätzlich ändern. Der *Sendero Luminoso* entwickelte sich zum erklärten Beschützer und Partner der Drogenproduzenten Perus ....)

»*Presidente Gonzalo*‹ war auch einmal Professor dort an der Universität?«

Díaz entspannte sich und lächelte.

»Ja, wir waren Kollegen in den sechziger Jahren. Er unterrichtete Philosophie und ich Agrarwissenschaften. Ich habe auch drei Jahre in China gelebt und in Frankreich und Ägypten studiert. Gonzalo ist nur sein ›*nom de guerre*‹, er heißt in Wirklichkeit Abimael Guzmán und ist Gründer der maoistischen Kommunistischen Partei Perus, der ›PCP‹.«

Mein Freund deutete auf das Symbol mit Hammer und Sichel an der Wand.

»Aber warum ist Ihr Weg die Gewalt? Peru ist doch seit 1980 eine Demokratie.«

Díaz winkte ab.

»Gewalt herrscht in Peru schon seit Anbeginn seiner Geschichte, insbesondere seit der europäischen Eroberung! Die peruanische Demokratie ist in Wirklichkeit eine Diktatur der Bourgeoisie. Die Macht liegt nicht beim Volk, sondern nach wie vor in den Händen der Clans und Familien, die dieses Land seit Jahrhunderten ausplündern und sich daran bereichern.«

»Das müssen Sie mir schon genauer erklären.«

»Verzeihen Sie. Als Ausländer sind Ihnen die Zusammenhänge natürlich nicht so geläufig. Früher, das heißt bis Anfang der sechziger Jahre, waren die Indios ungebildet und gehorchten den Feudalherren. Sie gingen jeden Tag zur Messe, beteten zu ihren Heiligen und hofften, dadurch ihre Seelen retten zu können. Aber dann gelangten einige von ihnen zur Universität und begannen zu verstehen, was in ihrem Land los ist. Jahrhundertelang wurde auf dem Indio herumgetrampelt, jetzt erhebt er sich und schlägt zurück. Abimael hat diese Kräfte zu dem vereinigt, was heute Sendero ist. Sie ist eine Bewegung des Aufstands der Campesinos gegen das System.«

»Die Campesinos geraten dadurch aber ins Kreuzfeuer zwischen den Senderistas und den Militärs. Eine von beiden Seiten wird sie töten, Tausende verschwinden in Militäreinrichtungen auf Nimmerwiedersehen!«

»Unser Modell ist aber typisch andinisch. Wir halten uns an die großen Veränderungen während der Kulturepochen unserer Geschichte. Wie zum Beispiel im zwölften Jahrhundert die Inkas, die die anderen Stämme eroberten und das Land, so vielfältig und uneins es ist, in ihrem Imperium einten. Genau derselbe historische Prozeß läuft jetzt in Peru ab. Wir verfolgen denselben Weg wie Mao auf seinem langen Marsch: Auflösung des klassizistischen, militärischen, imperialistischen Staatssystems durch Eliminierung der Machtpersonen, Terrorismus, Sabotage und die Guerilla.«

Ich mußte an Alfonsos Bruder denken, der vor einigen Monaten zu Besuch gekommen war und berichtet hatte, wie er aus ›Huánuco‹, der Stadt, in der er Bürgermeister war, noch in letzter Minute hatte flüchten können, bevor die Terroristen sein Haus zerbombten.

Díaz fuhr fort:

»Das Chaos erzeugen, das System destabilisieren, die Unterstützung der Basis unter den Campesinos gewinnen, die Militärs erschöpfen, und wenn die Bevölkerung es nicht mehr aushält, politisch die Macht ergreifen, das ist die Strategie von Sendero. Die Übermacht des Staates ist groß, aber wir werden sie durch die Guerilla langsam zermürben und Stück für Stück aufreiben. Das Feuer brennt schon seit Jahren im Bergland, jetzt breitet es sich auf die Dschungelregionen aus, und eines Tages werden wir die Städte, und vor allem Lima, einnehmen. Die Bourgeoisie gilt es zu eliminieren, ihr System zu zerstören und danach von Grund auf neu zu beginnen; das Volk wird siegen!«

Ich kam mir vor, wie zur Zeit der russischen Revolution. Diese Leute waren fanatisch von ihrer verkehrten Doktrin überzeugt, auch wenn sie mit ihrer Anprangerung der Zustände in Peru völlig recht hatten. Die Senderos machten zwar den Eindruck peruanischer Patrioten, aber ihr Weg war der falsche.

Professor Díaz blieb nur wenige Tage in Lurigancho, dann wurde er wieder abgeholt und in den Justizpalast zurückgebracht. Er sollte im Juli 1986 während des schlimmsten Gefängnismassakers umkommen, bei dem fast alle wegen terroristischer Aktivitäten inhaftierten Gefangenen, insgesamt über 260, darunter auch der Lehrer und Campos Díaz, in Lurigancho von Militäreinheiten einfach an die Wand gestellt und erschossen wurden.

*

Während in Los Angeles um olympische Ehren gekämpft wurde, saß ich in meiner Zelle im naßkalten und trüben Winter Limas. Das tägliche Einerlei deprimierte mich zusehends.

Den absoluten Tiefpunkt erreichte meine Stimmung, als ich erfuhr, daß Horace mich belogen hatte. Gegen Zahlung von 2.000 Dollar sollte ich in ein Krankenhaus überführt werden; ein Plan, der von vorneherein keine Chance gehabt hatte. Horace tauchte daraufhin in Lima unter.

Ich konnte es gar nicht fassen. Mein guter Freund, ein angeblich christlicher Bruder, mit dem ich zusammen gegessen und alles geteilt hatte! Ich hatte ihm zu seiner Freiheit verholfen, und als Dank hatte er mich nun um insgesamt fast 5.000 Dollar betrogen. Meine Enttäuschung war grenzenlos, gleichzeitig überkamen mich wieder Haß und Rachegedanken. Die Kolumbianer boten mir erneut an, ihn ausfindig zu machen und umbringen zu lassen.

Etwas Trost fand ich bei den Psalmen, König David war es bestimmt ähnlich gegangen wie mir.

»Und wenn einer kommt,
mich zu besuchen, so redet falsch sein Herz;
er sammelt sich Bosheit,
geht hinweg und spricht sie aus ...

Auch mein Freund,
dem ich vertraute,

der mein Brot aß,
tritt mich mit Füßen.
Du aber, Herr, sei mir gnädig
und hilf mir auf,
so will ich ihnen vergelten.«

(Psalm 41,7.10-11)

※

Nach zweieinhalb Monaten im Verlies hatte ich endgültig die Nase voll. Ich trat in den Hungerstreik, um gegen die verschärfte Haft zu protestieren. Aber nichts geschah. Eines Nachmittags saß ich auf meiner Pritsche und starrte hinaus durch die Gitter auf die kahle Landschaft und den Wüstenstaub. Ich ging im Kopf die verschiedenen Pläne und Möglichkeiten durch. Wenn ich wenigstens aus dem Loch rauskommen könnte!

Langsam dämmerte mir, daß es keinen Ausweg mehr gab, meine Überlegungen endeten alle in Sackgassen. Ich hatte schlechte Karten gehabt und das Spiel verloren. Meine Freunde hatten mich verlassen oder betrogen. Alle Fluchtpläne waren aus mysteriösen Gründen gescheitert, Unsummen von Geld verlorengegangen. Meine Freundin, mein Haus, meine Firma, mein Hund, alles war verloren. Hier erwarteten mich 15 Jahre Gefängnis. Aus diesem Sumpf kam ich auf absehbare Zeit nicht mehr heraus.

Ich war mit meinem Latein am Ende. Eine große Verzweiflung überkam mich, vor mir schien sich ein gähnender, schwarzer Abgrund ins Nichts aufzutun. Sollte das das Ende meines Lebens sein, in einer schmutzigen Gefängniszelle Südamerikas langsam zu verrotten?

Warum hatte Gott mir nicht geholfen? Ich hatte mich doch so bemüht, ein besserer Mensch zu werden und an ihn zu glauben. Als Dank dafür hatte er zugelassen, daß ich, anstatt frei zu kommen, nun unter wesentlich härteren Bedingungen inhaftiert war. Was war das für ein Gott? Es konnte ihn nicht geben, wie hatte ich nur dieser Illusion erliegen können?

Auf meiner Reise durch das Alte Testament war ich mittlerweile beim Propheten Jeremia angelangt. Und jetzt kam Gott mit seiner entscheidenden Botschaft:

> »Ich will deine Reichtümer, all deine Schätze zum Raube geben um der Sünde willen, die in deinem ganzen Gebiet begangen ist. Und du sollst aus deinem Erbe verstoßen werden, das ich dir gegeben habe, und ich will dich zum Knecht deiner Feinde machen in einem Lande, das du nicht kennst; denn ihr habt ein Feuer meines Zorns angezündet, das ewiglich brennen wird.
> So spricht der Herr: Verflucht ist der Mann, der sich auf Menschen verläßt und hält Fleisch für seinen Arm und weicht mit seinem Herzen vom Herrn! Der wird sein wie ein Dornstrauch in der Wüste und wird nicht sehen das Gute, sondern er wird bleiben in der Dürre der Wüste, im unfruchtbaren Lande, wo niemand wohnt.
> Gesegnet aber ist der Mann, der sich auf den Herrn verläßt und dessen Zuversicht der Herr ist! Der ist wie ein Baum, am Wasser gepflanzt, der seine Wurzeln zum Bach hin streckt. Denn obgleich die Hitze kommt, fürchtet er sich doch nicht, sondern seine Blätter bleiben grün; und er sorgt sich nicht, wenn ein dürres Jahr kommt, sondern bringt ohne Aufhören Früchte.«
>
> (Jeremia 17,3-8)

Beim Lesen dieser Worte ging mir ein Stich durchs Herz. Auf einmal verstand ich, was ich falsch gemacht hatte und was Gott von mir wollte. Ich hatte immer nur Menschen vertraut, aber nie Jesus selbst. Ich hatte ihm nicht zugetraut, daß er mein Problem lösen könne, und war nicht bereit gewesen, die Kontrolle über mein Leben an ihn abzugeben. Ich war Christ dem Verstand nach, aber nicht mit dem Herzen. Ich erinnerte mich an den Bibelvers, den Steve so oft zitiert hatte:

»Es sei denn, daß jemand von neuem geboren werde, so kann er das Reich Gottes nicht sehen.«

(Johannes 3,3)

Konnte ich mich auf dieses Wagnis, diesen Schritt ins Unbekannte einlassen? Konnte ich mein Leben jemandem übergeben, den ich nie gesehen hatte?

Plötzlich kam es mir wieder so vor, als sei ich nicht allein in der Zelle. Die Gegenwart Gottes war ganz deutlich. »Eigentlich muß er schon immer hier gewesen sein, ich habe nur nicht darauf geachtet«, ging es mir durch den Kopf, »ich stand nicht auf ›Empfang‹, so wie mein Radio, das schweigt, obwohl die Radiowellen trotzdem im Raum sind.«

Jesus schien vor mir zu stehen, seine Hand auszustrecken und zu sagen: ›*Komm!*‹

Wieder kamen mir Tränen, ich spürte förmlich, daß er mich unendlich liebte, sich für mich hatte kreuzigen lassen und die ganze Zeit schon auf mich gewartet hatte. Ich war nicht mehr mit meinem Problem allein; trotz meiner Taten und jetzigen Situation war ich für den allmächtigen Gott wichtig.

Ich begann zu ihm zu beten: »Jesus, wenn du wirklich existierst, dann übergebe ich dir jetzt mein Leben. Wenn es dein Wille ist, daß ich hier drinbleibe, dann werde ich mich dem fügen ... Aber wenn du mich hier rausholen willst, dann tue du es«, und ich fügte hinzu, »und wenn's geht, bitte bald!«

Es schien mir eine Tonnenlast von den Schultern genommen zu sein. Ich brauchte nicht mehr über mein weiteres Leben zu verzweifeln. Jetzt gehörte es Jesus Christus, und er sollte damit machen, was er für richtig hielt. Ich weinte lange, und Gott schien mir zu sagen: »Mach' dir keine Sorgen!«

Schließlich legte ich mich hin, es überkam mich eine große Müdigkeit. Kurz vor dem Einschlafen fragte ich mich noch, ob mein Erlebnis nicht doch eine Illusion gewesen sei. Aber ich wußte genau, daß ich nicht zu mir selbst oder zur Wand gesprochen hatte ...

*

Jesus beantwortete mein Gebet noch am selben Tag. Genaugenommen war seine Antwort zu diesem Zeitpunkt bereits unterwegs!

Nur drei Stunden später wurde ich vom Geräusch des Schlüssels in der Zellentür geweckt. Ich blinzelte ungläubig ins Helle. Dort stand der junge Beamte, mit dem ich schon des öfteren aneinandergeraten war. Draußen war allgemeiner Aufruhr. Das konnte wieder nichts Gutes bedeuten!

»Was ist'n los?«

Er machte eine befehlende Geste.

»Raus mit dir, Babb, aus der Zelle!«

»Was, wieso denn? Ich denke nicht daran!«

»Raus, sage ich, mach' jetzt keine Probleme!«

»Was soll denn das, haben Sie eine schriftliche Order?«

Er wedelte mit einem Papier.

»Ich weiß zwar nicht, wie du das geschafft hast, aber hier ist eine Anordnung des Generaldirektors, daß du augenblicklich aus der Strafzelle entlassen werden sollst!«

Ich glaubte meinen Ohren nicht zu trauen. Mit einem Satz war ich aus dem Bett und schnappte mir den Zettel. Tatsächlich, hier stand es schwarz auf weiß: eine knappe, aber präzise Anweisung an den Direktor von Lurigancho. Unterzeichnet von Miguel Gonzalez del Rio y Gil, ›*Director General de Establecimientos Penales*‹, der obersten Autorität im peruanischen Gefängniswesen!

Wie war das nur möglich? Ich kannte Gonzalez überhaupt nicht, und er war allgemein als Feind aller ausländischen Drogensträflinge und obendrein als Förderer von Castro Castro bekannt. Mit dieser Anweisung machte er ihn praktisch zum Narren.

»Sind Sie sicher, daß nur ich von hier entlassen werden soll? Was ist mit den neun anderen Gefangenen, die mit mir hier hereingekommen sind?«

Der Beamte schüttelte den Kopf.
»Nur du kommst hier raus, sonst niemand!«
Ich war aber doch der Schuldige gewesen, die anderen hatten ja gar nicht flüchten wollen! Unglaublich. Trotzdem packte ich meine Sachen zusammen und brach auf. Einige Gefangene schlugen mir auf die Schulter.
»Gratuliere, du bist raus aus dem Loch! Vergiß' uns nicht, wenn du wieder im Pabellon sieben bist!«
Als ich aus dem Pabellon geführt wurde, sah ich Castro am Fenster der Direktion stehen, es war zu dunkel, um seinen Gesichtsausdruck zu erkennen ...
Im Pabellon sieben erzeugte meine Rückkehr großes Aufsehen. Viele klatschten und schüttelten mir die Hände, allen voran Koko und die Mitglieder der Musikgruppe.
»Prima, daß du da wieder raus bist! Wie hast du das bloß geschafft, das ist ja ein Wunder!«

*

Es war wirklich ein Wunder.
Ich habe später versucht nachzuforschen, warum diese Anordnung gegeben wurde. Mein skeptischer Verstand ließ mir natürlich keine Ruhe. Gonzalez del Rio war zu diesem Zeitpunkt bereits nicht mehr im Amt, aber im Justizministerium blätterte man für mich in den Akten.
Schließlich teilte man mir folgendes mit: »So ein Fall ist außergewöhnlich in der Gefängnisgeschichte. Der Generaldirektor hat sich nie in die internen Angelegenheiten einzelner Anstalten eingemischt, und eine solche Anordnung ist weder vorher noch nachher jemals gegeben worden!«
Hatte Jesus nicht gesagt: »Er hat mich gesandt, den Gefangenen Befreiung zu verkünden ...?«

17

*I*m Oktober 1984 kam es zur Urteilsverkündung. Wir erschienen alle gemeinsam vor Gericht, und Alfonso wurde zu diesem Zweck extra aus dem Krankenhaus in den Saal gekarrt. Er sah sterbenselend aus, war zum Skelett abgemagert und hing an zwei Tropfflaschen. Die Urteile lauteten: zehn Jahre für Choquehuanca, Olga und mich, sieben Jahre für Alfonso und Durán, Freispruch für Miguel; das Geschäft mit dem Richter hatte für ihn also geklappt. Ich beglückwünschte ihn noch im Gerichtssaal, und er versicherte mir erneut, meine Freilassung in der nächsten Instanz, der Corte Suprema, zu regeln.

Nunmehr wieder allein in der Zelle, überkam mich in den Tagen darauf eine schreckliche Depression. Miguel war frei, und ich hatte noch ewig hier zu sitzen, zumindest dem Papier nach. Hätte Jesus mir nicht ein bißchen mehr helfen können? Auf der anderen Seite war mir natürlich bewußt, daß er mir zwar meine Sünden vergeben hatte, ich aber immer noch deren Konsequenzen zu tragen hatte. Meine Hoffnungen richteten sich nun auf die Berufung beim Obersten Gericht.

Um der Depression zu entgehen, lud ich den Kolumbianer Fruko als neuen Zimmergenossen ein. Fruko war ein kleiner, drahtiger Mann aus Cali, der bereits seit 1978 hier einsaß.

Er hatte kein Geld und verdiente sich seinen Lebensunterhalt als Schreiner. Wir waren schon seit längerer Zeit befreundet, und er wollte sowieso die Zelle wechseln. Sein unkompliziertes, sonniges Gemüt heiterte mich schnell wieder auf.

In der zweiten Novemberwoche bekam ich eine Nachricht von Miguel zugeschickt: Alfonso war im Krankenhaus gestorben. Obwohl wir damit gerechnet hatten, traf es mich hart, ich hatte ihn recht gerne gemocht und war zutiefst darüber betroffen. Aber es sollte noch viel schlimmer kommen.

In den vergangenen Monaten war die Beziehung zu meinem Vater immer enger geworden. Wir schrieben uns jede Woche, und ich hielt ihn über alle Ereignisse auf dem laufenden.

Im November 1984 wurde ich überraschend zu einem Botschaftsbesuch gerufen. Der reguläre monatliche Besuch lag erst ein paar Tage zurück. Es mußte demnach etwas passiert sein...

Der neue britische Konsul Desmond war bisher der sympathischste Botschaftsvertreter gewesen, da er sich wirklich um unser Schicksal zu kümmern schien und sich auch schon mehrmals persönlich für unsere Belange eingesetzt hatte. Er war auch Christ und gehörte der Good Shepherd Church an. Nun empfing er mich mit sehr ernstem Gesicht.

»Ronald, ich weiß gar nicht, wie ich es dir sagen soll...«

Seine Augen blickten suchend in meine, und er legte mir den Arm um die Schulter; ich wurde weich in den Knien, denn ich ahnte Schlimmes.

»Es tut mir so leid für dich ... Heute morgen ist ein Telex für dich aus Deutschland gekommen ... Dein Vater ist gestern gestorben...«

Ich registrierte seine Worte zunächst nur rein akustisch, die Welt schien über mir zusammenzubrechen, mein Blick wurde unscharf.

»Oh nein, das ist nicht wahr!«

»Doch, Ronald, leider, er starb an einer Lungenembolie. Du mußt jetzt ganz tapfer sein!«

Desmond hielt mich fest, er hatte selbst Tränen in den Augen.

Wir standen einige Minuten regungslos im Raum und sprachen kein Wort. Desmond gab mir noch drei Briefe mit, die für mich angekommen waren. Dann verabschiedeten wir uns, und ich ging den Weg zum Pabellon zurück. Auf dem Vorplatz hielt ich inne. Hier hatte ich Daddy vor einem Jahr *Adieu* gesagt. Nun war er tot. Ich war innerlich wie betäubt und konnte das Gehörte gar nicht wirklich erfassen.

Lurigancho war kein Spiel mehr. In nur zwei Jahren war mein Leben ruiniert worden, es hatte mich alles gekostet; es würde nie mehr so sein wie früher. Das war dieses Geschäft nicht wert gewesen.

Den Rest des Tages suchte ich nach einem Ort, an dem ich allein sein konnte, aber ich fand keinen. Es gibt im Gefängnis nicht einen Ort, an dem man wirklich für ein paar Stunden allein sein kann, und so konnte ich noch nicht einmal weinen. Fruko und Koko fiel es aber sehr bald auf, daß mit mir etwas nicht in Ordnung war, und als ich es ihnen erzählte, umarmten sie mich und brachen selbst in Tränen aus. Ihre spontane Anteilnahme war für mich ein großer Trost.

Eine Woche später erhielt ich den letzten Brief meines Vaters. Er hatte ihn nur einen Tag vor seinem Tod geschrieben, kurz bevor er ins Krankenhaus gegangen war. Ich empfand es als gespenstisch, als ich seinen Brief in der Hand hielt, und ließ ihn für mehrere Tage verschlossen. Dann öffnete ich ihn doch. Er hatte nicht mit seinem Tod gerechnet, sondern schrieb voller Zuversicht und Sorge um meine Lage. Ich hätte mir keinen besseren Vater vorstellen können. Trotz aller meiner Fehler sicherte er mir seine volle Unterstützung zu, egal was passiere. Er schloß mit den Worten:

»I'll be praying for you as well. God be with you, Love, Dad.«

Ich hatte ihm viel von meinem neuen Glauben an Jesus Christus erzählt, und ich hoffe sehr, daß auch er noch zu ihm gefunden hat und daß wir uns eines Tages doch wiedersehen werden.

*

Nur einen Monat später erhielt Shuggy die Nachricht, daß sein Vater gestorben sei, und kurz darauf starb auch Georges Vater. Es war kaum zu fassen. Wir trafen uns daraufhin häufig, um zu reden, denn besonders George machte dieser Verlust schwer zu schaffen, und er sorgte sich um seine Mutter in England.

Von meiner Mutter, von Verwandten und Freunden erhielt ich eine Flut von Briefen des Trostes und der Unterstützung. Bald stellte sich heraus, daß mein Vater kein Testament hinterlassen hatte und einige Leute bereits versuchten, etwas für sich zu ergattern.

Kurze Zeit später traten die ersten Veränderungen ein.

Zunächst wurde Castro Castro als Direktor abgesetzt, und das Gefängnisklima besserte sich erheblich. Ich hatte eigentlich nichts gegen ihn persönlich, und wie er ein Jahr darauf von Terroristen erschossen wurde, war auch ich darüber betroffen.

Dann modifizierte man überraschenderweise das Drogengesetz, so daß die knallharten Maßnahmen, – keine Arbeit, keine Vergünstigungen, keinerlei Hafterleichterungen und keine Bewährung – nur noch für diejenigen galten, die nach dem November 1983 verhaftet worden waren. Das peruanische Parlament hatte in hitzigen Debatten feststellen müssen, daß es verfassungswidrig war, rückwirkend Gesetze zum Nachteil von Gefangenen zu erlassen. Es grenzte aber an ein Wunder, daß diese Modifizierung so schnell und nicht, wie sonst üblich, erst Jahre später beschlossen wurde.

Damit konnten eine ganze Reihe von Leuten vorzeitig entlassen werden, und auch meine Strafe hatte sich auf nunmehr 48 Monate verringert.

Um die Zeit zu vertreiben, kaufte ich zusammen mit Koko einen der Kioske im Pabellon, einen relativ großen Eckbau im Hof, und begann ihn zu renovieren.

Es gab neuerdings eine christliche Fernsehsendung aus den USA, den ›Club 700‹, die jeden Morgen ausgestrahlt wurde. Sie bestand hauptsächlich aus Berichten über Menschen, die auf unterschiedlichste Weise, teilweise auch im Gefängnis, zum Glauben gekommen waren. Ich fand das Programm sehr gut und inspirierend und teilte dies dem Büro in Lima mit. Der peruanische Direktor nannte mir unter anderem den Namen eines peruanischen Gefangenen im Pabellon sieben, Marco Alva, mit dem ich in Verbindung treten sollte. Ich besuchte ihn in seiner Zelle. Er interessierte sich für unseren Kiosk und bot an, ihn mit einer Bemalung künstlerisch aufzumöbeln.

Außer Marco nahmen wir noch Matthias und Lothar, einen neu hinzugekommenen Deutschen, als Partner auf und beschlossen, den Kiosk in eine deutsche Gastwirtschaft umzufunktionieren.

Marco übertraf sich selbst. Zunächst malte er ein großes Bild von Asterix und Obelix an die Hofmauer, dann in altdeutschen Buchstaben ›*Gasthaus zur Deutschen Eiche*‹ an die Kioskfront und schließlich den deutschen Bundesadler daneben. Ein Foto davon schickten wir an die deutsche Botschaft, es hängt heute noch dort. Der deutsche Konsul und sein Assistent waren so beeindruckt, daß sie bei ihrem Anstaltsbesuch sogar zum Mittagessen kamen und uns allerlei Poster und Kulturmaterial sowie ein paar Kassetten der ›*Egerländer Blasmusikanten*‹ mitbrachten. Unser Gasthaus sei eines von drei deutschen Restaurants in Lima, meinte der Konsul ...

Matthias hatte sein Handwerk noch nicht verlernt und kochte vorzüglich. Wir bekamen von Beamten mehrmals in der Woche frischen Fisch und Muscheln geliefert und boten täglich ein Menü deutscher Küche, mit Gerichten wie Jägerschnitzel, Kohlrouladen, Sauerbraten mit Semmelknödeln und anderem, zum Verkauf an. Es wurde ein Bombengeschäft, sogar der neue Direktor Martinez erschien des öfteren zum Essen.

Ab und zu kam jetzt auch ein anderer britischer Missionar namens Ray Miller zu Besuch. Es stellte sich heraus, daß

Gary durch eine Bibel, die Ray ihm einmal mitgebracht hatte, bereits in El Sexto Christ geworden war. Ray hatte ihn damals aufgesucht, da sein Bruder in England »zufällig« mit Garys Schwester zusammengetroffen war und beide feststellten, daß sie Christen waren. Sie hatte ihm von Garys Schicksal in Peru erzählt, er hatte ihr daraufhin Rays Telefonnummer gegeben. Gottes Wege waren wieder einmal einzigartig verschlungen...

David war mittlerweile auch Christ geworden und lebte jetzt mit Keith in einer Zelle; so saßen wir des öfteren am Besuchstag zusammen. Keith gefiel in diesem Zusammenhang eine bestimmte Bibelstelle, die er öfters vorlas:

> » ... Ich bin im Gefängnis gewesen, und ihr seid zu mir gekommen ... Wahrlich, ich sage euch: Was ihr getan habt einem von diesen meinen geringsten Brüdern, das habt ihr mir getan.«
> (Matthäus 25,36;40)

*

In Lurigancho wurden immer mehr Drogen konsumiert. Fast 90 Prozent aller Häftlinge nahmen regelmäßig Kokain, sowohl arme als auch reiche. Außerdem wurden sehr viele Drogengeschäfte bereits vom Gefängnis aus geplant und organisiert. Einige peruanische Großdealer und Coca-Plantagenbesitzer versuchten mich des öfteren dazu zu überreden, ihnen eine Connection in den USA zu vermitteln. Man bot mir sogar an, Kokain auf Kredit an jeden gewünschten Ort zu bringen, wenn ich nur den Verkauf organisieren würde. Ich lehnte alles ab. Ein neuer Geist schien in mir zu sein und mich derart zu erfüllen, daß mich solche Geschäfte nunmehr kaltließen.

Nun erlebte die *Chicha*-Produktion ihre Blütezeit. Ursprünglich ein Maiswein, konnte das alkoholische Getränk der Inkas auch aus Reis und allen möglichen Früchten hergestellt werden. Man brauchte sie nur in einem Eimer oder Plastikkanister mit Wasser und Zucker ansetzen, und schon nach zwei

Wochen hatte man einen starken, wenn auch groben Wein. Es gehörte ein robuster Magen dazu, dieses Zeug zu trinken, aber nach so vielen Monaten in Lurigancho waren wir abgehärtet genug.

David, Keith und ich stellten unsere eigene Chicha her und saßen oft noch bis spät in die Nacht zusammen.

»Niemand wird sich bewußt, daß wir nicht nur ein Problem mit illegalen, sondern ein noch viel größeres mit legalen Drogen haben. Es gibt zwar jährlich an die 25.000 Drogentote, aber jedes Jahr sterben allein in den USA schätzungsweise 200.000 Menschen an Alkoholmißbrauch und fast 350.000 an den Folgen des Nikotinkonsums. Mehr als 50 Prozent aller Straftaten und Verkehrsunfälle werden im Alkoholrausch begangen! Alkohol und Tabak sind aber legale Drogen, und der Umsatz übersteigt jährlich die 1.000 Milliarden-Dollar-Grenze.«

David griff nach einer Zigarettenschachtel.

»Diese Droge kann man überall frei erhalten, nicht wahr? Was steht hier auf der Seite?«

Ich las die kleingedruckte Aufschrift.

»Warnung! Rauchen ist gesundheitsschädlich!«

Keith hatte tatsächlich mit der ›*CIA*‹ zusammengearbeitet und enthüllte uns erstaunliche Hintergründe über das Drogengeschäft.

»Weißt du, Ron«, erzählte er mir, »mein Vater hat mir immer gesagt, daß Amerika das einzige Land auf der Erde sei, das von Christen gegründet worden ist; von den Leuten von der *Mayflower*, du kennst die Geschichte ja. Sie waren friedliche Menschen und vertrugen sich noch gut mit den Indianern. Aber bald darauf kamen Taugenichtse und Glücksritter aus Europa und übernahmen den Laden. Die Indianer wurden um ihr Land betrogen und zusammengeschossen, Manhattan zum Beispiel kaufte man ihnen für ein paar Felle und Glasperlen ab; dann wurden Sklaven zum Arbeiten eingeschifft. Schließlich lief fast jeder mit einem Revolver an der Hüfte herum!«

»Aber heute gilt Amerika als das fortschrittlichste, christliche Land der Erde.«
Keith lachte.
»Ein christliches Land sind wir der Verfassung nach schon mal ausdrücklich nicht. Sogar in den Schulen wurde es verboten zu beten. Die Leute haben den Glauben an Gott verloren. Technologisch gesehen sind wir vielleicht sehr weit, soziologisch aber bestimmt nicht. Die Weißen sind auf dem Ego-Trip: noch reicher, noch luxuriöser, noch bequemer. Amerika erstickt an seiner Hamburger-Kultur und seinem Materialismus. Was ist aus den Indianern geworden? Sie vegetieren als Säufer in den Reservaten oder sitzen im Knast. Ich habe viele von ihnen kennengelernt, sie sind trotz allem noch immer ein stolzes Volk. Und die Schwarzen? Die meisten sind bettelarm, wohnen in Slums und sind auf Drogen, oder auch im Knast. Über 50 Prozent aller Strafhäftlinge sind schwarz, obwohl sie nur zehn Prozent der Gesamtbevölkerung ausmachen; meinst du, das sei in Ordnung?«
Ich wußte nichts darauf zu entgegnen.
»Na ja, solche Minderheitenprobleme gibt es aber in jedem westlichen Land. Allerdings muß es ja einen Grund haben, daß in keiner anderen Nation der Welt so viele Drogen konsumiert werden. Vielleicht sollte die Regierung an dieser Stelle einmal anfangen nachzudenken, statt ein Heer von Polizisten zu bezahlen, um Leute wie uns zu schnappen.«
Nun blitzten seine Augen.
»Ach was! Die wissen ganz genau, daß man den Drogenhandel nie mehr unter Kontrolle bringen wird. Dies zuzugeben, käme aber einer Bankrotterklärung gleich und würde anarchische Zustände heraufbeschwören! Also versucht die Geheimpolizei einen Bund mit dem Teufel zu schließen, um wenigstens noch andere nationale Interessen zu retten.«
»Was meinst du damit?«
»Ich gebe dir ein Beispiel: Der größte Teil der südamerikanischen Drogen wird von kolumbianischen Kartellen aus ge-

steuert. Sie fliegen oder schiffen die Drogen tonnenweise nach Panama oder Nicaragua, und weiter nach Cuba. Dort werden die Ladungen dann mit Hubschraubern und Schnellbooten abgeholt und nach Florida gebracht. Die *DEA* weiß das alles, kann aber nichts dagegen tun. Also kauft sie sich, zusammen mit der *CIA*, Leute, die als Mittelsmänner fungieren, und macht sie sozusagen zu Doppelagenten. Sie können weiterschmuggeln, verraten dafür aber ihre Geschäftspartner, vor allen Dingen in den beiden kommunistischen Staaten. In Panama hatten sie einen General namens Noriega, der dann sogar Präsident wurde, auf ihrer Gehaltsliste, und in Bolivien machten sie Kokaingeschäfte mit Roberto Suarez, um mit dem Erlös die *Contra-* Rebellen in Nicaragua zu unterstützen.«

*

Es klang verblüffend, aber je mehr ich darüber nachdachte, um so mehr leuchtete es mir ein. Sogar Joachim hatte diese Beziehung von Suarez und anderen zum amerikanischen Geheimdienst einige Male erwähnt, nur hatte ich ihm damals kein Wort geglaubt. Aber war er selbst nicht das beste Beispiel dafür, daß die mächtigen Polizeiorganisationen notorische Schwerverbrecher zu ihren Werkzeugen machten?

Keith's Aussagen sollten sich in den darauffolgenden Jahren bestätigen: 1988 kam die ›*Iran-Contra-Affäre*‹ ans Licht. 1989 wurden in Cuba einige der höchsten Armeegeneräle als Drogenschmuggler entlarvt und hingerichtet; und General Manuel Noriega, seit 1983 Diktator in Panama, wurde bei einer US-Invasion gefangengenommen und 1990 in Miami wegen Drogenhandels vor Gericht gestellt. Es kam zutage, daß er jahrelang von den Geheimdiensten bezahlt worden war.

*

Wir schrieben jetzt das Jahr 1985. Von Miguel hatte ich nichts mehr gehört, und mein Fall war noch immer nicht in der *Corte Suprema*. Es waren wieder eine ganze Reihe von Ausländern verhaftet worden, darunter auch Piet, ein 40jähriger Holländer. Er lebte bereits seit vielen Jahren mit seiner peruanischen Frau in Lima. Sein Vater war Theologieprofessor in Holland und sein Bruder Diplomat, er selbst demzufolge das Schwarze Schaf der Familie. Mit seiner Frau saß er jeden Samstag in unserem Gasthaus, und wir verstanden uns gut. Eines Tages brachten sie eine Freundin mit, eine Staatsanwältin, die uns ihre Hilfe anbot. Besonders angetan war sie von David, in den sie sich alsbald verliebte. An einem der folgenden Besuchsnachmittage kam ihre Nichte Irene mit, die in meinem Alter war. Irene war ein nettes, zierliches Mädchen. Sie schrieb mir einige Briefe und kam bald regelmäßig zu Besuch. Ich freute mich über diese persönliche Beziehung und die neue Verbindung zur Außenwelt.

Es gab seit kurzem zwei Frauenbesuchstage, Samstag und Mittwoch. Irene brachte mir jedesmal Kuchen und Leckereien von draußen; außerdem erledigte sie alle möglichen Besorgungen für mich. Mit Hilfe ihrer Tante kam meine Gerichtsakte endlich zum Oberstaatsanwalt.

Fruko stand jetzt kurz vor der Entlassung, ich half ihm mit der Zahlung der obligatorischen Bestechungsgelder, und auch Géry war aus dem Krankenhaus zurückgekehrt und begann seine Papiere vorzubereiten. Wegen des allgemeinen Platzmangels hatte ich ihn in unsere Zelle aufgenommen und eine Hängematte gekauft, in die ich mich dann legte. Es schlief sich hervorragend darin, besonders bei der unerträglichen Hitze. Die Beamten schüttelten schmunzelnd den Kopf, denn auf die Idee mit einer Hängematte war bisher noch nie jemand in Lurigancho gekommen.

Fruko und Géry wurden im Frühjahr entlassen; sie zogen

zusammen in das Haus eines Freundes und blieben weiterhin mit mir in Verbindung.

Choquehuanca wurde in die Anstaltsklinik eingeliefert. Als ich davon erfuhr und ihn besuchte, erschrak ich, so sehr war er abgemagert.

»Was ist denn los, Dicker, was haben sie denn mit dir gemacht?« fragte ich ihn besorgt. Er winkte nur noch müde.

»Ich hab' Tuberkulose erwischt. Der elende Dreck hier und die Ratten, ich mach's nicht mehr lang.«

»Nein, du bist ja verrückt! Wir werden dich schon wieder hinkriegen!«

Irene war Verwalterin einer Privatklinik. Sie besorgte einige Medikamente, da es in Lurigancho überhaupt nichts gab. Sogar der Arzt kam erst, nachdem man ihm ein *Bakschisch* gegeben hatte. Nach zwei Wochen aber war Choquehuanca tot.

Koko und ich wollten ihn wieder besuchen, aber der Gefangene, der als Krankenpfleger arbeitete, deutete nur auf die Tür des Krankenzimmers. Wir sahen Choquehuanca am Boden liegen, mit dem Gesicht nach unten. Der Anblick versetzte mir einen ziemlichen Schock, das hatte ich nicht erwartet. Wie viele Tote sollte dieses Geschäft denn noch fordern?

»Hier gibt es keine Behandlung oder richtige Pflege«, meinte Koko, »du bist verloren, wenn du hier krank wirst. Der arme Kerl!«

Wir verließen schweigend die Klinik.

*

Meine Akte war endlich bei der *Corte Suprema* angelangt. Das allein hatte noch nicht viel zu bedeuten. Sie konnte einige Jahre dort liegen, wenn man keine Beziehungen hatte und nicht bezahlte.

Es ergab sich, daß auch Joaquín Planas, der ehemalige

Bürgermeister, entlassen wurde und uns einige Male besuchen kam. Er kannte den Sohn eines der obersten Richter. Ich beauftragte ihn, nachzufragen, ob und wie man meinen Fall regeln könne. Wenig später erhielt ich seine Antwort: Gegen Zahlung von 10.000 Dollar würde man mich freisprechen; die Schuld könnte auf Joachim und die beiden Toten geschoben werden. Ich willigte ein, mußte aber feststellen, daß ich nicht mehr genug Geld für dieses Geschäft hatte. Das Leben in Lurigancho kostete mich über 300 Dollar im Monat. So schrieb ich an Philip und fragte ihn, ob er mir diese Summe leihen könne. Zu meiner Überraschung teilte er mir mit, daß er persönlich kommen und das Geld mitbringen wolle. Damit schien meine Freiheit endlich in greifbare Nähe gerückt zu sein.

*

Ich hatte wieder einen neuen Zellengenossen: Alfieri, einen Peruaner italienischer Abstammung und Besitzer einer Konservenfabrik. Er war ein Jugendfreund von Koko und in Charolas Fall verwickelt. Wir renovierten die Zelle ein letztes Mal, diesmal wurden die Wände weiß gestrichen und die Decke himmelblau. Ich brachte neue Betten an und besorgte neue Möbel; Fruko hatte vor seiner Entlassung noch eine fabelhafte Kommode geschreinert. Alfieri brachte einen Farbfernseher mit Fernbedienung mit, und ich besorgte eine kleine Palme im Blumentopf, die dem Raum sogleich Leben gab. Da sich die Diebstähle von »Ratten« aus der Pampa in letzter Zeit gehäuft hatten – sie schlichen sich aufs Dach und klauten von oben durch die Fenster heraus alles, was nicht niet- und nagelfest war – ließ ich vom Anstaltsschweißer einen Maschendraht vor unseren Gitterstäben anbringen.

»Ist das nicht absurd, Alfieri? In anderen Ländern versuchen die Häftlinge, Kuchen mit Feilen drin in den Knast zu schmuggeln, um die Gitterstäbe durchzusägen, und hier tun

wir genau das Gegenteil; wir lassen sogar noch einen Zaun vor unserem Fenster anbringen!«
Er lachte schallend.
»Das wird dir keiner glauben, wenn du wieder nach Hause kommst! Sowieso glaubt dir kein Mensch, was du alles in Lurigancho erlebt hast!«
Damit sollte er auf jeden Fall recht behalten.
Mit dem neuen Direktor Martinez hatten wir uns recht gut angefreundet, und so schlugen wir ihm vor, das Direktionszimmer zu renovieren, auf unsere Kosten natürlich. Er stimmte zu, und die nächsten Wochen verbrachten Koko, Alfieri und ich in der Direktion, ausgestattet mit Pinseln und Farbeimern. Wir hatten natürlich Hintergedanken dabei, denn auf diese Weise bekamen wir nicht nur alles mit, was in und außerhalb der Anstalt geschah, sondern konnten auch telefonieren sooft wir wollten. In den vergangenen 30 Monaten hatte ich höchstens dreimal einen Telefonhörer in der Hand gehabt.
So koordinierten wir Philips Besuch und das Vorgehen bei Gericht. Philip war nicht wenig erstaunt, mich aus dem Direktionsfenster winken zu sehen, als er wieder in Lurigancho eintraf.
»Herzlich willkommen zum zweiten Mal im Koka-Inn! Das ist wirklich prima von dir, daß du gekommen bist!«
Philip winkte ab.
»Ist doch selbstverständlich, Ronnie. Dafür mußt du mich dann besuchen kommen, wenn ich mal beim Filmen in Afrika oder so in den Kochtopf geraten sollte..!«
Am Abend wurde er von Planas und einem Rechtsanwalt vor dem Tor in Empfang genommen. Ich freute mich, daß mein Problem nun bald gelöst sein würde.

*

Philip blieb fast einen Monat in Lima und kam mich jeden zweiten Tag besuchen. Mit Planas telefonierte ich auch so gut wie jeden Tag. Der Richter hatte zugesagt, daß man mich freisprechen würde, aber der Preis war auf 15.000 Dollar erhöht worden, zahlbar im voraus. Wir verhandelten und boten 12.000, zahlbar am Tag meiner Entlassung. Es ging hin und her, Verwirrung kam auf. An einem Freitag morgen erreichte mich eine Botschaft von Fruko und Géry: Die PIP hatte Philip unter einem Vorwand im Hotel verhaftet!

Das durfte doch nicht wahr sein! Wie war so etwas möglich? Den ganzen Tag lang überkamen mich Schreckensvisionen. Wer in die Klauen der PIP geriet, war unrettbar verloren; Philip könnte sehr wohl bald selbst als Häftling in Lurigancho auftauchen! Was, wenn er auch gefoltert wurde? Fruko und Géry schalteten eine Rechtsanwältin ein, die für einen Skandal sorgen sollte. Planas war nicht mehr zu erreichen. Ich witterte, daß etwas faul sein mußte, konnte aber nichts tun. Den ganzen Tag blickte ich aus meinem Fenster auf die kahlen Berge vor mir. Mir blieb nur zu beten, und ich schöpfte Hoffnung aus der Bibel:

»Ich hebe meine Augen auf zu den Bergen. Woher kommt mir Hilfe?
Meine Hilfe kommt vom Herrn, der Himmel und Erde gemacht hat ... «

(Psalm 121,1-2)

Das Wunder geschah! Am Mittwoch darauf kam Philip wieder als freier Mann zu Besuch.

»Mensch, was ist denn passiert? Ich hatte schon befürchtet, ich müßte ein Zimmer hier für dich reservieren!«

Er sah recht strapaziert aus, die Erlebnisse der vergangenen Tage waren nicht spurlos an ihm vorübergegangen.

»Frage mich nicht, das war vielleicht ein unerwartetes Abenteuer! Aber ich bin wieder frei, und das Geld habe ich zurück, es ist jetzt für dich auf der Botschaft deponiert.«

Seine Geschichte klang fast unglaublich: Am Freitag morgen waren drei Polizisten in seinem Hotel erschienen, hatten das Zimmer durchwühlt, das Geld genommen und ihn verhaftet. Auf der PIP-Station wurde ihm vorgeworfen, Drogenschmuggler zu sein, da er mich besuchen käme und so viel Geld dabei hätte. In der Zwischenzeit hatte man Planas verständigt, der überraschenderweise sehr bald auftauchte und mit den PIPs verhandelte. Er teilte Philip mit, daß gegen Zahlung von 12.000 Dollar, (mehr hatte Philip ja nicht mitgebracht), die Sache vergessen werden könne und man ihn ins nächste Flugzeug stecken würde. Ein feines Geschäft! Philip ging zum Schein darauf ein, gegen die Bedingung, sofort auf freien Fuß gesetzt zu werden. Da er das Geld in Form von Traveller Cheques bei sich hatte, mußte man übers Wochenende warten, bis die Banken öffneten. Kaum in Freiheit, ging Philip daher sofort zur amerikanischen Botschaft und erreichte dort sogar die Konsulin, obwohl es Samstag war. Sie war zunächst mißtrauisch, dann begeistert. Endlich ein konkreter Fall, mit dem man der peruanischen Regierung beweisen konnte, daß korrupte Polizeibeamte Epressungen begingen!

Die Situation kehrte sich daraufhin sehr schnell um: Der Botschaftsanwalt wurde Zeuge eines weiteren Erpressungsversuchs. Nun schaltete sich der Innenminister ein, und die korrupten Polizisten wurden verhaftet und von ihren Kollegen in die Mangel genommen. Philip bekam seinen Paß und das Geld zurück, und man bat ihn, gegen diese Beamten auszusagen. So waren die Übeltäter jetzt im Gefängnis, und alles war noch einmal gut ausgegangen. Planas war untergetaucht, und der Verdacht lag nahe, daß er mit den korrupten PIPs das Geld hatte teilen wollen. Ich war sprachlos, als Philip geendet hatte, denn solch einen Fall hatte es in Peru noch nie gegeben!

Sogar sein Rückflug war wundersam: Er hatte nach einigen Mühen mit der Fluggesellschaft den Flug einige Tage vorverlegt und war wohlbehalten zu Hause angekommen. Später hörte er in den Nachrichten, daß eine Maschine aus Peru über Spanien abgestürzt und über 200 Passagiere ums Leben gekommen seien. Als er die Flugnummer erfuhr, bemerkte er, daß dies sein ursprünglich gebuchter Flug gewesen wäre...

*

An meinem Urteil änderte sich nichts mehr, ich war froh, daß es nicht mehr erhöht, sondern lediglich bestätigt wurde. Damit aber war der Weg zur Entlassung frei! Mit Irenes und ihrer Tante Hilfe ging ich sofort daran, meine Papiere zu besorgen.

Doch die legale Entlassung stellte sich als ein weiterer Alptraum à la Kafka heraus:

Der jeweilige Gefangene muß alle nötigen Papiere und Unterlagen selber besorgen, und nur auf seine eigene Initiative und sein Bestechungsgeld hin unternehmen die Behörden dann die notwendigen Schritte. Man braucht ungefähr 15 verschiedene Dokumente, die alle in einer Akte zusammengetragen werden müssen, bevor man sie dem Direktor zur Durchsicht geben kann.

Alle diese Papiere bekam ich nur gegen Bestechung, und sie mußten teilweise bis zu drei Stempel und Unterschriften tragen, die natürlich jede einzeln wieder Geld kosteten. Nun besaßen einige der Bescheinigungen nur eine befristete Gültigkeit von 30 Tagen, so daß, wenn man das letzte Papier bekommen hatte, das erste bereits wieder ungültig sein und man wieder von vorn anfangen konnte. Wer nicht wirklich auf Draht war und genügend Geld zur Verfügung hatte, kam niemals aus Lurigancho heraus.

Es gab relativ viele Gefangene, besonders in der Pampa, deren Haftstrafe bereits zwei bis dreimal überschritten war, die aber immer noch nicht entlassen wurden, da sie selbst kein Geld hatten oder drogensüchtig waren, oder deren Akte bei Gericht verlorengegangen war.

Schließlich fehlte nur noch ein Vertrag für eine Arbeitsstelle in Lima, die Fruko mir besorgte: Ich würde als Kellner in einer Kneipe im berüchtigten Stadtteil ›La Victoria‹ arbeiten, für 50 Dollar Gehalt im Monat ...

*

In der Zwischenzeit änderten sich außerhalb des Gefängnisses die politischen Verhältnisse. Es hatte Wahlen gegeben, und Präsident Belaúnde war abgewählt worden. An die Macht kam der junge Sozialdemokrat Alan García von der Oppositionspartei ›APRA‹. Ich hatte ihn des öfteren im Fernsehen gesehen und seine Reden für etwas zu großspurig gehalten, aber er hatte die Wahl mit überwältigender Mehrheit gewonnen. Am Nationalfeiertag, dem 28. Juli, würden er und seine Partei offiziell die Macht übernehmen.

Ich war auch gewählt worden, allerdings nur zum ›*Delegado General de los Extranjeros*‹, dem Ausländersprecher, nachdem der Colonel weg war. Als Vertreter wurde mir Francisco, ein kürzlich verhafteter Chilene, zur Seite gestellt.

Wir gingen sogleich daran, ein Schreiben in mehreren Sprachen zu verfassen, in dem wir die Weltöffentlichkeit über die unglaublichen Zustände in den peruanischen Gefängnissen informieren wollten. Wir verschickten es an die Presse im In- und Ausland, an die neue Regierungspartei, an Menschenrechtsorganisationen und viele andere.

Bald darauf erschienen auch einige Presseleute, zunächst aus Peru. Sie machten Interviews und Bilder, und bald blickte ich mir selbst aus der Zeitung entgegen.

Die Gewalt in Lurigancho nahm täglich zu. Es war nunmehr fast an der Tagesordnung, daß sich die Pabellons gegenseitig überfielen und einander auszurauben versuchten. Es gab viele Verletzte und auch Tote durch Messerstechereien oder Stürze vom Dach. Der in mancher Hinsicht privilegierte Pabellon sieben wurde natürlich besonders häufig angegriffen, weswegen bald bewaffnete Empleados auf dem Dach stationiert wurden. Man hörte die Schrotflinten fast den ganzen Tag. Eines Nachmittags ereignete sich ein überraschender Angriff von ca. 200 Gefangenen, denen es gelang, über die Mauer in unseren Hof zu klettern. Ihr Ziel war unser Kiosk! Allerdings waren wir vorgewarnt und hatten uns mit Lanzen, Schwertern, Knüppeln und Molotow-Cocktails aus mit Kerosin gefüllten Colaflaschen bewaffnet. Es gelang uns, den Angriff mit vereinten Kräften zurückzuschlagen. Fast täglich stand nun das Fernsehen vor den Toren und filmte Skandalberichte.

Aber auch in der peruanischen Gesellschaft gab es Skandale. So war Ricardo Alvarez-Calderón von Bischoffshausen, Mitglied einer der angesehensten Familien und Bruder des peruanischen Botschafters in Washington, beim Herstellen von einigen Dutzend Kilo Kokain in seiner Luxusvilla durch eine gewaltige Explosion ums Leben gekommen. Sein Onkel, der Generalstaatsanwalt, nahm den Fall persönlich in die Hand und stoppte so weitere Ermittlungen in der peruanischen High Society. Das Verfahren wurde schließlich eingestellt, einziger Verdächtiger blieb der Tote ...

Nach dem Regierungsantritt Garcías wurde aber zunächst einmal tüchtig aufgeräumt. Nach kurzer Zeit bereits flog der größte Kokainschmugglerring Perus auf, ein Skandal ersten Ranges.

Die Gebrüder Rodriguez-López, Besitzer mehrerer Firmen und Reisebüros, wurden verhaftet, und man fand heraus, daß sie monatlich einige Hundert Kilo Kokain in alle Welt geschmuggelt hatten. Wenigstens die letzten *vier* Direktoren der PIP waren ihre Komplizen gewesen, außerdem eine ganze Reihe von Polizeigenerälen und -Offizieren.

Auch ein alter Bekannter, ein gewisser Herr Vladimiro Montesinos, Ex-Armeehauptmann und Rechtsanwalt, zur Zeit flüchtig, wurde als einer der Hauptschuldigen entlarvt ...

Wie üblich, stritten alle jegliche Schuld ab, und schließlich blieb einer von den PIP-Direktoren übrig, der den Schwarzen Peter zugeschoben bekam und als Sündenbock ins Gefängnis geworfen wurde. Die meisten anderen blieben auf freiem Fuß ...

Trotzdem lichtete die Säuberungsaktion der neuen Regierung die Reihen der Polizeieinheiten ganz erheblich. Fast ein Drittel aller Beamten wurde unehrenhaft aus dem Dienst entlassen.

Sogar wir Gefangenen bekamen Fragebögen ausgehändigt, in denen wir Amtsmißbräuche und Korruption anzeigen konnten. Ich hatte bereits einen ausführlichen Bericht über meinen Fall geschrieben, als mir wieder das Thema der Vergebung einfiel. Durfte ich denn die Rache in meine Hand nehmen? Außerdem war ich ja nicht zu Unrecht verhaftet worden. Ich zerriß die Anzeige wieder. Wenige Wochen später fand ich in der Zeitung Commandante Quinteros Namen auf der Liste der entlassenen PIP-Offiziere.

*

Da das Duschen mit eiskaltem Wasser im Winter einigermaßen strapaziös war, hatte man in Lurigancho einen rustikalen Weg gefunden, um heißes Badewasser zu bekommen, den sogenannten ›Calentador‹. In den Wassereimer wurden zwei Elektroden getaucht, aus starkem Kabel, mit Kohlekernen alter Batterien. Das Wasser erhitzte sich innerhalb weniger Minuten bis fast auf Kochtemperatur. Allerdings flogen des öfteren die Sicherungen heraus oder Kabel schmorten durch. Etwas einfältigere Leute brachten sich fast selbst um bei dem Versuch, die Wassertemperatur während des Erhitzens mit der Hand zu testen ...

Die neue Regierung führte ein neues Strafvollzugsgesetz ein, das die Haftdauer im günstigsten Fall noch einmal auf nunmehr nur noch 36 Monate verringerte, sofern man während der ganzen Zeit Kurse belegt oder gearbeitet hatte.

Dies traf bei mir zu, meine Papiere waren jetzt vollständig, und ich hatte sie zusammen mit Koko und dem Neuseeländer Steve Morrison eingereicht. Aber die Akten setzten bei Gericht weiterhin Staub an. Ständig waren neue Bestechungsgelder zu zahlen, und trotzdem wurde nichts getan. Es war zum Verzweifeln. Meine Depressionen kehrten zurück und häufig war ich zu keiner Aktion mehr fähig. Am Besuchstag lag ich dann auf dem Bett und starrte vor mich hin. Aus irgendeinem Grund schien Gott mich hierbehalten zu wollen. Irene war eine wundervolle Person, die verstand, was mit mir los war, und mich oft einfach nur im Arm hielt. Allein ihre Gegenwart und stille Anteilnahme halfen mir, nicht zu verzweifeln. Hoffnung und Trost fand ich wieder bei den Psalmen.

> » ... Erlöse mich und errette mich
> aus der Hand der Fremden,
> deren Mund Falsches redet
> und deren rechte Hand trügt.«

(Psalm 144,11)

*

Von Walter hatte ich kürzlich Nachricht erhalten: Er war ständig auf der Flucht, da Omar, Joey, Tom und andere in den vergangenen Jahren Geschäfte mit Kolumbianern gemacht und nun allesamt verhaftet worden waren. Bei der Polizei hatten sie aber *uns* als die Hintermänner angegeben. Omar war sogar Informant für die DEA geworden und hatte sich dadurch einer langen Haftstrafe entziehen können! Nun versuchte man Walter in eine Falle zu locken.

In Lurigancho versammelten sich die verschiedenen ›*Delegados*‹ nun fast täglich, um über die Lage im Gefängnis zu beraten. Ein Hungerstreik wurde für die nächsten Tage geplant. Mir schwante Schlimmes. Sollte es zu einer weiteren Meuterei kommen, würden die schwebenden Entlassungen mit Sicherheit bis Weihnachten zurückgestellt werden, vielleicht länger. Es war bereits Oktober 1985. Meine Entlassungspapiere mußten vom Gericht bereits unterschrieben sein, aber sie kamen hier nicht an; mir waren die Hände gebunden.

Am Abend lief ich einige Stunden lang allein auf dem Hof umher. Es war seltsamerweise kaum jemand draußen, und die Sonne ging, während ich lief, langsam unter. Mittlerweile hatte die Temperatur wieder ein angenehmes Niveau erreicht. Schließlich kletterte ich auf das Dach meines Kiosks und las einen Psalm im Licht des Scheinwerfers.

> »Ich harrte des Herrn,
> und er neigte sich zu mir und hörte mein Schreien.
> Er zog mich aus der grausigen Grube,
> aus lauter Schmutz und Schlamm,
> und stellte meine Füße auf einen Fels,
> daß ich sicher treten kann;
> er hat mir ein neues Lied in meinen Mund gegeben,
> zu loben unsern Gott.«
>
> (Psalm 40,2-4a)

Aus irgendeinem Grund fiel mir ein altes Spiritual ein, und ich sang es vor mich hin; zunächst ganz leise, dann immer lauter.

Ich mußte dabei an uns alle denken, die wir hier, an diesem Ort am Ende der Welt und Zeit gestrandet waren. Die meisten von uns waren wohl des Drogenhandels schuldig, aber das rechtfertigte nicht die drakonischen Strafen und unmenschlichen Zustände, während draußen die »großen Fische« unbehelligt weitermachen durften. Aber Gott würde eines Tages für Gerechtigkeit sorgen.

> »When Israel was in Egypt's land
> - Let my people go
> Oppressed so hard they could not stand
> - Let my people go
> Go down, Moses, way down in Egypt's land

Tell Ol' Pharao -
To let my people go ...«

*

Am folgenden Tag, dem 2. Oktober 1985, wurde ich von Herrn Huaicochea wachgerüttelt.
»*Despiertate, Ronald! Ya te vas a la calle, ha llegado tu libertad!* (Wach auf! Jetzt gehst du auf die Straße zurück, deine Entlassung ist gekommen!)«
Mit einem Schlag war ich hellwach. Meine Lethargie war wie weggeblasen. Ich griff nur meine Bibel und meine Jacke und verabschiedete mich schnell von Koko und Alfieri. Alle anderen Sachen und Möbel ließ ich zurück. Ich rannte zum Pabellon hinaus. Da kaum jemand die Nachricht gehört hatte, wurde ich noch nicht einmal mit Wasser übergossen. »Hierher werde ich nie mehr zurückkehren«, dachte ich, »das ist der letzte Ort auf der Welt, den ich jemals auch nur aus der Ferne wiedersehen möchte!«.
Auch die Order zu Steves Entlassung war zur selben Zeit gekommen, »zufällig«, da er einen ganz anderen Richter gehabt hatte. Es war aber kein »Zufall«, denn Jesus hatte diesen Tag auf das genaueste geplant und festgelegt, was mir allerdings erst viel später klar wurde. Zwei Tage danach kam es zu der angekündigten Meuterei, und es gab ein großes Massaker, bei dem 30 Gefangene durch den Einsatz von Flammenwerfern ums Leben kamen. Was ich damals auch noch nicht ahnte, war, daß ich Lurigancho nicht zum letzten Mal erlebt hatte – wenn auch nie mehr als Gefangener, so sollte ich doch bald als Missionar dorthin zurückkehren ...

*

Herr Huaicochea und ein junger Empleado geleiteten uns zum Hauptportal. In der ganzen Zeit war ich diesem Tor niemals nahe gekommen, und nun stand ich direkt davor. Es bestand aus einem hohen Eisengitter mit Tür, einem großen Zwischenraum, in dem eine Art Büro und der Durchsuchungsraum für die Besucher untergebracht waren.

Die dort arbeitenden Angestellten blickten uns zunächst mißtrauisch an. Der *Alcaide* versteifte sich sichtlich und blickte skeptisch auf die Papiere, die ihm überreicht wurden. Er studierte jedes einzelne Blatt mit äußerster Sorgfalt.

Es wurde langsam aufregend. So nah am Ziel. Nur noch eine Tür bis zur Freiheit! Was, wenn irgendein Fehler auf einem der Papiere war, ein Stempel oder eine Unterschrift fehlte? Ich würde es nicht ertragen können, jetzt wieder zurück in den Zellblock zu müssen! Horrorvisionen überschwemmten mich, Steve erging es anscheinend genauso, ich bemerkte, daß sein Hemd naßgeschwitzt war.

Die anderen Empleados witzelten mit uns und lachten.

»Hey, Ronald, wie hast du das geschafft, heute haust du wirklich von hier ab!«

»Was wirst du denn machen, wenn du nachher draußen bist? Erstmal ein paar Biere trinken, was?«

»Quatsch, die steigen doch heute abend noch ins nächste Flugzeug nach Hause, ist's nicht so?«

Wir lächelten ihnen etwas nervös zurück.

»Genau das habe ich vor. Nichts wie raus aus diesem verdammten Land!« raunte Steve mir zu.

»*Todo está bien, adelante!* (Alles ist in Ordnung, vorwärts!)«

Nachdem der Alcaide seine Unterschrift auf allen Papieren angebracht und Eintragungen in weiteren Büchern hatte tätigen lassen, schritt er mit seinem großen Schlüssel auf das eiserne Außentor zu. Der große Moment war gekommen!

Er drehte den Schlüssel zweimal im Schloß, und die schwere Tür öffnete sich quietschend, helles Sonnenlicht quoll in den düsteren Raum.

»O.k., jetzt raus mit euch in die Freiheit!«

Wir schritten durch das Tor, es war etwa 15 Uhr. Ich blinzelte in die Nachmittagssonne und erkannte das Gebäude der Guardia Republicana auf der rechten Seite, den großen Berg dahinter und im Hintergrund einige Hütten und Kiosks. Es sah eigentlich nicht viel anders aus als drinnen. Unter dem Dach für die Besucherschlange standen die alte indianische *Vendedora* Maria und zwei ihrer Töchter mit einigen Säcken voller Lebensmittel. Sie warteten auf Einlaß; möglicherweise waren sogar Sachen für mich in ihren Tüten.

Sie winkten uns begeistert zu.

»*Ronald y Steve!*« hörte ich sie rufen.

Wir wollten auf sie zugehen, aber eine scharfe Stimme rief uns zurück.

»Hey, noch ist es nicht soweit, ihr habt hier noch zu unterschreiben!«

Der *Capitán* der Republicanos deutete auf ein Buch, das links vor der Tür auf einem klapprigen Holztisch lag. Zwei weitere Repuchos standen mit den MPs im Anschlag erwartungsvoll daneben.

»Ah richtig, jetzt müssen wir noch bei euch abmelden, kein Problem!«

In dem Buch waren einige Spalten auszufüllen.

»Letzte Adresse?« Wir trugen *Lurigancho, Pabellon sieben* ein.

»Neue Adresse?« *San Miguel, Casa de Semi-Libertad.*

Dann war endlich alles geschafft.

»*Ya sobrino, yo me quedo aqui. Buena suerte, me alegro mucho verte afuera!* (Gut, ›Neffe‹, ich bleibe hier. Alles Gute, ich freue mich sehr, dich draußen zu sehen!)« Huaicochea verabschiedete sich von mir mit einer Umarmung, er war sichtlich gerührt, genau wie wir.

Der andere Angestellte sollte mit uns zum Übergangshaus nach San Miguel fahren.

Die große Türe wurde mit einem lauten Knall hinter uns geschlossen.

»*We've made it, man, we're out!*« rief ich Steve begeistert zu.

Er beschleunigte seine Schritte.

»*Keep going, I don't believe it until we're in the car!*«

Maria und ihre Töchter sowie ein paar weitere Frauen, die hinzugekommen waren, lachten und winkten uns zu.

Wir waren wirklich frei. Frei! Auf einmal erschien mir die verstaubte Umgebung von San Juan de Lurigancho wie das wiedergewonnene Paradies. Der Himmel erschien blauer, die Farben deutlicher. Ich atmete die kühle, frische Andenluft ein. Herrlich! Zurück in der »normalen« Welt, unter »normalen« Menschen! Ich wollte noch einmal zurückblicken, aber Maria drohte mit ihrem Zeigefinger.

»*No miras atrás, no miras atrás!*«

»*What does she say?*« fragte Steve.

»*Don't look back! Do you know the song?*«

»*Yeah, ›Fleetwood Mac‹* (Rockgruppe), *Right?!*«

»Right, Yippieeh!«

Wir mußten beide lachen und sprangen in die Luft. Unwillkürlich kamen mir die Worte Jesu in den Sinn:

»Denket an Lots Frau! Wer sein Leben zu erhalten sucht, der wird es verlieren, und wer es verliert, der wird es neu gewinnen.«

(Lukas 17,32-33)

Ich hatte mein altes Leben verloren, daran bestand kein Zweifel, es blieb hier in Lurigancho und irgendwo in der Erinnerung zurück.

37 Monate oder 1131 Tage waren vergangen. Was wäre passiert, wenn ich Gott nicht gehorcht, sondern doch geflüchtet und in mein altes Leben zurückgekehrt wäre? Vielleicht säße ich jetzt auf der Terrasse meiner Villa in Miami und wäre wieder im Drogengeschäft ..., vielleicht auch nicht.

Ich hatte fast alles wegen Jesus aufgegeben, auch meine Freiheit.

Nun hatte Er Sein Wort gehalten und sie mir wiedergegeben.

»Wer sein Leben verliert um meinetwillen, der wird es finden.«
(Matthäus 10,39)

Wie würde es weitergehen?
Es sollte noch ein spannender Weg werden.
Das größte Abenteuer meines Lebens hatte begonnen!

ENDE

Nachwort

Dies ist ein Teil meiner Lebensgeschichte, hauptsächlich aus der Zeit, als ich mit dem Kokaingeschäft zu tun hatte.

Seit 1982 bin ich nicht mehr dabei. Es ist ein schlechter Handel, trotz der enormen Gewinne, die man dabei erzielen kann. Aber der Preis für diese Reichtümer ist, daß man seine Seele verkaufen muß, und ein Werkzeug des Bösen wird.

Die versprochene Freiheit stellt sich in Wirklichkeit als die schlimmste Gebundenheit heraus, die man sich vorstellen kann. Das trifft sowohl auf die zu, die Geld mit der Droge verdienen, als auch auf jene, die sie konsumieren und damit ihren Körper, Seele und Geist zerstören.

Tatsache ist, daß die Drogengesetze nicht dazu beigetragen haben, daß dieses Geschäft gestoppt wird. Noch nie wurden soviele Drogen konsumiert wie heute, und noch nie wurde soviel Geld damit verdient. Seit 1980 hat sich die Kokainproduktion vervierfacht.

Ohne meine Schuld mindern zu wollen, muß ich feststellen, daß die Drogengesetze lediglich eine Minderheit von zumeist kleinen Schmugglern und Drogenabhängigen hinter Gitter bringen und deren Leben sowie das ihrer Familien zerstören. Wenn nur zehn Prozent aller Drogentäter gefaßt werden, wo verbergen sich dann die restlichen 90 Prozent, daß man sie nie entdeckt?

Es sind Verbrecher aus den Teilen der Gesellschaft, die durch ihre Machtposition und Reichtümer in der Lage sind, sich über Gesetze hinwegzusetzen. Verbrecher, deren Vermögen bereits so groß sind, daß sie pro Jahr 500 Milliarden Dollar über ihre Konten laufen lassen können, ohne dabei aufzufallen.

Die Coca-Pflanze gehört zu Gottes Schöpfung, die Droge Kokain aber ist ein Produkt, das von gewissenlosen Menschen hergestellt und vermarktet wird.

Das Problem in den Andenländern ist die Konsequenz eines historischen Prozesses, der durch die spanische Eroberung eingeleitet wurde und mit der europäischen Geschichte eng verwoben ist. Wir Europäer können uns daher der Verantwortung nicht entziehen. Im Inkareich war der tägliche Gebrauch der Coca niemals erlaubt, erst die Conquistadores förderten den Mißbrauch der Pflanze durch die Unterwerfung der Urbevölkerung in die Sklaverei und Drogenabhängigkeit.

Die Früchte dieser Verbrechen aus Habgier werden heute geerntet, und dies ist die Tragödie der Andenrepubliken, die nun von Terrorismus und Drogenhandel heimgesucht werden. Es ist dort bereits zu spät für Veränderungen, die Krise geht durch alle Teile der Gesellschaft. Die chaotische Situation in Peru und Kolumbien sind bezeichnende Beispiele.

Das Hauptproblem liegt aber auf der Nachfrageseite, in den großen Industrienationen der westlichen Welt. Kokain zerstört dort Millionen von Menschen, die nach der Droge verlangen. Solange diese Nachfrage besteht, wird es auch den Drogenhandel geben. Die Lösung ist dort nur noch möglich, wenn man sofort die nötigen Mittel für Rehabilitierungsprogramme und Aufklärung bereitstellt. Drogensucht ist eine der schlimmsten Krankheiten, die es gibt.

Kokain ist eine gefährliche Droge und es steht eine teuflische Macht dahinter. Der Angriff richtet sich vor allen Dingen gegen die christlichen Länder. Aus diesem Grund werden polizeiliche, politische oder militärische Maßnahmen, auch wenn noch Milliarden dafür ausgegeben werden, keinen Erfolg haben.

Der »Drogenkrieg« ist ein geistlicher Kampf; es gibt eigentlich kein Drogenproblem, sondern vielmehr ein Suchtproblem. Es beginnt mit der Frage nach dem *Warum* des Drogenkonsums. Der Verfall traditioneller Werte und Familienstrukturen sind meiner Ansicht nach die Hauptursachen dafür. Christen sind herausgefordert zu *beten*, den Menschen in der Liebe Christi zu helfen und den finstern Mächten in der Rüstung Gottes entgegenzutreten (Epheser 6,10-18): *»Denn wir haben nicht mit Fleisch und Blut zu kämpfen, sondern mit Mächtigen und Gewaltigen, nämlich mit den Herren der Welt, die in der Finsternis herrschen, mit den bösen Geistern unter dem Himmel...«*

Ich weiß, daß ich Verbrechen begangen habe und kann jetzt nur sagen, daß es mir sehr leid tut.

Ich entschuldige mich besonders bei den Menschen von Peru und den Vereinigten Staaten von Amerika für das, was ich getan habe.

Obwohl die Haftzeit mein Leben und meine Familie fast zerstört hat, hasse ich Peru nicht. Tatsache ist, daß ich dieses Land und seine Bewohner, von denen jetzt viele meine Brüder und Schwestern in Christus sind, sehr liebe und für sie bete.

Ich bin anders aus dem Gefängnis herausgekommen, als ich hineingeraten bin. Man kann, glaube ich, auf drei Arten auf eine solche Haftzeit reagieren: Man resigniert und wird innerlich gebrochen; man wird aggresiv und verändert sich zum bösartigen Verbrecher; oder man wird Christ.

Seitdem mir der *Herr* Jesus Christus in Lurigancho begegnet ist, bin ich nicht mehr derselbe, sondern wie viele andere vor mir, die *Ihn* aufgenommen haben, bin ich eine *neue* Person, auch wenn mich das selbst immer wieder überrascht.

Warum hat Gott nun von allen Menschen gerade mich ausgesucht, einen Kokainschmuggler, eingesperrt in einem südamerikanischen Höllenloch von Gefängnis?

Vielleicht erklären es die Worte der Bibel, und möglicherweise ist meine Bekehrung auch eine Antwort auf das Drogenproblem, Gottes Hinweis auf den einzigen richtigen Weg:

> »Und ich will euch ein neues Herz und einen neuen Geist in euch geben und will das steinerne Herz aus eurem Fleisch wegnehmen und euch ein fleischernes Herz geben. Ich will meinen Geist in euch geben und will solche Leute aus euch machen, die in meinen Geboten wandeln und meine Rechte halten und danach tun.«
>
> (Ezechiel 36, 26-27)

> »Zuverlässig ist das Wort und aller Annahme wert, daß Jesus Christus in die Welt gekommen ist, um Sünder zu retten, unter denen ich der erste bin. Aber deshalb ist mir Erbarmen zuteil geworden, damit Jesus an mir als dem ersten seine ganze Langmut erweisen könnte, um ein Vorbild aufzustellen für die, welche künftig an ihn glauben würden zum ewigen Leben. Dem König der Ewigkeit aber, dem unvergänglichen, unsichtbaren, alleinigen Gott sei Ehre und Ruhm in alle Ewigkeit! Amen.«
>
> (1.Timotheus 1, 15-17)

Anhang

Auszug aus Lima Times vom 21. November 1986

Hinter den Mauern von Lurigancho

von Keefe Borden und Kim MacQuarrie

Samstag und Sonntag sind Besuchstage in der Männerstrafanstalt Lurigancho. Unter den öden Hügeln und festungsartigen Mauern wartet dann eine lange Schlange von Freunden und Verwandten, die sich langsam vorwärtsbewegt durch eine Serie von Kontrollstellen und Leibesvisitationen, bevor die Erlaubnis erteilt wird, das Innere des Gefängnisses zu betreten.

Hinter den Wachttürmen sieht man die Zellenblocks oder ›Pabellons‹, wie sie genannt werden, drei Stockwerk hohe Rechtecke aus Beton. Durch die Gitterstäbe, die jeden Zellengang säumen, quillt ein Sortiment von körperlosen Armen, Köpfen und Beinen heraus – peruanische Gefangene, die sich anstrengen, die hereinkommende Schlange von Besuchern zu erspähen.

Aus einem Block, ›Pabellon sieben‹, sieht man jedoch zur Überraschung hellhäutige Gesichter herauslugen, viele von ihnen mit blondem Haar. Hier sind die rund sechzig ausländischen Insassen von Lurigancho untergebracht – jeder von ihnen verbüßt eine Strafe zwischen zehn und fünfzehn Jahren.

»Es ist eine richtige Stadt mit Stadtmauern«, sagt ein englischer Gefangener. »Draußen auf den Wachttürmen stehen die ›Tombos‹, die Guardia Republicana. Hier drin gibt es eine Anzahl von Gefängniswärtern, die angeblich eine gewisse Kontrolle ausüben sollen. In Wirklichkeit haben sie überhaupt keine Autorität. Alles, was hier innen läuft, wird von den peruanischen Gefangenen kontrolliert.«

Obwohl es keine offiziellen Statistiken gibt, sind beinahe alle ausländischen Gefängnisinsassen wegen Drogenvergehen hier, hauptsächlich wegen Besitz oder Handel mit Kokain. Die konfiszierten Mengen variieren zwischen 35 Gramm und siebeneinhalb Kilo. Ironischerweise ist der Drogenkonsum innerhalb des Gefängnisses vermutlich höher als draußen.

»Die meisten ausländischen Gefangenen hier sind ständig auf dem Trip«, sagt ein Insasse. »Das hat eine gewisse Ironie an sich, schließlich sitzen wir alle wegen Drogenvergehen. Aber das Leben hier wäre unerträglich ohne Stoff.«

»Es ist so einfach«, fügt ein anderer ›Gringo‹ hinzu. »Du rufst einfach zu einem der Wachmänner hinauf, die auf dem Dach stationiert sind, gibst deine Bestellung auf, und zwanzig Minuten später wirft er dir das Päckchen hinunter. Wir haben einen 24-Stunden-Service hier.«

Die gebräuchlichste Droge ist ›Pasta‹ – Rohkokain. Über neunzig Prozent der Gringos konsumieren regelmäßig Drogen. Mindestens fünf sind hoffnungslos süchtig.

»Das ist eines der Anzeichen des gesellschaftlichen Verhaltens, daß die Behörden beide Augen verschließen vor dem, was hier vorgeht«, sagt ein Gefangener. »Für sie ist es ein großes Geschäft – für die Gefängnisangestellten, die mit Drogen handeln«, fügt er hinzu.

Die Häftlinge erzählen von einer Drogenrazzia, die vor einigen Monaten durchgeführt wurde. Die Behörden setzten auf Drogen abgerichtete Hunde ein – die dann plötzlich einen der Beamten stellten! Seit der Zeit wurden keine Hunde mehr eingesetzt.

Weil von seiten der Gefängnisbehörden kaum Vorsorge

getroffen wird, müssen die Insassen für praktisch alles bezahlen – sogar für ihre eigenen Zellen.

»Die sehen uns hier als Goldesel an«, sagt ein Häftling. »Wenn man kein Geld hat, kriegt man nicht einmal eine Zelle, sondern muß irgendwo auf dem Boden schlafen.«

Nahrung, Kleidung und ›Unterbringung‹ kann einen Gefangenen im Monat hundert US-Dollar oder noch mehr kosten. Die Insassen erzählen, daß einer der ausländischen Gefangenen hier fast tausend Dollar im Monat ausgibt, um Essen, Kleidung und Drogen zu kaufen. Zusätzlich bezahlen sie eine zehnprozentige ›Liefergebühr‹ für alles Geld, das von den Gefängnisangestellten hereingebracht wird.

Gewalttätigkeiten, sagen die Häftlinge, sind in Lurigancho an der Tagesordnung. Aus diesem Grund sind die Ausländer gemeinsam untergebracht – um sie vor den anderen Gefangenen zu schützen.

»Es gibt hier jede Menge tätliche Angriffe, jede Menge körperliche Gewalt, jede Menge Totschlag«, sagt ein Insasse. »Es nimmt kein Ende, aber sie vertuschen es; sie geben der Presse keine Informationen mehr darüber.«

Um die Gewalttätigkeit in Lurigancho zu verstehen, muß man die Machtstrukturen innerhalb des Gefängnisses verstehen, d. h. woher und wohin die beträchtlichen Gewinne fließen, die der Drogenhandel und die Callboy-Ringe innerhalb des Gefängnisses einbringen.

Grundsätzlich teilen sich zwei dominierende Gangsterbanden die Macht: die Callao-Bande und die Lima-Bande. Beide existieren außerhalb des Gefängnisses und formieren sich natürlich auch innerhalb der Mauern. Zwischen den beiden Gangs besteht traditionell ein blutiger Zwist.

Ein Gefangener sagt: »Sie attackieren einander wegen des Handels mit ›Pasta‹ oder streiten um die Kontrolle über ihre Huren – sie haben junge Männer, die sie für Geld auf den Strich schicken.«

Anfang dieses Jahres wurde Pabellon zehn, der Sitz der Callao-Gang, von Pabellon zwei – der der Lima-Bande gehört -, angegriffen. Beide gehören zu einer Abteilung, die ›pampa‹ genannt wird, eine Reihe von Zellblocks auf einer Seite des Gefängnisses, wo die besonders gefährlichen peruanischen Gefangenen in Haft gehalten werden.

Die ›Pampa-Ratten‹ oder ›Mosqueteros‹, wie man sie nennt, sind berüchtigt für ihre Diebereien und ihre Gewalttätigkeit. Sie sind von den anderen Gefangenen getrennt, durch eine doppelte Mauer und einen Durchgang, der ›jiron de la muerte‹ – Straße des Todes – genannt wird.

»Als der Pabellon zwei den Pabellon zehn angriff«, erinnert sich ein englischer Gefangener, »töteten sie ein halbes Dutzend oder ein Dutzend Limeños, verwundeten oder verstümmelten sechzig oder siebzig, plünderten ihre Zellen und stahlen ihre Drogenvorräte.«

Es kommt häufig vor, daß einzelne ›Pampa-Ratten‹ versuchen, den »Jirón«, die »Todesstraße«, zu überqueren, um in den Pabellons der Abteilung, die als ›Jardin‹ – Garten – bekannt ist, auf Raubzug zu gehen. Wenn die Wächter jemand in der Todesstraße sehen, kann er ohne Anruf erschossen werden.

Obwohl zwei Wächter mit Gewehren auf dem Dach jedes zweiten »Jardin«-Blocks stationiert sind, um sie gegen Pampa-Übergriffe zu schützen, versuchen die Ratten fast jeden Tag, die Todesstraße zu queren, wobei sie sich an selbstgedrehten Seilen an den Mauern herablassen.

Außerhalb von Pabellon sieben sind die Wände zernarbt von Einschüssen, wo die Pampa-Ratten entweder durch Schüsse gewarnt oder buchstäblich von der Mauer geschossen wurden. Die Ausländer haben diesen Teil der Mauern mit Fett beschmiert, um den Ratten die Flucht zu erschweren. Seile, die über die Mauer geworfen wurden, wurden angezündet und haben schwarze Brandnarben in der Mauer hinterlassen.

Von Zeit zu Zeit freilich kann nicht einmal die Drohung der Gewehrmündungen verhindern, daß ganze Rotten über die Todesstraße kommen und die Pabellons im ›Jardin‹ angreifen.

»Der letzte Angriff gegen Pabellon sieben fand kurz nach Weihnachten statt«, sagt ein Gefangener. »Die Wächter sahen sie kommen und riefen zu uns herunter, wir müßten jetzt selbst für uns sorgen. Sie spazierten einfach davon und ließen uns sitzen«, sagt er.

»Wie üblich fabrizierten wir uns Petroleumbomben, Speere und Lanzen – alle hatten wir Messer, alle waren bewaffnet«, sagt er.

»Sie griffen an, und wir zogen uns aufs Dach zurück – wir machten die Bomben aus Coca-Cola-Flaschen mit kochendem Petroleum drinnen. Manche von diesen Angriffen dauern zwei oder drei Tage. Es ist ein blutiger Krieg.«

Abgesehen von der Gewalttätigkeit der Banden innerhalb des Gefängnisses von Lurigancho kommt es auch zu politisch motivierter Gewalttätigkeit, wie die Massaker an Mitgliedern von Sendero Luminoso vom letzten Oktober und dem darauffolgenden Juni bezeugen.

Bis Oktober 1985 waren die Sendero-Häftlinge im Pabellon elf untergebracht.

»Sie waren sehr diszipliniert«, sagt ein Gefangener. »Sie joggten jeden Morgen schon um vier oder fünf Uhr. Wahrscheinlich waren höchstens die Hälfte von ihnen wirklich Senderistas, die anderen waren einfach Jungs, die man auf der Straße aufgeschnappt hatte, politische Gefangene.«

Sendero hatte im Pabellon elf eine sogenannte »befreite Zone« geschaffen und dem Gefängnispersonal gegenüber durchgesetzt, daß diese »zona liberada« ein Jahr lang nicht durchsucht wurde.

Am 4. Oktober 1985 umstellte die Guardia Republicana den Zellenblock, sprengte ein Loch in die Seitenmauer und warf Bomben hinein. Etwa dreißig Senderistas wurden getötet. Die Überlebenden wurden ins Gefängnisspital gebracht mit der Absicht, sie ins Hochsicherheitsgefängnis von Canto Grande zu transferieren.

»Um drei Uhr morgens«, berichtet ein ausländischer Häftling, »konnten wir sie skandieren hören: ›Es lebe Kamerad Gonzalo!‹ Ihre Stimmen wurden immer leiser, daran merkten wir, daß sie irgendwo anders hingebracht wurden.«

Für einen Augenblick waren die Senderistas erfolgreich – sie hatten die Erlaubnis erhalten, in den ›Industriepabellon B‹ einzuziehen.

Gerade hier jedoch sollten sie später blutig abgeschlachtet werden.

Am 18. Juni brachen die Sendero-Aufstände gleichzeitig in den Gefängnissen El Fronton, Santa Barbara und Lurigancho aus. Um zehn Uhr rückten Armee und Guardia Republicana im Gefängnis Lurigancho an und übernahmen trotz der Proteste des Gefängnisdirektors Wilder Lazarte die Herrschaft über die Strafanstalt.

»Wir hörten Explosionen«, sagt ein Gefangener, »sieben oder acht Explosionen, dann eine Menge Maschinengewehrfeuer und dann wieder Detonationen.«

Um vier Uhr morgens des nächsten Tages waren alle 126 Gefangenen im ›Pabellon industrial‹ tot.

Um fünf Uhr morgens schließlich, gerade als das Ausgehverbot aufgehoben wurde, erschienen Truppentransporter und brachten die Armeesoldaten weg.

Im Pabellon sieben liegt die Hauptursache der Gewalttätigkeit nicht in politischen Differenzen oder Gangsterkriegen, sondern bei Leuten, die den Drogenhändlern zu viel Geld schulden. Die Drogenringe verkaufen ›Pasta‹ häufig gegen Kredit an die Fremden. Wenn dann die Rechnung fällig wird und ein Gringo nicht zahlen kann, brechen Gewalttätigkeiten aus.

»Die Drogenhändler lassen die Pampa-Jungs die Dreckarbeit tun«, sagt ein Gefangener. »In Lurigancho kann man mit Geld alles erreichen.«

Bestechliche Wärter öffnen dann versperrte Zellen und lassen die Pampa-Jungs ihre Arbeit tun. Ausländische Gefangene werden eher verprügelt als getötet, obwohl man ihnen von Zeit zu Zeit ›die Luft aus den Reifen läßt‹ – ein harmloser Ausdruck dafür, mit einem Messer in einen Arm oder ein Bein gestochen zu werden.

Trotz allem ist das Leben in Lurigancho im allgemeinen in erster Linie langweilig. Die Insassen verbringen den größten

Teil ihrer Zeit damit, Briefe zu schreiben, zu lesen oder im Freien in der Sonne zu liegen. Die meisten Ausländer haben Einzelzellen – zum Unterschied von den Peruanern, bei denen sich oft drei bis zehn Mann eine Zelle teilen müssen. Einige haben sogar Fernsehen, Radios, Toiletten und kleine Petroleumöfchen in der Zelle installiert – sie tun, was sie können, um ihre Strafe zu verbüßen und rauszukommen.

Die Ironie besteht darin, daß für die meisten Gefangenen hier diese Zeit eine völlig unbekannte Größe ist. Denn obwohl sie bereits zwei, drei, in manchen Fällen vier Jahre abgesessen haben, haben die meisten noch nicht einmal einen Prozeßtermin, geschweige denn ein rechtskräftiges Urteil.

Üblicherweise beträgt die Zeitspanne zwischen Verhaftung und Verfahren zwei bis drei Jahre, hauptsächlich, weil die Gerichte mit einer großen Anzahl von Verfahren im Rückstand sind. Während dieser Zeit wird der Angeschuldigte in Haft gehalten, unabhängig davon, ob er sich schuldig oder nichtschuldig bekennt.

Gefängnisinsassen erzählen von zahlreichen Fällen, in denen ein Häftling mehrere Jahre im Gefängnis verbrachte und dann vor Gericht gestellt wurde, wo sein Verfahren wegen Mangels an Beweisen eingestellt wurde.

»Langsame Gerechtigkeit ist gar keine Gerechtigkeit«, dieser Satz wird von den Botschaften westlicher Länder ständig wiederholt, aber die Situation ist für alle gleich, für die Peruaner und die Ausländer.

Selbst nach der Verurteilung ist jedoch die Rechtslage für den Gefangenen häufig alles andere als eindeutig. Die Ursache ist die Kompliziertheit des peruanischen Strafgesetzes ebenso wie die häufigen Veränderungen, denen es unterworfen ist.

Vor dem 11. November 1983 beispielsweise konnte ein Gefangener, der zu zehn Jahren Haft verurteilt worden war, bereits nach 27 Monaten auf Bewährung entlassen werden – damals hatten die Gefangenen nämlich das Recht auf eine Bewährungsfrist und ebenso auf eine ›Zwei für eins‹ genannte

Maßnahme, bei der für jeweils zwei Tage freiwilliger Arbeit im Gefängnis ein Tag vom Strafmaß abgezogen wurde.

Im November 1983 änderte man das Gesetz, und diese Privilegien wurden abgeschafft. Jeder Gefangene, der nach 1983 verhaftet und zu einer Strafe von zehn bis fünfzehn Jahren verurteilt wurde, sollte also die ganze Strafe im Gefängnis verbüßen, ohne Aussicht, auf Bewährung entlassen zu werden.

Am 5. Dezember 1985 ersetzte ein neues Strafgesetz das vom November 1983. Nach Ansicht der Häftlinge hat dieses neue Gesetz gewisse Formen der Bewährungsfrist, wieder eingeführt.

Vilma Merino, eine unabhängige Rechtsanwältin, die in zahlreichen Drogenprozessen aktiv war, vertritt die Ansicht, das neue Gesetz zur Milderung des Strafvollzuges schließe Bewährungsfristen und vorzeitige Begnadigung bei Verurteilung wegen Drogenvergehen ausdrücklich aus; ausgenommen für solche Gefangenen, die ›im Besitz geringer Mengen‹ verhaftet worden seien.

Das Problem besteht darin, daß das Gesetz keine genaue Definition liefert, was nun unter ›einer geringen Menge‹ zu verstehen sei. »Das fällt ins Ermessen des Richters, denn das Gesetz formuliert hier sehr verschwommen«, sagt Merino. Bislang wurde nur bei einem Häftling der Besitz einer »geringen Menge« angenommen – einem Italiener, der mit 35 Gramm verhaftet worden war.

Die meisten ausländischen Häftlinge in Lurigancho jedoch waren im Besitz von Drogenmengen von mehr als 200 Gramm verhaftet worden und werden daher höchstwahrscheinlich zu Strafen von mindestens zehn bis fünfzehn Jahren verurteilt werden – ohne Aussicht auf Bewährung.

Zusätzlich zu den gesalzenen Haftstrafen drohen den Verurteilten auch empfindliche Geldstrafen. Sie können praktisch jede Summe zwischen einigen hundert und mehreren tausend Dollar betragen und müssen von den Häftlingen bezahlt werden, bevor sie das Gefängnis bzw. das Land verlassen dürfen.

Zwei auf Bewährung entlassene Häftlinge, der Deutsche Ronald Babb und der Engländer Gary Harris, arbeiten derzeit auf eine Gesetzesänderung hin, damit sie und andere auf Bewährung Entlassene das Land legal verlassen können.

Babb und Harris wurden hinter den Mauern von Lurigancho zu wiedergeborenen Christen und haben seit ihrer Entlassung im vergangenen Januar in einem Büro gearbeitet, das von der ›Church of the Good Shepherd‹ zur Verfügung gestellt wurde. Sie helfen den Häftlingen bei der Erledigung von Formalitäten, finden akzeptable Rechtsanwälte für sie und helfen denen, die den Schritt zur Entlassung auf Bewährung tun.

»Es ist wichtig, ihnen zu helfen«, sagt Harris. »Auch wenn das, was sie getan haben, falsch war – sie müssen lernen, Buße zu tun und das hinter sich zu werfen.«

Die beiden Ex-Häftlinge, die jahrelang hinter den Mauern von Lurigancho darauf warteten, wieder herauszukommen, kehren nun Sonntag für Sonntag zurück, um sich mit einer Gruppe Gefangener zu treffen und informelle religiöse Treffs zu veranstalten. Sie hoffen, daß sie – sollte es ihnen erlaubt werden, das Land zu verlassen – bis dahin jemand gefunden haben werden, der dieses Werk auf Dauer übernimmt.

»Gary und Ron kommen jede Woche, pünktlich wie die Uhr«, sagt einer der ausländischen Häftlinge. »Ihre Besuche bedeuten uns mehr, als Sie sich vorstellen können.«

»Es ermutigt einen, zu wissen, daß man nicht ganz vergessen ist«, fügt ein anderer hinzu. »So etwas wie Rehabilitation gibt es hier nicht – im allgemeinen sinken die Leute nur noch tiefer.«

Derselbe Gefangene weist einen Brief vor, den er kürzlich von Ronald Nikkel erhielt, dem geschäftsführenden Direktor der *Prison Fellowship International*, die ihr Hauptquartier in den Vereinigten Staaten hat.

»In meiner ganzen Zeit«, sagt Nikkel in diesem Brief, »ist mir niemals etwas so Schwieriges begegnet wie die Situation der ausländischen Gefangenen in Peru. Wenn ein System von oben bis unten von Korruption durchseucht ist, kann letztendlich nur sehr wenig auf dem üblichen Weg durch die verschiedenen behördlichen Kanäle erreicht werden. Wie Sie wohl wissen, geht es letzten Endes nur um Geld.«

»Wir hoffen, ein wenig davon ändern zu können«, sagen Babb und Harris. »Oder wenigstens wollen wir den Gefangenen zeigen, daß sie sogar während ihres Aufenthaltes hier bessere Menschen werden können. Wir hoffen, ihnen ins Gedächtnis rufen zu können, daß sie trotz allem eines Tages frei sein werden, und daß einige von ihnen immer noch eine Chance für die Zukunft haben.«

Für Informationen über die christliche Straffälligenhilfe können Sie sich an folgende Stellen wenden:

Schwarzes Kreuz e.V.
Jägerstr. 25 A

3100 Celle

Prison Fellowship International
Postfach 100313

6000 Frankfurt/ Main 1

Zwei auf Bewährung entlassene Häftlinge, der Deutsche Ronald Babb und der Engländer Gary Harris, arbeiten derzeit auf eine Gesetzesänderung hin, damit sie und andere auf Bewährung Entlassene das Land legal verlassen können.

Babb und Harris wurden hinter den Mauern von Lurigancho zu wiedergeborenen Christen und haben seit ihrer Entlassung im vergangenen Januar in einem Büro gearbeitet, das von der ›Church of the Good Shepherd‹ zur Verfügung gestellt wurde. Sie helfen den Häftlingen bei der Erledigung von Formalitäten, finden akzeptable Rechtsanwälte für sie und helfen denen, die den Schritt zur Entlassung auf Bewährung tun.

»Es ist wichtig, ihnen zu helfen«, sagt Harris. »Auch wenn das, was sie getan haben, falsch war – sie müssen lernen, Buße zu tun und das hinter sich zu werfen.«

Die beiden Ex-Häftlinge, die jahrelang hinter den Mauern von Lurigancho darauf warteten, wieder herauszukommen, kehren nun Sonntag für Sonntag zurück, um sich mit einer Gruppe Gefangener zu treffen und informelle religiöse Treffs zu veranstalten. Sie hoffen, daß sie – sollte es ihnen erlaubt werden, das Land zu verlassen – bis dahin jemand gefunden haben werden, der dieses Werk auf Dauer übernimmt.

»Gary und Ron kommen jede Woche, pünktlich wie die Uhr«, sagt einer der ausländischen Häftlinge. »Ihre Besuche bedeuten uns mehr, als Sie sich vorstellen können.«

»Es ermutigt einen, zu wissen, daß man nicht ganz vergessen ist«, fügt ein anderer hinzu. »So etwas wie Rehabilitation gibt es hier nicht – im allgemeinen sinken die Leute nur noch tiefer.«

Derselbe Gefangene weist einen Brief vor, den er kürzlich von Ronald Nikkel erhielt, dem geschäftsführenden Direktor der *Prison Fellowship International*, die ihr Hauptquartier in den Vereinigten Staaten hat.

»In meiner ganzen Zeit«, sagt Nikkel in diesem Brief, »ist mir niemals etwas so Schwieriges begegnet wie die Situation der ausländischen Gefangenen in Peru. Wenn ein System von oben bis unten von Korruption durchseucht ist, kann letztendlich nur sehr wenig auf dem üblichen Weg durch die verschiedenen behördlichen Kanäle erreicht werden. Wie Sie wohl wissen, geht es letzten Endes nur um Geld.«

»Wir hoffen, ein wenig davon ändern zu können«, sagen Babb und Harris. »Oder wenigstens wollen wir den Gefangenen zeigen, daß sie sogar während ihres Aufenthaltes hier bessere Menschen werden können. Wir hoffen, ihnen ins Gedächtnis rufen zu können, daß sie trotz allem eines Tages frei sein werden, und daß einige von ihnen immer noch eine Chance für die Zukunft haben.«

Für Informationen über die christliche Straffälligenhilfe können Sie sich an folgende Stellen wenden:

Schwarzes Kreuz e.V.
Jägerstr. 25 A

3100 Celle

Prison Fellowship International
Postfach 100313

6000 Frankfurt/ Main 1

Wörterbuch

Alcaide	Oberaufseher
Alemán	Deutscher
BKA	Bundeskriminalamt
Campesinos	Bauern
Castigo	Strafzelle
Cholo	Abfällig für Mestize
Chorillos	Frauengefängnis von Lima
CIA	US-Geheimdienst
Coca	Pflanze
Coconut Grove	Künstlerviertel von Miami
Corte Suprema	Oberstes Gericht
Crack, Rock, Flake	Erscheinungsformen von Kokain
DEA	US-Drogenpolizei
Delegado	Abgeordneter Sprecher
El Sexto	Ehem. Stadtgefängnis von Lima
El Callao	Stadtteil von Lima (Hafenviertel)
Empleados	Angestellte Beamte
Furgonetta	Gefangenentransportwagen
Gringo	Ausländer
Guardia Republicana, Repuchos	Peruanische Polizeieinheit
High	Berauscht sein
Hijo de Puta	Fluchwort
Huaico	Geröllawine
Inka	Ehem. Herrscher von Peru
Jardín	Linker Teil von Lurigancho
Jirón	Flur, der Lurigancho-Teile trennt

La Victoria	Stadtteil von Lima
Lines	Kokain-Linien
Lurigancho	Gefängnis von Lima
Mantenimiento	Zellblock in Lurigancho
Mixto	Kokain (Pasta) Zigarette
Mule	Drogenkurier
Narco (traficante)	Drogenhändler
Pabellon, Pab.	Zellblock
Paila	Gefängnisfraß
Palacio (de Justicia)	Gerichtsgebäude
Pampa	Rechter Teil von Lurigancho
Pasta	Rohkokain
Pastelero	Drogensüchtiger
Patio	Hof
PIP	Kriminalpolizei in Peru
Primus	Kerosinkocher
Prison Fellowship	Internationale Gefangenenmission
Quechua	Inka-Sprache
Quenta	Zählung
Requisa	Durchsuchung
Santa Cruz (de la Sierra)	Drogenzentrum in Bolivien
Sendero Luminoso	Peruanische Terroristengruppe
Soles (1 $ = 500-1000 Soles)	Peruanische Währung (Inflation)
Soplón	Verräter
Tahuantinsuyu	Ehemaliger Name von Peru
Vendedora	Marktfrau
Voodoo	Karibische Okkulte Religion
Woodstock	Rock-Festival von 1969

hänssler

Das große Spiel um die Macht

Charles W. Colson
Der Berater

Warum kommt es immer wieder zum Mißbrauch der Macht durch »die da oben«? Charles W. Colson – Hauptfigur im Watergate Skandal, gebrandmarkt als rücksichtsloser Politiker, verschrien als Henker des Weißen Hauses, angelogen und betrogen von seinem ehemaligen Chef – schildert in schonungsloser Ehrlichkeit das Geschehen um Watergate und die Zeit danach. In dieser größten Krise seines Lebens begegnet er dem lebendigen Gott. Eine radikale Änderung seiner Prioritäten ist die Folge.

Gb., 416 S., Nr. 71.602, DM 26,80, ISBN 3-7751-1377-0

Bitte fragen Sie in Ihrer Buchhandlung nach diesem Buch!
Oder schreiben Sie an den Hänssler-Verlag, Postfach 12 20,
D-7303 Neuhausen-Stuttgart.

hänssler

D. Smith
100.000 Juden gerettet
Raoul Wallenberg und seine außergewöhnliche Mission in Budapest

Die fesselnde Geschichte des schwedischen Diplomaten Raoul Wallenberg, der freiwillig in den diplomatischen Dienst seines Landes ging, nachdem er als erfolgreicher Geschäftsmann von den Schrecken der Judenverfolgung erfahren hatte. Seine Mission führte ihn 1944 nach Budapest, wo er zehntausenden Juden das Leben rettete und nach der Eroberung Budapests durch sie sowjetische Armee auf geheimnisvolle Weise verschwand.

Gb., 192 S., Nr. 78.006, DM 24,80, ISBN 3-7751-1200-6

John Testrake
Terror im Cockpit
Fanatischen Luftpiraten ausgesetzt

Freitag, 14.06.1985, ein Tag, der in der Geschichte der internationalen Luftfahrt Schlagzeilen machte. Gekapert von libanesischen Luftpiraten endete der TWA-Flug 847 nicht in Rom, sondern in Beirut. Der Pilot, John Testrake, nimmt den Leser mit hinein in die nun folgenden, qualvollen 16 Tage des Wartens und Schreckens. Die Auswirkungen dieses Ereignisses sind noch bis heute hochaktuell.
Ein spannender Bericht, der die Hintergründe aufzeigt.

Gb., 200 S., 8 S. Abb., Nr. 78.013, DM 29,80, ISBN 3-7751-1388-6

Bitte fragen Sie in Ihrer Buchhandlung nach diesen Büchern!
Oder schreiben Sie an den Hänssler-Verlag, Postfach 12 20,
7303 Neuhausen-Stuttgart.